교직실무

김명수 · 김보경 · 김선혜 · 박정환
백영균 · 이태상 · 한상훈 공저

학지사

머 리 말

교육의 질적 향상은 시대를 막론하고 중요한 이슈가 되어 왔다. 특히 현대에는 교사의 전문성이 그 어느 때보다도 강하게 부각되고 있다. 이에 따라 교사들에게는 교직의 전문성을 높이는 노력을 하도록 요구하고 있으며, 예비교사들에게도 교직 수행을 위해 철저한 준비를 하도록 요구하고 있다.

교사의 전문성은 수업 활동은 물론, 수업을 지원하는 다양한 요인에 의해 결정된다. 즉, 학생들을 대상으로 하는 교수-학습 활동과 교직을 수행하기 위한 업무수행능력이 그것이다. 이러한 전문적 활동이 성공적으로 이루어질 때 교권이 확립될 수 있고, 학생들의 성취를 높일 수 있다. 효과적인 수업은 학생들의 잠재력을 계발시키는 데 중요한 역할을 하기 때문에 전문성을 확보하는 매력적인 요인이 될 것이며, 정확하고 활동적인 업무수행 역시 교직을 전문직으로 발전시켜 나가는 요인이 될 것이다.

따라서 예비교사들이 준비를 철저히 할수록 현장에서 수업 및 업무의 효율성을 높여 교육의 질적 향상을 꾀할 수 있다. 이에 이 책은 예비교사들에게 학교에서 이루어지는 실무를 종합적으로 안내함으로써 전문직으로서의 교직을 원만하게 수행할 수 있도록 하는 데 목적을 두었다.

이 책은 6부 14개 장으로 구성하였으며, 한 학기가 15주로 이루어짐을 감안하여 한 주에 1개 장씩 학습할 수 있도록 내용을 정리하였다. 제1부 '교직윤리'에서는 공직사회와 교직윤리, 학교 내 교직윤리, 직무 수행상의 교직윤리에 대해 법적 근거와 사례를 중심으로 논의하였다. 제2부에서는 '사회변화와 교육'이라는 주제로 한국사회와 교육의 변화, 통합교육과 교육복지를 위한 노력에 대해 살펴보았다. 제3부에서는 '건전한 학생문화'라는 주제 아래 학생문화의 현상과 영향, 건전한 학생문화의 조성에 대해 다루었다. 제4부에서는 '학생관리와 생활지도'라는 내용을 학교에서 실행되는 생활지도의 업무와 실제를 통해 탐색하였다. 제5부에서는 '학사실무'라는 주제 아래 학교사무 관리, 학교 관련 업무, 교육과정 편성·운영에 대해 학교에서 이루어지는 실질적인 내용을 중심으로 논의하였다. 제6부에서는 '인사실무'에 대한 탐색을 위해 교원인사와 장학에 대해 논의하였다.

교권을 확립하고 교사로서의 전문성과 자율성을 확보하려면 교사 스스로 교직윤리를 철저히 수행할 필요가 있다. 그리고 사회변화에 따라 교육의 패러다임이 어떻게 변화되어야 하는지 알고, 학생들의 건전한 문화 조성 및 생활지도에 만전을 기해야 할 것이다. 아울러 학교사무와 인사실무에 대한 전반적인 이해와 이에 따른 실행이 이루어져야 할 것이다.

교사로서 지녀야 하는 이러한 전문적 자질이 이 책을 통해 향상될 수 있기를 바라며, 나아가 학교 현장에서 큰 도움이 되었으면 하는 마음 간절하다. 끝으로 이 책이 나오기까지 심혈을 기울여 주신 학지사 김진환 사장님께 감사드린다.

2010년 5월

저자 일동

차 례

제4부 학생관리와 생활지도

제5부 학사실무

제 1 부 교직윤리

One of the things that characterize the work of teachers is that it is done in self-contained classrooms in comparative isolation from other teachers. Those aspects of their jobs that teachers perform in association with others are comparatively minor parts of their work. Despite this isolation, teachers also work in bureaucratically organized workplaces where they are responsible to an administrative hierarchy. It is fashionable to argue that their work is overly regulated and that they are denied significant responsibility for the basic decisions that govern their work.

K. A. Strike

제 1 장

공직사회와 교직윤리

교직은 개인의 성장과 더불어 사회 및 국가발전의 원동력이 되는 교육을 수행하는 직업이며, 국민생활 그리고 국가의 발전과 관련하여 높은 상관관계를 갖고 있는 직업이라고 할 수 있다(이윤식 외, 2007). 이와 같이 국가발전에 영향력이 높은 직업에 종사하는 교원이 학생과 학부모에게 교직자로서 적절하게 봉사하기 위해서는 모범적인 교원의 의식과 자세가 요구될 뿐만 아니라 교직사회의 분위기를 쇄신할 윤리가 필요하다. 교직윤리는 교육활동을 수행하는 교사가 지켜야 할 공식적 · 비공식적 규범이며 교직행동에 대한 포괄적 지침일 뿐만 아니라, 교육의 질 내지 교육의 수월성을 제고하기 위한 교사행동의 지향점이다.

P/ L/ U/ S/

교직관계에서 옳고 그름의 판단기준이 교직윤리라고 할 수 있다.

제1절 부패의 현상과 영향

'교직윤리에서 주로 관심을 기울여야 할 것은 무엇인가?'라는 질문에 대하여 과거에는 주로 '부패'의 문제와 연관짓곤 했다. 또한 교직윤리라고 하면 일반적으로 부패하지 않고 공정하며 썩지 않은 깨끗한 태도와 행위라고 여겼다. 이것은 교직윤리를 협의적 의미로 파악한 것이다. 이와는 달리 최근에는 교직윤리를 더 넓게 그리고 더 적극적인 입장에서 교육의 이념과 가치를 달성하기 위한 교사의 역할과 자세, 책무성 등과 관련하여 그 의미를 파악하고 있다.

1. 부패의 개념 및 유형

1) 부패의 개념

P/ L/ U/ S/

부패는 사회의 정의와 조직의 원칙을 무너뜨리는 역할을 한다.

부패(corruption)를 간단히 정의하면, 바르지 못함으로써 썩는 현상을 의미하는 것이다. 교직윤리가 학교직무관계의 옳고(right) 그름(wrong)을 판단하는 표준이라고 할 때, 부패는 후자의 그름에 해당한다. 부패의 사법적 판단과 처벌은 법규적 차원에서 규명되어 왔지만, 진정한 의미의 정직한 교직, 깨끗한 교직사회를 이루기 위해서는 부패를 인식하는 가치판단과 선택의 기준이 법규뿐만 아니라 도덕규범에 바탕을 두어야 할 것이다. 따라서 부패는 법규범과 도덕규범에 배치되는 반규범 · 탈규범 상태라고 할 수 있다. 이러한 상황의 옳고 그름 중 부패의 판단기준으로는 사회문화적 가치, 공익, 자유, 정의 그리고 실정법상의 각종 규칙과 원칙의 위반 여부를 들 수 있을 것이다.

부패의 개념은 시대와 장소에 따라 변화하여 왔다. 따라서 부패의 개념을 한마디로 명확하게 정의하기는 어렵다. 부패의 개념을 파악하기 위한 노력으로 공직중심(public office centered), 시장중심(market centered), 공익중심(public interest centered)의 세 측면에서 분석하려는 시도가 있다(Heidenheimer, 1970). 이러한 세 측면을 구체적으로 살펴보면, 첫째, 공직중심의 분석은 개인의 금전적 지위, 사적 이익, 영향력 확대를 위해 공직자의 권한과 공무집행을 남용하거나 바르게 하지 않는 행위와 관련되는 것이고, 둘째, 시장중심의 분석은 관료제와 공직자에 의하여 자연스러운 시장의 흐름과 시장질서를 파괴하고 공공이익 배분에서 사적인 이익을 추구하는 행위와 관련되는 것이며, 셋째, 공익중심의 분석은 의도적, 의식적으로 공익보다 사익, 특수이익을 우선하는 행위와 관련되는 것으로 보는 것이다. 결과적으로 교직윤리의 행동규범에서 벗어난 행위에 대한 반대급부로 어떤 종류의 재화가치를 얻는 행위를 부패라고 할 수 있다. 따라서 부패란 공공직무관계, 즉 정책 · 법 · 제도 등을 만들고 이를 서비스로 전달하는 집행과정에서 윤리규범과 법규범을 초과하고 이 초과에 대한 반대급부로서 금전적 가치 등이 교환적 · 대가적으로 이루어지는 잘못된 행동이라고 정의할 수 있을 것이다(이상안, 2002).

2) 부패의 유형

윤리적 행동규범에서 벗어난 행위에 대한 반대급부로 어떤 종류의 재화가치를 얻는 행위인 부패는 그 모습이 아주 다양해질 뿐만 아니라 점점 더 정교해지고 있다. 이와 같이 다양한 부패의 종류 및 유형을 몇 가지로 구분하면 다음과 같다(주삼환 외, 2007a).

첫째, 내용에 따라 계획상의 부정, 관리보관상의 부정, 통제 또는 감독상의 부정, 인사상의 부정, 관료제 형식주의에 따른 부정, 융자 또는 대부와 관련된 부정, 보조금 배당과 지급에 따른 부정, 세금에 수반되는 부정, 입찰에 따른 부정, 기타 대내적인 부정으로 나눌 수 있다.

둘째, 제도화된 부패와 우발적인 부패로 나누어 볼 수 있다. 제도화된 부패는 장기간 성공적으로 이루어져 비공식적으로 관료화된 것이고, 우발적인 부패는 단기적이고 덜 조직적이지만 빈도가 잦아지면 제도화로 굳어질 수 있는 것이다. 또한 조직적 부패와 개인적 부패로 나누어 보기도 하고, 관료제의 계층에 따라 고위층 부패와 하위층 부패로 나누기도 한다.

셋째, 부패를 수단으로 볼 때 생계형 부패와 권력형 부패로 나누어 볼 수 있다. 생계형은 주로 하위직 공직자에게서 많이 나타나는데 부패에 의한 소득을 생계에 주로 사용하는 경우다. 권력형 부패는 주로 생계의 위협을 받지 않는 고위직 공직자에게서 많이 발견되는 것으로 사익을 위하여 자기에게 부여된 권력을 남용하는 경우다.

넷째, 부패의 목적이 무엇이냐에 따라 권력지향 부패와 거래적 부패로 나눌 수 있다. 권력지향 부패는 부정과 부패로 더 많은 권력을 획득하고 신장시키고자 하며, 거래적 부패에는 주로 뇌물수수 행위가 포함된다. 뇌물은 흔히 말하는 급행료, 기름치기 등을 말한다.

P/ L/ U/ S/

급행료는 자신의 업무를 우선적으로 처리하도록 추가적인 돈을 주는 것이며, 기름치기도 본인 관련 업무나 사업의 원활한 추진을 위해 별도의 경비를 지출하는 것을 말한다.

학교 내에서 발생할 수 있는 부패의 유형과 관련하여 구체적인 사례를 제시하면 다음과 같다.

김 교장은 동성초등학교에 근무하고 있었다. 김 교장의 재직 당시 학부모 대표들은 학교행사 때마다 일정량의 학교발전기금을 의례적으로 냈다. 김 교장은 학부모 대표들로부터 받은 학교발전기금이나 업체들로부터 받은 이익금들을 공정하게 사용하지 않아서, 교사들로부터 청렴성에 대해 의심을 받고 돈을 사용한 용도에 대해서 조사를 받고 있는 처지다.

4월경 학부모회장이 기부한 현금 100만 원에 대하여 교장은 방송실 비품을 구입하였다고 말하였으나, 확인결과 학교운영비로 구입하였음이 밝혀지자 서가 등의 비품을 구입하였다고 말을 바꾸는 등 어떤 비품을 구입하였는지 관련 증빙자료의 확인이 곤란하다.

5월경 학부모회 주관으로 실시한 도서바자회 이익금 135만 원을 학부모회장으로부터 받았으나 35만 원은 학부모회 운영자금으로 학부모들이 사용토록 하였으며, 나머지 100만 원은 개인이 보관하다가 6월초에 임의로 코팅기(684,000원)를 구입하고 집행 잔액은 예전에 사회대 구입대금으로 집행하였다고 말하였으나 관련 자료가 없어 인정하기 곤란하다.

학부모회 총무로부터 4월경 100만 원 수표 1장을 학교 식수 목적으로 받았으나, 교장은 분수대 및 암석원 시설 예산이 배부되면 조경을 위해 나무를 구입할 목적으로 개인 보관하다가 5월에 교사 최모가 학교 홈페이지에 공개질의서를 게재하자 학교발전기금 통장에 100만 원을 입금하였다(주삼환 외, 2007b: 408-409).

2. 부패의 원인과 방지

공직자의 부패는 하나의 범죄유형에 속한다. 공직자로서의 의무감 · 책임감이 법과 윤리상에 어떻게 규범화되어 있는지에 대한 인식부족과 그 의미를 대체로 지각하지 못하거나 오류에 빠짐으로써 책임감을 낮게 느끼는 데서 부패가 확대 · 재생산된다. 또한 결과적으로 부패라는 범죄행위를 행했을 때 기대되는 이익이 희생되어야 할 기대비용보다 크다는 범죄경제학적 판단 때문에 범죄를 일으키는 방향으로 결정을 내리는 것이다.

PLUS

학교 내에서 대표적인 부패 사례는 공금횡령, 발전기금 유용, 촌지 그리고 학교 내 각종 사업의 이권 개입을 들 수 있다.

1) 부패의 원인

부패는 ① 직무, ② 대가교환을 할 수 있는 기회, ③ 정보의 독점적 지위 등에서 비롯된다. 법과 윤리규범에 대한 책임의식이 낮을 때 이러한 지위와 기회를 이용하여 사익을 추구하는 공직자가 생겨난다. 이러한 공직자 부패의 원인을 환경 · 상황적 측면, 조직적 측면 그리고 개인적 측면으로 나누어 볼 수 있을 것이다(주삼환 외, 2007a).

첫째, 환경 · 상황적 측면은 사회 전체의 특성에 해당되는 것으로 공직사회, 행정기관이나 조직 밖의 환경과 상황이 행정윤리에 영향을 준다는 것을 의미한다. 예를 들면, 사회 전체의 도덕성과 윤리성이 상실되어 부정부패가 만연되어 있는데 공직사회만 윤리의 의무를 강조하기 어렵고, 정치 · 경제가 불안정한 상황에서는 공직사회의 윤리성이 필연적으로 하락한다. 부패의 원인이 될 수 있는 환경 · 상황적 요인으로는 정치 · 경제적 불안정, 공동체의식의 박약, 상대적 박탈감, 전통적인 행정문화를 들 수 있을 것이다.

정치 · 경제적 상황이 불안정하면 미래를 예측하기 어렵고 장기적 계획을 세울 수 없기 때문에, 사람들이 불안을 느끼고 근시안적 태도를 가지며 수단과 방법을 가리지 않게 되고 사회적 규범을 무시하는 등 비정상적인 행동양식을 취하게 된다. 그리고 이러한 불안정 상황에서 대부분의 사람들은 황금만능의 생각을 가지게 되는데, 특히 현금에 대한 의존도가 높아지게 된다.

둘째, 조직적 · 제도적 측면에서는 낮은 보수, 신분 불안정, 비현실적인 행정규제와 관리기준, 재량권 남용이 부패의 요인으로 작용할 수 있다. 후진국에서는 공무원의 보수수준이 낮고 생계비에도 못 미칠 정도로 비현실적이어서 부패의 원인이 될 수 있는데, 이에 상대적 박탈감까지 작용하여 더욱 상승작용을 하게 된다.

정권변동, 상황변동, 구조조정 등으로 신분이 불안정하게 되면 단기적 전망을 하고 부정을 지질러서라도 재정적 기반을 마련하고자 하게 되며, 이보다 더 적극적으로 자신의 자리와 신분, 권력을 유지하기 위하여 부정한 행동을 하게 된다. 그래서 이러한 부정적 측면을 고려하여 공공기관을 비롯한 관료제중심조직에서는 경력발전을 보장해 주고자 하여 '철밥통'이라는 말이 나오기도 하였으나, 최근에는 사회환경이 변화하여 우리나라 사회 도처에서 신분불안을 느끼고 있다.

PLUS
교사는 피교육자의 모델로서 인생관과 교육철학이 건전해야 한다.

셋째, 개인적 측면은 공직자 개인의 인성, 자질, 태도, 능력, 기술 등에서 부패의 원인을 찾는 것이다. 부정직, 불성실, 무능 등 공직자 개인에게 문제가 있는 것을 배제하기는 어렵다. 아무리 환경과 상황, 조직과 제도가 어렵고, 잘못되고, 때로는 유혹을 하고, 부정부패의 여지를 주더라도 부패에 빠지지 않고 올바르게 살면서 정의로운 행정행위를 하는 사람이 많은 것 또한 개인별 차이에서 기인한다.

교사 개인 차원에서 인생관 및 교육철학 부재에 의해 발생하는 학교 내의 부패 사례를 제시하면 다음과 같다.

서울 지역의 초등학교 교사인 김봉두는 아이들보다 한술 더 떠 지각을 밥 먹듯이 하고, 교장선생님에게 매일매일 혼나는 이른바 문제교사다. 학부모회 간부들에게 굽실거리며 뇌물 받아먹는 데 고단수이며, 가난한 아이들과 부유한 아이들을 차별하고, 오직 돈만이 이 세상을 살아갈 수 있게 해 준다고 믿던 교사 김봉두, 교재 연구보다는 술을 더 좋아하고, 학부모들의 각종 돈 봉투를 적극 권장하고 장려하는 가운데 학교생활이 지속되었다. 욕심을 부리며 장기간에 걸쳐서 일어난 촌지 사건으로 인해 오지의 시골분교로 발령이 나서 쫓겨가게 된다(영화 〈선생 김봉두〉).

2) 부패의 방지

공직사회의 부패는 환경 · 상황적, 조직적, 개인적 측면뿐만 아니라 다양한 요인에 의해서 발생하게 된다. 이 같은 부패를 치유하기 위해서는 그 요인에 상응하는 적절한 예방이 필요하다.

부패의 원인과 연결하여 부패를 방지하기 위한 구체적인 전략은 다음과 같다(주삼환 외, 2007a).

첫째, 환경 · 상황적 부패 방지 전략은 전사회적이고 거시적인 것이기 때문에 그만큼 쉽지 않다. 정치 · 경제적 불안을 제거하고, 평등사회를 건설하고, 전통적인 행정문화를 제거하는 전략은 쉬운 것은 아니다. 이를 반영한 구체적인 전략으로 시민문화적 발전 전략, 범국민적 부패 방지 전략이 적용될 수 있을 것이다.

둘째, 조직적 측면의 방지 전략 중에서는 행정개혁 전략, 행정조직 전략, 작은 정부 지향 전략, 행정평가 전략 등이 조직과 제도의 개선과 가장 가까운 전략이 될 것이다. 하위직 공직자의 보수를 개선해 주는 것 못지않게 국민에게서 존경을 받을 수 있고 본인들이 자긍심을 갖게 해 주는 일이 중요하다. 신분을 보장해 주고 직무에 충실한 수많은 공직자를 격려해 주는 대신, 실수가 아닌 의도적 · 계획적 부패자를 엄격히 처벌해야 할 것이다.

셋째, 개인적 측면의 방지 전략은 공직자가 긍지와 명예, 자존심을 가질 수 있도록 함으로써 우수인력을 유인하고, 공직자에 대한 철저한 교육과 재교육을 실시하는 것이다.

제2절 공직사회에서의 교사의 역할과 자세

P/ L/ U/ S/

학교에서 교사가 수행하는 가장 주된 역할은 가르치는 일이다.

지식정보화사회의 교사에게는 도덕성과 교직윤리를 기초로 한 지도성 발휘가 요구된다. 또한 수업을 통해서 교사라는 직업은 다른 일의 세계와 구분되며, 그 직무는 전문적으로 준비된 교사만이 할 수 있음이 드러난다. 이러한 지식정보화사회에서 교사는 경쟁력을 갖추기 위해 수업전문성을 갖추어야 하며, 이를 통해 학생으로부터 존경과 신뢰도 얻을 수 있다.

1. 공직사회에서의 교사의 자세

1) 창의적 지도성

21세기 지식정보화사회의 교사들은 도덕성을 기초로 한 창의적 지도성을 갖추어야 한다. 이를 위해 미래사회에 대한 조망능력과 시대정신을 익히고 이를 학교현장에서 발휘하겠다는 사명감을 지니고 있어야 한다.

2) 교과교육 전문가

교육의 성패는 교실수업의 개선을 통해서 이루어진다. 교육의 질을 높이기 위하여 교실수업의 변화를 위한 노력과 자신의 전공교과에 대한 연찬이 지속적으로 이루어져야 한다. 교사가 학생의 입장에서 수업을 진행하면 학생들의 요구에 대해서 민감하게 지각하고 느낄 수 있다. 그리고 가르치면서 배운다는 교학상장(敎學相長)의 지혜를 실천하는 교사가 되어야 한다.

3) 열정적 교육애

교사는 학생들의 영혼을 사랑하고 그들을 떳떳한 민주시민으로 육성하기 위한 자부심을 가져야 한다. 학생에 대한 애정은 학생을 존중하고, 학생이 그 나름의 방식으로 성장하기를 바라며, 허용적인 환경을 제공할 때 비로소 기대하는 인간상이 될 것이라는 확신을 갖는 것이다. 지식 및 인성교육의 성패는 열정적인 교육애에서 나온다.

4) 교원의 책임

교사는 자아존중이 가능할 때 학생도 존중할 수 있으며, 자기 자신과 일에 대해서는 전문직으로서의 명확한 태도를 가져야 한다. 또한 교사가 학생들에게 유익한 기회를 제공하기 위해서는 그들의 필요와 욕구에 대해서 연구하는 노력을 기울여야 한다. 지역사회에 대하여 교사는 시민과 학부모의 신뢰를 얻고자 노력해야만 학교운영이 원만하게 이루어질 수 있다. 아울러 학교에서 교장과 교사의 관계는 기본적인 민주적 원리에 의해서 이루어져야 한다.

PLUS
교원은 학생교육 및 연구활동과 관련하여 의무를 가진다.

2. 부패 방지와 척결을 위한 교사의 역할

1) 교사와 책임

교사는 공공조직 구성원으로서 소속된 조직의 윤리적 · 기술적 · 법적 기준에 따라 행동해야 하는 의무가 있다. 이러한 교사 책임의 내용은 네 가지로 구분할 수 있다(김영종, 1992). 첫째, 정치적 차원의 교직윤리는 교원의 정치활동을 제한하고 중립성의 유지를 요구하는 것이다. 둘째, 경제적 차원의 교직윤리는 교원이 경제분야에 부당하게 영향을 미치거나 불법적 이득을 취하지 않도록 하려는 것이다. 셋째, 직무수행 차원의 교직윤리는 교원으로서 국민을 위하여 봉사자로서의 직무를 수행하기 위한 것이다. 넷째, 교원 사생활 차원의 교직윤리는 교원으로서의 품위를 유지하고 존경과 신뢰를 받을 수 있도록 행동해야 한다는 것이다.

2) 교사의 역할

역할은 사회에서 특정한 지위에 있는 사람들이 의식적으로 수행하는, 그리고 다른 사람들에 의해서도 명확하게 인정받고 있는 포괄적인 행동양식을 뜻한다(김기태 외, 2005). 따라서 교원의 역할이란 사회적으로 교사들이 수행해야 한다고 인정하면서 교사들 스스로도 의식적으로 수행하는 포괄적인 행동양식을 뜻한다고 할 수 있다.

교원의 역할은 연구자, 연구목적, 시대적 배경 등에 따라 다양한 방향에서 제시할 수 있다. 여기서는 교원의 역할을 학급에서의 역할, 학교에서의 역할, 그리고 사회에서의 역할로 구분하고자 한다(김기태 외, 2005).

첫째, '학급에서의 역할'은 효율적인 수업을 촉진하기 위한 학급상황을 조성하고 유지하는 학급경영활동을 말한다. 이는 교육목표를 설정하고 명확하게 진술하는 것, 목표에 적합한 교육내용을 선정하고 조직하는 것, 수업계획에 따라 적절한 수업방법을 선택하고 수업상황에 맞추어 수업을 다양하게 운영하는 것, 학생들이 지적 성장과 더불어 통합된 전인적 존재로서 균형 있고 건전한 삶을 영위하도록 돕는 생활지도, 그리고 자신이 준비하고 수행한 내용의 각 단계를 반성하고 보다 나은 수업을 위한 피드백이 되는 교육평가와 관련된 역할을 의미한다. 실제로 학교교육의 성공여부는 각 교사들의 학급경영능력과 직접적인 관련이 있다. 열성적이며 연구적인 교사가 경영하는 학급은 그렇지 못한 학급과 분명하게 다른 결과를 나타내기 때문이다.

P/ L/ U/ S/

교사는 편견이나 독선에 빠져 편협해지지 않도록 항상 노력해야 한다.

둘째, '학교에서의 역할'은 학교경영 참여자이자 조직 내의 직장인으로서 수행하는 것이다. 학교경영 참여자로서의 교원은 하나의 조직이기도 한 학교에 대해 조직의 목표를 갖고 이를 보다 효율적으로 달성하기 위해 기획하고 조정하고 구성원을 배치하고 지시하고 협동하고 보고하는 일련의 경영과정을 거치게 되며, 이러한 과정에서 조직 내 구성원은 조직의 발전을 위해 경영조직에 참여하게 된다. 학교에서의 구성원조직도 어느 조직과 마찬가지로 교장, 교감이 있고 선배, 후배가 있으며 동료교사도 있다. 따라서 직장인으로서의 교사도 상사에게는 좋은 협력자이자 보필자의 역할을 수행해야 하며, 동료 간에는 좋은 벗으로서, 후배에게는 선도자로서의 역할을 할 수 있어야 한다.

셋째, '사회에서의 역할'은 교사도 사회집단의 성원이므로 교직에 상응하는 사회적 기대역할이 있음을 가리키는 것이다. 교사는 대체로 존경받는 직업이지만 경제적 · 사회적 대우는 그에 미치지 못하고 있다. 그러므로 교사들은 도덕적인 면에서는 모범적인 위치에 있을 것을 요구받고 사회생활에서는 많은 제약을 받고 있다고 할 수 있다. 오늘날의 학교는 사회의 변화를 가져오는 일에도 관심을 가져야 한다. 이로 인해 교사에게는 전통적 교사관에서 탈피하여 지역사회의 문화를 개혁하고 발전시키는 변화촉진자로서의 역할이 요구되며, 오늘날 강조되는 학습사회 건설을 위해서도 교사의 사회적 역할이 크게 기대되고 있는 것이다. 평생교육의 시대에 속한 교사는 연구자로서 자신의 직업 속에서 삶의 질 향상을 꾀하기 위해 계속 배워야 하며, 이러한 요구는 다른 어느 직업군보다 좀 더 두드러진다.

3) 학급에서 교사의 역할

개별 교사가 교육자로서의 역할을 수행하는 데 가장 기본적이고 핵심적인 단위는 학급이다(김종철 외, 1994). 교사에 대한 역할기대도 학급에서 교사가 어떤 역할을 수행하느냐에 집중된다. 어떤 교사는 교육목표를 성취하기 위해서 지역사회와의 유대를 긴밀하게 하는 것에 집중하여 가정방문과 지역사회인과의 교류에 주안점을 두며, 다른 교사는 학교행정에 참여하는 것이 가장 의미 있는 일이라고 판단하여 그것에 우선순위를 둔다. 그러나 사회가 기대하는 교사의 역할은 학교에서의 교육력 신장이므로 교사는 학급에서의 역할을 가장 큰 사명으로 인식해야 한다.

P/ L/ U/ S/

Prichard는 교사의 역할을 학급에서 형식화된 지식을 전달하는 역할, 학급에서 사회화를 중재하는 역할, 학생들이 창의적이고 혁신적인 행동을 터득하도록 하는 역할, 학생을 올바르게 평가하는 역할로 구분한다.

학급에서의 교사의 역할은 개인적인 교육관에 따라 여러 가지로 구분할 수 있다. 어떤 교사는 권위로써 학생을 통제하려 하고, 다른 교사는 훈화를 중심으로 학생을 이끌어가려 하며, 또 다른 교사는 학생의 점수를 매기는 것에 집중한다. 이와 같은 교사의 역할수행은 대부분 학급에서 비공식적인 말이나 행동으로 나타난다. 권위를 나타내려는 교사는 근엄한 몸가짐으로 학생을 위압하여 그들을 통제하려고 한다. 사회화의 과정을 중시하는 교사는 몸가짐도 비교적 자유롭고 때때로 사회적 이슈를 특정 시간에 접목하기도 한다. 학생의 점수에 관심이 많은 교사는 학생에게 시험의 중요성을 강조하며, 얼마나 엄격하게 성적을 산출하는지에 대해서 자주 공지한다.

제3절 교직윤리의 의의

교직윤리는 미성숙한 존재를 성숙한 존재로 길러 내는 자, 학교라는 특정한 조직의 구성원, 그리고 지역사회와 국가발전의 원동력이 되는 자로서의 역할을 담당하는 교사에게 규범적으로 요구되는 것이다. 교직윤리는 미성숙한 존재를 이끄는 자에게 요구되는 실천적 규범이라고 할 수 있다.

1. 교직윤리의 의미와 성격

1) 교직윤리의 의미

교직윤리는 바른(right) 것 중에서도 가장 좋은(best) 것을 기준으로 하고, 이 기준에 따라 반드시 행해야 하는(ought to) 것을 말하며, 이때 무엇이 바람직한 가치인가, 그리고 무엇을 행해야 하는가에 대한 접근방법이 결합됨으로써 교직을 수행하는 데 필요한 질문이자 기준이 된다. 교직윤리는 교육활동을 수행하는 교사가 지켜야 할 공식적 · 비공식적 규범이요, 교직행동에 대한 포괄적 지침이요, 교육의 질 내지 교육의 수월성을 제고하기 위한 교사행동의 지향점이라고 할 수 있다. 따라서 교직은 학생과 학부모 그리고 국민 전체에게 봉사하는 전문직으로서 높은 수준의 행동윤리를 가져야 하며, 민주이념의 수호에 헌신이 요구된다. 또한 민주적 생활질서를 유지 · 발전시키고 공익을 추구해야 하며, 업무수행에서도 창의성과 적극성을 가질 것을 요청받고 있다.

2) 교직윤리의 성격

교직윤리의 성격은 다음과 같다(윤종건, 전하찬, 1996).

첫째, 교직윤리는 비공식적 실천규범이다. 학생을 가르치는 것은 공식적인 규율보다 비공식적인 인간관계의 영향을 더 많이 받는다. 그러므로 교사는 법이 정하고 있는 공식적인 규율도 지켜야 하지만 비공식적인 규율, 즉 교직의 윤리를 더욱 중시해야 한다.

둘째, 교직윤리는 교원의 모든 행위와 관련된다. 교직윤리는 교육의 목적이나 내용뿐만 아니라 교수과정, 학생 및 학부모와의 관계 등과 깊이 관련되어 있다.

셋째, 교직윤리는 교육의 질을 좌우한다. 현대국가는 교육의 질이 바로 국력이라 해도 지나치지 않다. 우수한 인재의 양성, 풍부한 자질과 탁월한 능력을 가진 국민의 육성이 바로 교육이기 때문이다. 따라서 교원의 윤리관을 확립하는 것이 새로운 과제로 부각되고 있다. 교직윤리의 확립 없이는 양질의 교육을 보장할 수 없기 때문이다. 교원의 실천영역과 교직윤리와의 관계를 구체적으로 살펴보면 〈표 1-1〉과 같다(윤종건, 전하찬, 1996).

〈표 1-1〉 교원의 실천영역과 교직윤리와의 관계

지도영역	교원의 실천행동	교직윤리의 내용
학생지도	• 지도내용의 선정	• 지도내용의 객관성
	• 실제 지도의 과정	• 최선의 방법 적용, 성실한 지도
	• 평가의 관리	• 공정성, 객관성, 합리성
인간관계	• 학생과의 관계	• 교육애, 인격 존중, 정확한 이해
	• 동료와의 관계	• 상호 존중, 상호 신뢰
	• 지역사회와의 관계	• 교육홍보 및 의견수렴
공직생활	• 전문성 관리	• 연구, 근면, 성실
	• 준법생활	• 질서 존중, 솔선수범
	• 공공생활	• 청렴, 봉사, 중립성

출처: 윤종건, 전하찬(1996).

3) 교원단체의 교직윤리

(1) 사도강령과 사도헌장

'사도강령'은 한국교원단체총연합회의 전신인 대한교육연합회가 1982년 5월 15일에 채택 · 공포하여 알려지게 되었다. '사도강령'에서는 교직 윤리를 다음과 같이 규정하고 있다.

> 민주국가의 주인은 국민이므로 나라의 주인을 주인답게 길러 내는 교육은 가장 중대한 국가적 과업이다. 우리 겨레가 오랜 역사와 찬란한 문화를 계승, 발전시키며, 선진제국과 어깨를 나란히 하여 인류 복지 증진에 주도적으로 기여하려면 무엇보다도 문화국민으로서의 의식 개혁과 미래사회에 대비한 창의적이고 자주적인 인간 육성에 온 힘을 기울여야 한다. 그러기 위하여 우리 교육자는 국가발전과 민족 중흥의 선도자로서의 사명과 긍지를 지니고 교육을 통하여 국민 각자의 능력을 최대한으로 계발하여 개인의 자아실현과 국력의 신장, 그리고 민족의 번영에 열과 성을 다하여야 한다. 또한 교육자의 품성과 언행이 학생의 성장발달을 좌우할 뿐만 아니라 국민 윤리 재건의 관건이 된다는 사실을 명심하고 사랑과 봉사, 정직과 성실, 청렴과 품위, 준법과 질서에 바탕을 둔 사도 확립에 우리 스스로 헌신하여야 한다. 이러한 우리의 뜻은 교직에 종사하는 모든 교육자가 공동체의식을 가지고 노력하여야만 이루어질 수 있다는 것을 인식하고, 사도헌장 제정에 때맞추어 우리의 행동지표인 현행 교원윤리강령으로 개정하여 이를 실천함으로써 국민의 사표가 될 것을 다짐한다.
>
> 제1장 스승과 제자
>
> – 스승의 주된 임무는 제자로 하여금 고매한 인격과 자주정신을 가지고 국가 사회에 봉사할 수 있는 유능한 국민을 육성하는 데 있다. 그러므로,
>
> (1) 우리는 제자를 사랑하고 그 인격을 존중한다.
>
> (2) 우리는 제자의 심신 발달이나 가정의 환경에 따라 차별을 두지 아니하고 공정하게 지도한다.

(3) 우리는 제자의 개성을 존중하며, 그들의 개인차와 욕구에 맞도록 지도한다.

(4) 우리는 제자에게 직업의 존귀함을 깨닫게 하고, 그들의 능력에 알맞는 직업을 선택하도록 지도한다.

(5) 우리는 제자 스스로가 원대한 이상을 세우고, 그 실현을 위하여 정진하도록 사제 동행한다.

제2장 스승의 자질

– 스승은 스승다워야 하며 제자의 거울이 되고 국민의 사표가 되어야 한다. 그러므로,

(1) 우리는 확고한 교육관과 긍지를 가지고 교직에 종사한다.

(2) 우리는 언행이 건전하고 생활이 청렴하여 제자와 사회의 존경을 받도록 한다.

(3) 우리는 단란한 가정을 이룩하여 국법을 준수하여 사회의 모범이 된다.

(4) 우리는 학부모의 경제적, 사회적 지위를 이용하지 아니하며 이에 좌우되지 아니한다.

(5) 우리는 자기 향상을 위하여 전문적인 지식과 전문화된 기술을 계속 연마하는 데 주력한다.

제3장 스승의 책임

– 스승은 제자교육에 열과 성을 다하여 맡은 바 책임을 다하여야 한다. 그러므로,

(1) 우리는 사회의 일원으로서 모든 책임과 의무를 다한다.

(2) 우리는 교재 연구와 교육자료 개발에 만전을 기하여 수업에 최선을 다한다.

(3) 우리는 생활지도의 중요성을 인식하여 제자들이 올바른 사람이 될 수 있도록 지도에 철저를 기한다.

(4) 우리는 교육의 성과를 공정하게 평가하고 이를 교육에 충분히 활용한다.

(5) 우리는 제자와 성인들을 위한 정규교과의 활동에 적극 참여한다.

제4장 교육자와 단체

– 교육자는 지위의 향상과 복지의 증진을 위하여 교직단체를 조직하고 적극 참여함으로써 단결된 힘을 발휘할 수 있다. 그러므로,

(1) 우리는 교직단체의 활동을 통하여 교육자의 처우와 근로조건의 개선을 꾸준히 추진한다.

(2) 우리는 교직단체의 활동을 통하여 교육자의 자질 향상과 교권의 확립에 박차를 가한다

(3) 우리는 편당적, 편파적인 활동에 참가하지 아니하고 교육을 그 방편으로 삼지 아니한다.

(4) 교직단체는 국가의 주요 교육 결정에 참여하고 교육자의 여망과 주장에 충분히 반영시킨다.

(5) 교직단체는 교육의 혁신과 국가의 발전을 위하여 다른 직능단체나 사회단체와 연대 협동한다.

제5장 스승과 사회

– 스승은 제자의 성장발달을 돕기 위하여 학부모와 협력하며 학교와 사회의 상호작용의 원동력이 되고 국가발전의 지도자가 된다. 그러므로,

(1) 우리는 학교의 방침과 제자의 발달상황을 가정에 알리고 학부모의 정당한 의견을 학교교육에 반영시킨다.

(2) 우리는 사회의 일정을 정확하게 파악하고 지역사회의 생활과 문화 향상을 위하여 봉사한다.

(3) 우리는 사회의 요구를 교육계획에 반영하며 학교의 교육활동을 사회에 널리 알린다.

(4) 우리는 국민의 평생교육을 위하여 광범위하게 협조하고 그 핵심이 된다.

(5) 우리는 확고한 국가관을 가지고 국민 의식 개혁에 솔선수범하여, 국가발전의 선도자가 된다.

'사도헌장'은 1982년 5월 15일 대한교육연합회 대의원회의에서 사도강

령과 같이 채택 · 공포되었다. 그 내용은 다음과 같다.

오늘의 교육은 개인의 성장과 사회의 발전과 내일의 국운을 좌우한다.

우리는 국민 교육의 수임자로서 존경받는 스승이요, 신뢰받는 선도자임을 자각한다. 이에 긍지와 사명을 새로이 명심하고 스승의 길을 밝힌다.

(1) 우리는 제자를 사랑하고 개성을 존중하며 한마음 한뜻으로 명랑한 학풍을 조성한다.

(2) 우리는 폭 넓은 교양과 부단한 연찬으로 교직의 전문성을 높여 국민의 사표가 된다.

(3) 우리는 원대하고 치밀한 교육계획의 수립과 성실한 실천으로 맡은 바 책임을 완수한다.

(4) 우리는 서로 협동하여 교육의 자주 혁신과 교육자의 지위 향상에 적극 노력한다.

(5) 우리는 가정교육, 사회교육과 유대를 강화하여 복지국가 건설에 공헌한다.

(2) 교직윤리헌장

한국교원단체총연합회는 과거의 '사도헌장' 및 '사도강령'을 대체하는 것으로서 '교직윤리헌장'을 제정하여 2005년 5월에 선포하였다. 새로 제정된 '교직윤리헌장'은 새로운 시대의 교육환경과 사회적 요구를 반영한 것이며, 포괄적 선언과 서문에 해당하는 '교직윤리헌장'과 구체적 윤리조항을 나타내는 '우리의 다짐'으로 구성되어 있다. 그 내용은 다음과 같다.

〈교직윤리헌장〉

우리는 교육이 인간의 가치와 존엄성을 높이며, 개인의 성장과 자아실현은 물론 국가와 민족의 미래에 중대한 영향을 준다는 사실을 명심하고, 국민으로부터 부여받은 교육자의 책무를 다하기 위해 최선을 다한다.

우리는 균형 있는 지 · 덕 · 체 교육을 통하여 미래사회를 열어갈 창조정신과 세계를 향한 진취적 기상을 길러줌으로써, 학생을 학부모의 자랑스런 자녀요 더불어 사는 민주사회의 주인으로 성장하게 한다. 우리는 교육자의 품성과 언행이 학생의 인격형성을 좌우할 뿐만 아니라 사회전반의 윤리적 지표가 된다는 사실을 깊이 인식하고, 윤리성과 전문성을 높이기 위해 노력한다.

이에 우리 모두의 의지를 모아 교직의 윤리를 밝히고, 사랑과 정직과 성실에 바탕을 둔 교육자의 길을 걷는다.

〈우리의 다짐〉

하나, 나는 학생을 사랑하고 학생의 인권과 인격을 존중하며, 합리적인 절차와 방법에 따라 지도한다.

하나, 나는 학생의 개성과 가치관을 존중하며, 나의 사상 · 종교 · 신념을 강요하지 않는다.

하나, 나는 학생을 학업성적 · 성별 · 가정환경의 차이에 따라 차별하지 않으며, 부적응아와 약자를 세심하게 배려한다.

하나, 나는 수업이 교사의 최우선 본분임을 명심하고, 질 높은 수업을 위해 부단히 연구하고 노력한다.

하나, 나는 학생의 성적평가를 투명하고 엄정하게 처리하며, 각종 기록물을 정확하게 작성 · 관리한다.

하나, 나는 교육전문가로서 확고한 교육관과 교직에 대한 긍지를 갖고, 자기 개발을 위해 노력한다.

하나, 나는 교직 수행과정에서 습득한 학생과 동료 그리고 직무에 관한 정보를 악용하지 않는다.

하나, 나는 학생이나 학부모로부터 사적 이익을 취하지 않으며, 사교육기관이나 외부 업체와 부당하게 타협하지 않는다.

하나, 나는 잘못된 제도와 관행을 개선하는 데 앞장서며, 교육적 가치를 우선하는 건전한 교직문화 형성에 적극 참여한다.

하나, 나는 학부모와 지역사회를 교육의 동반자로 삼아 바람직한 교육공동체 형성을 위해 함께 노력한다.

2. 교직윤리의 중요성

사회가 변화하고 과학문명이 발달하면 그에 따라 사회적 가치와 윤리도 변화하기 마련이다. 그러나 교직은 다른 어떤 직업보다도 높은 윤리와 도덕적 규범을 요구한다.

교원은 전문직으로서 개인의 일생에 막대한 영향을 미치며, 국가 · 사회의 미래에 지대한 영향을 주는 것은 물론, 시민의 도덕적 성품과 자질 형성에 가장 중대한 역할을 담당한다. 이와 같은 역할로 교원은 다른 직종의 사람들보다도 높은 도덕관과 표준적 윤리관을 필요로 한다. 교원의 행동에 대하여 윤리성이 강조되는 이유는 다음과 같다(한국교원단체총연합회, 1997).

첫째, 교직이 학생의 인간 형성을 돕는 직종이며, 국가 사회의 장래를 좌우하는 국민의 질을 결정하기 때문이다. 학생의 건전한 성장과 바람직한 발달을 돕기 위해 교원의 윤리가 뒷받침되어야 한다. 학생의 윤리적 품격은 교원의 질에 달려 있다고 해도 지나치지 않을 것이다.

둘째, 교직이 전문직이기 때문에 교원의 실천 또는 행동규범으로서의 윤리규정을 필요로 한다. 전문직을 구성하는 요건 중의 하나는 그 직능을 수행하는 데 필수적으로 갖추어야 할 직업윤리규정이 있다는 점이다. 의사, 법조인 등과 같은 전문직에 종사하는 직업군은 그것이 전문직이기 때문에 법규의 규정 외에도 직무수행에 관한 윤리강령을 제정하여 그 직에 속하는 모든 구성원들에게 그것을 준수하도록 요구하고 있다. 교직도 전문직이므로 교원의 실천도덕 또는 행동규범으로서 윤리규정을 필요로 한다.

셋째, 교원이 강력한 교육력을 갖기 위해서는 윤리가 필요하다. 교육의 성과는 교육력에 의하여 좌우되고 교육력은 교권의 수준과 깊은 관계가 있으므로 교권이 확립되지 못할 때는 교육력이 약화되어 높은 수준의 교육성과를 기대할 수가 없다. 교권의 확립은 교직윤리가 확립되어야만 가능하다.

넷째, 학생지도의 효과를 높이기 위하여 윤리가 강조된다. 교사의 윤리 · 도덕성은 학생의 도덕적 그리고 윤리적인 성장과 발달에 중요한 영향을 미친다. Freud를 비롯한 많은 심리학자들은 주요한 인간적 환경인 부모와 교사의 인간성이 아동의 인격 형성에 매우 중요한 영향을 준다는 것을 역설하고 있다.

P/ L/ U/ S/

Freud는 정신분석학자이며 『꿈의 해석』이라는 저서를 통해 인간의 심리적 측면에 대한 이론을 제시하였다.

다섯째, 산업화 내지는 탈산업화사회의 도덕과 윤리 재건을 위해 윤리가 강조된다. 오늘날의 사회는 물질 지향적인 사회이기 때문에 윤리 · 도덕적으로 타락하였다. 따라서 인간으로서의 삶의 정신, 사람으로서의 도리를 찾는 교육이 시급하다. 이를 위해서는 교원들이 확고한 윤리관을 확립해야 한다.

교육 관련 기관에서 빈번히 발생할 수 있는 것이며, 교직윤리의 저해요인이 되는 청탁과 관련된 구체적인 사례를 제시하면 다음과 같다.

청주에 발령받은 김현수 교사는 충북교육청 일을 많이 한다. 종교활동을 통해 김 교사가 어릴 적부터 알고 지내던 장학사와 교사가 된 후 연락이 되어 교육청 일을 많이 도와주게 되었다. 김 교사는 학교를 다닐 때도 모든 일에 적극적이고 수업도 잘하고 아동지도에 재능이 있어 발령을 받은 후에도 두각을 나타냈다. 준거집단활동도 주관하고 학교의 여러 업무를 담당한 후 효과적으로 그 일들을 해냈으며 교육청 중요 업무도 돕게 되어 출장도 잦았다. 그런 김 교사가 현재 성공초등학교에서 임기가 만료되어 이동을 할 시기가 되었다.

평소 교육청 일에 헌신한 김 교사를 위해 장학사는 편의를 봐주고 싶어서 선호하는 학교를 은근히 물어보았다. 김 교사는 편히 지내는 아버지 같은 분이시기에 그냥 지나가는 말로 가까운 샛별초등학교를 원한다고 말했다. 문제는 샛별초등학교에서 일어났다. 이미 학년배정과 업무배정이 모두 종료된 상태에서 공식적으로 빈 자리가 없는데도 불구하고 교육청에서 김 교사를 그 학교로 전보를 낸 것이다. 샛별초등학교에서는 김 교사에게 전담을 줄 수밖에 없었다. 업무도 다른 교사들이 기피하는 준거집단 및 여러 과중한 업무를 주게 되었다. 이전 학교에서 맡은 업무량이 너무 많고 교육청 일도 힘에 겨워 학교를 옮기고 싶었던 김 교사에게는 너무나 좋지 않은 소식이었다. 전보 소식을 전하는 통화에서 이런저런 얘기를 하게 되었고, 이야기를 들은 장학사는 샛별초등학교 교장에게 전화를 넣었다.

전화 통화 후 샛별초등학교는 기존의 학년배정을 다시 짜게 되었고 김교사는 6학년에 배정이 되었다. 샛별초등학교의 모든 교사들은 전입 초기부터 말이 많은 김현수 교사에 대해 부정적으로 인식하게 되었다(주삼환 외, 2007b: 400-401).

생각해 볼 문제

1. 일부 학교장의 학교 내 각종 사업의 이권 개입은 오랫동안 관행처럼 이루어져 왔다. 발령받은 학교에서 이러한 학교장의 모습을 발견했을 때 어떻게 대처할 것인지 생각해 보자.

2. 학부모가 학년이 마무리되는 2월에 5만원 상품권이 든 봉투를 주었을 때 두세 차례 사양을 했지만 결국 이 학부모는 책상에 봉투를 두고 갔다. 이를 어떻게 처리할 것인지 토론해 보자.

3. 정년퇴임을 앞둔 학교장은 학교의 안전사고에 대하여 예민하게 반응하며 모든 교육활동에서 이것을 최우선의 기준으로 삼는다. 과학교사로서 수목원 야외학습을 통해 학생들의 식물에 대한 이해를 증진시키려는 수업활동 계획을 반대하는 학교장을 어떻게 설득할 것인지 논의해 보자.

임용고사 기출문제

(1999학년도 초등 임용시험)

1. 〈보기〉는 우리나라 사도강령의 일부분이다. 이는 스승의 어떤 특성을 의미하는가? (4)

〈보기〉

- 우리는 국민의 평생교육을 위하여 광범위하게 협조하고 그 핵심이 된다.
- 우리는 확고한 국가관을 가지고 국민 의식 개혁에 솔선수범하여, 국가발전의 선도자가 된다.

① 스승의 책임 ② 스승의 자질
③ 스승과 제자 ④ 스승과 사회

풀이 우리나라 사도강령을 보면 전문과 제1장 스승과 제자, 제2장 스승의 자질, 제3장 스승의 책임, 제4장 교육자와 단체, 제5장 스승과 사회로 구분되어 있다. 〈보기〉는 스승과 사회의 부분에서 제시하고 있는 내용이다.

(1994학년도 초등 임용시험)

2. 교사의 윤리의식이 강조되는 근본적인 이유는? (4)

① 교사는 예로부터 존경을 받아 왔기 때문에
② 교직은 자격증을 필요로 하기 때문에
③ 직무수행에 고도의 지적 기술이 필요하기 때문에
④ 교사의 행위가 타인의 인간됨에 영향을 주기 때문에
⑤ 교육의 내실화와 질적 향상을 꾀해야 하기 때문에

풀이 교육의 성과는 교육력에 의하여 좌우되고 교육력은 교권의 수준과 깊은 관계가 있으므로 교권이 확립되지 못할 때는 교육력이 약화되어 높은 수준의 교육성과를 기대할 수 없다. 교권의 확립은 교직윤리가 확립되어야만 가능하다. 교사의 윤리 · 도덕성은 학생의 도덕적 그리고 윤리적인 성장과 발달에 중요한 영향을 미친다.

읽을 거리

Keep your eyes open. You can never tell where inspiration will strike

1. At dinner. The check came, and Frank McNamara, a credit specialist who was wining and dining clients in Manhattan, reached into his pocket. His wallet was empty, his wife was in the suburbs, and he had to wait while she drove in with money. McNamara got to thinking about credit, and soon he and his lawyers talked two dozen restaurants into accepting a card in lieu of cash. It was called Diners Club.

2. At the scene of the crime. When Ralph Nader saw "a little girl almost decapitated in an accident when the glove compartment door flew open and became a guillotine for the child as she was thrown forward in a fifteen-mile-an hour collision," the idea for Unsafe at Any Speed was born.

3. In the shower. Inspiration usually strikes fashion designer Donna Karan "in the shower... I don't know why. I have these wonderful glass doors that fog up and I draw on the doors in the morning. It's my time to think."

4. On vacation. "I recall a sunny day in Santa Fe when my little daughter asked why she could not see at once the picture I had just taken of her. As I walked around the charming town, I undertook the task of solving the puzzle she had set me. Within an hour, the camera, the film, and the physical chemistry became so clear to me." recounted Dr. Edwin H. Land, inventor or the Polaroid camera.

Whitcomb & Whitcomb(1993).

Lost to shame

A dog that lived near a marketplace often jumped out unexpectedly and bit people when they walked by. After it had bitten a person, it would run away and hide. One day, a young man who had just been bitten grabbed a stick and ran after the dog. The young man chased the dog all through the market until he trapped it in a corner. The young man was about to beat the dog to death when an old man stopped him. "I have a better idea," said the old man. "What could be a better idea than killing this crazy dog?" asked the young man. The old man pulled from his pocket a silver bell with some string attached to it. He hung the bell around the dog's neck. "There," said the old man. "Now everyone will know when the dog is coming." The old man then patted the dog's head. "You see," he said, "this dog isn't crazy. It only bites people because nobody has cared enough to teach it that biting people is wrong. We must give the dog a chance to learn."

Aesop(2000).

참고문헌

김기태, 조평호(2005). 미래지향적 교사론. 서울: 교육과학사.

김영종(1992). 행정철학. 서울: 법문사.

김종철 외(1994). 최신 교사론. 서울: 교육과학사.

윤종건, 전하찬(1996). 교사론. 서울: 정민사.

이상안(2002). 공직윤리봉사론. 서울: 박영사.

이윤식 외(2007). 교직과 교사. 서울: 학지사.

주삼환 외(2007a). 교육행정철학. 서울: 학지사.

주삼환 외(2007b). 교육행정 사례연구. 서울: 학지사.

한국교원단체총연합회(1997). 예비교원을 위한 교사론. 서울: 교육과학사.

Aesop. (2000). *Aesop's Fables*. Seoul: YBM Si-sa.

Heidenheimer, A. J. (1970). *Political corruption: readings in comparative analysis*. NY: Rinehart & Winston.

Strike, K. A. (1990). "The legal and moral responsibility of teachers". In J. Goodlad, R. Soder, & K. Sirotnik (Eds.), *The moral dimensions of teaching*. San Francisco: Jossey-Bass.

Whitcomb, J., & Whitcomb, C. (1993). *Great American Anecdotes*. NY: William Morrow and Company, Inc.

제 2 장

학교 내 교직윤리

학교에서 교육의 질을 결정하는 중요한 요인 중의 하나는 교사 자신의 역량이며 또 하나는 교원들 간의 인간관계다. 일상생활에서 나타나는 긍정적 가치관, 학생을 바라보는 바람직한 태도, 교과에 대한 전문성, 끊임없이 변화하는 사회에 대한 대비 능력과 변화를 주도하는 능력, 직접적으로 가르치는 일 외에 직무수행을 위한 능력을 갖추는 것은 교사 개인으로서 매우 중요한 교직수행 덕목이다. 또한 학교의 조직 차원에서 구성원 간의 조화로움과 조직의 목표달성에 대한 직업인으로서의 책무 등과 밀접하게 연결되는 인간관계는 효율적인 학교 직무수행을 위해 매우 중요한 영역이다. 따라서 이 장에서는 교직수행을 위한 자기 역량 개발과 학교에서 효율적인 인간관계 방법에 대해 살펴보고자 한다.

제1절 교직수행을 위한 자기역량 개발

교원으로서 학생을 가르치고 직무를 효과적으로 수행하기 위해서는 누구에게나 귀감이 될 수 있는 역량을 개발하고 이를 실천할 수 있어야 한다.

효율적인 교직수행을 위해서는 기본적인 소양을 갖추어야 할 것이고, 각종 연수에 참여함으로써 교직수행을 위한 역량을 개발해야 할 것이며, 대학원이나 학술활동에 참여함으로써 교육 현상에 대한 통찰력과 미래의 교육을 예측할 수 있는 안목을 길러야 할 것이다.

1. 교사의 기본 소양 개발

P/ L/ U/ S/

한국대학교육협의회(http://www.kcue.or.kr/)는 교원의 역량강화를 위한 연수를 오프라인과 온라인으로 실시하고 있다. 고등교원을 위한 연수이지만 초·중등교원으로 앞으로 갖추어야 할 영역에 대한 안내를 받을 수 있다.

교원은 학생을 가르치기 이전에 학생이 본받을 만한 긍정적이고 건전한 가치관, 가정·사회·국가에 기여할 수 있는 자세, 건강한 신체와 수준 높은 교양, 교과에 관한 전문성, 그리고 미래사회의 변화를 주도적으로 이끌 수 있는 능력을 갖추어야 하며, 이를 실천하는 것은 기본 소양인 것이다. 한숙경(2003), 안창선 등(1999)은 교사의 기본 소양을 개발하기 위한 자기 관리를 강조하고 있다.

1) 긍정적이고 건전한 가치관

'어떠한 학생도 변화할 수(또는 변화될 수) 있다.' '난 할 수 있다.' '세상은 나 하기에 달려 있어!'와 같은 긍정적 가치관은 그 일을 위해, 그리고 그 목적을 달성하기 위해서 즉각적인 행동을 유도한다. 또한 그 행동은 우리가 원하는 좋은 결과를 만들어 낼 것이다. 그러나 평소 부정적 생각이 넘치는 사람은 그 일을 결정할 수 없을 뿐만 아니라 결정했다고 하더라도 실행으로 옮기는 일은 매우 어렵다.

교사의 긍정적 가치관은 학생들의 긍정적 가치관 형성에도 영향을 줄 수 있다. 교사의 긍정적 사고와 언행은 학교에서 학생과 함께하는 동안 의식적이든 무의식적이든 학생들에게 전달되고, 그 행동을 따라 하는 학생은 자기 자신의 행동양식으로 받아들이게 된다.

교사는 학생의 표상이 될 수 있기 때문에 원만한 인격과 긍정적이고 건전한 교육관을 갖도록 지속적으로 노력해야 한다. 교원의 원만한 인격과 건전한 교육관은 부단한 자기연찬과 노력의 결과로 확립될 수 있으며, 이를 위해 교원들은 각종 현직연수에 능동적으로 참여해야 하며 올바른 정신과 인격을 쌓기 위해 스스로 노력해야 할 것이다.

P/ L/ U/ S/

교원의 직무만족은 학생의 변화 · 성장하는 모습, 교과의 전문성 표현, 그리고 건강한 신체와 다양한 취미활동을 통해 높아질 수 있다.

2) 가정 · 사회 · 국가에 기여할 수 있는 자세

가정생활이 행복하면 학교에서의 생활이 행복하고 학생들을 가르치는 일이 기쁘다. 가정은 신체적 · 정신적 안식처로서 교직생활의 원동력을 만들어 낼 수 있는 중요한 원천이기 때문에 교사는 행복한 가정을 꾸미도록 노력해야 할 것이다.

사회와 국가는 내가 태어나고 생활하고 나의 행복을 만들어 주고 그 행복을 실천할 수 있는 곳이다. 나의 행복이 사회와 국가의 발전에서 왔기 때문에 나라의 장래를 걱정하고 국가의 발전을 위해 기여하는 사람이 되어야 할 것이다.

3) 건강한 신체와 다양한 취미

교사는 정신적 · 신체적으로 건강해야 한다. 교사는 학생의 변화를 위해 신체적 · 정신적으로 부단한 노력을 기울여야 한다. 건강한 신체를 유지할 때 학생의 변화에 보다 더 적극적으로 임할 수 있을 것이다.

교사의 다양한 취미는 교사가 사용하는 언어와 의사소통 방식 등과 함께 학생들의 변화에 촉매제 역할을 한다. 지식을 전달할 때 다양한 예로서 사용할 수 있을 것이고, 학생의 갈등상황에서 그 갈등의 문제를 해결할 수 있는 경험이 될 것이다.

건강한 신체와 다양한 취미를 갖는 것은 자신의 행복을 위해서뿐만 아니라 학생의 변화 측면에서 매우 중요하게 작용할 수 있기 때문에 교사의 기본적인 소양이 된다.

4) 교과에 관한 전문성

「교육기본법」 제14조 제2항에는 "교원은 교육자로서 갖추어야 할 품성과 자질을 향상시키기 위하여 노력하여야 한다."고 제시하고 있다. 이는 교사가 학생의 지적 욕구를 충족시킬 수 있어야 한다는 것을 의미하는데, 학생의 이러한 욕구를 충족할 수 있을 때 무한한 존경을 받을 수 있다는 것이다.

영향력 있는 교사가 되려면 자신이 가르치는 교과목을 끊임없이 연구해야 할 것이고, 학생들이 제기하는 의문을 바로 해결해 주거나 해결할 수 있는 실마리를 줄 수 있어야 한다. 이를 위해서는 연수나 자기개발 프로그램에 지속적으로 참여해야 할 것이다.

5) 미래사회의 변화를 주도할 변화 관리능력

교육은 변화를 전제로 한다. 학생의 변화, 사회의 변화, 국가의 변화는 나 자신의 변화에서 시작되어야 한다. 오늘보다 나은 학생, 어제보다 행복하고 발전된 사회와 국가는 교사인 나 자신의 변화에서 출발한다. 특히, 21세기 지식정보화사회의 특징은 끊임없이 변화하고 그 변화의 속도가 빠르다는 것이다. 무엇을 어떻게 변화시켜야 하고, 어떤 것을 유지해야 하며, 이러한 사회의 현상 속에서 나 자신을 효율적으로 관리할 수 있을까를 고민하는 일은 매우 중요한 일이다. 새로운 물결과 바람을 두려워하지 않고 능동적으로 도전하며 혁신과 개혁을 주저하지 않는 사람이 되어야 한다.

2. 직무능력 향상을 위한 교원연수

교원의 연수에 관한 용어는 교원 현직연수, 현직교육, 계속교육, 재교육, 현직훈련, 교육훈련, 교원연수 등 특별한 구별 없이 다양하게 사용되고 있지만, 「교원 등의 연수에 관한 규정」, 시행규칙, 교육과학기술부의 자격연수 표준교육과정 등의 용어를 볼 때 교원의 연수는 교원연수라고 칭하는 것이 보다 타당하다.

P/ L/ U/ S/

교원의 연수는 평생교육 차원에서 진행되고 있다. 즉, 새로운 교수법, 상담법, 새로운 교육내용을 꾸준히 습득하려는 노력으로 교원의 전문성은 향상되는 것이다.

"교원은 교육자로서 갖추어야 할 품성과 자질을 향상시키기 위해 노력하여야 한다."는 「교육기본법」 제14조 제2항과 "교육공무원은 그 직책을 수행하기 위하여 부단히 연구와 수양에 노력하여야 한다."는 「교육공무원법」 제38조 제1항은 교사가 학생을 가르치면서 자신의 직무능력을 향상시키기 위해 지속으로 노력해야 한다는 것을 규정하고 있다.

서정화(1995), 강기수(2000), 김기정 등(2004)은 전문적 지식 · 기능 · 태도의 습득, 새로운 교육방법 연구, 국가 차원의 교육정책 이해, 변화하는 교육과정의 질 관리 등을 위해 교원의 연수는 반드시 필요하다고 지적하고 있다. 새로운 지식과 방법은 많은 연구가들에 의해 제안되고, 보다 발전된 사회를 만들기 위해 국가 정책은 새롭게 개발되며, 이러한 사회와 국가의 발전에 부응하고 또는 사회와 국가의 발전을 유도하기 위해 학교의 교육과정은 지속적으로 변화 · 발전되고 있다. 이렇게 끊임없이 변화하는 사회에서 전문가로서 교육을 수행하기 위해서는 변화에 부응할 뿐만 아니라 그 변화를 주도할 수 있어야 한다. 이러한 변화의 과정 속에서 교원의 재교육 또는 연수활동은 필수적이고 중요한 것이다.

1) 교원연수의 종류와 주요 내용

교원연수는 교육의 이론 · 방법 및 직무수행에 필요한 능력배양을 위한 직무연수와 교원의 자격을 취득하기 위한 자격연수로 구분한다(「교원 등의 연수에 관한 규정」 제6조, 2008. 7. 29 시행). 직무연수의 연수과정과 내용은 연수원장이 교원의 직무개선을 위해 필요하다고 판단되는 과정을 개설할 수 있다. 자격연수의 연수과정은 2급정교사과정 · 1급정교사과정 · 전문상담교사(1급)과정 · 사서교사(1급)과정 · 보건교사(1급)과정 · 영양교사(1급)과정 · 원감과정 · 원장과정 · 교감과정 및 교장과정이 있다.

P/ L/ U/ S/

교육과학기술연수원 홈페이지(http://www.nest.go.kr/)에서는 국가 차원의 연수를 제공하고 또한 각 시 · 도교육청 산하 연수원 홈페이지를 안내하고 있다.

교육과학기술부가 고시하고 있는 각 자격과정의 표준교육과정(「교육과학기술부고시2009-27호」) 중 중등과 초등 1급정교사 자격연수 표준교육과정의 영역 · 교과목 · 시수 · 운영방법은 〈표 2-1〉~〈표 2-3〉과 같다.

〈표 2-1〉 기본 소양 영역(10~20%)

교과	과목	시수(H)	운영방법
사회변화와 교육	• 미래사회와 교육의 방향 • 국가발전을 위한 교육의 과제 • 세계의 교육동향과 우리 교육의 과제	2~6	토의토론 원격 강의
국제사회와 통일교육	• 통일교육의 이론과 실제 • 국제이해 교육 • 국제사회의 변화와 교육적 대응방안	2~4	토의토론 원격 강의
	• 국가발전을 위한 역사의식의 함양과 과제 • 한국 근현대사의 이해와 발전방향 • 국가와 시민윤리	2~4	
문화와 예술	• 문화, 예술의 이해 • 예술의 이해와 감상 • 다문화 · 다종교사회의 이해와 교육의 과제	2~6	현장실습 원격 토의토론
인간과 환경	• 과학과 기술의 발달과 교육 • 효과적인 경제생활을 위한 교육의 과제 • ICT 발달과 교육 • 지구환경의 변화와 환경교육	2~4	토의토론 원격 현장실습 강의
현장체험	• 봉사활동 • 현장체험학습 • 취미 및 건강생활	4~6	현장실습 토의토론 강의
선택교과	연수기관 자유선택	4~6	
영역 소계		18~36	

출처: http://www.nest.go.kr

〈표 2-2〉 교직일반 영역(10~20%)

교과	과목	시수(H)	운영방법
교사 전문성	• 교육력과 교사의 전문성 • 교사의 책무성과 교직윤리 • 학교평가 및 교원평가의 이해 • 연구학교의 이해와 실제	2~4	원격 토의토론 강의
학급경영	• 학급경영의 이론과 실제 • 학급경영과 담임의 역할 • 학생상담의 이론과 실제	2~6	토의토론 강의

생활지도 및 진로교육	• 생활지도의 실제 • 민주사회와 인권교육의 실제 • 양성평등교육의 실제 • 학교안전교육의 실제 • 진로와 직업선택의 과제 • 정보통신윤리교육의 실제	4~8	토의토론 원격 강의
교육법규 및 사무관리	• 교육행정 및 교육법규의 이해 • 학사 및 사무관리 • 학교인사 및 재정관리	2~4	토의토론 원격 강의
교육과제의 이해	• 수월성교육의 이해와 실제 • 특수교육의 이해와 실제 • 창의성교육의 이해와 실제 • 효과적인 대안교육 방안 • 교원단체에 대한 이해 • 교육개혁의 방향과 과제	4~6	토의토론 현장실습 원격 강의
선택교과	연수기관 자유선택	4~6	
영역 소계		18~34	

출처: http://www.nest.go.kr

〈표 2-3〉 전문(전공) 영역(60~80%)

교과	과목	시수(H)	운영방법
교과교육론 및 교과 교육과정	• 교과별 교육론 및 최신 동향 • 교과별 교육과정 편성 · 운영의 실제 • 수준별 교육과정 • 중등학교 교육과정의 편성과 운영 • 학교교육과정의 변천 및 주요내용	12~16	토의토론 실기실습 강의
교과내용학	• 교과별 핵심 영역에 대한 심화학습	28~34	토의토론 실기실습 강의
교수-학습 방법	• 교수-학습이론 • 교과별 교수-학습모형별 지도방법 • 교과별 수업분석 기법 • 교과별 교수-학습자료 제작 • 교과별 교실수업 개선 사례 • 사이버 학습의 이론과 사례 • 프로젝트 학습의 이론과 실제 • 교과용 도서의 분석 · 활용	14~ 22	토의토론 실기실습 강의

교수-학습 평가	• 평가의 이론과 실제 • 교과별 평가 및 성적관리 • 교과별 평가문항 제작 및 문항분석의 실제 • 재량활동의 평가	6~10	토의토론 실기실습 강의
특별활동	• 특별활동(계발활동, 자치활동, 적응활동, 봉사활동, 행사활동) 운영 및 평가 사례 • 교환(교류)학습의 이론과 실제 • 현장체험학습의 이론과 실제	6~8	토의토론 실기실습 강의
방과후 학교 활동	• 평생교육활동 운영 우수사례 • 특기 · 적성교육활동 운영 우수사례 • 수준별 보충수업 운영 우수사례	6~8	토의토론 현장실습 강의
교과연구 및 교육공학	• 교과연구의 이론과 실제 • 교육공학과 교수설계 • 학습유형별 기자재 활용법	8~10	토의토론 실기실습 강의
현장교육탐구	• 선배교사와의 대화 • 선진학교 탐방 • 범교과학습의 운영 우수사례 • 자기주도적 학습의 운영 우수사례 • 교과 관련 현장탐방 • 현장연구의 이론과 실제	18~22	실기실습 토의토론 현장실습 강의
평가	• 평가	4~6	
선택과목	연수기관 자유선택	6~8	
영역 소계		108~144	

출처: http://www.nest.go.kr

이 밖에 교원연수는 운영하는 형태에 따라 연수기관 등에 모여서 연수가 이루어지는 집합연수, 인터넷을 통해 이루어지는 원격연수, 집합과 원격을 병행하는 혼합연수, 연수원장이 필요하다고 인정할 때 타 연수기관에 위탁해서 운영하는 위탁연수, 교육감이 연수원에서 실시할 수 없는 특수한 분야에서 특정 기관을 지정해서 실시하는 지정연수 등이 있다. 또한 부전공연수, 학위취득 대학위탁, 교원 장기 해외유학, 해외 장기 체험연수 등을 위한 특별연수가 있다.

2) 교원연수기관의 종류

교원연수기관은 교육연수원 · 교육행정연수원 · 종합교육연수원 및 원격교육연수원(「교원 등의 연수에 관한 규정」 제2조 제1항)으로 나뉜다. 이러한 연수원을 설치자와 방법에 따라 연수기관명을 정리하면 〈표 2-4〉와 같다.

〈표 2-4〉 교원연수기관의 종류 (2008. 7. 현재)

구분	기관명	주요 연수과정	설립일
중앙 단위 연수기관 (4기관)	교육과학기술연수원	• 교육공무원 • 연수발전 및 자료 개발	2005. 1. 1 국가전문행정 연수원에서 독립
	한국교원대학교 종합교육연수원	• 교(원)장 자격연수 • 특별연수 • 외국어연수	1986. 1. 17
	한국방송통신대학교 종합교육연수원	• 초 · 중등교원 직무연수	2000. 5. 9
	서울대학교사범대학 부설 교육행정연수원	• 교(원)장 자격연수 • 교육행정지도자 과정	1964. 2. 21
대학 부설 교육연수원 (84기관)	강원대학교사범대학 부설 중등교육연수원 등	• 유치원, 초 · 중등, 특수학교교원 자격 · 직무연수	1964. 2. 21~ 2007. 7
시 · 도교육 연수원 (16기관)	서울특별시교육연수원 등	• 유치원, 초 · 중등, 특수학교교원 자격 · 직무연수	1975. 4. 3~ 1998. 12. 4
원격교육 연수원 (65기관)	전남대학교 부설 원격교육연수원 등	• 유치원, 초 · 중등, 특수학교교원 직무연수	2000. 12. 4~
계	169기관		

3. 교과 전문성 향상을 위한 교과연구활동

교원의 교과 전문성 향상을 위한 교과연구활동은 교원의 전문성을 제고하고, 이를 통하여 교실수업을 개선하기 위해 교사들이 자율적으로 운영하

P/ L/ U/ S/

학부모의 학력이 높아진 요즘, 교원의 전문성뿐만 아니라 높은 학력을 요구하고 있다. 국가에서 교원전문대학원 설치를 논의하고 있는 이유도 이 때문이다.

는 활동이다. 이러한 활동을 교사가 자율적으로 할 수 있도록 유도하기 위해 교육과학기술부는 교사들로 하여금 교과교육연구회를 만들도록 권장하고 이에 대한 지원을 하고 있다. 교과교육연구회는 교원의 전문성 향상, 교원의 자율적 연구풍토 조성, 창의력 신장 및 수준별 교수-학습방법 개선 자료 개발 · 보급 등을 통해 교육의 질을 향상시키는 데 목적을 가지고 진행되고 있다. 교과교육연구회의 연구활동은 교원의 현장연구 수행, 학습활동 또는 전공과 관련된 동아리활동, 작품활동 등의 모습으로 진행되고 있다.

이러한 연구활동을 위해 교육과학기술부와 각 시 · 도교육청은 교사들이 자율적으로 교과교육연구회를 결성하게 하고 이를 지원하는데, 한국교육학술정보원 홈페이지(http://research.edunet.net)에서 관리되고 있는 교과교육연구회는 2009년 8월 현재 1,158개다. 교과교육연구회는 각 지역교육청별로 조직되어 있고, 매년 회원들을 모집하여 월별로 연수 및 세미나를 개최하여 교과와 학습지도에 관한 정보를 교류한다. 교과교육연구회를 통해서 새로운 학습방법이나 효과적인 교수방법 등을 배우고, 선배들에게 조언을 구하기도 하며, 관심분야에 대해서 전문성을 키워 나가는 계기가 되고 있다.

4. 교직 전문성 향상을 위한 학술활동

교원의 교직 전문성 향상을 위한 학술활동은 대학원에 진학해서 보다 전문적으로 학술활동에 참여하는 경우와 교직현장에서 자신의 관심사에 따라 자율적으로 진행하는 현장연구활동으로 나누어 볼 수 있다.

교사들의 보다 체계적이고 전문적이며 학문적인 자기관리 방안은 대학원 진학 후 자신의 관심분야에 대한 심도 있는 연구일 것이다. 대학원 진학은 학위취득과 함께 관심분야에 대한 깊고 넓은 안목을 갖출 수 있는 좋은 기회다. 또한 학위취득 시 승진 연구점수의 혜택도 주어지기 때문에 많은 교사들은 대학원 진학을 희망한다. 대학원에는 일반대학원 그리고 교육대학원, 행정대학원 같은 특수대학원이 있으며 어느 대학원이라도 진학할 수 있지만 일반적으로 교원은 교육대학원에 진학한다. 교육대학원은 야간에 운영하는 대학원과 방학을 이용한 계절제 대학원이 있다.

교사의 현장연구활동은 자신이 근무하는 학교나 가르치는 교과영역에서 연구문제를 찾아내고 그 문제를 해결하기 위한 방안을 찾기 위해 자료를 수집 · 분석하거나, 교사 자신의 수업기술을 적용하여 수업의 효율성을 검증하거나, 학생들의 행동수정을 위해 상담 프로그램을 개발하여 적용한 후 그 효과성을 검증하는 연구활동이다. 현장연구는 학교의 변화를 촉진하고, 교사의 사고를 격려하며, 새로운 방법들과 아이디어를 검토하게 함으로써 교사들이 적극적으로 자신의 전문성을 신장시킬 수 있도록 하는 방법이다(홍서민, 2007). 우수교육자료전, 전국과학박람회, 인성 · 특기적성교육연구 등과 함께 각 시 · 도교육청과 교육과학기술부에서 연구대회를 개최하며 현장연구를 장려하고 있다.

제2절 학교에서의 인간관계와 의사소통

우리는 일상생활 속에서 수많은 사람들과 인간관계를 맺으며 그들과 의사소통하며 살아간다. 인간관계는 유지 또는 발전되기도 하고 갈등 또는 파경에 이르기도 한다. 유지되는 듯 하면서도 갈등을 겪고, 갈등이 심화되는 듯하면서도 오히려 더욱 발전되는 모습을 나타내기도 한다. 성공적 인간관계 형성은 삶을 풍요롭게 만들지만 그렇지 못할 경우 우리를 고독하게 만든다. 사랑과 애정을 표현하는 부모-자녀 관계, 사랑과 존경을 나타내는 교사-학생 관계, 배려와 격려가 깃든 직장 상사-부하 관계 등은 우리의 삶을 따뜻하게 만들지만, 지시와 폭력의 부모-자녀 관계, 불신과 태만의 교사-학생 관계, 시기와 질투의 직장동료 관계 등은 우리의 마음을 어둡게 만드는 것들이다.

1. 교육에서의 인간관계

1) 학생과의 인간관계

P/ L/ U/ S/

교사의 다양한 인간관계 중 학부모와 맺는 인간관계의 중요성은 날이 갈수록 높아지고 있다. 학생은 가정과 학교에서 주로 생활하고 그 환경에서 발달하기 때문에 교사와 학부모의 협력은 매우 중요한 것이다.

교육은 교사와 학생과의 만남과 의사소통으로 시작된다. 한숙경(2003)이 지적했듯이 교사와 학생 간의 원만한 인간관계는 수업의 효율성과 마찬가지로 교원의 교직수행에서 핵심이라고 할 수 있고, 학생과의 인간관계에서 인격적이고 신뢰할 수 있는 인간관계를 유지하지 못한다면 학생을 올바로 교육할 수 없을 것이다. 또한 교수-학습과정은 교사와 학생 간의 인간관계를 통하여 이루어지며 양자 간의 인간관계의 성패에 따라 학습의 효과가 좌우된다고 해도 과언은 아니다(남정걸, 2009).

교사의 말씨, 교사의 걸음걸이, 교사의 표정 등 교사의 모든 행동이 학생들에게 영향을 줄 수 있다. 학생 개인의 본성과 개인차에 대한 존중, 편견 없는 공정한 사랑, 학생의 개인 사생활에 대한 비밀보장, 체벌금지 등은 학생과의 인간관계에서 선결조건이 된다.

2) 동료교사와의 인간관계

학교는 많은 교사들이 조직적으로 화합하고 협력하여 교육목표의 달성을 위해 노력해야 하는 집단이다. 수업 효율성을 위한 같은 교과 담당 교사와의 협력, 같은 학년 교사들과의 학생발달에 관한 정보교류, 학교에서 나타날 수 있는 각종 문제에 대한 공통의 의견 마련, 교사 상호 간의 역량강화를 위한 건전한 평가와 비판·격려 등은 상호 존중하고 신뢰를 바탕으로 하는 인간관계가 유지될 때 가능한 것이다.

교사들은 동료교사에 대한 건전한 평가와 비판·격려의 태도를 가져야 한다(이윤식 외, 2007). 어느 집단에서나 동료에 대한 무관심은 구성원들의 발전을 저해하고 나아가 그들이 속한 조직의 발전을 어렵게 만든다. 교사들은 동료가 교사로서 요구되는 행위를 바르게 하며 교직에 임하고 있는지, 학생을 지도하는 교육자이자 학교라는 기관의 직원으로서 어떠한 성취를 이루고 있는지 등에 관심을 가져야 한다. 그리고 그에 대해 적절한 평가를 하는 가운데, 좋은 행위나 성취에 대해서는 아낌없는 칭송과 격려를 보내야 할 것이다.

교사 상호 간의 관계는 매우 복잡하고 다양한 특성을 가지고 있다. 가까이하고 싶은 교사, 멀리하고 싶은 교사, 열의 있는 교사, 비관적인 교사 등 다양한 동료교사가 있지만 중요한 것은 교사들 간의 인간관계가 친밀할수록 자신의 직업만족도와 사기가 높아지며 이로 인해 열정적 교수활동이 가능해진다는 점이다.

3) 교감 · 교장을 포함한 행정가와의 인간관계

인간관계적 관점에서 보면 학교 내에서 행정가인 교장은 중재자 또는 중간자의 지위에 있다고 할 수 있을 것이다(남정걸, 2009). 학교 내에서 부장교사 · 교감 · 교장 등과의 관계는 수직적 관계이면서도 존경과 신뢰의 관계여야 한다. 단위학교의 책임자는 교장이고, 교장을 보좌하는 지위에 교감과 부장교사가 위치하고 있다. 「초 · 중등교육법」의 "교장은 교무를 통할하고, 소속 교직원을 지도 · 감독하며, 학생을 교육한다(제20조 제1항)."는 규정과 "교감은 교장을 보좌하여 교무를 관리하고 학생을 교육하며, 교장이 부득이한 사유로 직무를 수행할 수 없는 때에는 그 직무를 대행한다(제20조 제2항)."라는 규정은 관리자인 교장과 교감과의 관계가 법적으로는 상사와 부하의 관계임을 보여 준다. 그러나 법규상 이 관계가 교사의 교장에 대한 형식적 복종관계를 말하는 것은 아니며, 교장은 교사에게서 마음으로부터의 협조를 얻어 낼 수 있도록 리더십을 발휘해야 할 것이다.

교사는 학교에서 주어진 자신의 임무를 충실히 완수하고 학교조직의 목표를 달성하기 위해 능동적이며 적극적으로 참여해야 한다. 그리고 교장과 교감에게는 조직의 책임자에 대한 예우와 인격적 존경심을 보여야 할 것이다.

4) 학부모와의 인간관계

교육은 학교에서만 이루어지는 것이 아니다. 교육은 학교와 가정에서도 이루어지며 학교의 교사와 가정의 학부모가 역동적 인간관계를 유지할 때 보다 효율적으로 이루어질 수 있다. 학교교육이 성공하기 위해서는 교육환경, 교사의 자질, 좋은 교육내용 선정 등도 중요하지만, 보다 중요한 것은 이러한 요소들을 역동적으로 작용하게 만들어 효과를 높이는 인간관계라고 볼 수 있다.

박연호(1989), 정영수 등(1998) 그리고 이윤식 등(2007)이 제시한 학부모와 교사의 바람직한 관계 형성을 위한 방안을 요약해 보면, 교사와 학부모의 상호 권리인정과 존중, 교육을 위한 동반자적 역할수행, 학생의 발달을 위한 자유롭고 끊임없는 대화, 바람직하지 않은 학부모의 교육관을 정중한 태도로 바람직한 방향으로 유도하는 것 등이다. 이러한 방안들은 매우 어려운 일들이지만 지금 이 순간부터 실천하려는 노력을 기울인다면 교직을 수행하는 시점에서는 보다 성숙한 인간관계를 유지할 수 있을 것이다.

5) 지역사회 주민과의 인간관계

지역사회는 학교발전에 많은 영향을 준다. 때로는 많은 기부금을 내기도 하고, 평생교육의 강사도 제공해 주며, 학교수업에서 필요한 교육내용도 제공해 주고, 교실 수업행동의 연장선에서 수업활동을 위한 장을 제공하기도 한다. 학교가 지역사회에 긍정적 영향을 준다고 믿을 때 지역사회 주민들은 많은 금전적 도움을 학교에 제공한다. 학교경영에서 보다 융통성 있게 지역사회에 접근할 때 훌륭한 강사, 의미 있는 교육내용, 보다 흥미로운 수업의 장을 제공받을 수 있을 것이다.

교사는 지역사회의 특징이 무엇인지를 파악하여 그에 어울리는 사고와 행동을 해야 한다. 지역사회마다 전통과 문화, 관습과 행동이 다를 수 있다. 도시와 농촌이 서로 다를 것이고, 같은 도시라고 할지라도 오래된 도시와 신생도시의 특성은 다를 것이다. 따라서 교사가 그 지역사회의 이방인처럼 행동한다면 부정적 관심이나 비난의 대상이 될 수 있기 때문에 지역사회 주민을 이해하고 그들과 원만한 관계를 유지하는 것은 매우 중요한 일이다.

P/ L/ U/ S/

뉴질랜드의 경우, 지역사회 주민들은 학교발전을 위해 경제적 지원을 아끼지 않는다. 개인적 기부뿐만 아니라 학생작품 구매, 회사물품 판매 등의 활동을 통해 얻은 수익을 학교에 기부함으로써 학교발전에 기여하고 있다.

2. 효율적인 인간관계의 방법

1) 지시 · 명령

지시나 명령은 아버지나 형과 같은 윗사람이 아들이나 동생과 같은 아랫사람에게 무엇인가 하도록 하는 것이다. 또한 조직에서 상위 직급에 있는 사람이 하위 직급에 있는 사람에게 무엇인가 하도록 하는 것이다. 교육에서는 교사가 학생에게 무엇인가를 하도록 하는 것인데, 예를 들어 교사가 휴지를 버린 학생에게 "휴지 주워!"라고 말했을 때 지시했다고 한다.

P/ L/ U/ S/

명확한 지시는 애매한 상의보다 낫다.

지시나 명령을 받은 사람은 그 내용이 합리적이고 현명한 내용이라고 생각될 때 그에 따른다. 만약 학생이 의사결정과정에 참여했을 때 교사가 학생의 의견을 존중하면서 명령하거나, 학생의 감정을 이해하여 유머러스하고 재미있는 표현으로 지시나 명령을 한다면 학생은 그 내용을 행동으로 쉽게 옮길 수 있을 것이다. 하지만 자신의 가치관과 다른 내용, 전혀 관련 없는 내용, 비합리적이고 타당성이 결여된 내용, 그리고 상대의 감정을 해치는 딱딱한 말투로 명령을 한다면 학생은 지시를 수용하는 데 망설이게 될 것이다.

좋은 명령은 계획된 명령, 합리적이고 명백한 내용의 명령, 이해하기 쉽도록 충분한 정보가 있는 명령, 예의 있는 용어를 사용하는 명령, 언제 어느 정도까지 해야 하는지를 명확히 한 책임 있는 명령, 무엇을 기대하는지 정확히 알 수 있는 명령, 신의로써 권위 있는 명령 등이다. 그리고 그 명령이 만족할 만하게 수행되었는지 확인해야 하고 그렇지 못했을 경우에는 명

읽을 거리

Positive Motivation

This is one of the important things that a teacher must possess. In a class, students always have different kinds of taste and preferences over subjects. So it is the job of the teacher to create enthusiasm and interest in the minds of the students towards a subject. It is also a teachers role to remove any fear and inhibitions that a student may have towards a subject.

Effective Body Language

This is the most powerful communication skill that a teacher must possess. Good presentation skills include a powerful body language supported by verbal skills. This can create a long lasting impression in the minds of the students. Thus, a teachers lectures will inevitably become more interactive and interesting for the students. Besides, a teacher should maintain the volume, tone and rhythm of their voice during a lecture.

Sense of Humor

The importance of this factor has been regularly underestimated. A good sense of humor keeps the students active and interested in the teachers class. A teacher who is dour and lacks humor does not contribute to the overall well being of the students.

Understanding

the Students Teachers should encourage students to communicate openly. There should be emphasis on cultivating a dialogue rather than a monologue. So while solving any kind of problems in the classroom, it is always wise to hear the opinions of the students also.

Team Formation

This is a good method where you can divide the classroom into small teams and ask them to solve different problems or complete assignments. This practice will increase not only the interaction among the students but also among the teacher and students.

Technical Skills

It is also important that teachers should be up to date with all the latest teaching aids like computers, video conferencing and especially the use of internet. This will also help the students to keep up their interest in the learning process.

http://www.communicationskillsworld.com/communicationskillsforteachers.html

참고문헌

강기수(2000). 유치원 초등학교 교사를 위한 교사교육론. 부산: 세종출판사.

곽영우 외(1998). 예비교원을 위한 교사론. 서울: 교육과학사.

권석만(2005). 젊은이를 위한 인간관계 심리학. 서울: 학지사.

기순신(2001). 교사론. 서울: 학지사.

김기정, 김종두, 장경숙(2004). 유치원 초등 중등교사 연수프로그램의 실태 분석. 서원대학교 교육연구소.

김미호(2008). 음악과 교원연수 실태조사 연구-서울특별시 중심으로-. 성신여자대학교 교육대학원 석사학위논문.

김성천(2007). 교사자율연구모임을 통한 교사 전문성 성장 과정-협동학습연구회에 관한 문화기술적 연구-. 성균관대학교 일반대학원 박사학위논문.

나은영(2002). 인간 커뮤니케이션과 미디어. 서울: 도서출판 한나래.

남정걸(2009). 교육행정 및 교육경영. 파주: 교육과학사.

박연호(1989). 교사와 인간관계. 서울: 법문사.

부산광역시교육연수원(2009). 부산광역시교육연수원2009년도 운영계획.

서울특별시교육연수원(2009). 2009 서울특별시교육연수원 주요업무계획.

서정화(1995). 교육인사행정. 서울: 세영사.

선미라(2007). 교원연수 개선방안에 관하여. 한양대학교 교육대학원 석사학위논문.

신득렬(2002). 교직을 위한 윤리 연구. 교육철학, 20, 101-116.

신현석, 전상훈(2008). 교원연수제도의 문제와 개선에 대한 역사적 신제도주의적 분석. 교육문제연구, 제32집, 167-192.

안창선 외(1999). 교사론. 서울: 교육과학사.

윤종건, 전하찬(1996). 교사론. 서울: 정민사.

이상안(2002). 공직윤리봉사론. 서울: 박영사.

이윤식 외(2007). 교직과 교사. 서울: 학지사.

임진수(2008). 울산광역시 중학교 교원연수의 활성화 방안. 울산대학교 교육대학원 석사학위논문.

정영수 외(1998). 교사와 교육. 서울: 문음사.

조동섭 외(2008). 새내기 교사가 알아야 할 100가지. 파주: 교육과학사.

주삼환 외(2007). **교육행정철학**. 서울: 학지사.

한국교원단체총연합회(1997). 예비교원을 위한 교사론. 서울: 교육과학사.

한숙경(2003). 예비 교사와 현직 교사를 위한 신 교사론. 서울: 학지사.

홍서민(2007). 초등학교 교사의 교직전문성 인식에 따른 자율연수 요구에 관한 연구. 이화여자대학교 교육대학원 석사학위논문.

Eunson, B. (2008). *C21 Communication in a Changing World*. The McGraw-Hill Companies.

Johnson, D. W. (2000). *Reaching out: Interpersonal effectiveness and self-actualization*. Boston: Allyn and Bacon.

Lazarus, A. (1971). *Behavior therapy and beyond*. New York: McGraw-Hill.

Pinner, D., & Pinner, D. (1998). *Communication Skills* (4th ed.). Auckland: Addison Wesley Longman.

Schlechty, P. C. (1990). *School for the 21st centry*. San Francisco: Jossey-Bass Publishers.

http://research.edunet.net/index.do(교육과학기술부 교과교육연구회)

http://se.uesri.kr/edureelect/edureelect01.html(울산광역시교육과학연구원 교과교육연구회)

http://www.communicationskillsworld.com/communicationskillsforteachers.html

제 3 장

직무수행을 위한 윤리

교사로서의 직무를 수행하기 위해서는 직무수행상의 윤리를 숙지하고 이를 준수해야 한다. 교사자격증이 있다고 해서 교직을 수행할 수 있는 것은 아니며, 직무를 수행하면서 지켜야 하는 여러 가지 윤리의 종류를 알고 실행해야 한다. 그럴 때만이 교사들은 자신들의 권리를 지킬 수 있고, 교사로서의 전문성을 발휘할 수 있으며, 학교교육의 효율화를 꾀함으로써 학부모와 학생들로부터 신뢰를 받게 될 것이다.

제1절 직무수행 윤리를 위한 법적 준거

교직의 위상은 교육의 중요성에 비례한다. 따라서 교직은 직무를 수행함에 있어서 다른 어떤 직종보다도 엄격한 윤리적 기준을 가져야 한다. 교사의 직무윤리는 보통 각종 법규에 명시되어 있는데, 일반 윤리와 차별화된 윤리를 가지며 보다 엄격하다. 교직의 윤리적 책무는 학생들의 발달은 물론, 사회 전체에 지대한 영향을 미치기 때문이다.

1. 교사의 권리와 의무

PLUS

국 · 공립학교 교사는 「교육공무원임용령」의 적용을 받는 교육공무원이다. 교육공무원은 국민과 국가를 위하여 봉사하는 직업이다.

교사의 기본적 인권은 인간의 존엄성을 전제로 하는 헌법상의 자유와 평등을 이념으로 한다. 그러므로 교사로서의 인권은 법률에 의해 평등하게 보호받아야 한다. 이러한 법규는 교사로 하여금 교직을 수행하게 하는 기본이 된다.

교직은 전문직이므로 고도의 지적 능력과 자율성 그리고 교권의 확립이 요구되는 직업이다. 교직은 이에 따르는 사회적 책임과 직업으로서의 윤리가 강조되기 때문이다. 이러한 측면에서 교직을 수행하는 교사들에게는 교사로서의 권리와 의무가 주어지며, 그 신분 또한 철저히 보장되어야 한다.

교사의 권리와 의무를 언급하는 까닭은 교사들로 하여금 교직을 수행함에 있어서 그들의 윤리성을 담보하기 위한 기본적 가정이 되기 때문이다. 즉, 교사들의 직무수행을 위한 윤리는 그들의 권리와 의무가 충분히 확보될 때 가능하다고 보는 것이다.

교사들은 전문직으로서 그 능력을 발휘함과 동시에 그들의 업무를 충실히 수행해야 하는데, 이를 위해 교권의 확립은 매우 중요한 근간이 된다. 이에 우리나라 법률에 규정된 교원의 권리를 살펴보면 다음과 같다.

첫째, 교사는 교육할 권리를 갖는다. 즉, 교사는 법령이 정하는 바에 따라 학생을 교육한다(「초 · 중등교육법」 제20조 제3항). 교사가 갖는 이 권리는 교사의 가장 핵심적인 권리로, 교사의 존재를 공고히 해 주는 조항이다. 교사의 교육권에는 수업할 권리, 교육과정의 편성권리, 교재의 선택권리, 교육방법의 결정권리, 교육평가의 권리, 학생지도 및 징계의 권리 등이 포함된다.

둘째, 교사는 교육공무원으로서의 신분을 유지할 수 있는 권리를 갖는다. 교원의 신분보장은 교사들로 하여금 교직수행을 원활하게 하는 기본적인 권리다. 이러한 권리는 「교육공무원법」 제43조에 규정되어 있는데, 법에 정한 사유에 의하지 아니하고서는 부당한 대우를 받지 않는다는 내용을 명시하고 있다.

셋째, 교사에게는 불체포특권이 있다(「교육공무원법」 제48조). 즉, 현행범인 경우를 제외하고는 소속 학교장의 동의 없이 학교 내에서 체포당하지 않는 것을 말한다. 이 권리 역시 교사의 신분을 보호하고 직무수행을 보장하는 방편이 된다.

넷째, 교사는 쟁송제기권을 갖는다. 즉, 행정상 쟁송제기권을 가짐으로써, 부당한 대우를 받았을 때 자신의 권리를 보장받을 수 있다. 교사는 인사·조직·처우 등 각종 직무조건과 기타 신상문제에 대하여 인사상담이나 고충의 심사를 청구할 수 있으며, 이를 이유로 부당한 처분이나 대우를 받지 아니한다(「교육공무원법」 제49조 제1항).

PLUS

「교원지위향상을 위한 특별법」 제9조에서는 징계처분이나 의사에 반하는 불리한 처분에 대해 불복할 때 징계처분이 있은 것을 안 날로부터 30일 이내에 재심위원회에 재심을 청구할 수 있도록 규정하고 있다.

다섯째, 교사에게는 교원단체 활동권이 있다(「교육기본법」 제15조). 이는 교사들이 경제적·사회적 지위를 향상시키고 교직의 전문성을 신장시키기 위해 자율적인 단체를 조직하여 활동하는 권리를 말한다. 이러한 권리는 직무를 수행하는 데 보다 강력한 지원 요소가 된다.

여섯째, 교사는 재산상의 권리를 갖는다. 우선, 교사는 근로의 대가로서 임금 등 보수를 청구할 권리를 갖는다. 따라서 교육공무원의 보수는 우대되어야 하며, 보수기준은 자격, 경력, 직무의 곤란성과 책임의 정도에 따라 대통령령으로 규정하도록 되어 있다(「교육공무원법」 제34조). 또 연금 및 실비보상 등의 청구권 외에 특별수당, 연구수당, 교직수당 등을 지급하도록 되어 있고(「교육공무원법」 제35조), 20년 이상 근속하고 퇴직하고자 할 때에는 예산의 범위 안에서 명예퇴직수당을 지급할 수 있도록 하고 있다(「교육공무원법」 제36조).

그러나 교사에게는 기본권이 제한되는 부분도 있는데, 어떠한 정치적·파당적 또는 개인적 편견의 전파를 위한 방편으로 교육을 이용해서는 안 된다는 것이다(「교육기본법」 제6조 제1항). 따라서 정당이나 기타 정치단체의 결성에 관여하거나 이에 가입할 수 없으며, 특정 정당 또는 특정인의 지지나 반대를 위해 투표를 권유하는 행위 등을 해서는 안 된다(「국가공무원

PLUS

교사에게 정당가입 및 선거운동을 지나치게 엄격히 제한하는 것은 문제가 된다고 지적하는 학자들도 있다. 물론, 이러한 권리는 학교수업이나 학생들의 가치관에 영향을 주어서는 안 될 것이다.

법」 제65조). 이것은 교사로 하여금 정치적 중립성을 요구함으로써 정권교체에 영향을 받지 않고 교직을 수행할 수 있도록 하기 위한 것이다.

이러한 권리는 교사들의 의무수행과 함께 이루어져야 한다. 교육공무원으로서 교사들은 그 복무에 있어서 국가공무원법의 적용을 받는다. 법에 명시된 교사들의 의무는 보통 적극적 의무와 소극적 의무로 나누어 볼 수 있다.

우선, 적극적 의무란 업무수행 및 전문직으로서의 실행을 위한 의무를 말한다. 즉, 교육 및 연구활동의 의무, 성실의 의무, 복종의 의무, 법령준수의 의무, 비밀엄수의 의무, 청렴의 의무, 품위유지의 의무, 친절 · 공정의 의무, 복무규정의 이행 의무 등을 들 수 있다. 이 가운데 성실의 의무(「국가공무원법」 제56조)는 국민 전체의 봉사자로서 공공이익에 충실해야 한다는 것이다. 복종의 의무(「국가공무원법」 제57조)는 직무를 수행함에 있어서 소속상관의 직무명령에 복종해야 함을 나타내는 것이다. 따라서 교사들은 소속 학교 기관장의 유효한 직무상 명령에 복종해야 한다. 법령준수의 의무(「국가공무원법」 제56조)는 민주주의 기본질서를 유지하기 위해 법을 준수해야 한다는 것이다. 비밀엄수의 의무(「국가공무원법」 제60조)는 재직 중은 물론, 퇴직 후에도 직무상의 비밀을 엄수해야 한다는 것이다.

다음으로, 소극적 의무란 영리업무 및 겸직의 금지, 정치운동의 금지, 집단행위의 금지 등이다. 교직을 수행함에 있어서 교사는 다른 직종을 겸직함으로써 영리를 추구하는 행위가 금지되고, 정치적 중립성을 지켜야 하며, 자율적 교직단체를 조직할 수는 있어도 노동3권을 모두 행사할 수는 없다.

교사들은 권리만을 주장해서는 안 되며, 자신들의 의무를 분명히 알고 이를 실행해야 직무수행 시 불이익을 당하지 않는다. 따라서 법에 명시되어 있는 이러한 권리와 의무는 교사들의 직무수행을 도와주는 기본 전제이자 법적 근거가 된다.

2. 교사의 지위향상을 위한 법규

교사의 지위향상을 위한 법적 근거는 교직을 수행하고 교직수행상의 윤리를 지키는 데 중요한 기반이 된다. 교원의 지위향상을 위해서는 신분보장이 우선적으로 이루어져야 하며, 자신들의 의무를 소홀히 할 때에는 징계를 받도록 해야 한다. 이러한 것들은 모두 교직윤리를 자율적으로 지킬 수 있게 규정한 법적 근거에 의한다.

1) 교사의 신분보장을 위한 관련 법규

교사의 신분보장이란 법이 정하는 바에 의하지 않고는 신분상의 불리한 처분을 받지 않음을 말한다. 교사의 신분보장이 법적으로 보장되어야 하는 이유는 교사들로 하여금 자신들의 권리와 의무를 실행함으로써 교직윤리에 어긋나지 않게 그들의 임무를 수행하도록 하기 위함이다.

「교육공무원법」 제43조에 의하면 교원존중 및 교원의 신분보장과 관련하여 몇 가지 관련 내용이 규정되어 있다.

> ① 교권은 존중되어야 하며, 교원은 그 전문적 지위와 신분에 영향을 미치는 부당한 간섭을 받지 아니한다.
> ② 교육공무원은 형의 선고, 징계처분 또는 이 법에서 정하는 사유에 의하지 아니하고는 그 의사에 반하여 휴직 · 강임 또는 면직을 당하지 아니한다.
> ③ 교육공무원은 권고에 의하여 사직을 당하지 아니한다.

PLUS

교원에 대한 신분보장은 다른 공무원들에 비해 더욱 강조되고 있다. 특히 1991년 제정된 「교원지위향상을 위한 특별법」은 교원의 지위향상에 초점을 두어 만들어진 것이다.

「교육기본법」 제14조 제1항에서도 "학교교육에서 교원의 전문성은 존중되며, 교원의 경제적 · 사회적 지위는 우대되고 그 신분은 보장된다."라고 명시되어 있다. 특히 「교원지위향상을 위한 특별법」은 교원에 대한 예우 및 처우를 개선하고 신분보장을 강화함으로써 교원의 지위를 향상시키고, 교

④ 소청심사의 청구 · 심사 및 결정 등 심사 절차에 관하여 필요한 사항은 대통령령으로 정한다.

교원의 신분보장은 다른 공무원들에 비해 더욱 강화되어 있는 만큼, 직무상의 수행의무를 소홀히 할 경우에는 이처럼 법적 제재로서의 각종 징계가 이루어진다. 이것은 교원의 직무윤리가 그만큼 중요하기 때문이며, 교사의 직무수행을 보장하기 위한 것이다.

무엇보다도 국가의 교육을 담당하는 직무를 수행함에 있어서 교사의 행위 자체는 사회에서 하나의 모델이 되어야 하기 때문에 직무윤리는 반드시 엄수해야 한다. 국가에서 징계의 법적 체제를 마련한 것도 교사들의 직무수행을 돕기 위한 하나의 방편이다.

제2절 직무수행을 위한 윤리

교사들이 교직을 수행할 때 교직윤리를 따르지 않는다면 교육의 본질에 어긋나는 교육활동이 이루어질 것이다. 즉, 교사의 각종 불법행위는 교직윤리에 어긋나는 행위가 된다. 따라서 학교 안팎에서의 직무수행을 위한 윤리를 알고 지키면 좀 더 당당하게 교직을 수행하게 될 것이다.

1. 학교 안에서의 직무수행 윤리

학교 안에서 교사는 전문가로서 학생들의 교육에 최선을 다해야 한다. 교사라는 지위를 이용하여 학생들에게 무력을 행사하거나 학부모들로부터 부당한 요구를 해서는 안 된다. 교사는 오로지 교육활동에 전념해야 하며, 교직수행을 위한 윤리를 철저히 지킴으로써 학생 및 학부모들로부터 신뢰를 얻을 수 있어야 할 것이다.

1) 체벌

(1) 체벌 관련 규정

학교교육에 있어서 체벌은 그 필요성에 대해 많은 논란이 있다. 교육상 체벌이 필요하다고 주장하는 교사가 있는 반면, 체벌은 학생들에게 정신적 · 신체적으로 가해하는 것이기 때문에 그들의 내면적 발달에 큰 도움이 되지 못하는 것일 뿐만 아니라, 교사의 자의에 따라 이루어질 수 있는 상당히 위험한 것이라고 생각하는 교사들이 있기 때문이다.

체벌과 관련하여 「초 · 중등교육법」 제18조에서는 다음과 같이 규정하고 있다.

> ① 학교의 장은 교육상 필요한 때에는 법령 및 학칙이 정하는 바에 의하여 학생을 징계하거나 기타의 방법으로 지도할 수 있다. 다만, 의무교육과정에 있는 학생을 퇴학시킬 수 없다.
> ② 학교의 장은 학생을 징계하고자 하는 경우 해당 학생 또는 학부모에게 의견진술의 기회를 부여하는 등 적절한 절차를 거쳐야 한다.

이러한 내용들과 관련하여 동법 제20조에서는 "교사는 법령이 정하는 바에 따라 학생을 교육한다."라는 교사의 교육적 의무를 명시하고 있다.

또 「초 · 중등교육법」 시행령 제31조에서도 학생의 징계에 대해 다음과 같이 규정하고 있다.

> ① 법 제18조 제1항 본문의 규정에 의하여 학교의 장은 교육상 필요하다고 인정할 때에는 학생에 대하여 다음 각 호의 1의 징계를 할 수 있다.
> 1. 학교내의 봉사
> 2. 사회봉사
> 3. 특별교육이수
> 4. 퇴학처분

P/ L/ U/ S/

「초 · 중등교육법」 제18조와 「초 · 중등교육법 시행령」 제31조에는 체벌의 자격이 학교장에게만 부여되고 있음을 볼 수 있다. 그러나 우리의 교육현실에서 체벌은 대개 학교장이 아닌 교사에 의해 이루어지고 있다.

⑦ 학교의 장은 법 제18조 제1항 본문의 규정에 의한 지도를 하는 때에는 교육상 불가피한 경우를 제외하고는 학생에게 신체적 고통을 가하지 아니하는 훈육 · 훈계 등의 방법으로 행하여야 한다.

이처럼 체벌은 교육상 불가피한 경우에만 가하도록 법적으로 명시되어 있으며, 그 이외에는 훈육이나 훈계의 방법 등에 의해 교육하도록 규정하고 있다. 따라서 공개적으로 학생에게 체벌이나 모욕을 가하는 행위 또는 신체나 정신건강에 위험한 물건 및 교사의 신체를 이용하여 학생의 신체 중 부상의 위험이 있는 곳을 때리는 일 등은 사회통념상 받아들여지기 어려운 것이다.

(2) 체벌에 대한 찬반논의

체벌에 대해서는 여러 학자들이 제한적으로 허용하는 입장과 완전히 부정하는 입장으로 나뉘어 논거를 제시하고 있다. 물론, 서로 다른 입장을 제안하는 학자들이라도 교육목적의 달성과 학생들의 건전한 성장 · 발달에는 모두 동의한다.

우선, 체벌을 제한적으로 허용하는 입장에서는 교육목적을 달성하기 위해 필요한 한도 내에서 학생의 행동정도와 발달수준 등을 고려하도록 제안한다. 박상기(2004)는 교육현장의 필요상 구체적 상황에서의 체벌의 필요성 여부 및 방법과 한계의 설정을 전제로 할 때 개별적으로 또는 제한적으로 체벌을 허용할 수 있다고 주장하고 있다. 윤용규(2004) 또한 학교장에 의한 체벌자격은 교사에게 위임될 수 있기 때문에 교사의 체벌도 법령에 의한 행위로 보아야 한다는 주장을 하고 있다. 따라서 체벌을 허용한다는 것이 무조건적으로 학생들의 신체와 정서를 해칠 정도의 심한 정도가 아니라면, 교육의 목적을 달성하기 위해서 이루어져야 한다는 것이다.

다음으로, 체벌을 무조건 부정하는 견해로 정웅석(2005)은 체벌에 내재된 폭력성 때문에 그 교육적 효과가 떨어지며, 체벌 이외에 상담, 격려, 벌

점 등의 방법이 있다는 점에서 학교장에 의하건 교사에 의하건 학생에 대한 체벌은 허용될 수 없다는 입장을 취한다. 조국(2007: 323) 역시 체벌은 그 교육적 효과가 의심스러우며, 폭력에 의한 통제는 인간의 존엄과 가치, 학생의 자율과 책임감의 형성을 저해한다는 점에서 강하게 부정하는 입장을 역설하고 있다.

이러한 논지를 바탕으로 교사들은 체벌에 대하여 심사숙고해야 할 필요성이 있다. 우선, 교사의 체벌자격에 대한 학교장으로부터의 위임에 대하여 깊이 생각해 보아야 할 것이다. 「초 · 중등교육법」에 제시된 교장의 징계내용에 대한 해석에 따라, 교장이 체벌을 가할 수 있음은 곧 교사가 가할 수 있음을 의미한다고 보는 입장과 교장의 징계내용에 체벌은 포함되지 않으므로 교사의 체벌은 더욱 인정되지 않는다는 주장이 상반되어 나타나고 있기 때문이다. 다음으로, 학생에 대한 체벌의 의미 규정을 어디까지 허용할 것인가를 고려해야 할 것이다. 도구나 신체를 사용하여 직접적으로 체벌할 경우와 학생들이 하기 싫어하는 행위를 하게 하는 간접체벌의 경우를 생각하면 체벌에 대한 의미는 상당히 애매모호하게 규정되어 있기 때문이다.

> **P/ L/ U/ S/**
> 직접체벌은 도구나 신체를 사용하여 학생의 신체에 직접적인 고통을 주는 것이며, 간접체벌은 학생에게 의미 없는 일을 하게 하여 신체적 고통을 느끼게 하는 것을 말한다.

더욱이 교육의 목적은 학생들의 건전한 성장 · 발달에 있기 때문에 체벌을 통해 학생들의 학습의 효율성과 전인적 발달에 도움이 될 수 있느냐 없느냐가 관건이 되어 논란이 되고 있다. 이것은 인지적 측면에서의 체벌의 역할과 정의적 측면에서의 체벌의 역할이 과연 긍정적으로 작용하느냐 부정적으로 작용하느냐에 대한 문제에 대해 결론을 내리기 어렵기 때문이다.

(3) 학교의 체벌규정 및 실행사례

학교에서 체벌은 여전히 논란 속에 이루어지고 있는 필요악과 같은 것이라 할 수 있다. 따라서 학교현장에는 체벌이 학생들의 발달에 긍정적이라고 생각하는 교사와 부정적이라고 생각하는 교사들이 함께 존재한다. 대부분의 학교에서는 체벌에 대해 신중을 기하는 것이 일반적인 현상이다.

P/ L/ U/ S/

실제로 각 학교에서 정하고 있는 체벌규정을 보면 직접 체벌의 금지는 물론, 흔히 사용하는 간접체벌도 사실상 어느 정도 규제하고 있음을 알 수 있다. 또한 학교마다 다르긴 해도 체벌을 행하는 주체는 교사이며, 대부분 간접체벌이 다양하게 행해지고 있는 것을 볼 수 있다.

대전D초등학교의 2008년도 체벌규정을 보면 그 목적을 다음과 같이 기술하고 있다.

> 학생들이 바른 생활을 실천하고 학생으로서의 인격과 개성을 인정받고 스스로 교육에 참여하는 동시에 학교·사회에서 폭력을 추방하고 민주적인 제도와 절차에 따라 새로운 학교문화를 창출함에 있다.

이 학교에서는 「초·중등교육법 시행령」 제31조 제1항에서 밝힌 징계의 종류 가운데 노력봉사를 하는 것에 국한하여 운영하고 있다. 그 내용은 다음과 같다.

> ① 신체에 가하는 체벌은 원칙적으로 금한다.
> ② 교육적인 면에서 체벌이 불가피한 경우에는 노력봉사를 하도록 한다.
> - 학생에게 노력봉사의 이유를 명백히 인지케 하여 납득이 된 후에 노력봉사를 하도록 한다.
> - 노력봉사를 가하기 전 또는 가한 후에는 반드시 학부모에게 이유와 그 결과를 전화·편지 또는 직접 상담을 통해 전할 수 있도록 한다.

그러나 노력봉사는 학생이 이를 수용한다는 의사를 들은 후에만 행하고, 그렇지 않을 때에는 학부모와의 면담을 요청하는 것으로 정하고 있다. 또 노력봉사를 결정하였다고 하더라도 학생의 신체적·정신적 이상 유무를 확인하고 실행하도록 규정하고 있다. 이 학교에서 실행하는 노력봉사는 실내·외 정리정돈 및 청결활동으로, 학생의 발달단계, 체력, 성별 등을 사전에 고려하여 무리가 가지 않는 범위 내에서 행하도록 명시하고 있다.

이 학교에서 정하는 노력봉사 요건은 ① 이유 없이 교사의 개인적 훈계를 2회 이상 어겼을 경우, ② 남의 자유·권리·재물을 침해하여 타인을 괴롭히는 사례가 2회 이상 반복될 경우, ③ 남에게 폭력·폭언·협박·공갈 등으로 육체적 · 정신적 고통을 느끼게 하는 경우, ④ 생활태도가 불성실하여 교사가 훈계를 하였으나 이를 반복하여 어겼을 경우 등이다.

이 학교에서 체벌규정을 어기고 자의적인 체벌을 가했을 때에는 학교장이 해당 교사에 대해 경고 등 자체 조치를 취하며, 사안이 중대하다고 판단될 때에는 징계를 요구하도록 하고 있다. 그리고 학생에 대한 징계내용은 학급교육과정 기록부에 등재하여 계속 관리하도록 하고 있다.

고성E초등학교에서는 학교 체벌규정에서 금지되는 교육벌을 다음과 같이 규정하고 있다.

> **PLUS**
> 「초 · 중등교육법 시행령」 제31조 제7항에서는 신체적 고통을 가하는 지도는 교육상 불가피한 것으로 인정되는 경우에 국한하는 것으로 규정하고 있다. 그러나 교육상 불가피한 경우의 기준을 찾는 데에는 어려움이 있다.

- 대걸레 자루나 나무로 된 봉류
- 실내화나 혁대류
- 출석부, 책 등 도구류
- 기타 학교에서 규정한 것 이외의 도구
- 손바닥, 주먹, 뺨, 머리 등을 가해, 귀 잡아당기기
- 발로 신체 부위를 차기, 꼬집기
- 책걸상 들고 서 있기, 주먹 쥐고 엎드려 있기, 선착순 달리기
- 일부 학생의 잘못으로 단체기합
- 언어폭력

그리고 권장하는 교육벌로 ① 손바닥 펴고 엎드려 있기, ② 일정한 벽면을 보고 서 있기, ③ 무릎을 꿇고 앉아 있기, ④ 서서 손을 높이 들고 있기, ⑤ 손을 자유롭게 하면서 앉아서 걷기, ⑥ 일정한 거리를 정한 시간에 뛰기, ⑦ 잘못한 장소에서 10분 이내 서 있기 등을 제안하고 있다. 학생들의 정신적 · 신체적 피해를 줄이면서 내릴 수 있는 벌을 나름대로 규정하고 있는 것이다.

이러한 체벌규정은 상급학교로 갈수록 보다 구체적으로 명시되고 있는데, 이 역시 「초 · 중등교육법」 제18조와 「초 · 중등교육법 시행령」 제31조

에 근거하고 있다. 진해Y고등학교의 체벌규정에서는 학생체벌의 목적을 다음과 같이 명시하고 있다.

> 교사는 학생을 지도함에 있어 학생의 기본적인 인격을 존중하고 이해와 설득으로 선도하되, 교육상 불가피한 경우에 한하여 체벌을 실시함으로써 학생들이 기본생활예절을 잘 지키고, 교칙을 준수하며, 건전한 생활태도를 습관화하여 민주시민의 자질을 갖추도록 함에 있다.

이러한 목적은 다음과 같은 방침 아래 실행하도록 명시하고 있다.

① 학생선도는 훈육 · 훈계의 방법으로 실시하고 불가피한 경우를 제외하고는 체벌하지 않는다.
② 학생선도는 학생의 인격을 존중하여 이해와 설득을 우선으로 하며 체벌은 제한적으로 이루어져야 한다.
③ 체벌은 학생에게 미칠 부작용과 후유증을 최소화하기 위하여 심사숙고한 후 실시해야 한다.
④ 체벌은 일정한 장소(교무실, 상담실, 학생지도실 등)에서 이루어져야 하며, 다른 학생 앞에서 행해서는 안 되나, 수업진행상 불가피한 경우는 예외로 할 수 있다.
⑤ 체벌을 할 경우에는 그 이유와 방법 등을 제시하고 학생에게 자신의 잘못에 대한 소명의 기회를 부여하여 학생이 수긍한 후 행한다.
⑥ 회초리 등 도구가 아닌 손, 발 등 신체의 일부분을 이용하여 체벌하지 않는다.

이 학교는 교감을 '체벌 없는 학교 만들기 추진위원회' 위원장으로 임명하고 교사와 학부모들을 위원으로 구성하여 운영하고 있다. 또한 다음과 같이 내용별 체벌기준표를 제시하고, 명시되지 않은 사항은 관례에 준하도록 하고 있다.

① 직접체벌

- 신체의 일부분인 손, 발 등으로 체벌하지 않으며 반드시 회초리와 같은 도구를 사용하여 체벌한다.
- 굵기는 직경 2cm 이하이고, 길이는 50cm 이하인 나무 막대기 또는 대나무 회초리 등을 사용한다.
- 체벌의 부위는 종아리, 허벅지, 엉덩이, 손바닥 등으로 정하며, 체벌로 인하여 심한 상처가 나지 않도록 주의한다.

② 간접체벌

- 간접체벌의 종류는 '손들고 서 있기' '무릎 꿇고 앉아 있기' '엎드려 뻗치기' '앉아서 걷기' '청소하기' 등으로 한다.
- 체벌받는 학생의 건강상태나 신체적인 상태를 고려하여 학생에게 무리한 체벌이 되지 않도록 주의한다.

이처럼 학교급에 따라 약간의 차이는 있지만, 근본적으로는 학생들에 대한 체벌을 마지막 교육방법으로 여기고 있는 것이 공통적이다. 이러한 현상은 체벌을 꼭 사용해야 하는 것인지, 그리고 체벌을 할 때에는 어떻게 하는 것이 교육적이고 효과적인지 생각해 보고 사용해야 함을 암시하는 것이라 할 수 있다.

다음의 기사를 보면 체벌을 할 때 얼마나 신중을 기해야 하는지 가늠할 수 있을 것이다.

> 전북의 한 초등학교 1학년생에 대한 교사의 폭력이 사회문제가 됐던 기억이 새로운데, 다시 교사의 폭력적 체벌문제가 불거졌다. 대구의 한 고등학교 교사가 지각을 한 학생들에게 100대, 200대의 매를 때려 병원에 실려가게 만든 것이다.
>
> …… (중략) 이번 사태와 관련해 더 중요하게 여겨지는 점은 체벌에 대한 교사의 안이한 생각이다. 이 교사는 "수능시험 백일을 앞두고 학생들의 정신자세를 바로잡아 주려고 한 것이 좀 지나쳤던 것 같다."고 말했다. 학생들의

P/ L/ U/ S/

'유엔아동권리위원회'에서는 우리나라에 대해 모든 형태의 체벌을 명백하게 금지할 것을 권고한 바 있다.

정신자세를 바로잡고자 체벌을 하는 것은 정당한데, 그 정도가 너무 심했다는 것이다. 그렇다면 어느 정도가 적정하단 말인가? 100대는 안 되지만 10대는 되나? 학생들에 대한 체벌은 정도의 문제로 접근할 일이 아니다.

학생체벌에 대해서는 오랫동안 찬반논란이 있었다. …… (중략) 그러나 체벌은 기본적으로 교육이 아니라 약자에 대한 폭력이다. 교사와 학생 사이의 권력관계가 이미 형성돼 있는 가운데 강자인 교사가 학생에게 폭력으로 자신의 명령을 강제할 경우, 학생들에게는 강자의 힘 앞에 굴종해야 한다는 인식을 심어 주는 내면학습 효과를 낳는다. 또 합법적 폭력이란 이유로 폭력을 용인하게 만듦으로써 우리 사회에 쉽사리 폭력을 인정하는 분위기를 만들어 가는 데 일조한다. 심한 체벌을 당한 당사자에게는 지울 수 없는 마음의 상처를 남기기도 한다. 체벌교사들의 경우는 이번의 교사처럼 자기도 모르게 체벌 강도를 높여 가면서 체벌이 폭력이란 인식마저 하지 않게 된다.

우리 교육법은 체벌규정을 두고 체벌을 제한적으로 허용하고 있지만, 학생들의 인격권 등 기본적 인권을 고려해 근본적으로 다시 생각해 볼 필요가 있다(http://www.hani.co.kr, 2006. 8. 16 사설 중 일부).

체벌은 교사의 권리가 아니다. 체벌은 학생들의 성장 · 발달을 위해 교육적인 벌을 가했으나 더 이상 효과가 없을 때 마지막으로 법에 정한 규정 안에서 허용되는 것이다. 따라서 교사들은 교육활동을 전개하는 데 체벌을 어느 범위에서 어떻게 하는 것이 효율적인지 생각하고 실행함으로써 교직윤리에 벗어나는 일이 없도록 해야 할 것이다.

2) 촌지

(1) 촌지수수의 의미

교사와 학부모 사이에 주고받는 촌지는 본래의 의미를 상실하고 그 규모가 커지면서 문제가 되고 있다. 학부모들이 교사에게 고마움을 표현하는 작은 정성이었던 것이 오늘날 소위 치맛바람으로 변질되면서 문제가 된 것이다.

촌지는 학부모와 교사 간에 오래전부터 사회문제화되고 있으며, 그 심각성은 여전하다. 촌지수수는 사실상 교사들의 도덕적 자질을 저하시키는 원인이 될 수 있다. 즉, 교사들의 권위와 명예를 실추시키고, 학생 또는 학부모의 교사에 대한 불신을 가져온다.

촌지문제가 생기는 원인에는 여러 가지가 있지만 무엇보다도 학부모들이 자신들의 자녀가 불이익을 받을 것으로 생각함과 동시에 교사로부터 자신의 자녀가 특별한 대우를 받기를 바라기 때문이다. 즉, 학부모들은 교사에게 촌지를 줌으로써 자신의 자녀가 교사로부터 더 많은 관심을 받는다고 생각하는 경우가 많기 때문이다.

PLUS

학교촌지는 그 구체적 대가성을 인정하기 어려운 까닭에 이에 대한 처벌에는 사실상 어려움이 있어 왔다.

따라서 촌지수수는 더욱 부정적 시각으로 비칠 수밖에 없다. 교육활동에서 교사는 모든 학생들에게 평등하게 기회를 주고 관심을 가져야 하는데, 이러한 교육 본연의 활동에 방해요인으로 작용하는 것이 촌지수수다. 따라서 교사들 스스로 촌지를 거부하는 마음을 갖는 것이 무엇보다도 중요할 것이다.

(2) 촌지수수 근절을 위한 법률 제정안

'학교를 사랑하는 학부모모임'은 촌지가 가져오는 여러 가지 부작용으로부터 벗어나고자 학교촌지 근절을 위한 법안의 제정을 국회에 청원하였다. 이에 국회의원들을 중심으로 학교촌지예방법안을 2006년 9월 13일에 발의하였으나 입법으로 실현되지는 못하였다.

학교촌지예방법안에 대해서는 찬반론이 대립하고 있다. 노현종(2006)에 의하면 학교촌지가 뇌물로 변질되었고 그 부작용이 심하여 학교촌지를 근절할 필요성이 있으며, 이를 위해서는 학교촌지를 제공하는 학부모와 이를 수수 또는 요구하는 교원 모두를 처벌할 필요가 있다는 것이다. 반대로 고전(2006)에 의하면 학교촌지의 개념이 불명확하고, 이 법안이 교원 전체를 부도덕한 집단으로 매도할 가능성이 있을 뿐만 아니라, 학교촌지를 법률로

PLUS

학교촌지예방법안의 원래 명칭은 학교촌지근절법안이었다.

규제하려는 것은 법률만능주의로 흐를 수 있으며, 다른 공무원에 비하여 처벌의 강도가 지나치게 높다는 것이다. 손희권(2007)은 학교촌지예방법안의 타당성 여부를 헌법적합성이라는 잣대로 살펴보아야 할 것이라고 제안하고 있다.

학교촌지예방법안의 제안목적은 학교촌지의 근절을 통하여 학생, 학부모 그리고 교사라는 학교구성원의 신뢰를 회복하고 교육의 건전한 발전을 도모하는 것이다. 그리고 이를 위한 근절방안으로 ① 교원 및 국가, 지방자치단체, 학부모 그리고 일반인에게 학교촌지 근절을 위한 의무를 부과하고, ② 교원 및 학부모가 그 의무를 위반할 경우 학교촌지 가액의 50배에 상당하는 금액을 과태료로 정하는 행정제재를 부과하며, ③ 시·도교육청 단위의 대책위원회를 구성한다는 것이다.

이 법률안에 대해 한국교원단체총연합회와 당시 교육인적자원부에서는 학교촌지 근절이라는 법의 목적과 취지에도 불구하고, 이 법률안이 모든 교사를 잠재적 범죄자로 여겨 교사에 대한 불신감을 조장할 위험이 있으므로, 의식과 문화의 문제로 접근하고 특별법의 제정보다는 교사에 대한 관리·감독과 징계를 강화하는 방향으로 해결하는 것이 보다 바람직하다는 의견을 제시하였다. 국회 교육위원회 전문위원도 촌지를 학부모와 교사들의 양심과 의식 차원에서 윤리문제로 대처할 것인지, 관련 특별법을 제정하여 포괄적 뇌물로 규정하고 주고 받는 행위를 처벌하는 것이 효과적인지 보다 신중한 검토가 필요하다는 의견을 제시하였다(교육과학기술부 보도자료, 2008. 4. 16).

학교촌지에 대한 문제는 사회적 이슈로 크게 등장하면서 국가적인 차원에서의 법적 제재를 요구하는 사람들이 늘어나고 있다. 그러나 무엇보다도 중요한 것은 교사들 스스로 직무수행 윤리를 지킴으로써 촌지에 크게 흔들리지 않고 소신껏 교육활동을 할 수 있어야 한다는 것이다. 그리하여 교직의 도덕적 윤리를 유지해 나가야 할 것이다.

(3) 촌지 관련 사례

촌지와 관련된 사례는 보통 '스승의 날'을 전후하여 자주 언급된다. 실제로 다음과 같은 기사를 보면 촌지문제가 학부모와 교사들 사이에서 얼마나 심각하게 대두되고 있는지 알 수 있다.

> 15일은 스승의 은혜에 감사하며 사제지간의 정을 되새겨 보라고 마련된 스승의 날. 하지만 스승의 날을 맞는 학부모와 교사, 학교 측은 여전한 '촌지괴담'에 이러지도 저러지도 못하며 전전긍긍하고 있다.
>
> 학부모들은 "누구는 봉투를 받는다더라." "봉투는 기본이 얼마라더라." 등 떠도는 '촌지괴담'에 애를 태우고 있다. 지난 4월 교육과학기술부가 촌지금지 지침을 폐지하면서 한바탕 촌지를 둘러싼 논란이 대두된 뒤라 더 고민스럽다는 엄마들이 많다.
>
> …… 올해 스승의 날에는 서울 시내 초 · 중 · 고교들 중 대부분이 문을 연다. 서울시교육청에 따르면 서울 시내 1,242개 초 · 중 · 고교 가운데 8.8%인 109곳만이 휴업한다. 촌지논란으로 67%의 학교가 휴업했던 지난 해와 비교하면 대폭 줄어든 수치다. 촌지가 무서워 스승의 날 교사들이 학교에 못 간다는 건 모든 교사들을 촌지교사로 낙인찍는 것이라는 판단에서다(Sportsseoul.com, 2008. 5. 14 기사 중 일부).

PLUS

2009년 스승의 날에는 2008년과는 달리 많은 학교에서 스승의 날 행사를 하였다.

또 촌지가 관행 때문에 사라지지 않는다는 설문조사 결과를 보면 촌지가 오랫동안 고질적으로 이루어져 온 것임을 알 수 있다.

> ○○교육청은 관내 초 · 중학교 학부모 2백 명 및 교직원 1백 명을 대상으로 우편설문을 실시했고, 그 결과를 지난 27일 발표했다. 응답률 35%(학부모 70명, 교직원 36명)를 보인 설문결과에서 불법찬조금 및 촌지가 근절되지 않는 이유에 대해 47%가 관행이라고 답했고, 33%는 학부모의 의식이 부족하기 때문이라고 답했다. 학부모는 대다수 관행이라고 답한 반면, 교직원은 학부모의 의식수준을 지적한 것으로 해석된다. 불법찬조금 및 촌지수수 근절을 위한 방

안으로는 촌지를 받은 공무원을 엄하게 처벌해야 한다는 응답이 29%, 청정학교 서포터즈를 활성화해야 한다는 답이 28%, 교직원과 학부모에 대한 홍보를 강화해야 한다는 의견이 26%를 차지했다. 찬조금품 불법모금 및 촌지수수 예방활동과 모니터, 문제점에 대한 대안모색의 역할을 하고 있는 청정학교 서포터즈에 대해서는 84%가 더욱 활성화돼야 한다고 답했다(CA신문, 2009. 2. 27 기사 중 일부).

실제로 촌지를 근절하기 위해 학교 차원에서 교사들 스스로 노력할 뿐 아니라 학부모들 역시 이러한 노력에 동참하고 있다. 무엇보다도 중요한 것은 교사들 스스로 촌지를 근절함으로써 학생들이나 학부모 그리고 사회에서 떳떳하게 교직을 수행하는 윤리를 지켜 나가는 일일 것이다.

2. 학교 밖에서의 직무수행 윤리

교사가 학교를 벗어난다고 하더라도 공인으로서의 역할과 지위에는 변함이 없다. 그러므로 학교 밖이라고 해서 교직윤리에 따르지 않는다면 법적인 제재를 받을 수밖에 없다. 이에 교사들은 학교 밖에서도 교사로서의 품위를 유지하고 교직윤리를 엄수함으로써 불이익을 당하거나 다른 사람의 질타를 받지 않도록 해야 할 것이다.

1) 음주운전

교사들이 학교 통근수단으로 사용하는 자가용은 어디까지나 교직을 수행하기 위한 교통수단에 지나지 않는다. 그러나 경우에 따라서는 운전실수로 교직을 박탈당하는 등 각종 징계를 받는 상황이 생기게 된다. 특히 음주운전을 한 경우에는 매우 과중한 징계처분을 받게 된다.

P/ L/ U/ S/

음주운전은 다른 사람의 생명을 잃게 할 수도 있는 것이므로, 절대 삼가야 한다.

사고를 내지 않고 단속에만 걸린 단순 음주일 경우에는 혈중 알코올 농도가 0.05%일 때 면허가 정지되며, 0.35%일 경우 최고 300만 원의 벌금을 물어야 한다. 또 0.1% 이상일 경우에는 면허가 취소된다. 다음은 사고가 나지 않고 단속에만 걸린 단순 음주일 때의 벌금기준이다.

- 0.05~0.10%는 100만 원
- 0.11~0.15%는 150만 원
- 0.16~0.20%는 200만 원
- 0.21~0.25%는 250만 원
- 0.26~0.30%는 300만 원
- 0.31~0.35%는 350만 원
- 0.36% 이상은 구속기소

음주운전 사고에 대해서는 다음과 같이 엄격한 구속기준을 적용한다.

① 사고를 내지 않은 단순 음주운전의 경우 음주 0.36% 이상이거나 또는 무면허로 0.31% 이상일 때 구속대상이다.

② 종합보험에 가입되어 있는 사람이 음주운전을 하다가 사고를 냈을 때 피해자와 합의되지 않은 경우는 다음과 같은 세부사항에 따른다.

- 음주 0.16% 이상에 중앙선 침범, 신호위반, 횡단보도 사고, 무면허 중 어느 것이라도 함께 적용될 때에는 피해자 진단 4주 이상일 때 구속된다.
- 단순 음주사고의 경우, 음주 0.26% 이상이고 피해자 2주 이상 진단, 음주 0.16% 이상이고 피해자 6주 이상 진단, 음주 0.16 미만이고 피해자 8주 이상 진단일 때에는 구속기준에 해당한다.

③ 음주량이 높지 않은 경우에도 음주운전으로 세 번 적발되면 구속시키는 삼진아웃제도를 적용한다.

음주운전으로 면허가 취소되었거나 정지기간 중임에도 또다시 음주운전을 하다 적발되면 바로 구속대상이다. 그리고 음주측정 거부는 음주 0.36%

이상과 동일하게 보아 측정 거부 그 자체로서 구속대상이 된다. 교사들은 음주운전의 정도에 따라 형사처벌 이외에도 기관 내에서 경고, 경징계, 중징계 등의 징계를 받게 된다. 음주운전 사건 처리기준은 〈표 3-1〉과 같다.

중요한 것은 교직에 종사하는 교사로서 음주운전을 한다는 것은 교직윤리에 어긋나는 행위임을 알아야 한다는 것이다. 더욱이 교사로서 음주운전을 한다는 것은 교육공무원으로서의 신분과 품위를 손상시키는 것이므로, 직장생활을 하는 데 치명적이다. 따라서 교사들은 음주운전을 한다는 것

P/ L/ U/ S/

교사는 평상시에도 「도로교통법」에 의거하여 교통질서를 지키는 데 솔선수범해야 한다.

〈표 3-1〉 음주운전 사건 처리기준

<table>
<tr><th colspan="2">유형별</th><th>처리기준</th><th>비고</th></tr>
<tr><td rowspan="2">음주운전으로 운전면허 정지처분을 1회 받은 경우</td><td>단순 음주운전</td><td>경고</td><td rowspan="13">1. 음주운전이란 「도로교통법」 제44조 제1항을 위반하여 혈중알코올 농도가 0.05% 이상인 상태에서 운전한 것을 말한다.
2. 운전면허의 정지 및 취소는 각각 「도로교통법」 제93조와 같은 법 시행규칙 제91조 및 별표 28에 따른 처분을 말한다.
3. 음주운전으로 운전면허가 취소된 경우란 음주측정 불응으로 운전면허가 취소된 경우를 포함한다.
4. '도주'란 「특정범죄가중처벌 등에 관한 법률」 제5조의 3에 따른 도주를 말한다.</td></tr>
<tr><td>공무원 신분을 속인 경우</td><td>경징계 의결 요구</td></tr>
<tr><td colspan="2">음주운전으로 운전면허가 정지 또는 취소된 상태에서 운전을 한 경우</td><td rowspan="4">경징계 의결 요구</td></tr>
<tr><td colspan="2">음주운전으로 운전면허 취소처분을 1회 받은 경우</td></tr>
<tr><td colspan="2">음주운전으로 운전면허 정지처분을 2회 받거나 정지처분과 취소처분을 각 1회씩 받은 경우</td></tr>
<tr><td colspan="2">음주운전으로 인적 · 물적 피해가 있는 교통사고를 일으킨 경우</td></tr>
<tr><td colspan="2">음주운전으로 운전면허 취소처분을 2회 받은 경우</td><td rowspan="6">중징계 의결 요구</td></tr>
<tr><td colspan="2">음주운전으로 운전면허 정지처분을 3회 이상 받은 경우</td></tr>
<tr><td colspan="2">음주운전으로 운전면허 정지처분 2회 및 취소처분을 1회 받은 경우</td></tr>
<tr><td colspan="2">음주운전으로 인적 · 물적 피해가 있는 교통사고를 일으킨 후 「도로교통법」 제54조 제1항에 따른 조치를 하지 않고 도주한 경우</td></tr>
<tr><td colspan="2">음주운전으로 사망사고를 일으킨 경우</td></tr>
<tr><td colspan="2">음주운전으로 운전면허가 정지 또는 취소된 상태에서 음주운전을 한 경우</td></tr>
</table>

출처: 「공무원 비위사건 처리규정」(대통령훈령 제247호), 별표 3.

자체로도 교직윤리를 어기는 행위임을 알고, 절대로 음주운전을 하지 말아야 할 것이다.

2) 기타 행위

학교 밖에서도 교사들이 교육공무원으로서 교직윤리를 수행해야 하는 것은 당연하다. 교사들은 사회의 공인으로서 그 역할을 다해야 하며, 학교를 벗어나더라도 교사라는 신분이 사라지는 것은 아니기 때문이다. 교사들은 언제 어디서든지 교육공무원으로서 갖추어야 할 윤리를 명심하고 이를 실천할 의무가 있다. 음주운전 금지 이외에 학교 밖에서 지켜야 하는 교직윤리의 몇 가지 예를 들어 보면 다음과 같다.

첫째, 공중도덕을 준수해야 한다. 공중도덕은 공동생활을 하는 사람이라면 누구나 지켜야 하지만, 교사는 이를 실천하는 데 앞장서야 할 것이다. 그리하여 공공의 이익을 먼저 생각하고 남을 배려하는 실천적 생활을 해야 한다. 여럿이 모인 곳에서 자신의 이익을 먼저 생각하는 것은 옳지 않으며, 이것은 교직을 수행하는 교사의 신분을 잊은 행위다.

둘째, 지역사회에서 모범적 생활을 해야 한다. 지역사회의 공공시설을 소중히 다루고 어른을 공경하는 등 교사로서의 품위를 유지하고 다른 사람의 모델이 될 수 있어야 한다.

셋째, 인격적인 생활을 해야 한다. 즉, 겸손하고 품행이 방정한 사람으로서의 생활을 해야 한다. 교직은 남을 가르치는 직업이다. 교직을 수행하는 사람의 인격은 지역사회 또는 공공사회의 모델이 된다는 점을 잊지 말아야 할 것이다.

교사가 학교를 벗어나더라도 교직윤리는 계속적으로 수행되어야 하는데, 이는 교사의 신분 자체가 교육공무원으로 연장되는 것이기 때문이다. 교사가 학교 밖에서 윤리에 어긋나는 행위를 했을 때 학부모 또는 지역사회로부터 받게 되는 따가운 시선은 사실상 어떤 측면에서 보면 법적 조치보다 강하게 느껴질 수 있다.

다음의 사례를 보면 지역사회에서 교사의 행동이 얼마나 중요한지 알 수 있다.

P/ L/ U/ S/

일반인들은 대부분 '교사는 ……해야 한다.' 라고 하는 당위적 사고를 한다. 이것은 일종의 인지적 왜곡이기는 하지만 교사들은 늘 일반인들의 이러한 생각에 주의를 기울여야 한다.

○○○호에 사는 그 여자 선생이래요. 아침마다 내가 운동하고 들어오면 옷 차려입고 나가더라고요. 엘리베이터에서 만나면 인사도 안 해요. 근데, 선생이라는 사람이 어제 동네에서 하고 다니는 차림하며, 떠드는 모습이 얼마나 추잡하던지 말도 못해요. 그리고 얼마 전에는 세상에 쓰레기 분리수거도 제대로 하지 않고 아무 데나 한꺼번에 버리더라고요. 경비아저씨가 보시고 얼마나 기가 막혀 하던지…… 참, 그러니 아이들이 뭘 배우겠어요? (경기도 K아파트 반상회 대화내용 일부, 2009. 3. 10)

교사의 모든 행동은 일반인 모두의 눈에 그대로 비추어지며, 일반인들은 당위적 사고에 의해 교사를 바라본다. 교사의 직업을 가진 사람이기 때문에 일반인과 똑같은 행동을 하더라도 이야깃거리가 되기 쉽다. 따라서 교직을 수행하는 사람으로서의 윤리는 항상 준수하도록 노력하는 자세가 필요하다.

생각해 볼 문제

1. 법에 명시된 교사의 권리와 의무가 학교 안팎에서의 상황과 충돌하는 경우가 있는지 생각해 보고, 그 경우 어떻게 처신해야 하는지 논의해 보자.

2. 학교 안에서 수업시간에 사용한 체벌로 교사가 받게 되는 불이익이 있을 수 있다면, 이것은 무엇에 문제가 있는 것인지 생각해 보자.

3. 학교 밖에서 교사의 교직윤리에 어긋나는 행위의 종류와 이에 대한 부당한 처리의 예를 들고 토론해 보자.

임용고사 기출문제

(2008학년도 초등 임용시험)

1. 현행 법령상 국가공무원인 교원의 복무규정으로 잘못된 것은? (3)

   ① 근무 중 그 품위를 유지할 수 있는 단정한 복장을 착용하여야 한다.

   ② 겸임근무하는 자는 복무에 관하여 본직기관의 장의 지휘 · 감독을 받는다.

   ③ 다른 기관에 파견근무하는 자는 복무에 관하여 원 소속기관의 장의 지휘 · 감독을 받는다.

   ④ 국민 전체의 봉사자로서 직무를 민주적이고 능률적으로 수행하기 위하여 창의와 성실로써 맡은 바 책임을 완수하여야 한다.

풀이 교원은 품위를 유지하는 복장을 착용해야 하며, 자신의 직무를 성실한 태도로 완수해야 한다. 다른 기관에 파견근무를 하더라도 소속은 본직기관이므로 본직기관 장의 지휘 · 감독을 받는 것이 원칙이다.

(2007학년도 초등 임용시험)

2. 「교원지위향상을 위한 특별법」에서 보장되는 교원의 권리에 대한 내용으로 옳지 않은 것은? (2)

   ① 교원은 현행범인인 경우를 제외하고는 소속학교의 장의 동의 없이 학원 안에서 체포되지 아니한다.

   ② 교원은 교직단체를 통하여 교원의 전문성 신장과 지위의 향상을 위하여 교육장 또는 단위학교장과 교섭 · 협의한다.

   ③ 교원은 형의 선고, 징계처분 또는 법률이 정하는 사유에 의하지 아니하고는 그 의사에 반하여 휴직 · 강임 또는 면직을 당하지 아니한다.

   ④ 교원이 징계처분 그 밖에 그 의사에 반하는 불리한 처분에 대하여 불복이 있을 때에는 그 처분이 있은 것을 안 날부터 30일 이내에 심사위원회에 소청심사를 청구할 수 있다.

풀이 「교원지위향상을 위한 특별법」에는 교원의 신분보장과 지위향상 등을 위한 권리 등이 명시되어 있는데, 제11조에서 교원단체는 교원의 전문성 신장과 지위향상을 위하여 교육감 또는 교육과학기술부장관과 교섭 · 협의한다는 내용을 규정하고 있다.

(2005학년도 초등 임용시험)

3. 〈보기〉의 내용에 공통적으로 나타나 있는 교원의 의무는? (1)

〈보기〉

- 교원은 모든 학생을 똑같이 대한다. 입학허가, 성적부여, 교육상의 모든 서류의 작성이 친소관계와 물질적 보상, 개인적인 이해관계로 좌우되어서는 안 된다.
- 교원은 인종, 성, 종교, 신념 등을 이유로 특정한 학생에게 이익을 주어서는 안 된다.
- 교원은 부모의 경제적 · 사회적 지위를 함부로 이용하지 않으며, 이에 좌우되지 않는다.

① 공정의 의무 ② 청렴의 의무
③ 선서의 의무 ④ 품위유지의 의무

풀이 공정의 의무란 교원이 모든 학생들을 공정하게 대해야 하는 것을 말한다. 따라서 교원이 학생에게 개인의 배경에 대해 선입견을 가지고 이에 준하여 학생들을 대하는 것은 교원이 지녀야 하는 '공정의 의무'에 벗어나는 행위다.

(2002학년도 초등 임용시험)

4. 교사의 의무를 적극적 의무와 소극적 의무로 구분할 때 적극적 의무에 속하는 것은? (3)

① 정치활동 금지의 의무
② 집단행위 제한의 의무
③ 교육 및 연구활동의 의무
④ 영리업무 및 겸직 금지의 의무

풀이 교원의 의무에는 교육 및 연구활동의 의무, 성실의 의무, 복종의 의무, 친절공정의 의무, 비밀엄수의 의무, 청렴의 의무 등과 같은 적극적 의무와 영리업무 및 겸직의 금지, 정치운동의 금지, 집단행위의 금지 등과 같은 소극적 의무가 있다.

(2001학년도 초등 임용시험)

5. 다음은 UNESCO 권고문의 일부다. 이것이 가장 잘 나타내고 있는 교직에 대한 입장은? (1)

〈보기〉

교직은 교사에게 끊임없는 연구를 통한 지식 및 기능을 갖출 것이 요구되는 공공적 직무이며, 담당하는 학생의 교육과 복지에 대해 개인 및 공동의 책임감이 요구되는 업무다.

① 교직은 전문직으로 인정되어야 한다.

② 교직은 고도의 윤리의식이 요구되어야 한다.

③ 교직은 학생 이익을 위한 이익단체로서 활동해야 한다.

④ 교직이 활성화되기 위해서는 복지후생제도의 마련이 우선되어야 한다.

풀이 교직은 평생 교사로서의 직무를 수행하기 위한 부단한 연찬으로 교직수행에 필요한 지식과 기능을 발전시켜야 하며, 이를 통해 학생들에게 교육적 복지를 제공해야 하는 전문직이다.

읽을 거리

Advice for TQM Novices

If you are just starting school-based change efforts and would like to "borrow" from the Total Quality Management philosophy, the following guidelines might help you.

1. Give yourself time.
   Change doesn't happen quickly.
2. Start small.
   Don't try everything at once. Choose one method/activity to try first.
3. Find support.
   Find someone else who is willing to try new things. Share your successes and failures.
4. Communicate with your students' parents.
   Include them in your planning and training.
5. Read, read, read.
   There are many wonderful books to help you along path to change.
6. Reflect on your definition of discipline.
   Put your thought in writing. From time to time, review and reassess those thoughts.
7. Ask yourself, "Who's doing the work here?"
   Your students needs to self-assess, plan, and assume responsibility.
8. Make sure the change you are considering meets your needs.
   It shouldn't just be something that works for someone else and looks good.
9. Include your students from the start.
   It's the best way to promote group ownership in the change.
10. Keep a journal of the process.
    It will help you to step back and take a good look at your successes.

National Education Association(1994).

참고문헌

고전(2006). 학교촌지 관행 근절을 위한 발전적 논의. "학교촌지근절법안" 제정을 위한 공청회 자료집, 27-34.

공무원 비위사건 처리규정. 대통령훈령 제247호(제정 · 시행 2009. 4. 22).

공무원 징계령 시행규칙 개정령. 행정안전부령 제73호(일부개정 2009. 3. 30).

교원지위향상을 위한 특별법. 법률 제8890호(일부개정 2008. 3. 14).

교원징계 처분 등의 재심에 관한 규정. 대통령령 제13389호(제정 · 공포 1991. 6. 19).

교육공무원법. 법률 제8889호(일부개정 2008. 3. 14).

교육공무원징계령. 대통령령 제16692호(일부개정 2000. 1. 8).

교육과학기술부 보도자료, 2008. 4. 16.

교육기본법. 법률 제6214호(일부개정 2000. 1. 28).

국가공무원법. 법률 제9419호(일부개정 2009. 2. 6).

노현종(2006). 학교촌지근절법안의 성공적 정착을 위해. "학교촌지근절법안" 제정을 위한 공청회 자료집, 37-40.

박상기(2004). **형법총론**. 서울: 박영사.

배종대(2005). **형법총론**. 서울: 홍문사.

손동권(2004). **형법총칙론**. 서울: 율곡출판사.

손희권(2007). 학교촌지 수수의 법적 문제: 관련 법안의 헌법적합성 논의를 중심으로. **교육행정학연구, 25**(1), 165-183.

윤용규(2004). 교원의 학생 체벌에 관한 형법적 고찰. **형사법연구, 21**, 133-134.

정웅석(2005). **형법강의**. 대구: 대명출판사.

조국(2007). 교사의 체벌과 정당행위−대상판결: 대법원 2004.6.10 선고 2001도5380판결. **법학, 48**(4), 314-330.

초 · 중등교육법. 법률 제8917호(일부개정 2008. 3. 21).

초 · 중등교육법 시행령. 대통령령 제16729호(일부개정 2000. 2. 28).

National Education Association(1994). *Innovative Discipline*. NEA Teacher-to Teacher Books.

경기도 K아파트 반상회 대화자료. 2009. 3. 10.

고성E초등학교(2008). 학생체벌규정.

대전D초등학교(2008). 2008학년도 대전두리초등학교 체벌규정.

진해Y고등학교(2008). 학생체벌규정.

CA신문. 2009. 2. 27 기사.

http://www.sportsseoul.com. 2008. 5. 14 기사.

http://www.hani.co.kr. 2006. 8. 16 사설.

http://www.minwon.or.kr.

제 2 부 사회변화와 교육

The often unacknowledged predisposition to oppose micro and social spheres has unduly influenced how we think about educational change. Thus, educational reform activity assumes an opposition, and therefore a qualitative difference between educational and social change. It should be acknowledged that both kinds of change are mutually interdependent. Far-reaching social change would be influenced by change in educational system, and substantial educational change will be supported by structural change in the institutional contexts from which schools emerge.

J. Anyon

제 4 장

한국사회와 교육의 변화

오늘날 우리 사회의 지식과 정보는 빠른 속도로 변화하고 있다. 이제 학교에서 배운 지식과 기술로는 적응할 수 없는 사회가 되어 가고 있다. 세계의 모든 나라에서는 교육개혁을 통해 미래사회에 대비할 수 있는 다양한 교육을 모색하고 있다. 이 장에서는 변화하는 우리 사회의 모습을 구체적으로 파악해 보고, 우리나라 교육이 나아가야 할 방향과 교육개혁을 위해 어떠한 노력을 하고 있는지를 살펴보고자 한다.

제1절 사회변화와 교육과의 관계

교육이란 인간의 삶이나 사회와 분리되어 별개로 존재할 수 없다. 교육은 인간의 삶과 사회적 필요에 의해 이루어지는 활동이기 때문에 각 시대나 사회의 모습에 따라 교육의 내용이 결정되며 또한 사회의 변화에 따라 교육도 변화하여 왔다. 다시 말해서, 각 사회나 시대가 선택하고 지향하는 삶의 형식과 방향이 교육의 목적과 내용, 방법 및 제도를 결정해 왔다. 이런 측면에서 교육은 그 시대와 사회의 영향을 많이 받는다고 할 수 있다.

1. 사회변화와 교육

세계사의 흐름을 살펴보면 각 시대나 사회는 각각의 배경과 역사에 따라 독특한 신념과 지식체계를 구축하고 있으며, 그에 따라 각각 다른 모습의 생활방식과 문명을 이룩하고 있다. 뿐만 아니라 각 시대는 나름대로 이상적인 삶의 형태와 이상적인 인간상을 가지고 있었다. 원시시대는 자연과 맹수의 위협에서 벗어나 종족을 보전하는 것이 이상이었고, 고대 그리스 시대에는 자유로운 교양인이 되는 것, 중세시대에는 기독교적 신앙인이 되는 것, 그리고 유교적 바탕 위에 성립되었던 동양사회에서는 군자가 되는 것이 삶의 이상이었다. 이와 같이 시대나 사회에 따라 삶의 이상이 변화되면서 교육의 목적이나 내용, 제도나 형식이 변화해 왔다(조화태 외, 2003: 8).

원시시대에는 가정이 교육의 중심이 되었고, 부모나 성인들이 자신의 자녀나 다음 세대에게 자신의 삶의 경험을 통해서 생존에 필요하다고 생각되는 지식이나 기능을 가르치고 전하는 활동이 교육의 주된 내용이 되었다. 그러나 종교적 · 주술적 의식에 관련된 활동을 배우는 것과 공동체적 삶에 필요한 습관이나 규칙의 학습은 성년식과 같은 의례적 활동을 통해 보다 체계적으로 이루어졌다.

교육은 사회의 변화에 따라 바뀌어 왔다. 기원전 5~6세기경 학교가 발생한 이후 동서양의 학교교육은 기존 지배계층의 권력과 사회체제를 유지 · 보전하기 위한 기능을 담당해 왔으며, 지배계층의 자녀들을 위한 귀족교육의 형태로 유지되었다. 그러나 18세기 이후 서양사회에는 새로운 시민계급이 형성되었고 이에 따라 교육의 대중화가 급격하게 진행되었으며, 19세기에 이르러서는 학교교육이 의무교육화되면서 국가적인 사업으로 발전하였다. 20세기 중엽에 이르기까지 학교교육은 개인의 인격 형성과 사회의 유지 · 발전을 위한 가장 중요한 사회적 제도로서 인식되어 왔고, 국가발전에 필요한 인재를 양성하며, 국민에게 공통된 지식과 가치관을 습득시켜 사회적 통합을 이루어 나가고 있다.

그러나 최근 들어 지식의 급격한 팽창과 발전, 민주화 · 산업화 · 도시화 · 국제화 · 고도정보화 · 지식사회화가 가속적으로 이루어지고 있기 때문에 획일적으로 이루어지는 학교교육의 많은 한계점이 드러나게 되었으며, 동시에 학교교육 중심의 교육체제에도 많은 문제점이 나타났다. 즉, 학교교육이 결코 교육의 전부가 될 수 없다는 인식이 일반화되고 있으며, 학교교육을 개혁하기 위한 노력이 다각적으로 추진되고 있다. 따라서 학교교육 중심체제를 탈피하고 학교교육 이외에 가정교육과 사회교육 등 개인의 일생에 걸친 다양한 교육기회나 학습경험을 균형 있게 추구함으로써 현대사회가 요구하는 인간을 만들어 낼 수 있는 교육체제로 전환하기 위한 노력이 활발하게 진행되고 있다(조화태 외, 2003: 9-10).

P/ L/ U/ S/

Ole Sand에 의하면 서기원년 당시에 비해 1750년에는 인간의 지식이 배증하였고, 1900년에는 제2의 배증, 1950년에는 제3의 배증, 1960년에는 제4의 배증이 일어났다고 한다.

2. 사회변화의 요인

인류역사가 시작된 이래 우리 사회는 끊임없이 변화하고 있으며, 이러한 사회변화를 일으키는 요인 또는 원인에 대한 현대 사회학자들의 견해는 다양하다. Bierstedt는 사회변화의 요인을 ① 지리적 요인, ② 생물학적 요인, ③ 인구학적 요인, ④ 정치 · 군사적 요인, ⑤ 위인(great man)의 역할, ⑥ 기술적 요인, ⑦ 경제적 요인, ⑧ 현상적 요인 등으로 구분하고 있으며, Ogburn은 사회변화의 요인으로 ① 발명, ② 전파, ③ 누적, ④ 적응을 들고 있고, 김신일(2000: 87)은 사회를 변화시키는 요인을 크게 기술발전, 사회갈등, 환경변화, 의식변화의 네 가지로 나누어 설명하고 있다(김신일, 2000: 87).

1) 기술발전

인류는 자연의 법칙을 탐구하여 이해하고, 그 지식을 기초로 기술을 발전시킴으로써 끊임없이 사회를 변화시켜 왔다. 지난 19세기부터는 증기기관을 비롯한 다양한 동력장치와 기계장치의 발명으로 농경사회를 산업사회로 변화시켰고, 20세기 말부터는 정보기술의 발전을 통하여 인류사회가 또다시 변화하고 있다.

2) 사회갈등

서로 다른 계급, 종교, 지역, 인종 등 집단 간 갈등을 의미하며, 이러한 갈등은 사회의 안정을 깨트리고 사회의 변화를 유발한다.

> P/ L/ U/ S/
>
> 오늘날의 교육은 인류사회의 전면적이고도 질적인 변화의 영향을 받고 있다. 중요한 것은 이러한 변화가 일시적인 현상이 아니라 문명사적 전환이라는 사실이다. 즉, 인류가 새로운 교육시대로 접어들고 있다는 것이다.

3) 환경변화

자연환경과 아울러 국제적 환경의 변화를 의미하는데, 환경에 변화가 일어나면 사회는 그에 적응하기 위하여 변화한다.

4) 의식변화

자유의지, 평등의식과 같은 사회구성원들의 정신적 변화를 말하는데, 이러한 의식의 변화는 사회를 변화시키는 동력이 된다. 이러한 사회변화는 어느 한 요인에 의하여 촉발된다 하더라도 변화의 진행과정에는 여러 요인이 복합적으로 작용한다. 20세기 후반 이후로 진행되고 있는 변화는 주로 정보기술의 발전에 의하여 촉발 · 증폭되고 있지만, 현대인의 민주의식과 새로운 국제질서에 의하여 변화가 국가수준에서뿐만 아니라 세계수준에서 전면적으로 진행되고 있다(김신일, 2000: 88).

제2절 한국사회와 교육의 방향

1. 한국사회의 모습

우리 사회는 여러 분야에서 크게 변모 · 발전되고 있다. 이러한 우리 사회 모습의 변화를 몇 가지 측면에서 살펴보면 다음과 같다(서정화, 정일환 외, 2008: 19-22에서 재인용).

1) 지식정보화사회로의 진입

1970년 이전에는 농업사회, 1980년대는 공업화사회, 그리고 1990년대 중반부터는 지식정보화사회에 진입한 것으로 흔히 설명되고 있다. 근자에 지식정보화사회는 더욱 급속히 진전되고 있다. 특히 컴퓨터와 정보통신망의 발달은 경제, 문화, 사회, 교육 등 여러 분야에서 삶의 질과 방식을 크게 변화시키고 있다.

2) 세계화 · 개방화의 가속화

과학기술과 함께 교통, 정보통신의 발달은 세계화(globalization)를 더욱 촉진시키고 있으며, 국경 없는 무한경쟁 속에서 세계 각국은 정치 · 경제 · 무역뿐 아니라 문화와 교육 분야에서 경쟁적인 개혁을 추진하면서 한편으로 보다 긴밀한 유대관계를 형성하고 있다. 이를 테면, 국가 간의 해외시장 확보를 위한 경쟁과 상품의 국제경쟁력을 높이기 위한 기술개발, 경제협력과 교육 증대를 위한 협력체제 구축, 외국상품과 자본의 수입 자유화 등을 예로 들 수 있다.

3) 다원화

사회가 더욱 다원화되고 있다. 사회가 다원화되고 산업구조가 바뀌면서 사회구조 내의 조직 · 운영도 전문화되고 기능의 분화를 초래하고 있다. 다원화사회에서의 직종의 분화는 전문인력과 지식계층의 폭을 넓히고, 고학력의 경향은 사회계층의 상승이동을 촉진시키고 있다. 또한 임금수준의 향상으로 생활수준이 높아지게 되면서 국민의 의식구조도 크게 변화되었다. 각자의 개성을 살리면서 각기 나름대로의 독특한 삶의 방식을 추구하고 있는 것이다. 아울러 개인과 집단의 다양한 요구를 충족시키기 위한 활동이 활발해지고, 중앙정부의 권한과 책임을 지역과 민간부문에 분산시키고 있다.

4) 초고령사회 진입의 가속화

P/ L/ U/ S/

국가 전체 인구 중 65세 이상의 인구비율이 7%가 넘으면 고령화사회, 14%가 넘으면 고령사회, 20%가 넘으면 초고령사회라 한다.

주요 선진국들과 같이 우리나라도 빠르게 고령화되고 있다. 전체 인구의 7% 이상이 65세 이상인 고령화사회로부터 20% 이상인 초고령사회로 진입하는 데 프랑스가 154년이 걸린 데 비해 우리나라는 26년을 예상하고 있다.

따라서 2026년이면 우리나라 총인구에서 65세 이상 인구가 차지하는 비율이 20.8%에 달하는 초고령사회에 진입할 것으로 전망되고 있다. 이처럼 급격한 전환은 평균수명이 급속도로 늘어나고 출산율이 급감한 데서 그 이유를 찾을 수 있다. 우리나라는 2003년 현재 출산율이 1.19명으로, 세계 200여 개국 중에서 아이를 가장 적게 낳는 나라로 나타나고 있다.

5) 삶의 질 향상에 대한 관심 증대

복지, 문화, 웰빙 등에 대한 관심이 커져서 삶의 여유를 가지려는 현상이 급속하게 늘어나고 있다. 특히, 주5일제 추진은 근로활동에 영향을 미치고 문화적 생활과 교육 등에 많은 변화를 가져오고 있는 것으로 보인다.

6) 공동체가 중시되는 참여적 시민사회의 형성

P/ L/ U/ S/

NGO는 비정부기구의 약칭으로, NPO와 같은 의미로 사용한다. 「UN헌장」 제17조에서는 "UN 경제사회이사회는 그 권한의 범주에 속하는 사항과 관계가 있는 민간단체와 협의하기 위해 적당한 협약을 체결할 수 있다."고 규정하고 있다. 근래에는 각국의 국내 NGO도 재해원조나 개발 등 많은 분야에서 UN의 기관과 제휴하거나 독자적으로 활동하고 있다.

우리 사회가 민주화되는 과정에서 각계각층의 목소리가 다양하게 분출되고 있다. 세계화 · 정보화 · 개방화의 흐름 속에서 새로운 '이념적 지형도'가 가파르게 형성되면서 정치, 경제, 사회, 문화, 종교, 환경, 교육 등 여러 영역에 걸쳐 수많은 자생적 단체가 만들어졌다. 이러한 자발적 시민들의 결사체인 NGO(Non-Governmental Organization)들이 속속 등장하여 사회발전에 많은 영향력을 행사하고 있다. 어떤 면에서 볼 때 NGO는 높은 사회적 신뢰를 얻고 있고 우리 사회를 움직이는 매우 영향력 있는 집단으로 인정받고 있기도 하지만, 일부 NGO집단들은 자기들의 사적 이익과 편협된 주장들을 지나치게 내세우면서 공익을 침해하는 경우도 종종 있다.

7) 지방화의 가속화

그동안 정치 · 행정의 중앙집권화로 모든 권한과 책임이 중앙에 집중되었지만 지방자치제의 실시로 점차 권력과 행정력의 지방분산이 이루어지고 있다. 지방자치가 정착되면서 정책을 입안 · 집행하는 과정에서 지역주민들의 정치, 경제활동 등에 대한 참여가 더욱 활성화되었다. 이제는 지방의 기업들이 세계로 진출하는 사례가 많아졌다. 지방자치제의 정착으로 정치적인 권력이 분산될 뿐만 아니라 산업의 지방분산과 함께 지방 경제가 활성화되고 있으며, 지역의 사회 · 문화적인 발전을 위한 노력도 경쟁적으로 나타나고 있다.

8) 성숙한 민주사회로의 전환

정치적인 측면에서도 더욱 성숙된 민주사회로 전환되고 있다. 국민의 정치의식이 성숙되면서 민주주의가 뿌리를 내리고, 인간이 인간답게 살도록 해 주며, 인간의 가치와 존엄성을 더욱 귀중하게 여기는 선진화사회로 변모하고 있다. 앞으로 정치, 경제, 사회 등 여러 부문에서 민주화와 선진화가 진척될 것이다.

2. 한국사회의 변화에 따른 교육의 방향

우리나라는 정치, 경제, 사회, 문화 등 여러 부문에서 많은 변화와 발전이 급격하게 이루어지고 있다. 특히, 정보화 · 세계화 · 다원화, 평생학습사회로의 전환, 참여적 시민사회, 지방화 등 선진화를 향한 노력과 시대적 흐름은 교육운영에 새로운 변화를 요청한다. 이를 위해 교육체제나 제도, 목표, 내용, 과정, 방법 등도 새롭게 변모되어야 할 것이다.

1) 교육체제는 평생교육체제로

우리 사회는 지식과 기술의 폭발적 증가와 노후화, 기술과 혁신을 통한 직업사회의 변화, 저출산·고령화로 인한 인구 패러다임의 변화, 가치관 및 생활양식의 급격한 변화, 여가시간의 증대와 평균수명의 증대, 평생에 걸친 교육권 보장에 대한 높은 요청 등 다양한 측면에서 변천하고 있으며, 현행의 학교교육체제로는 이를 수용하기가 어려워졌다. 따라서 언제 어디서나 원하는 시기에 누구나 학습이 가능한 교육체제, 즉 평생교육체제로의 전환이 요구된다.

Dave(1973: 33-44)는 평생교육체제에 맞도록 학교교육의 혁신이 이루어져야 한다고 주장하면서 중요한 몇 가지 과업을 제안하였다. 즉, ① 교육목적의 재정립, ② 교육내용의 쇄신, ③ 학습자료의 재정비, ④ 성적사정제도 및 평가절차의 혁신, ⑤ 교육구조와 교사교육제도의 개혁 등이 그것이다.

P/ L/ U/ S/

평생학습사회와 관련된 제도로는 학점은행제, 학습계좌제, 문하생 학점·학력인정제도, 독학에 의한 학위취득제도 등이 있다.

평생교육의 관점에서 보면 학교는 평생교육의 한 하위체제로서 아동·청년을 교육하며, 그들이 평생 계속적으로 학습할 수 있도록 그에 필요한 기본적인 가치·지식·능력·태도를 함양하는 데 목적을 둔다. 따라서 학교교육의 목표·내용·방법과 과정 등도 이러한 성격에 합치되어야 한다(김신일, 2000: 57-58에서 재인용).

첫째, 학교교육의 목표와 내용이다. 학교교육의 목표는 아동·청년으로 하여금 그 자신의 평생교육자가 되게 하는 데 있으며, 평생교육의 필요성에 대한 인식, 광범위한 영역의 기초지식과 지적 독립성, 자신과 사회의 변화에 대한 민감성을 높이는 데 중점을 두어야 한다. 따라서 그 내용도 다양한 교과영역을 제시하고, 특히 도구적 교과를 중시하며, 각 교과는 교과의 특성과 구조를 중심으로 생활상황과 연결될 수 있도록 조직되어야 하고 학생들의 선택범위를 넓혀야 할 것이다.

둘째, 학교교육의 방법과 과정이다. 아동·청년들이 그 자신의 평생교육자가 되게 하고, 지적 독립성과 사회에 대한 민감성을 높이기 위해서는 자율학습의 기회를 대폭 확대해야 하며, 다양한 학습방법과 매체를 활용해야 한다. 또한 지역사회의 모든 자원들이 적극적으로 이용되어야 한다. 기존의 평가방법도 크게 수정하여 아동 · 청년들의 교육가능성의 점검에 일차적 관심을 두어야 하고, 학생의 분류보다 학습개선과 자신감을 높이는 데 유의해야 한다. 그리고 다양한 평가방법과 자기평가의 기법이 활용되어야 하며, 교육과정과 교육행위의 적절성에 대한 평가가 병행되어야 한다.

셋째, 교사와 관련된 내용이다. 학교교육을 주도하는 교사 또한 단순한 지식전달자로서의 역할에서 탈피하여 평생교육의 필요성과 목표를 정확히 인식하고, 그 자신이 스스로에 대한 평생교육자로서 학생들에게 모범이 되어야 하며, 학생들의 지적 독립성과 교육가능성을 높이기 위한 다양한 방법과 도구를 활용할 수 있어야 한다.

2) 교육의 방향은 인성교육과 창의성교육으로

정보를 바탕으로 한 지식기반사회가 요구하는 교육은 창의성교육이다. 지식기반사회에서의 지식은 암기해야 할 고정불변의 죽은 지식이 아니라, 항상 더 높은 차원의 지식이 되려고 하는 살아 있는 지식이다. 이는 곧 부가가치를 창출할 수 있는 창조적 지식이기도 하다. 이렇게 평생 새로운 지식을 학습하고, 공유하고, 전파하고, 가공하여 더 높은 차원의 지식을 창조하는 사람을 '신지식인'이라고 한다. 창조적 지식을 창조하는 신지식인, 즉 창의적인 사람은 창의성교육을 통해서 길러진다. 창의성교육은 여유로움 속에서 열린교육을 통해 이루어진다. 획일화되고, 규제가 심할수록 창의성교육은 요원해진다. 다양한 경험을 하며 학생이 직접 참여하는 가운데 가능한 교육이다. 교사가 주도하는 수업은 학생의 사고와 능력을 계발할 기회를 주지 않는 죽은 수업이다(홍재호, 2001: 1-8).

다음으로 인성교육이 요구된다. 세계화 · 국제화 · 개방화되는 사회에서 세계인과 더불어 살아가고, 생존경쟁이 치열한 냉엄한 현실에서 예측불허의 변화에 대처하기 위해서는 새로운 인간상이 요구되고 있다. 한편으로는 경쟁을 해야 하지만, 다른 한편으로는 상호 협동하고 공존하는 방법을 배워야 한다. 우리는 세계시민이 되는 기준을 배워야 하며, 풍부한 인성으로 어떠한 상황에서도 살아남을 수 있는 인간이 되어야 한다. 풍부한 인성은 생활력이 되고, 살아가는 힘과 생존력이 된다(한국교육개발원, 1998: 100).

3) 교육내용은 창조적 지식과 문명사적 주제로

교육내용으로는 교육방향인 인성교육과 창의성을 키울 수 있는 내용들이 요구된다. 변화하는 사회에서 요구되는 지식은 전통적 교과지식이 아니라 폭발하는 정보와 지식의 신속성 · 다양성 · 복잡성 · 중첩성 등을 조직하고 관리하는 '연계망 지식(networking knowledge)'이나 '문제해결 지식(problem-solving knowledge)'과 같은 적용력이 크고 부가가치가 높은 창조적 지식이다. 같은 지식이라도 명제적 지식보다는 기술적 지식 또는 방법적 지식(knowledge-how)이 더 필요하다.

창조적 지식과 더불어 구체적으로 요구되는 교육내용은 사회변화의 전망으로부터 도출될 수 있다. 앞으로의 사회변화나 사회문제에 대응하기 위해 중요시하는 교육내용은 각 나라마다 다르다. 독일의 경우 문명사적 교육의 주제들로 환경, 평화, 성평등, 건강한 삶의 문화, 매체환경의 변화, 정보화사회, 문화적 다양성 등을, 프랑스는 16세에 도달해야 할 국민공통 필수지식으로 환경대처능력, 정보능력, 윤리적 실천, 신체단련 및 예술감각, 불어 구사능력, 수와 양의 계산능력의 여섯 가지를 제시하고 있다. 이 밖에 다른 나라들도 필수지식이나 문명사적 주제와 같은 특정 내용들을 명시하지는 않았지만 이와 유사한 교육내용들이 강조되고 있다. 이와 같이 교육내용에는 환경교육, 평화교육, 세계시민교육과 같은 범세계적인 것이 있는가 하면, 국어나 윤리와 같은 필수내용과 정보나 수리능력과 같은 기초내용을 중시하고 있는 국가들도 있다(한국교육개발원, 1998: 58).

4) 교육방법은 열린교육 및 자기주도적 학습으로

미래의 학습은 무엇을 알기 위한 학습이 아니라 어떤 문제이든 자기 스스로 해결할 수 있는 주체적인 문제해결능력 신장을 위한 학습이어야 한다(한국교육개발원, 1998: 100). 그러기 위해서는 열린교육과 그 속에서 '자기주도적 학습(self-directed learning)'이 이루어져야 한다. 즉, 학생들이 직접 참여하여 관찰, 실험, 체험, 발표 그리고 토론을 통해 학습의 기본원리를 익히는 주체적인 학습이 요구된다.

열린교육에서는 개인의 능력을 계발 · 발전시켜서 각 학생의 자아를 최대한 실현시킴으로써, 행복한 개인과 보다 나은 사회를 이룩하려는 데 주안점을 두고 있다. 즉, 그때그때 필요한 지식을 찾아 쓰는 왕성한 탐구적 태도와 개성, 창조성, 자주적 태도를 지닌 인물의 양성을 목표로 하고 있다(강상철 외, 1992: 279).

또 종래의 교육은 아동을 수동적 존재로 생각했으나, 열린교육에서는 아동을 활발하게 움직이는 활동적 존재, 각기 다른 개성과 발달속도를 지닌 독특한 존재, 스스로 보다 똑똑해지고 싶어 하고 보다 착해지고 싶어 하는 자발적이며 자주적인 존재로 본다. 또한 지적 · 신체적 · 정서적 · 사회적 활동이 서로 밀접하게 관련되어 있는 종합적인 존재로 본다.

교육내용은 종래의 교육이 교과서나 문제집 등을 중심으로 교과별로 구분된 내용을 다루었던 데 비해 열린교육에서는 교과서와 각종 매체들을 활용하여 주제별 또는 몇 개의 교과를 묶은 통합학습의 형태로 이루어진다.

교육방법에서도 종래의 교육이 밀폐되고 단절된 교실에서 교사주도로 행해지는 획일적인 수업이었으나, 열린교육에서는 넓게 트인 공간에서 아동주도의 학습진행과 개별화 학습 등이 많이 이용된다. 그리고 교육평가는 절대평가를 한다(강상철 외, 1992: 280).

넓은 의미의 자기주도적 학습은 자신의 학습욕구 진단, 학습목표 설정, 학습을 위한 인적 · 물적자원 파악, 적절한 학습전략의 선택 및 실행, 학습결과의 평가 등에서 다른 사람의 도움을 받거나 혹은 받지 않고 개인이 학습의 주도권을 가지는 과정을 말한다. 자기주도적 학습의 핵심은 학습의

육의 내용과 방법에 획기적인 변화가 요구되고 있다. 즉, 지식혁명의 가속화에 따라 교육환경이 변화되고 있다.

아울러 지식기반사회로 진입하고 지식의 활용가치가 급상승하면서 지식의 재구성적 활용능력과 창의적 아이디어를 갖춘 인재의 필요성이 부각되고 있으며, 간학문적 접근과 팀 프로젝트 수행의 필요성이 증가함에 따라 협동적으로 과제를 해결할 수 있는 인재가 요구되고 있다.

특히 세계적으로 WTO체제 이후 국가 간 경쟁과 연계구조가 재편되고, 무한경쟁의 시대에 돌입하면서 선진국들은 국가경쟁력 강화의 핵심 요건인 교육개혁에 주력하고 있다. IMD에 따르면 우리나라의 국가경쟁력 순위는 2000년 47개국에서 28위, 2005년에는 60개국에서 29위를 차지하였고, 교육분야의 국가경쟁력에서는 2001년 47개국에서 32위, 2005년에는 60개국에서 40위를 차지하였다.

P/ L/ U/ S/

세계무역기구(World Trade Organization: WTO)는 회원국들 간의 무역관계를 정의하는 많은 수의 협정을 관리·감독하기 위한 기구이며, 1995년 1월 1일 제2차 세계 대전 후 자유무역을 지향하기 위해 만들어졌던 '관세 및 무역에 관한 협정(GATT)' 체제를 대체하기 위해 설립되었다.

P/ L/ U/ S/

IMD는 스위스 국제경영개발원을 말한다.

2) 우리나라 교육의 상황

우리나라 교육의 상황은 긍정적 상황과 부정적 상황으로 구분하여 설명할 수 있다.

우선, 긍정적 상황을 들 수 있다. 우리 사회는 빠르게 변하면서 민주의식도 크게 확장되고 있으며, 또한 교육에 대한 국민의 기대와 관심이 지대하므로 범국민적 참여와 지원을 통해 교육개혁을 이룰 수 있다. 국민의 높은 교육열과 인적·물적 기반의 구비상황도 매우 긍정적인 것으로 평가할 수 있다. 우리나라는 교육잠재력이 매우 큰 나라이고, 급격한 교육팽창을 초래한 높은 교육열, IT강국으로 이끈 정보 인프라와 기술력, 풍부한 고학력 자원 등은 교육적 활용가치가 매우 높은 자산들이다.

다음으로, 부정적 상황은 공교육에 대한 불만족과 불신이 누적되어 있다는 것이다. 우리나라의 공교육은 양적으로는 세계에 자랑할 만한 수준이지만 질적으로는 불만스러운 상태이며, 이로 인해 사교육 의존도가 매우 높은 실정이다. 최근까지도 사교육 시장은 계속 팽창하는 반면, 공교육에 대한 신뢰는 좀처럼 회복되지 않고 있다. 교육주체 간 갈등과 리더십의 분산 역시 매우 부정적 상황으로 여겨진다. 다양한 교육 관련 단체들이 조직되고 이슈에 따라 상호 연대 혹은 대립하고 있으나, 교육정책을 이끌어 갈 주체의 리더십은 미약한 편이다. 특히 교직사회의 분열은 교육개혁에 커다란 부담으로 작용하고 있다.

2. 교육개혁을 위한 시도

우리나라는 역대 정부로부터 현 정부에 이르기까지 교육개혁을 위한 많은 노력을 해 왔다. 구체적으로 살펴보면 다음과 같다(교육혁신위원회, 2007: 5-7).

1) 역대 정부

역대 정부는 1990년대 중반 이후 국민의 교육적 요구에 부응하고 사회 변화에 대응하기 위한 교육개혁을 지속적으로 추진했다.

2) 문민정부

문민정부는 문명사적 전환기에 대비하여 '신교육체제 수립을 위한 교육개혁 방안'을 제시하고 수요자 중심의 교육개혁을 추진했으며, 이후 정부의 정책기조로 이어졌다. 문민정부의 교육개혁 방안은 우리나라가 정보화, 세계화, 다원화사회로 변모하는 상황에서 첫째, 질 높은 교육을 실현하고, 둘째, 교육수요자 중심의 교육을 추구하며, 셋째, 교육의 다원성을 추구하고, 넷째, 교육운영의 자율성과 책무성을 제고하며, 다섯째, 교육발전을 위한 지원체제를 강화하는 것이었다.

3) 국민의 정부

국민의 정부는 현장중심의 상향적 교육개혁을 추진하며, 21세기 지식정보화사회에 부응하는 인재를 육성하기 위해 인적자원 정책에 역점을 두었다. 특히 외환위기 상황에서 출발하여, 수월성과 경쟁 및 효율을 중시하면서 새교육공동체위원회 운영을 통해 학부모, 교원, 시민단체 및 지역사회 등 각계각층의 인사들이 참여하는 교육공동체를 형성하여 현장중심의 교육개혁을 추진하였다.

4) 참여정부

참여정부는 이전 정부의 수요자 중심 정책기조 및 상향적 개혁전략을 이어 가면서 교육격차 해소와 교육복지 확대, 지방교육 육성, 대학의 경쟁력 강화를 중심으로 교육개혁을 추진하였다. 특히 학교의 교육력을 제고하고 공교육의 신뢰를 회복하기 위해 평준화 정책을 유지하면서 다양한 교육운영을 위해 보안방안을 추진하였고, 사교육비 경감대책, 대입제도 개선 등을 추진하고 교육격차 완화를 위해 방과후 학교와 농·어·산촌 학교 등을 적극 지원하였다.

5) 현 정부

P/ L/ U/ S/

현 정부는 이명박 정부이다.

수요자 중심의 교육경쟁력 강화를 기본골자로 하며 첫째, 자율화·다양화된 교육체제 구축을 위한 지방교육자치의 내실화, '고교 다양화 300 프로젝트' '대학입시 3단계 자율화', 둘째, 학교교육 만족도 제고를 위한 영어공교육 완성, 교원능력 제고를 위한 인프라 구축, 교육과정·교과서 선진화, 즐거운 학교 만들기, 셋째, 교육복지기반 확충을 위한 '기초학력미달 제로 플랜' '맞춤형 국가장학제도 구축' '전 국민에 대한 평생학습 활성화' 등을 추진하고 있다.

생각해 볼 문제

1. 학교가 사회변화에 능동적으로 적응하기 위해서 어떤 역할을 수행해야 하는지 각자의 의견을 제시해 보자.

2. 우리나라가 선진국 대열에 들어서기 위해서 교육개혁의 방향을 어떻게 설정해야 할지 토론해 보자.

3. 참여정부와 현 정부의 교육개혁 방향을 비교 · 토론해 보자.

임용고사 기출문제

(2009학년도 중등 임용시험)

1. 다음에 해당되는 평생학습 제도는? (1)

> • 국가의 총체적인 인적자원 관리를 위한 장치
> • 국민의 개인적 학습경험을 종합적으로 집중 관리하는 제도
> • 모든 성인의 다양한 교육과 학습활동을 누적 · 기록하는 '종합교육 · 학습기록부'

① 학습계좌제
② 학점은행제
③ 전문인력정보은행제
④ 문하생 학점 · 학력인정제도
⑤ 독학에 의한 학위취득제도

풀이 학습계좌제(learning account)는 국민 각자가 학습한 결과를 평생학습 계좌에 등록하여 개인별 평생학습 경력을 누적 관리하는 제도를 뜻한다. 이 제도는 학교 밖에서 이루어지는 교육의 이수결과에 대한 적절한 제도적 인정 등을 통하여 개인의 학습권과 교육권에 대한 실질적 보장을 도모한다는 특성을 지닌다. 국가적 차원에서는 국민의 교육경력을 관리하고 인적자원을 관리하는 시스템을 구축함으로써 보다 효율적인 인적자원관리를 할 수 있다. 법적 근거로는 평생교육법 제23조(학습계좌)를 들 수 있으며, 그 조항에 따르면 국가

는 국민의 평생교육을 촉진하고 인적자원의 개발 · 관리를 위하여 학습계좌(국민의 개인적 학습경험을 종합적으로 집중 관리하는 제도)를 도입 · 운영할 수 있도록 노력하여야 한다.

(2007학년도 중등 임용시험)

2. 〈보기〉에서 학교교육과 사회의 관계에 대한 기능론적 설명으로만 묶인 것은? (2)

〈보기〉

ㄱ. 학교교육은 중요한 사회적 선발장치다.
ㄴ. 학교의 교육과정을 통해 지배집단의 문화가 재생산된다.
ㄷ. 학교는 개인의 사회적 지위 획득을 위한 집단 간 지위경쟁의 장이다.
ㄹ. 학교의 교육내용은 보편적 가치와 사회구성원의 합의에 기초하여 선정되는 것이다.

① ㄱ, ㄷ ② ㄱ, ㄹ ③ ㄴ, ㄷ ④ ㄴ, ㄹ

풀이 학교교육과 사회와의 관계에 대한 기능론적 설명은 다음과 같다. 첫째, 학교는 사회의 안정과 질서에 기여하는 제도다. 둘째, 학교는 사회가 요구하는 기술, 지식 등과 공동체의식을 전수한다. 학교교육은 기술훈련을 통하여 국가의 경제성장과 발전 그리고 인간의 자기실현에 결정적인 역할을 한다. 셋째, 학교는 사회구조적 모순을 해결해 주며, 사회평등화를 도모한다. 교육기회의 균등화를 통하여 삶의 기회를 공평하게 해 줄 수 있다는 의미에서 교육이 사회적 불평등을 해소할 수 있다고 본다. 넷째, 교육은 독립적이며 자율적이라는 자유주의적 이데올로기에 근거하고 있다. 학교에서 전수하는 교과내용은 사회구성원들의 합의에 의한 것이다. 다섯째, 학교는 개인의 재능과 노력에 따라 공정한 평가를 하며, 아울러 정당한 사회적 보상이 주어진다. 여섯째, 학교는 지위의 사다리이며, 공정한 사회이동을 촉진한다. 마지막으로 학교교육을 통해 각종 사회문제를 해결할 수 있다.

(2006학년도 중등 임용시험)

3. 우리나라의 학점은행제에 대한 설명으로 옳지 않은 것은? (2)

① 평생학습사회를 구현하기 위해 마련된 제도다.
② 학위를 취득하려면 대학에서 최소 두 학기 이상의 과정을 이수해야 한다.
③ 대학 이외의 교육훈련기관에서도 평가인정 학습과목을 운영할 수 있다
④ 기준 학점을 취득하면 전문학사 또는 학사학위를 받을 수 있다.

풀이 학점은행제는 학점인정 등에 관한 법률(법률 제 6434호)에 의거하여 학교에서뿐만 아니라 학교 밖에서 이루어지는 다양한 형태의 학습과 자격을 학점으로 인정하고 학점이 누적되어 일정기준을 충족하면 학위(학사, 전문학사)취득을 가능하게 함으로써 궁극적으로는 열린

교육사회, 평생학습사회를 구현하기 위한 제도다. 따라서 일정한 학위취득 기준에만 도달하면 학위를 취득할 수 있기 때문에 대학에서 최소 두 학기 이상의 과정을 이수해야 한다는 것은 잘못된 것이다.

(2006학년도 중등 임용시험)

4. 평생교육의 중요성이 강조되는 사회적 배경으로 적절하지 않은 것은? (3)

① 지식과 정보가 폭발적으로 증가하고 있다.

② 지식의 생성과 소멸 주기가 짧아지고 있다.

③ 학력(學歷)을 중시하는 학력주의 사회로 나아가고 있다.

④ 다양한 직업이 등장하고, 평생직장의 개념이 약화되고 있다.

풀이 평생교육의 발생배경으로는 첫째, 지식과 정보의 폭발적인 증가와 노화가 이루어지고 있다. 둘째, 기술의 혁신이 이루어지고 직업사회가 변하고 있다. 셋째, 가치관 및 생활양식의 급격한 변화가 나타나고 있다. 넷째, 여가시간이 증대하고 있다. 다섯째, 평생에 걸친 교육권 보장에 대한 요청이 높아지고 있다. 여섯째, 교육수준이 고급화 추세에 있다. 일곱째, 인간교육의 필요성이 강조되고 있다. 마지막으로, 우리 사회는 학력을 중시한 학력위주의 사회에서 개개인의 능력을 중시하는 능력위주 사회로 변화되고 있다.

(2003학년도 중등 임용시험)

5. 평생교육의 기본원리에 대한 설명으로 가장 적절하지 않은 것은? (4)

① 교육의 평등성과 민주성을 기본이념으로 한다.

② 인생의 각 단계에 교육의 계속성을 추구해야 한다.

③ 학습의 내용, 방법에서 신축성과 다양성을 중시해야 한다.

④ '모든 사람을 위한 교육'이 이루어질 때까지 학교교육의 기회가 확대되어야 한다.

풀이 평생교육은 교육이 학교교육이 전부라는 개념에서 탈피하여 학교 이외의 확대, 즉 교육시기의 계속성과 항상성, 교육대상의 평등성과 전체성, 교육 접근방식의 다양성과 상대성, 교육체제의 개방성과 탈정형성을 의미하고 학습사회를 지향하면서 교육복지국가(Eedutopia) 건설을 목표로 하고 있다.

읽을 거리

The Lost Childhood

Perhaps it is only in childhood that books have any deep influence on our lives. In later life we admire, we are entertained, we may modify some views we already hold, but we are more likely to find in books merely a confirmation of what is in our minds already: as in a love affair it is our own features that we see reflected flatteringly back.

But in childhood all books are books of divination, telling us about the future, and like the fortune-teller who sees a long journey in the cards or death by water they influence the future. I suppose that is why books excited us so much. What do we ever get nowadays from reading to equal the excitement and the revelation in those first fourteen years? Of course I should be interested to hear that a new novel by Mr E. M. Forster was going to appear this spring, but I could never compare that mild expectation of civilized pleasure with the missed heartbeat, the appalled glee I felt when I found on a library shelf a novel by Rider Haggard, Percy Westerman, Captain Brereton or Stanley Weyman which I had not read before. No, it is in those early years that I would look for the crisis, the moment when life took a new slant in its journey towards death.

I remember distinctly the suddenness with which a key turned in a lock and I found I could read-not just the sentences in a reading book with the syllables coupled like railway carriages, but a real book. It was paper-covered with the picture of a boy, bound and gagged, dangling at the end of a rope inside a well with the water rising above his waist-an adventure of Dixon Brett, detective. All a long summer holiday I kept my secret, as I believed: I did not want anybody to know that I could read. I suppose I half consciously realized even then that this was the dangerous moment. I was safe so long as I could not read-the wheels had not begun to turn, but now the future stood around on bookshelves everywhere waiting for the child to choose-the life of a chartered accountant perhaps, a colonial civil servant, a planter in China, a steady job in a bank, happiness and misery, eventually one particular form of death, for surely we choose our death much as we choose our job. It grows out of our acts and our evasions, out of our fears and out of our moments of courage. I suppose my mother must have discovered my secret, for on the journey home I was presented for the train with another real book, a copy of Ballantyne's Coral Island with only a single picture to look at, a coloured frontispiece. But I would admit nothing. All the long journey I stared at the one picture and never opened the book.

Green(1991).

참고문헌

강상철, 임선희, 성용구, 한상훈(1992). **교육사회**. 서울: 동문사.

교육혁신위원회(2005). **교육혁신의 방향과 과제**.

교육혁신위원회(2007). **미래교육비전과 전략(안)**.

김신일(2000). **평생교육개론**. 서울: 교육과학사.

서정화, 정일환 외(2008). **선진한국의 교육비전**. 서울: 교육과학사.

이종각(1996). **교육사회학총론**. 서울: 동문사.

조화태, 윤여각, 김재웅, 강대중(2003). **평생교육개론**. 한국방송통신대학교 출판부.

차갑부(1993). **성인교육방법론**. 서울: 양서원.

한국교육개발원(1998). **선진국 교육개혁의 최근 동향**. 서울: 한국교육개발원.

홍재호(2001). **교육연구 17집**. 공주대학교 교육연구소.

Anyon, J. (1995). Inner city school reform: Toward useful theory. *Urban Education 30*(1). 56-70.

Dave, R. H. (1973). *The Identification and Measurement of Environmental Process Variable That are Related to Educational Achievement*, Unpublished Ph.D. Dissertation Univ. of Chicago.

Greene, G. (1991). The Lost Childhood. In J. Gross (Ed.). *The Oxford Book of Essays*. Oxford, UK: Oxford University Press.

제 5 장

통합교육과 교육복지를 위한 노력

우리 사회는 계층 간의 소득격차의 심화, 가정기능의 약화, 다문화가정의 증대 등 많은 문제점들이 나타나고 있다. 이 장에서는 이와 같은 문제점을 해결하기 위한 여러 가지 방안을 모색해 보고자 한다.

제1절 교육발전을 위한 통합교육의 시도

1. 통합교육의 의미

통합교육은 시대나 장소에 따라 변화되어 왔으며, 통합교육 실행주체에 따라 다양하게 정의되고 있다. 구체적으로 살펴보면, Halvorsen과 Neary(2001)는 통합교육을 장애학생이 한 지역 내 일반학교의 생활연령에 적합한 일반학급에서 지원받는 것으로 핵심교육과정과 일반학급활동의 맥락 안에서 개별화 교육 프로그램(individualized educational program: IEP)에 기술된 특별한 교수를 받는 것이라고 보고 있으며, Friend와 Bursuk(2002)에 의하면 통합교육은 장애학생이 일반학급 및 학교에 완전히 통합되어야

P/ L/ U/ S/

개별화 교육 프로그램은 특수교육 대상자 개인의 능력을 계발하기 위하여 장애유형 및 장애특성에 적합한 교육목표 · 교육방법 · 교육내용 · 특수교육 관련 서비스 등이 포함된 계획을 수립하여 실시하는 교육 프로그램을 말한다. IEP는 각 아동들이 지니는 개인차와 장애로 인한 발달상의 개인차로 인해 단일 교육과정으로는 그들의 다양한 필요를 충족시킬 수 없으므로 교육을 계획하고 실시하는 데 각 아동 개인의 발달에 적절한 프로그램을 계획하고 실행하는 과정이다.

하고 교수는 그들의 장애가 아니라 능력에 기초한다는 신념과 철학을 의미한다(이대식 외, 2006: 28에서 재인용). 통합교육은 장애의 여부와 관계없이 모든 아동이 교육적 혜택을 받을 수 있는 동등한 권리가 있다는 믿음을 실천하는 수단이며 목적 그 자체라고 할 수 있다. 학급의 모든 구성원들이 모든 활동을 함께하고 개개인의 다양성을 인정하며 서로 더불어 살아가는 삶을 실천할 수 있도록 해야 한다.

「장애인 등에 대한 특수교육법」 제2조 제6항에 의하면 통합교육이란 특수교육 대상자가 일반학교에서 장애유형 · 장애정도에 따라 차별을 받지 아니하고 또래와 함께 개개인의 교육적 요구에 적합한 교육을 받는 것을 의미한다.

통합교육은 장애아동이 비장애아동과 분리되는 것이 아니라 학습의 구성원으로서 함께하는 다양한 측면에서 실시되어야 한다는 주장이 제기되고 있다. 다양한 측면에서의 실천적 노력이 요구되는 통합교육의 구성요소는 〈표 5-1〉과 같이 정리할 수 있다.

〈표 5-1〉 통합교육의 구성요소

요소	내용
사회적 통합	장애아동이 일반아동들에게 친구로서 인정받지 못한 채로 통합될 가능성이 있다. 사회적 기술을 습득하지 못하거나 이를 교수하고자 하는 노력이 없다면 사회적 통합이 이루어지지 않는다.
정서적 통합	일반학급에 통합된 장애아동들은 다양한 정서적 문제를 경험하게 된다. 장애아동들이 정서적인 문제를 극복하고 정서적으로 인정된 통합을 실시하기 위한 노력이 있어야 한다.
행동적 통합	장애아동들이 일반학급에 통합된 경우 잘못된 행동들이 많이 나타날 수도 있다. 통합된 환경 내에서 교사와 학생들의 바람직한 행동을 보고 그와 같은 행동을 습득할 수 있어야 한다.
물리적 통합	장애아동을 어떤 환경에 배치할 것인가에 관련된 개념이다.

학문적 통합	장애아동 개인별로 적합한 수준의 교수가 제공되고 있는가에 관련된 개념이다. 교사들은 학생에게 중요한 과제가 무엇인지를 결정하고 교수적 우선순위를 결정할 수 있어야 한다.
평가기준의 통합	어떻게 평가할 것인가? 점수는 어떻게 줄 것인가? 일반적인 평가를 실시할 수 있는 학생은 누구이며 대안적 평가를 실시해야만 학생은 누구인가? 등과 같은 문제들이 장애아동의 통합과 관련하여 제기되고 있다.

출처: 김은주, 권택환, 김정균, 박현옥(2003).

2. 통합교육의 필요성

통합교육은 여러 가지 측면에서 그 필요성이 논의되고 있다. 통합교육의 필요성은 〈표 5-2〉에서와 같이 법적, 사회 · 윤리적, 교육성과적인 세 가지 측면에서의 당위성과 혜택으로 인하여 강조되고 있다.

〈표 5-2〉 장애아동 통합교육의 필요성

구분	내용
법적 당위성	• 장애인 등에 대한 특수교육법 • 장애인차별금지법 • 장애인교육법(IDEA)의 최소제한환경(LRE)
사회 · 윤리적 당위성	• 장애인에 대한 사회적 태도를 긍정적으로 변화시킴 • 사회통합의 목적달성을 저해하는 분리교육의 부정적 영향 예방 • 기존의 교육시설 이용을 통한 교육수혜율 증진 • 고비용 특수교육의 필요성 감소 • 장애인의 독립적인 삶 촉진을 통한 사회 · 국가적 부담 감소
교육성과적 당위성	• 전형적인 발달을 보이는 또래들과 함께하는 진보적 교육환경에 의한 장애학생의 교육성과적 혜택(예: 언어, 인지, 사회성 발달 촉진) • 또래들과의 경험을 통한 나이에 적절한 행동 학습 • 사회적 통합 촉진 • 사회의 구성원인 일반학생에게 미치는 긍정적인 영향

출처: 이소연, 박은혜(2006).

사회를 추구하고 있다. 이러한 목표에 부합하기 위해서 교육은 중요한 역할을 담당하고 있으며, 이에 따라 교육정책은 아동에 대한 교육기능을 중심으로 저소득층을 비롯한 소외계층에 기본적인 생계유지를 위한 지원책을 제공할 뿐만 아니라, 장기적으로는 국민 모두에게 적절한 교육의 기회를 제공함으로써 안정된 삶을 영위할 수 있는 기반을 마련하고 있다. 하지만 사회적으로 불우한 처지에 있는 빈곤층, 장애인, 결손가정 그리고 다문화가정의 학생들은 기본적인 생활보호 혜택을 제대로 받지 못하고 있으며, 교육적으로 소외되고 있는 형편이다. 따라서 이들이 자신의 개성과 능력을 발휘하고 안정된 삶을 가꾸어 갈 수 있도록 하며, 그들의 교육적 필요를 충족시킬 수 있는 교육복지가 절실히 요청된다.

2. 교육복지의 효과

교육복지의 효과는 크게 세 가지로 구분해 볼 수 있다.

1) 교육기회의 보편적 확대

중학교 의무교육은 1985년 도서 · 벽지 지역부터 부분적으로 도입한 이래, 1994년에는 읍 · 면지역 중학생 전원에게 확대하였으며 2004년에 전국적으로 확대하였다. 이에 따라 대한민국 국민이라면 누구에게나 중학교까지의 교육이 무상으로 부여되어 교육기회의 보편적 확대를 가져왔다. 또한 신체장애로 인한 교육기회의 제한을 해소하기 위하여 특수교육 대상자의 교육기회 확대, 통합교육 실시기반 구축, 교육과정 운영의 효율화, 특수교육 지원 확대 등을 실시하고 있다. 특히 1997년 특수교육 발전방안, 학교중도탈락자 예방종합대책, 학습부진아 교육지원대책, 귀국학생 교육대책 등을 담은 교육복지 종합대책을 수립 · 추진하면서 장애 및 기타 다양한 이유로 교육기회가 제한될 수 있는 대상의 교육기회가 확대되는 효과가 나타나고 있다.

2) 학생들의 기본적 복지욕구 충족을 통한 교육여건 개선

학생들의 기본적 복지욕구를 충족시켜 주는 정책을 통해 교육여건을 개선하고 있다. 경제적인 이유로 교육기회에 제한을 받는 학생을 최소화하기 위하여 저소득층 학생에 대한 교육비 및 급식비를 지원하고 「학교보건법」을 기초로 학생보건 향상 및 학교환경위생정화구역 지정 · 운영을 통해 학교주변의 환경 정화 노력을 하였으며, 7 · 20 교육여건 개선사업 추진으로 학급당 학생 수를 35명 이하로 감축하면서 교육여건을 개선하고 있다.

3) 교육공공성 확보

학교는 교육이 이루어지는 장소일 뿐 아니라 사회적 안전망이 될 수 있는 공공기관으로서의 성격을 갖는다. 이러한 성격을 뒷받침해 주는 관련 정책으로는, 사회안전망 구축 차원에서 1998년 시작한 실직자 자녀 학비 지원사업이 2000년부터 저소득층 자녀 학비지원사업으로 전환 추진되고 있으며, 1999년에는 「학교급식법」을 개정하여 국가와 지방자치단체의 재정으로 학생중식을 지원하였다.

교육은 개인의 능력을 계발하고 사회 · 경제적 역량과 지위를 제고하여 개인 삶의 질을 결정하는 핵심 요인이다. 또한 교육을 통한 개인의 발전은 사회통합 및 인적자원 개발로 국가 성장동력의 기초를 제공함과 동시에 인간다운 삶의 조건 구축을 의미하는 복지의 핵심 요소이며 사회 · 국가 발전의 토대다. 따라서 교육복지의 효과는 교육기회의 배분적 평등과 학생들의 기본적 복지욕구 충족을 통해 교육여건 개선과 교육의 공공성을 확보하는 것이다.

3. 교육복지 실현을 위한 노력

1) 교육복지의 종합적 구도

교육복지의 비전과 정책목표, 정책영역 및 정책수요를 정리하여 표현하방하며, 학력향상, 정서발달, 심성계발, 건강증진, 방과후 보육 서비스 제고 등 다양하고 통합적인 교육복지 서비스를 제공한다.

(3) 목표

교육복지사업은 우선, 저소득층 영·유아 및 초·중등 학생의 학습결손 예방과 치유를 통한 학력 증진을 목표로 한다. 즉, 학습에 대한 흥미와 학업성취가 낮은 학생들에게 개별·소집단·학급 단위의 학습지도를 적절하게 제공하여 학습에 대한 흥미를 갖게 하고 스스로 공부하는 힘을 길러 준다. 다음으로, 저소득층 아동·청소년의 건강한 신체 및 정서발달과 다양한 문화적 욕구를 충족시킨다. 이를 위해서는 첫째, 가정환경이 취약한 학생들에게 급식 및 의료 지원으로 건강한 신체발달을 도모한다. 둘째, 문화활동 및 체험의 기회가 부족한 학생들에게 다양한 문화활동 프로그램을 제공함으로써 특기를 신장하고 자신의 잠재력을 계발할 수 있도록 한다. 셋째, 정서·행동 발달상의 문제를 극복할 수 있는 심리·심성 계발 프로그램을 제공하고 전문적인 진단과 치료 프로그램을 제공함으로써 정신건강을 증진하고 안정적인 정서발달이 이루어질 수 있도록 한다. 넷째, 교육문화복지 수준 제고를 위한 가정-학교-지역사회 차원의 지원망 구축을 통해 교육격차를 해소한다.

(4) 주요내용

① 학습능력 증진

학습능력을 증진시키기 위해 저소득층 학생의 학습결손 누적 방지를 위한 학습동기 유발에 역량을 집중한다. 또 저소득층 아동 특성 분석, 교사 간 협의, 교수-학습자료 개발 등 전문성 신장 등을 위해 필요한 지원을 한다. 아울러 방과후에도 학생들의 학습을 도와줄 수 있는 지역사회의 인적 자원 및 기관과 적절하게 연계하여 사업의 효과를 높인다.

② 문화활동 지원

문화활동을 지원하기 위해서는 우선, 저소득층 학생의 안정적 인성발달과 다양한 문화적 욕구충족 기회의 제공을 위해 학교와 지역사회가 함께 노력한다. 또 저소득층 아동이나 학생만이 아닌 지역의 모든 아동과 청소년을 대상으로 한 지역 전체의 문화 활성화에 기여할 수 있도록 한다. 그리고 지방자치단체와의 연계를 통하여 아동과 청소년이 활용할 수 있는 기반시설 확충에 노력한다.

PLUS

교육복지투자우선지역 지원사업은, 2003년 서울과 부산의 8개 지역 79개 유·초·중등학교에서의 시범사업을 시작으로, 2005년에 광역시를 포함하여 15개 148개 학교로 확대되었고, 2006년에는 전국 16개 시·도의 30개 지역 260개 학교, 2007년에는 60개 지역 517개 학교로 사업지역이 확장되었다. 이 사업에 참여하고 있는 초·중·고등학생 수는 336,875명이며, 집중적으로 지원받은 학생 수는 31,564명에 이르고 있다.

③ 심리·정서 발달 지원

심리·정서 발달을 지원하기 위해서는 저소득층 학생들 중 성장과정에서 방임, 방치 등의 경험으로 인한 심리적 문제로 학교생활이나 일상생활에 적응하기 어려운 학생들을 위한 치유에 노력한다. 또 저소득층 학생을 포함하여 지역의 아동·청소년들이 긍정적 자아개념, 건강한 사회성을 기를 수 있도록 적절한 지원을 제공한다. 저소득층 아동·청소년의 건강한 심리 및 정서 발달을 위한 프로그램은 다음과 같은 방향성을 띠고 있다.

- 아동의 발달단계와 대상 아동 특성의 이해에 기초한다.
- 아동뿐만 아니라 가족지원을 통한 가족중심 실천방안을 모색한다.
- 아동의 단점 교정보다 강점을 드러내는 방식이어야 한다.
- 아동의 잠재성장력을 믿고 규제를 최소화한다.
- 아동이 속한 친구, 학교, 지역사회 등의 요인을 고려하는 생태학적 관점을 도입하여야 한다.

④ 복지프로그램의 활성화

복지프로그램을 활성화하기 위해서는 건강한 신체발달을 위해 필수적인 복지 서비스를 제공함으로써 정상적인 생활을 영위할 수 있도록 지원한다. 즉, 인근 보건소, 민간의료기관 등과의 협력을 통한 의료 서비스 및 건강교육을 지원한다. 또 부모와 학교의 보호 없이 학교 밖에서 많은 시간을 보내는 아동과 청소년들에 대한 학교와 지역사회 공동의 지원체제를 구축한다. 이를 위해서는 지역 내에 운영 중인 지역아동센터, 민간 공부방 등과 연계협력을 강화한다.

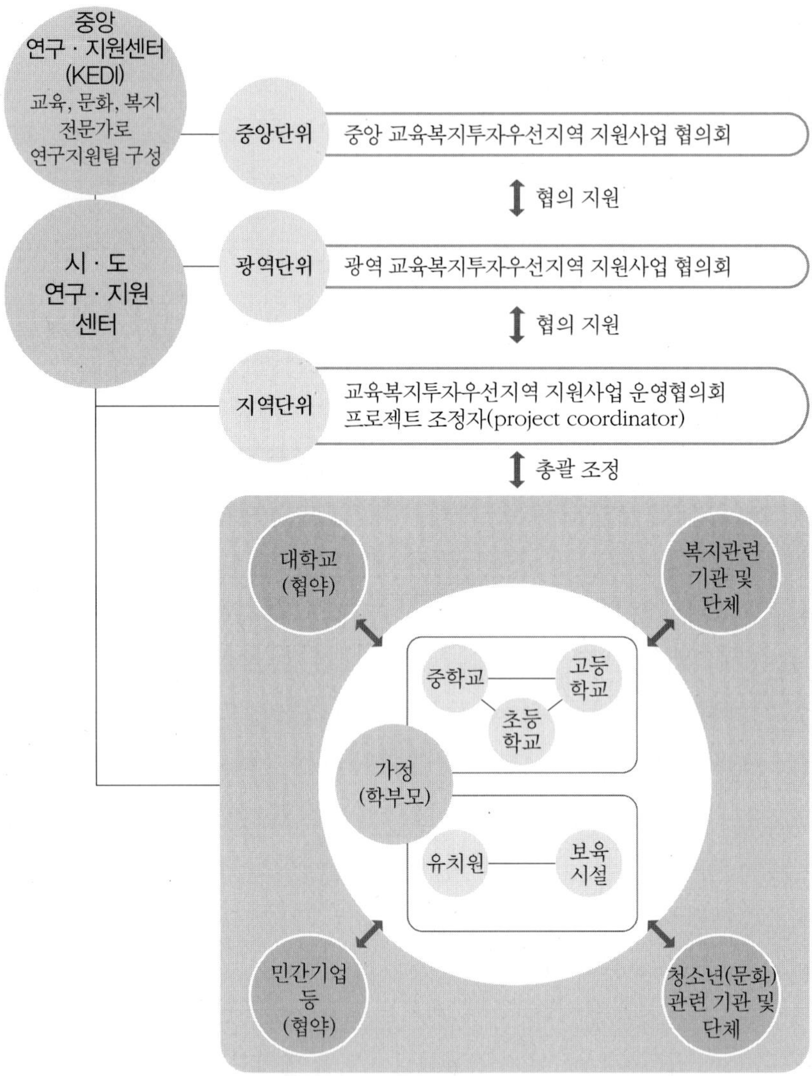

[그림 5-2] 교육복지투자우선지역 지원사업의 추진체제

출처: http://eduzone.kedi.re.kr

⑤ 영유아 교육 · 보육 활성화 지원

영유아 교육 · 보육 활성화를 지원하기 위해서는 우선, 교육복지투자우선지역 내 영 · 유아의 교육 · 보육 프로그램에 대한 실질적 접근기회 보장을 위한 지원을 확대한다. 다음으로, 교육복지투자우선지역의 영 · 유아에게 더욱 좋은 프로그램을 제공하기 위한 유아교육기관과 보육기관 간의 협의체제를 구축한다. 그리고 영 · 유아 교육 · 보육 관련 기관 간 상호협력을 활성화한다. 즉, 교육여건 개선, 문화 프로그램 활성화, 교사연수 및 프로그램 장학지원 등을 위한 교육청과 자치단체 간 연계협력을 강화한다.

3) 다문화가정에 대한 이해

1990년 이후 국제결혼의 증가, 외국인근로자의 유입, 국가 간 인적교류의 확대 등으로 2007년 8월 현재 우리나라에 거주하는 외국인이 100만 명을 돌파하였다. 우리나라도 이미 다민족 · 다문화사회로 들어서고 있는 것이다. 이와 더불어 다문화가정 자녀 또한 해마다 증가하는 추세로, 2006년 9,389명보다 56% 늘어나 2007년에는 14,654명(국제결혼가정 자녀 13,445명, 외국인 근로자 자녀 1,209명)의 학생이 초 · 중 · 고교에 재학 중이고, 앞으로 이 숫자는 계속 증가할 것으로 예상된다. 이 같은 현상과는 달리 우리나라는 전통적으로 단일민족적 정서가 강하기 때문에 이로 인한 인종적 편견, 언어적 문제, 서로 다른 문화적 배경에 기인한 문화부적응 등 많은 문제점이 나타날 것으로 보고 있다.

(1) 다문화가정의 개념

다문화가정의 개념은 학자에 따라 약간씩 차이가 있다. 김갑성(2008)에 따르면 다문화가정은 통상적으로 현재 국내에 정주하고 있는 국제결혼가정을 의미하나, 국내에 거주하는 외국인근로자가정을 포함시켜 부르고 있다. 윤희원(2008)에 의하면 다문화가정이라 함은 부모 중 한 명 이상이 혈통상 외국인인 경우, 즉 이른바 국제결혼가정과 외국인가정을 말하며, 부부 가운데 한 명 이상이 탈북자인 새터민가정을 포함시키고 있다. 따라서 다문화가정을 국제결혼가정, 외국인근로자가정, 새터민가정을 포함한 개념으로 보는 것이 좋을 것이다.

(2) 다문화가정의 현황

① 국제결혼가정

P/ L/ U/ S/

국제결혼가정을 다문화가정으로 고쳐 부른 것에 대해서는 이미 사회적인 합의가 이루어져 있다.

국제결혼가정의 경우 결혼이민자가정이 주종을 이루는데, 2005년 8월 여성 결혼이민자는 한국계 중국인 26,478명, 중국인 11,602명, 베트남인 5,993명, 일본인 7,163명, 필리핀인 3,771명 및 기타 국가 출신을 포함하여 총 61,478명으로 파악된다. 여성 결혼이민자의 경우 본국에서는 대부분 중산층 여성들로서 본인과 가족들이 더 잘 살기 위하여 한국에 시집온 것으로 분석된다. 1997년 국적법 개정 이후 국제결혼가정에서 태어난 자녀는 한국국적을 가지며, 교육을 포함하여 모든 면에서 내국인과 동일한 권리를 가진다고 되었으나, 그들의 자녀는 언어능력의 부족, 혹은 한국문화에 익숙하지 못함으로 말미암아 학습부진의 정도가 심각한 실정이다.

② 외국인근로자가정

100만 명에 달하는 재한외국인(불법체류자 포함) 가운데 취학연령(7~18세)자는 17,287명으로 추정된다. 그러나 외국인학교 재학생을 제외하고 국내학교에 유입이 가능한 인원은 약 9,500명으로 이들 중 재학생은 1,574명이고, 그중 62.3%가 수도권에 집중되어 있다. 2003년 「초·중등교육법 시행령」 개정 이후 만 7~12세인 외국인 불법체류자의 자녀도 관할구청에 출입국 사실증명서를 발급받아 제출하면 초등학교 입학과 졸업이 가능하다. 그러나 외국인근로자의 경우에는 거주지의 불안정, 경제적 어려움, 신분 노출 우려 등의 이유로 자녀를 정규학교에 보내지 않는 경향이 있는 것으로 보인다. 이와 더불어 외국인근로자 자녀의 경우도 언어능력의 부족으로 학습부진의 정도가 심각하고, 정체성의 혼란을 겪으며, 집단따돌림 등으로 건강하지 못한 정서적 충격을 경험하고 있는 실정이다.

③ 새터민가정

새터민가정의 자녀 역시 점점 늘어나고 있는 추세다. 새터민가정 자녀의 취학률을 보면 초등학교 취학률은 85.7%, 중학교 취학률은 49.1%, 고등학교 취학률은 6.6%에 불과하고, 중도탈락률도 초등학생 1.1%, 중학생 15.2%, 고등학생 14.5%로 나타났다.

P/ L/ U/ S/

초등학교 평균취학률 98.8%, 중학교 평균취학률 94.3%, 고등학교 평균취학률 92.2.% 이다(2004년 9월 교육인적자원부).

(3) 다문화가정 자녀의 교육문제

다문화가정 자녀의 교육문제는 학업성취 면과 학교생활 면으로 나누어 생각할 수 있다. 이들은 대부분 생활한국어는 그런대로 사용하고 있지만, 학업을 위한 한국어 능력이 부족하며, 부모의 문화적 배경이 다름으로 해서 지식은 물론 정서와 태도에서까지 초등학교 생활에 대한 준비도가 다른 아동에 비해 떨어진다. 이러한 학습결손은 학년이 올라갈수록 점점 골이 깊어지고 폭이 넓어져서, 아동 스스로 혹은 각 가정의 도움으로 해결하기가 점점 어렵게 될 뿐만 아니라, 이는 동료 학생들의 학업효율에도 영향을 끼친다. 또한 다문화가정의 자녀들이 겪는 다른 학생들과의 문화적 충돌, 집단따돌림, 가정과 부모에 대한 자신감과 존경심의 결여는 자존심의 상실, 자기비하로 이어져서 학업은 물론 생활의 면에도 부정적인 영향을 미치며 돌이킬 수 없는 결과를 야기하기도 한다(윤희원, 2008: 21).

(4) 다문화 이해교육

다문화는 인종과 민족그룹, 성별, 종교, 성 취향 등을 포괄하는 것이고, 다문화교육은 성별, 나이, 사회경제적 지위, 신체적인 능력에 관한 이슈와 관계된 것이다. 이는 다양한 민족과 인종의 문화적 유사점과 차이점을 의미한다.

다문화교육에 대해 Banks(2008)는 학교교육 개혁운동의 일환으로 학교나 다른 교육기관을 변화시키고자 모든 사회계층, 성별, 인종 그리고 문화

집단 등이 학습을 위해 균등한 기회를 갖게 하는 것이라고 하였다(서종남, 2008에서 재인용).

서종남(2008)은 다문화교육을 여덟 가지로 설명하고 있다. 첫째, 성별, 인종, 문화, 계층, 개인의 정체성에 대한 긍정적 사고를 발달시키고 다른 집단과의 교류를 인정하는 것이다. 둘째, 아동들이 자신의 정체성, 감정이입, 다른 집단인들과의 관계에서 자신을 좀 더 큰 사회의 일부로서 인식하게 한다. 셋째, 타인의 다양한 삶의 방식에 대해 존경심과 진정한 가치를 인정하게 한다. 넷째, 아동의 사회적인 초기 관계에서 타인에 대한 개방과 흥미, 다른 사람과 함께하고자 하는 의지, 협력하고자 하는 욕구를 갖게 한다. 다섯째, 사회에 대한 인식, 사회에 대한 책임감, 자신들의 가족과 이웃에 대한 이해의 폭을 확장시키도록 한다. 여섯째, 아동이 사회환경 속에서 자발적이고 비판적인 분석을 할 수 있도록 돕는다. 일곱째, 개인적인 스타일, 문화지향성, 언어배경에 적절한 사회의 참여자가 될 수 있도록 교육적, 사회적 능력발달을 돕는다. 마지막으로 학교와 가족 간의 효과적이고 상호보완적인 관계를 촉진시키도록 한다.

결국 다문화교육은 한 국가의 문화권 내 다양한 집단을 위한 교육의 기회균등에 중점을 둔다. 또한 인종, 문화, 언어, 사회계급, 성별, 장애 등을 포함하여 다양한 사회적 · 문화적 배경을 지닌 학생들이 평등한 교육의 기회를 가질 수 있도록 교육과정을 운용하는 것이다. 따라서 인종과 문화의 다양성을 인정하고, 사회의 편견이나 고정관념에 대처할 수 있는 능력을 길러 주어야 한다(서종남, 2008: 110).

학교에서는 교육부적응 및 불평등을 해소하는 데 앞장서야 하고, 복지친화적 교육환경을 조성하며, 다문화가정의 자녀들이 학교생활 및 학업성취에서 불이익을 받지 않도록 여러 가지 제도적 장치를 마련하고, 특히 초 · 중등학교에서는 인종과 문화의 다양성을 인정해 주는 교육을 통해 그들에 대한 사회적 편견이나 고정관념을 갖지 않도록 세심한 배려가 있어야 한다.

생각해 볼 문제

1. 일반학생과 장애학생이 함께하는 통합교육의 긍정적 측면과 부정적 측면을 토론해 보자.

2. 교육복지투자우선지역으로 선정된 지방자치단체의 현황과 문제점을 분석해 보고, 이를 해결할 수 있는 방안을 토론해 보자.

3. 우리 주변에 있는 다문화가정을 방문해 보고, 다문화가정의 문제점과 다문화가정을 우리 사회 모두가 포용할 수 있는 방안을 생각해 보자.

임용고사 기출문제

(예상문제)

1. 통합교육이 장애아동에게 주는 교육적 측면의 효과가 아닌 것은? (4)

① 다양한 행동양식 습득을 통한 사회성 향상

② 언어적 능력 향상

③ 긍정적 자아존중감 발달

④ 학교환경에의 적응

풀이 통합교육이 장애아동에게 주는 교육적 측면의 효과는 첫째, 다양한 행동양식 습득을 통한 사회성 향상, 둘째, 언어적 능력 향상, 셋째, 잠재능력의 발휘 기회, 마지막으로, 긍정적 자아존중감 발달이다.

(예상문제)

2. 통합학급 교사의 역할에 해당되지 않는 것은? (2)

① 장애아동을 학급구성원으로 받아들이고 생활할 수 있도록 지도한다.

② 장애아동과 일반아동의 수업활동을 비교하여 지도한다.

③ 장애아동이 수업에 적극적으로 참여할 수 있도록 지도한다.

④ 장애아동과 일반아동의 상호작용이 잘 이루어질 수 있도록 지도한다.

풀이 통합학급의 교사의 역할은 첫째, 통합학급에서 장애아동이 학급구성원으로서 받아들여지고 생활할 수 있도록 지도한다. 둘째, 통합학급에서 장애아동이 수업에 적극적으로 참여할 수 있도록 지도한다. 셋째, 장애아동과 일반아동의 상호작용이 잘 이루어질 수 있도록 지도한다. 넷째, 일반아동이 장애아동에 대해 올바른 인식과 태도를 가질 수 있도록 지도한다. 마지막으로 특수학급 교사와 지속적으로 협력한다.

(예상문제)

3. 교육복지의 목표에 해당되지 않는 것은? (1)

① 교육의 평등성과 민주성 보장

② 국민 기초교육 수준 보장

③ 교육부적응 및 불평등 해소

④ 복지친화적 교육환경 조성

풀이 교육복지의 비전은 모든 국민의 주체적인 능력계발 최대화로 개인의 삶의 질 향상, 사회통합 및 국가발전 실현에 있고, 목표는 첫째, 국민 기초교육 수준 보장, 둘째, 교육부적응 및 불평등 해소, 셋째, 복지친화적 교육환경에 있다.

읽을 거리

A Treatise on Good Manners and Good Breeding

Good manners is the art of making those people easy with whom we converse.

Whoever makes the fewest persons uneasy is the best bred in the company.

As the best law is founded upon reason, so are the best manners. And as some lawyers have introduced unreasonable things into common law, so likewise many teachers have introduced absurd things into common good manners.

One principal point of this art is to suit our behaviour to the three several degrees of men; our superiors, our equals, and those below us.

For instance, to press either of the two former to eat or drink is a breach of manners; but a farmer or a tradesman must be thus treated, or else it will be difficult to persuade them that they are welcome.

Pride, ill nature, and want of sense, are the three great sources of ill manners; without some one of experience; or of what, in the language of fools, is called knowing the world.

I defy any one to assign an incident wherein reason will not direct us what we are to say or do in company, if we are not misled by pride or ill nature.

Therefore I insist that good sense is the principal foundation of good manners; but because the former is a gift which very few among mankind are possessed of, therefore all the civilized nations of the world have agreed upon fixing some rules for common behaviour, best suited to their general customs, or fancies, as a kind of artificial good sense, to supply the defects of reason. Without which the gentlemanly part of dunces would be perpetually at cuffs, as they seldom fail when they happen to be drunk, or engaged in squabbles about women or play. And, God be thanked, there hardly happens a duel in a year, which may not be imputed to one of those three motives. Upon which account, I should be exceedingly sorry to find the legislature make any new laws against the practice of duelling; because the methods are easy and many for a wise man to avoid a quarrel with honour, or engage in it with innocence. And I can discover no political evil in suffering bullies, sharpers, and rakes, to rid the world of each other by a method of their own; where the law hath not been able to find an expedient.

Swife(1991).

참고문헌

김갑성(2008). 한국내 다문화가정 자녀교육 실태조사연구. 서울: 한국청소년문화연구소.

김은주, 권택환, 김정균, 박현옥(2003). 통합학습운영 실태분석연구. 서울: 한국교육개발원.

서종남(2008). 다문화교육과 다문화가정의 이해. 국제이해교육연구, 3, 105-129.

윤희원(2008). 다문화가정 자녀교육의 현황과 과제. 서울특별시 교육연구원.

이대식, 김수연, 이은주, 허승준(2008). 통합교육의 이해와 실제. 서울: 학지사.

이소연, 박은혜(2006). 특수아동교육. 서울: 학지사.

이태수 외(2004). 교육복지구현 종합방안연구. 교육인적자원부.

Banks, J. A. (2008). *An Intruction to Multicultural Education* (4th ed.). Boston: Allyn & Bacon.

Friend, M., & Bursuk, W. (2002). *Including student with special needs: A practical guide for classroom teacher.* Boston: Allyn And Bacon.

Halvorsen, A. T., & Neary, T. (2001). *Building inclusive schools Tools and strategics for success.* Needham Heighes, MA. Allyn & Bacon.

Swift, J. (1991). Good Manners and Good Breeding. In John Gross (ed.). *The Oxford Book of Essays.* Oxford. UK: Oxford University Press.

http://eduzone.kedi.re.kr.

제 3 부 건전한 학생문화

As a classroom teacher for more than 20 years, let me try to clarify why the issue of class size is more than just counting bodies in a room or the number of papers teachers have to grade. Class size is not the issue, really; it's the culture of the class that matters. I do not mean racial or ethnic or socioeconomic culture, I mean the culture of a particular group of students in a particular room in a particular institution.

출처: http://www.latimes.com/news/opinion/la-oew-felcher20-2008jun20,0,6114463.story

제 6 장

학생문화의 현상과 영향

교사가 학생을 지도할 때 가장 어려움을 호소하는 것 중 하나는 학생의 문화를 이해하고 수용하는 것이다. 이는 사회가 급변하면서 집단의 문화도 빠르게 변하여 아동이나 청소년집단의 또래문화와 교사집단의 문화 사이에 차이가 커지고 있기 때문이다. 이로 인하여 교사와 학생 간의 문화적 코드의 불일치와 소통의 어려움이 발생하고, 이것은 교사가 학생을 지도하는 것을 더욱 어렵게 한다. 이러한 어려움에도 불구하고, 학생문화를 올바르게 이해하고 학생문화의 교육적 의미를 파악하여 학습과 훈육에 적용할 수 있는 능력은 교사의 중요한 자질 가운데 하나다.

제1절 학생문화의 의미

학생문화가 학교교육에서 어떠한 의미를 가지는지 알기 위하여 학생문화의 개념과 발생, 한국의 학생문화, 학생문화의 현상에 대해 살펴보고자 한다.

1. 학생문화의 개념 및 발생

1) 문화의 개념

PLUS

Williams(1983)는 문화란 '한 인간이나 시대 또는 집단의 특정 생활방식'이라고 하였다.

문화에 대하여 다양한 개념들이 존재하여 왔다. 김민(2005)은 문화란 개인의 행동 및 사유의 자유권과 사회체제의 수용가능 영역이 맞물리는 접점지대에서 그 가치가 결정되며, 수준과 범주가 어느 정도 동의되고 있는가의 보편성에 따라 그 의미가 다르다고 하였다. 한편 Roberts(1978)는 문화를 보편성이 인정되는 문화인 준거문화와 그 준거문화와의 관계를 맺는 다른 문화의 형태를 대항문화, 대안문화, 하위문화로 구분하였다.

- 준거문화(standard culture): 보편성이 널리 인정되는 문화
- 대항문화(counter culture): 준거문화에 대해 반동적 성격의 문화
- 대안문화(alternative culture): 준거문화의 목표와 내용에 있어서는 일정 부분 공유하면서 표현 등 방법론상의 이질성을 특성으로 하는 문화
- 하위문화(subculture): 준거문화에 뿌리를 두되 영역의 독자성이 성숙되지 못하거나 성숙과정에 있는 문화

이와 같이 문화란 구성원의 활동 양식과 인간활동의 의미와 중요성을 부여하는 상징적 구조로, 구성원들이 학습을 통해 이를 공유하고 있다.

2) 학생문화의 개념

학생문화란 초 · 중 · 고등학생들이 보편적으로 보여 주는 생활방식과 그들이 의미를 부여하는 가치관 또는 의미부여의 결과물을 통칭하는 개념으로 볼 수 있다. 학생문화는 학생들이 속한 사회 및 국가와 같은 준거문화의 하위문화이기 때문에 준거문화의 공통된 특징들로 정의할 수 있다. 또한 구성원들의 학제, 학년, 성별, 계층, 지역, 학교계통 등에 따라서 독특한 양상을 보이기도 한다. 예를 들어, 한국의 학생문화라고 통칭할 수 있는 공통된 문화가 존재하는 반면, 초등학생과 중등학생의 문화가 다르며, 인문계

열 학생과 실업계열 학생의 문화가 다르다. 또한 남학생과 여학생의 문화가 다르며, 도시 소재 학교의 학생문화와 농어촌 소재 학교의 학생문화가 다르다.

학생문화에 영향을 주는 요소로는 교육제도, 대중문화, 사회적 가치관, 가족문화 등이 있다. 학생들이 이러한 문화를 학습하고 공유하는 가운데 학생문화가 발생하게 된다. 학생문화는 청소년문화와 유사하지만 학생의 범위를 어떻게 설정하는가에 따라 달라질 수 있다. 학생문화는 주로 학교 및 학업과 관련되며, 청소년문화는 청소년들의 심리적 특성 및 외부문화의 수용에서 나타나는 특징들과 관련된다는 점에서 차이점을 나타낸다.

최근에는 대중문화가 고급문화와 저급문화로 확연하게 구분되어, 사회적 지위가 낮고 경제적으로 약자인 청소년들이 저급한 대중문화를 쉽게 수용하는 경향이 있다. 이러한 경향은 학생문화에도 영향을 주어 학생들의 불건전한 언행, 부정적 자아관, 기본적 예의 거부, 기성세대에 대한 반항심 등으로 표현되기도 한다. 이 때문에 많은 교사들이 학생 훈육과 지도에 어려움을 겪고 있다.

3) 학생문화의 양면성

학생문화와 관련하여 청소년문화와 학교문화의 특성을 살펴보면 '다양성'과 '획일성'이라는 서로 대립되는 속성을 포함하고 있다는 것을 발견할 수 있다.

> **PLUS**
> 영국 버밍엄 대학교의 문화연구소에서는 제2차 세계 대전 이후 영국사회 노동자 계층 청소년들의 체계적 저항 수단으로 하위문화를 개념화하였다(조혜영, 2006).

(1) 청소년문화와 학생문화(자유, 대항)

앞에서도 말했듯이 학생문화는 청소년문화와 유사하지만 학생의 범위를 어떻게 설정하는가에 따라 달라질 수 있다. 학생문화는 주로 학교 및 학업과 관련되며, 청소년문화는 청소년들의 심리적 특성 및 외부문화의 수용에서 나타나는 특징들과 관련된다는 점에서 차이점을 나타낸다.

산업화 시대의 청소년문화를 설명해 왔던 대표적인 개념은 하위문화다.

즉, 청소년문화는 기성세대가 일구어 낸 주류문화로부터 자양분을 공급받고 기성세대와 긴밀한 문화적 교류로 형성되는 하위문화다(김민, 2005).

청소년은 그 특성이 자유롭고 기존 문화질서에서 예외적으로 취급되는 경우가 많다. 또한 특정 사회와 조직에 소속되는 경우가 적어 구성원으로서 기대되는 역할도 적은 편이다. 유아기나 아동기와 달리 청소년기는 가치관을 정립하는 시기로, 고유한 정체성을 갖고 있기 때문에 그 정체성을 존중받을 가능성이 높다. 그렇기 때문에 청소년문화의 특징은 자유로움과 개방성이라고 볼 수 있다. 그러나 대부분 청소년문화에 대한 사회적 인식이 부정적인 경우가 많다. 김신일(1992)은 청소년문화를 보는 입장을 미숙한 문화로 보는 입장, 비행문화로 보는 입장, 하위문화로 보는 입장, 대항문화나 반(反)문화로 보는 입장, 새로운 문화로 보는 입장이 있다고 한다. 또한 그는 한국청소년문화의 문제를 다음과 같이 지적한다.

- 청소년의 문화공간이 없다는 것이 문제다.
- 상업주의가 청소년들을 사로잡고 있다는 것이 문제다.
- 입시위주의 교육제도와 열악한 노동조건이 문제다.
- 청소년 간의 문화불평등이 문제다.

청소년의 대부분이 학업청소년이므로 학생문화도 청소년문화처럼 자유로움과 개방이라는 특징을 가지고 있다. 때문에 기성세대나 사회와 같은 준거문화에 반동하는 대항문화의 특성을 갖는다.

(2) 학교문화와 학생문화(획일, 준거)

학생문화는 문화의 주체인 학생이 학교의 구성원이기 때문에 학교문화의 하위문화로 볼 수 있다. 김민(2005)은 학생문화에서 '학생'은 사회적 지위를 말하며, 학생이 속한 '학교'는 학생이란 지위를 강화시켜 주는 공간적 이미지를 말한다고 하였다. 학교는 좁은 공간에 많은 구성원들이 모여 있는 곳으로 문화형성이 빠르고 용이하다. 학교문화는 Roberts(1978)의 분류에 의하면 준거문화로도 볼 수 있다. 학교문화는 학교구성원들의 합의를 중심으로 한 보편성이 그 특징이며, 이러한 보편성이 교육과정으로 표현된다. 교육과정은 형식적 교육과정과 잠재적 교육과정으로 구분된다. 이 두 교육과정 중 형식적 교육과정이 획일적이고 준거적 성격이 강한 반면, 잠재적 교육과정은 다양성이 높다고 볼 수 있다. 우리나라의 수업내용과 방법은 획일적이고 교사주도적이라는 면에서 잠재적 교육과정이 상대적으로 약하며, 이에 따라 학생문화에 다양성을 부여하는 데에는 한계가 있다.

P/L/U/S/
우리나라의 경우, 국민공통기본교육과정이 전체 교육과정에서 차지하는 비율이 높아 획일성 또는 준거의 기능이 매우 높은 편이다.

이러한 관점은 학생문화가 획일적이고 준거적인 특성을 가지고 있음을 드러내는 것이다. 학생들이 자신과 다른 학생에 대해 배타적 태도를 보이거나 심한 경우 집단따돌림을 시키는 것은 획일적인 학생문화를 나타내는 하나의 현상으로 볼 수 있다.

이처럼 학생문화는 청소년문화와 학교문화의 하위문화로서 청소년문화의 개방성과 자유로움, 그리고 학교문화의 획일성과 준거지향성이라는 양면성을 가지고 있다. 이 두 가지 성격은 때때로 갈등을 일으켜 학생들에게 가치혼란을 안겨 주기도 하지만, 이러한 갈등은 더 나은 학생문화로 발전시키는 원동력이 되기도 한다.

2. 한국의 학생문화

우리나라는 학생, 교사, 학부모의 과도한 교육열로 독특한 학생문화를 형성하고 있다. 학생문화에 영향을 미치는 요소들로 학벌중시 풍조, 급변하는 입시제도, 입시제도 중심의 교육운영, 도시와 농촌 간의 현격한 교육수준 차이, 높은 정보통신 인프라 보급률 등이 있다.

1) 학교급별 학생문화

우리나라의 학생문화는 교육제도의 영향을 크게 받는다. 학교급별로 나타나는 학생문화는 다음과 같다.

(1) 초등학교

부모의 큰 관심 속에서 교과활동뿐만 아니라 다양한 교과외활동을 한다. 저학년은 부모의 보호 속에서 순종적으로 지내지만, 고학년은 사춘기가 찾아와 부모와 교사에게 반항적 모습을 보이기도 한다.

(2) 중학교

고등학교가 계열별로 학력수준에 따라 서열이 생김에 따라 학생들의 입시준비가 중학교부터 시작된다. 대부분의 사교육이 입시위주의 교과를 중심으로 활성화되어 있다.

(3) 고등학교

인문계고등학교의 경우 대학입시 중심의 학생문화로, 대부분의 시간을 학교에서 보냄으로써 이에 적응하지 못한 학생들의 패배문화가 존재한다. 최근에는 실업계학교의 수가 적어 대부분의 학생들이 인문계학교로 진학하게 되는데, 일부 학생들은 기본적인 학습능력이 부족한 경우도 있다.

실업계고등학교의 경우 모든 교육정책 및 제도, 매스컴이 대학 진학을 목적으로 하는 인문계열 학생들에게 초점이 맞추어져 있기 때문에 주류에서 제외되었다는 소외감과 패배문화가 학생들에게 나타나기도 한다. 최근에는 실업계학교 학생의 대학 진학기회가 넓어지고 있어, 직업교육의 장으로서의 실업계고등학교 본래의 목적이 퇴색되어 가고 있다.

한편 우수한 학생들이 특수목적고등학교로 진학하고 있다. 이들이 대학입시에서 점차 유리한 지위를 차지함으로써 인문계학생들도 상대적 박탈감을 느끼고 있다.

2) 다양성을 인정하지 않는 문화

우리나라 문제점이기도 한 획일적이고 다양성을 배제하는 문화가 학생들에게도 나타난다. 수업시간에 교사와 특별한 친밀감을 나타내거나, 전학을 왔거나, 학업성적이 부진하거나, 가정환경에 문제가 있는 학생들은 그들의 또래문화에서 배척을 당하는 경우가 많다. 따라서 나와는 다른 문화에 대해서 거부반응을 보이거나 온전히 수용하지 못하는 모습이 나타난다. 다양성을 인정하지 않는 학생문화의 대표적인 현상으로 집단따돌림이 있다.

다음은 초등학교 4학년 여학생들의 집단따돌림 문화의 실상을 보여 주는 동화 『양파의 왕따일기』의 일부이다. 집단따돌림으로 상처받기도 하며, 따돌림 문화에 대한 태도를 반성하기도 하면서 성장하는 모습을 그려내고 있다.

> 수돗가는 누가 정해 준 것도 아닌데 언제부턴가 한편에는 남자 애들이, 다른 한편에는 우리 여자 애들이 씻곤 했다. 그런데 요즘은 양파 애들은 뛰어가지 않아도 됐다. 미희가 수돗가로 다가서면 아이들이 알아서 자리를 비켜 주기 때문이다. 그럼 그 수도는 양파 애들이 독차지해 버린다. ……(중략) 경미가 미희 옆 수도꼭지 앞에 서자 예진이가 기다렸다는 듯이 수도꼭지를 손바닥으로 누르다 한쪽을 살짝 들어올렸다. 그러자 수돗물이 경미 쪽으로 다 튀겼다. 양파 애들이 까르르 웃었다. 주위에 다른 애들도 큰 소리로 함께 따라 웃었다. 거기다 앞에 있던 남자애들까지 가세해 경미한테 물을 튀기기 시작했다.
>
> "이경미! 시원하지. 고맙다고 해."
>
> 철민이가 경미한테 물을 튀기고 도망가면서 소리쳤다. ……(중략) 그런데 그렇게 당차던 경미가 이번에는 아무 말도 안 했다. 경미는 말없이 두 손으로 수돗물을 받아 얼굴을 양손에 묻고만 있었다. 그때 난 봤다. 경미의 눈물이 수돗물에 뒤섞여 얼굴을 가리는 것을. (『양파의 왕따일기』 중에서)

P/ L/ U/ S/

『양파의 왕따일기』는 학교에서 집단따돌림 현상을 소재로 하여 베스트셀러가 되었고, 이는 EBS에서 드라마 형태로 제작되기도 하였다.

개성이 강하고 다양한 면에서 돋보이는 미희는 자신의 성을 따서 '양파'라는 모임을 만들게 된다. 미희는 학급 내에서 교사 이상의 지배적 권력구조를 형성하고 있으며, 여학생들은 양파라는 집단에 들기 위해 미희에게 잘 보이고자 노력한다. 위의 예문은 경미라는 학생이 양파의 한 구성원인 예진이로부터 놀림을 당하는 내용의 일부이다.

앞의 집단따돌림 사례에서 우리 사회의 두 가지 모습을 학생들에게서 그대로 발견할 수 있다. 첫째, 우월한 문화에 대한 사대주의적 태도다. 주인공을 포함한 대부분의 여학생들은 양파라는 그룹에 들기 위해서 미희에게 잘 보이려고 노력한다. 둘째, 다른 문화에 대한 배타적 태도다. 양파에 소속된 여학생들은 우월한 지위를 이용하여 그룹 밖의 학생들을 놀리거나 배척한다. 제3자인 주인공 학생도 불합리하다는 것을 알면서도 우월한 문화에 저항하지 않는다. 우리의 학생들도 자신과 '다름'을 '틀림'으로 받아들이고 이를 자연스럽게 수용하지 못하는 기성문화의 모습을 그대로 답습하고 있다.

3) 교사의 권위를 인정하는 문화

최근에 교사의 권위가 땅에 떨어졌다는 등의 이야기가 나오고 있지만, 여전히 우리나라의 교사는 다른 나라와 비교하였을 때 그 권위를 인정받고 있다. 이는 '스승의 그림자도 밟지 않는다.'라는 유교적 스승관의 영향과 더불어, 교사가 학생평가에서 절대적인 지위를 가지고 있으며 학생의 진학과 진로에 매우 큰 영향을 미치기 때문이다. 실제로 교사의 사회적 위치가 높아 우수한 학생들은 교사가 되고자 한다. 청소년의 장래희망을 조사한 결과 1위가 교사로 나타났으며, 학교급별로 보면 초등학생의 12.5%, 중학생의 14.6%, 고등학생의 12.2%가 교사가 되기를 원하는 것으로 나타났다(한국사회조사연구소, 2005).

제2절 학생문화의 현상

학생문화는 학생들에게 공통적으로 나타나는 가치관, 행동양식, 언어양식으로서 교사는 이들의 생활에서 나타나는 구체적인 현상을 통해 학생문화를 이해할 수 있다.

1. 학생문화의 현상 이해

학생문화 연구에서는 양적인 연구방법보다는 관찰을 통한 질적 연구방법이나 해석적 방법을 주로 사용한다. 김병욱(2007)은 학생문화의 현상을 이해하기 위하여 다음과 같은 방법을 제시하였다.

① 일과시간 분석: 학생들이 일과시간을 어떻게 사용하고 있는지를 관찰하여 분석한다.

② 절정경험 탐색: 절정경험이란 학생들의 경험 중에서 자신에게 큰 영향을 미쳤던 유쾌하거나 불쾌했던 경험을 말한다. 교사는 학생들로 하여금 스스로 절정경험을 찾아내어 이를 구체적으로 진술하게 하고 그 경험의 의미를 해석한다.

③ 소유물 분석: 학생들이 평소에 가지고 다니는 물건이나 소중하게 생각하는 물건 등으로 그들의 가치관이나 태도를 파악한다.

④ 민생지법: 학생들이 일상적인 삶의 구체적인 모습을 참여관찰을 통해 파악하거나 심층면접을 통해 서술하게 한다.

⑤ 낙서 분석: 낙서는 학생들의 생각을 그대로 보여 주기 때문에 학생문화를 이해하는 하나의 방법이 된다.

⑥ 물리적 흔적 채취: 학생들의 손때가 묻은 교실 벽이나 책상의 흔적들을 분석하여 그들의 무의식을 분석한다.

⑦ 활동장면 분석: 학생들이 활동하는 모습 중 의미 있는 분석이 가능한 장면을 선정하여 분석하는 방법이다.

⑧ 이야기 분석: 텔레비전 프로그램, 만화, 서적, 영화 등 학생들이 접하는 시나리오와 특정인들의 삶의 이야기, 학생들 자신이 기록한 일기 등을 분석하여 학생문화 현상을 이해하는 방법이다.

⑨ 설문지법: 분석하고자 하는 학생문화를 조사하기 위한 설문지를 이용

한다.

이러한 다양한 방법으로 학생문화를 연구하기 위해서 교사들의 관찰력이 매우 중요하다. 교실 안팎에서 관찰되는 학생들의 모습을 놓치지 않고 의미 있게 파악하려는 노력이 있어야 학생문화 현상의 이해가 가능하기 때문이다.

2. 학생문화의 현상

학생들이 행동, 언어, 낙서, 소유물 등을 통해 표현하는 학생문화 현상은 매우 다양하다. 우리나라 학생문화의 다양한 현상을 몇 가지로 유형화하면 다음과 같다.

1) 주체성이 결핍된 인생관

P/ L/ U/ S/

입시를 앞두고 있는 학생들은 수면과 잠깐의 휴식을 위해 가정을 방문한다고 표현할 수 있을 정도로 대부분의 시간을 학교에서 보내고 있다.

우리나라의 학생들은 자신만의 시간과 공간이 거의 전무하다. 특히 고등학생들의 경우 학교, 학원 그리고 가정이라는 제한된 공간만을 오가며 편협된 경험의 장(field of experience)에서 생활하고 있다. 대부분의 시간을 보내는 학교는 정해진 일정대로 운영되기 때문에 학생들은 자신의 일과를 계획할 필요가 없다. 또한 입시위주의 교육상황에서는 모든 학생들이 좋은 성적을 얻고자 하는 하나의 목표만이 존재한다. 때문에 학생은 고유한 인생관을 정립하고 주체적으로 삶을 꾸려나갈 기회가 없으며, 그러할 필요성을 느끼지 못하게 된다.

조용환(1999)은 고등학교가 꿈을 키우고 그 꿈을 실현하는 능력을 기르는 곳이 아니라 오로지 '대학교를 가기 위해서 썩는 곳'이 되었다는 학생면담 내용에 대하여 우리나라 고등학생들의 학생문화가 과연 존재하는가 의문을 갖게 되었다고 한다. 그에 따르면 학생문화는 학교라는 제도적 환경 속에서 학생들이 삶을 영위하는 독특한 방식이며, 학생문화가 그 고유성을 갖기 위해서는 생태적 조건에 적응하는 가운데 형성된 주체적인 인식과 실천의 세계가 있어야 한다고 하였다. 그러나 우리나라 고등학생들의 삶은 성인문화의 지배에 압도되어서 자신들의 독특한 의미세계를 형성하지 못한 상황이기 때문에 그들이 학생문화를 가지고 있다고 말할 수 없다고 하였다.

반면에 Coleman(1961)은 청소년들이 성인세계와 판이한 그들 나름의 사회와 문화를 구축하고 있음을 보여 주었다. 그들에게 있어서 동년배의 영향력은 부모의 영향력과 거의 비슷한 정도이며, 그들 내부의 사회적 위계와 규범이 뚜렷이 존재하고, 성인의 인정보다도 동년배집단의 인정을 더 중시하는 경향이 있다고 하였다(조용환, 1999에서 재인용).

우리나라 학생들에게 자신의 주체적 인생관이 없다는 것은 대학에 입학하고 나서 겪는 혼란으로 확인할 수 있다. 많은 학생들이 대학에 입학한 후에 자신의 삶을 통제하던 학교가 사라짐으로써 혼란을 겪는다. 이러한 혼란은 첫 학기 수강신청에서부터 나타난다. 학생들은 자신의 미래를 구체적으로 설계할 기회가 없었다. 때문에 꿈을 실현하기 위해 필요한 필수적 능력이 무엇인지 모르며, 이러한 능력을 준비하기 위해 어떠한 강좌가 필요한지조차 모른다. 매 시간 자신을 규제하고 그대로 따르기만 했던 수동적인 삶에서 벗어나 모든 것을 스스로 판단하고 실천해야 한다는 큰 변화로 많은 학생들이 혼란을 겪게 된다. 또한 성적에 맞춘 대학 진학으로 자신의 적성과 대학교육이 불일치하여 사춘기 이후 제2의 가치관의 혼란과 방황의 시간을 보내기도 한다.

2) 학교에 대한 부정적 이미지

우리나라 학생들이 가지고 있는 학교에 대한 이미지는 매우 부정적이다. 학교란 가고 싶지 않은 곳으로 여기며, 학교에 와서는 가급적 빨리 가정으로 돌아가고 싶어 한다. 또한 학교에 가지 않는 날을 기다리는 것이 일반적인 태도다. 이것은 학업성취가 높고 학교문화에 잘 적응하고 있는 학생에게도 나타나는 일반적인 현상이다.

P/ L/ U/ S/

Foucault는 학교를 권력에 의한 학생의 신체를 통제하는 기관으로 보고, 학교가 규율을 만들어 학생들을 기준에 따라 감시하고 그 결과에 따라 재배치한다고 하였다. 예를 들어, 숙제를 해오지 않거나 지각을 하면 처벌을 받는 것이 그 예다.

학교에 대하여 왜곡되고 부정적 이미지가 굳어지는 것은 학생들에게 학교라는 곳이 그들을 통제하고 사회로부터 분리시키는 역할을 한다고 여겨지기 때문이다. 인간은 타인으로부터 통제받기를 거부하고, 자신의 자유를 침해하는 외부적 규제에 대해서는 압박감을 느낀다. 반면에 자신이 환경을 통제할 수 있다고 느낄 때는 행복감을 갖고, 타인과의 사회적 상호작용을 통해 자신을 발견한다.

그러나 학급당 학생 수가 많아 교사가 수업을 운영하고 관리해야 하는 부담이 크기 때문에 교사는 학생을 권위적, 통제적 방법으로 관리하기 쉽다. 교사들은 학생들에게 '하지 마라'는 이야기를 주로 하게 된다. '머리를 기르지 말라' '떠들지 말라' '지각하지 말라' '졸지 말라' 등이다. 이렇게 하지 말라고 하는 그 배경에는 '공부만 하라'는 생각이 있다. 즉, 공부에 관련된 것이 아니면 또는 공부에 방해되는 것이라면 무조건 하지 말라는 논리로 학생들을 통제하게 된다.

학생이 학교에 대한 부정적 이미지를 가지게 되는 원인은 학교의 물리적 환경이 열악하다는 점에서도 찾을 수 있다. 우리나라 학생들의 주거형태는 아파트 중심으로 안락하고 편리한 환경이다. 반면에 학교는 겨울엔 춥고 여름엔 더운 곳이라는 것이 일반적인 통념이며, 실제로도 많은 사람들이 좁은 공간에서 오랜 시간 생활하기 때문에 쾌적하지 못하다. 또한 장시간 사용하는 책상과 의자를 포함하여 화장실, 휴게실, 식당, 체육시설 등의 편의시설이 날로 보완되고는 있다지만, 여전히 많은 학생들이 이용하기에는 열악하다. 이러한 학교환경은 학교에 대한 부정적 이미지를 더욱 심화시킨다.

3) 자녀중심의 가정문화

우리나라의 전통적 가정문화는 아버지중심의 가부장적인 성향이 매우 높다. 현대사회에서도 여전히 아버지는 가족의 가장으로서 그 권위가 가장 존중되고 있으며, 가족의 의사결정에 많은 영향을 미치고 있다. 그러나 최근 자녀의 학업과 입시의 결과가 가족구성원의 관심사가 되자 점차 우리나라의 가정문화가 자녀중심으로 변화하고 있다.

우리나라 학부모들의 자녀 교육열은 세계적 이슈가 될 정도로 높다. 자녀들의 학업을 위해서 부모는 경제적 · 심리적 지원을 아끼지 않는다. 가정의 대소사를 자녀의 학업 및 진로를 우선적으로 고려하여 진행하기도 한다. 예컨대, 자녀가 대학입학시험을 앞둔 수험생이라면 가족들이 수험생의 학습에 방해가 되지 않도록 극도로 조심하며, 수험생이 원하는 것을 최대한 지원해 주고자 한다. 이러한 문화는 학생들이 남을 배려하지 않는 이기적인 성향을 가지게 하며, 자기중심적 사고방식에 물들게 하는 폐단을 가지고 있다.

P/ L/ U/ S/

우리나라의 부모는 자녀가 학교에 입학한 후 대학입시까지 경제적 · 심리적으로 지원하며, 최근 취업난으로 인해 취업 후 독립하기 전까지도 경제적으로 지원하고 있는 실정이다.

가정에서 자기중심적으로 생활하는 학생의 모습은 다양한 현상으로 나타난다. 한 예로 가정에서 물질적으로 풍요롭게 생활하고 있기 때문에 물건의 소유 개념이 희박하다. 남의 물건을 빌리고 사용할 때 미안한 마음이나 고마운 마음이 없이 마치 자신의 물건인양 쉽게 빌리고 잘 돌려주지 않는다. 또한 학급이나 학교의 공공시설을 이용할 때에도 이러한 현상이 나타난다. 교실에서 교과서와 체육복을 잃어버리는 일은 일상이며, 제 것이 없으면 눈에 보이는 대로 남의 것을 그냥 가져와서 사용한다. 물건을 잃어버린 학생 스스로 도난으로 생각하지 않기 때문에 신고하는 일도 드물다. 학생은 학교라는 좁은 공간에서 오랜 시간 동안 공동체생활을 하지만, 공동체생활이 길어질수록 오히려 남을 배려하고 존중하는 모습은 점차 사라지고 자기중심적으로 생각하고 행동하는 모습이 심화되어 간다.

4) 디지털 중심 문화

우리나라는 정보화 강국을 위해 정부에서 많은 투자를 하였고, 그 결과 세계 최고 수준의 IT 인프라를 갖추고 있다. 2007년 영국의 디지털 조사기관 컴스코어 네트웍스(ComScore Networks)에서 조사한 결과에 따르면, 한국의 인터넷 보급률이 65%로 전 세계에서 가장 높았다. 인터넷을 이용하는 절대인구가 가장 많은 국가는 미국으로 나타났지만, 전체 인구 대비 인터넷 이용비율은 우리나라가 가장 높은 것으로 나타났다. 특히 사용자별 실제 인터넷 사용시간이 1개월 평균 34.0시간으로 우리나라의 네티즌들이 가장 높았다. 이처럼 우리나라의 학생들은 인터넷 강국의 기반을 통해 디지털 중심의 문화를 이루고 있다.

Prensky(2001)는 어린 시절부터 게임을 하면서 성장한 디지털 세대와 기성세대를 〈표 6-1〉과 같이 비교하였다.

〈표 6-1〉 디지털 세대와 기성세대의 비교

디지털 세대	기성세대
잡아채는 속도(twitch speed)	전통적인 속도(conventional speed)
병렬처리(parallel processing)	선형처리(linear processing)
그래픽 선호(graphic first)	텍스트 선호(text first)
무작위 접근(random access)	단계별 접근(step by step)
연결된(connected)	연결되지 않은(standalone)
활동적인(active)	수동적인(passive)
놀이(play)	일(work)
보상(payoff)	인내(patience)
환상(fantasy)	현실(reality)
친구로서의 공학(technology-as-friends)	적으로서의 공학(technology-as-foe)

출처: Prensky(2001), p. 52.

Prensky(2001)에 의하면, 인터넷, 게임 등을 통해 마우스 사용에 익숙한 학생들은 자극에 즉각적으로 반응하며 동시에 두 가지 이상의 일을 하는 데 어려움을 느끼지 않는다. 반면에 기성세대들은 한 번에 한 가지씩 순차적으로 일하는 것에 익숙하며 텍스트에 중요한 의미가 담겨 있을 것으로 생각한다. 디지털 세대들은 유선 또는 무선의 네트워크에 늘 연결되어 있기를 바라며, 놀이를 지향하고 일에는 보상이 따르길 바란다. 또한 공학적인 기술 또는 도구에 대한 두려움이 없다. 그러나 기성세대는 놀이보다는 일에 가치를 두고 당장의 보상이 없더라도 인내하고 기다린다. 또한 새로

P/ L/ U/ S/

오늘날에는 기성세대와 젊은 세대 간의 교류를 통해 서로 다른 문화를 이해하고 공유하는 일이 점차 늘고 있는데, 이는 세대 간의 갈등을 없애고 더불어 사는 데 중요한 역할을 한다.

운 공학적 기술 또는 도구에 대한 두려움을 가지고 있다.

이러한 세대 간의 차이로 학생문화는 기성세대의 문화와는 달리 디지털 중심의 문화로 형성되었다. 특히 우리나라의 학생들은 대부분의 시간을 학교와 가정에서 보내는 등 실내생활이 주를 이루고 있으며 야외활동이 매우 제한되어 있다. 이로 인해 컴퓨터, 텔레비전, 휴대폰, PMP 등의 디지털 기기와 유무선 통신망을 통해 제한된 사회적 경험을 간접적으로 충족하고 있다. 이는 공간적인 이동이 없이 책상 앞에서도 다양한 경험이 가능하기 때문이다.

5) 외모중심의 소비지향 놀이문화

최근 인터넷을 통해 자신의 얼굴을 촬영한 사진을 올려 네티즌들의 좋은 평가를 받으면 '얼짱'이라는 칭호를 듣는다. 운동 등을 통해 자신의 몸매를 가꾸어 좋은 평가를 받으면 '몸짱'이라고 불린다. 얼짱 또는 몸짱이라는 신조어들은 외모를 중심으로 사람을 평가하는 것을 의미한다. 이는 학생들이 다양한 매체를 통해 대중문화에 장시간 노출되어 연예인의 외모에 대한 환상을 가지고 있기 때문이다.

이러한 원인으로 다음을 생각해 볼 수 있다. 생활의 장이 편협한 우리나라의 학생들은 텔레비전이나 컴퓨터 모니터 또는 핸드폰의 작은 화면을 통해 가수, 배우와 같은 연예인들을 쉽게 접하게 된다. 학교의 쉬는 시간 또는 학교에서 가정으로 이동하는 시간 등에 핸드폰, MP3 플레이어, PMP 등의 휴대용 기기로 대중적인 영화, 드라마, 음악의 소비에 치중한다. 그리고 학생들은 이러한 대중문화 스타들의 행동양식을 쉽게 받아들이고, 이를 따르는 경향이 있다.

문제는 우리의 학생들이 이 때문에 연예인의 외모와 같은 획일적인 미의 기준을 가지게 된다는 점이다. 서양인들의 이목구비와 신체조건을 미의 기준으로 삼기 때문에 학생들은 스스로가 '못생겼다' '키가 작다' '얼굴이 크다' '눈이 작다' '다리가 짧다'고 여긴다. 이는 학생 스스로를 '못난 사

P/ L/ U/ S/

긍정적 자아개념(self-conception)을 가질 때 자신의 외모에 크게 신경 쓰지 않고 자신의 장점을 살릴 수 있게 된다.

람'으로 생각하게 하고, 자아존중감에도 영향을 미쳐 학업 및 대인관계에도 부정적 영향을 미치게 된다.

또한 학생들의 놀이문화와 취미 등을 살펴보면 지극히 소비지향적이라는 것을 알 수 있다. 김철훈(2001)은 학생들의 취미생활을 교내 · 외로 구분하여 제시하였는데, 최근에 사라진 몇 가지 놀이문화를 제외하고 정리하면 〈표 6-2〉와 같다.

여기서 볼 때 학생들의 취미생활은 야외공간이 아닌 좁은 실내공간에서 할 수 있는 것들이 대부분이며, 이들이 모두 소비지향적이라는 것을 알 수 있다.

〈표 6-2〉 학생들의 교내 · 외 취미생활

교내	교외
라디오 청취 또는 음악 듣기	PC게임 하기
잡지 보기(연예인 소식, PC게임 관련)	PC방 가기
만화, 무협지 보기	당구장 가기
노래 부르기	노래 부르기(노래방)
춤추기	모형 만들기와 수집
다이어리 수첩 꾸미기	영화 보기
운동하기	DVD 대여해서 보기
텔레비전 시청	여자친구 만나기
문자메시지 주고받기	술 마시러 가기
	옷 사기

출처: 김철훈(2001).

6) 학력중심주의

조용환(1999)은 우리나라 고등학생들의 인생관, 직업관, 교육관에 대하여 [그림 6-1]과 같이 두 가지 인식체제를 제시하였다. 그는 [1]을 수단-목적의 관계로, [2]를 등식관계로 표현하고 다음과 같이 설명하였다.

> 수단-목적의 관계는 직선적이어서 앞의 것을 얻지 못하면 뒤의 것도 얻을

수 없다. 그래서 진학에 실패했거나, 실패가 두려웠거나, 실패를 예견한 많은 학생들이 스스로 인생을 포기한다. '좋은 학교'에 진학하지 못했을 때 예견되는 직업과 인생에서의 결과를 감당하지 못했기 때문이다. 부모들이 기를 쓰고 자녀들을 대학에 진학시키려는 이유도 '첫단추'를 잘 끼워 주기 위해서다.

등식관계에서 학교는 교육을 시켜 인간의 품성과 능력을 향상시키는 곳이므로, 학교교육을 많이 받은 사람일수록 품성과 능력이 뛰어나다고 보는 것이다.

학력중심주의 학생문화는 평가를 위한 교육현상을 초래했고, 학생들은 평가에 매우 민감해지게 되었다. 때문에 학생들은 시험 때가 되면 나름의 전략을 세운다. 시험 기간에는 많은 학생들이 질문을 하고 성실하게 학습하지만, 시험에서 좋은 성적을 얻기 위한 일시적인 현상인 경우가 많다.

P/ L/ U/ S/

학력중심의 사회는 학생들을 서열화하는 데에는 수월하지만, 학생의 다양한 개성을 무시하거나 교육을 서열화 또는 선발의 수단으로 취급하는 상황을 초래하기도 한다.

[1] 학교(=교육) → 직업(일) → 인생(삶)

[2] 학교(=교육) = 직업(일) = 인생(삶)

[그림 6-1] 학력중심주의 인식체체

출처: 조용환(1999), p. 144.

시험에 대한 과도한 관심은 부정행위라는 현상으로 나타난다. 김철훈(2001)은 학생들이 학교에서 부정행위를 하는 방법을 〈표 6-3〉과 같이 정리하였다.

학생들은 잦은 시험에서 좋은 성적을 바라는 부모, 교사 그리고 스스로의 기대에 부응하기 위하여 치밀하게 부정행위를 시도하고 있다. 교사들은 시험 감독관으로서 학생에게 주의를 주지만 부정행위를 완벽하게 예방하기 어려우며 발각이 되었을 때에도 이에 대한 처벌을 내리기 어렵다고 호소한다. 심지어는 자신이 시험을 감독하는 시간에 부정행위가 발견되지 않기를 바라는 경우도 많다.

〈표 6-3〉 시험 부정행위의 방법

부정행위의 종류		실행방법
초치기(집단)		-시계의 초침을 모두 일치시킴 12 - 5 - 10 - 15 - 20 -25 -정답 ① ② ③ ④ ⑤ -시작 전 대표학생의 신호(기침, 음, 기타 소리 등)
발치기 또는 손치기(집단)		발바닥 또는 책상이나 손바닥 치기
쪽지 사용(개인)	• 책상 상단 위쪽 고정	책상 위쪽 압침으로 고정 후 회전
	• 쪽지 깔고 앉기	쪽지를 엉덩이에 깔고 앉아 다리 사이로 보기
	• 쪽지 이동	감독교사 이동 시 쪽지 전달 문제지 배부 및 회수 시 전달
	• 옆자리 다른 학년의 답안을 서로 적어 주기	옆자리에 앉은 다른 학년의 답을 적어 서로 보여 주기
답안지 2장 작성		앞, 뒤 답안지 2장을 한 사람이 작성한 후 나가면서 전달
문제지 주기		문제지에 정답을 체크한 후 나가면서 전달
실내화 바닥에 쪽지 사용		쪽지를 테이프로 신발 바닥에 부착
지우개 또는 필통 뚜껑 사용		넓은 지우개 양면에 요약정리 필통 뚜껑 안쪽에 쪽지
쪽지 정답 이동		교사 이동 시 정답 쪽지 이동
책상 위, 벽면 요약정리		책상 위, 교탁, 사물함, 출입문, 벽면에 요약정리
앞사람 겨드랑이 사용		답안지 또는 문제지에 정답을 굵게 표시해서 양팔 사이로 벌려서 보이게 함 팔목 또는 손바닥에 정리

출처: 김철훈(2001), p. 159.

이러한 현상은 학생, 학부모, 교사의 학력중심주의 가치관의 결과라고 볼 수 있다. 학력이 권력이 되고 재력이 되는 사회적 구조를 학생들은 의식적 또는 무의식적으로 알고 있다.

7) 비행문화

잘못되거나 그른 행위를 비행이라고 한다. 학생문화 현상에서 빼놓을 수 없는 것이 청소년비행이다. 학교와 가정에서 인정받지 못한 학생들이 폭력과 같은 일탈행위를 하는 것인데, 이러한 청소년비행의 정도는 날로 심각해지며 그 연령이 점차 낮아지고 있다. 비행의 원인과 현상에 대해서 설명하는 이론에는 다음과 같은 것들이 있다.

첫째, 비행은 통제의 결핍으로 발생한다고 보는 사회통제이론(social control theory)이 있다. 이는 Hirschi에 의해 제기된 것으로 사회와 맺고 있는 억압, 통제가 풀릴 때 비행이 발생한다는 이론이다. 사회통제이론은 정상소년과 비행소년의 비행성향에는 차이가 없다고 보는 대표적인 이론이다. 즉, 사람은 누구나 선천적으로 비행성향을 타고났기 때문에 비행성향이 비행의 동기가 될 수는 없으며, 사회의 유대가 약화되어서 비행을 발생시키는 원인이 된다고 본다. 결국 청소년이 비행을 하게 되는 이유는 가정, 학교, 친구와의 유대가 약화되었기 때문이다.

둘째, 아노미이론(anomie theory)이 있다. 이 이론은 Merton의 사회구조론에 기초를 둔 것으로, 사회구조상 특정 집단의 사람은 정당한 방법을 통해서는 문화적으로 규정된 목표를 달성할 수 없게 되어 있어 비행이 일어난다는 것이다. 즉, 사회경제적인 지위가 상위에 속하는 사람들은 기회가 더 많고, 하위집단에 속하는 사람들은 여러 가지 기회가 제한되어 정당한 수단을 부여받기 어려워서 아노미 또는 소외감을 가져 비행을 저지른다는 것이다. 이 이론은 가난이 곧 범죄라는 전통적인 편견에서 출발하여 왜 가난한 사람들이 범죄의 유혹에 쉽게 빠져드는지를 사회구조적인 맥락에서 밝히고자 했다.

셋째, 차별접촉이론(contact theory of discrimination)이 있다. 이 이론은 Sutherland에 의하여 제기된 것으로, 비행을 학습된 것으로 보고 모든 비행을 설명할 수 있으나 맨 처음의 비행이 어디서부터 시작되었는지는 설명하지 못하는 맹점을 가지고 있다. 인간의 행동은 그것이 정상적인 행동이든 일탈적인 것이든 간에 모두 학습되며, 가난한 지역에는 범죄를 조장하는 문화가 있다는 가정에서 출발한다. 가난한 지역의 아동들이 범죄에 우호적인 가난한 지역의 문화와 접촉하게 됨으로써 일탈행동을 학습하게 되

P/ L/ U/ S/

Cohen은 차별접촉이론에서 범죄 및 비행이 학습된다는 것을 받아들이고, 가난한 지역에 범죄를 용인하는 하위문화가 존재하는 이유를 아노미 이론에서 보충하고자 했다.

고, 이로 인해 비행을 저지르게 된다는 것이다.

넷째, 하위문화이론(subculture theory)이 있다. Cloward와 Ohlin이 주장한 것으로 하위계층의 집단비행을 유발시키는 사회구조적인 조건을 강조한다. 비행 하위문화집단은 비행행위를 정당화하는 신념을 가지며, 그들이 문화적 목표에 대한 기회의 박탈로부터 비행집단을 생성한다고 본다. Cohen을 비롯한 학자들이 Merton의 아노미이론과 Sutherland의 차별접촉이론을 하나로 통합하려는 노력에서 나온 것이다.

다섯째, 낙인이론(labelling theory)이 있다. 사회구성원들이 일탈행동이라고 규정한 행동을 어떤 사람이 행한 경우에 다른 사람들이 그를 일탈행위자로 낙인찍는 경향이 있기 때문에 일탈행동을 더 저지르게 된다고 보는 견해다. 또한 구성원들이 일탈행위자였던 사람의 경력을 들추어내면서 앞으로도 일탈행동을 할 가능성이 있다고 단정하면 일탈행위자였던 사람 스스로도 일탈행위자라는 낙인을 당연시하게 되어 일탈행동을 계속한다는 것이다.

여섯째, 편류이론(drift theory)이 있다. 이는 부메랑이론이라고도 하며, 청소년범죄란 일시적인 하나의 편류현상과 같은 것으로 청소년들은 때때로 정상궤도에서 벗어난 행위를 하지만, 이러한 행위는 어디까지나 일시적인 현상일 뿐 언젠가는 다시 정상으로 되돌아온다는 것이다.

학교에서는 주로 따돌림이나 학교폭력, 금품갈취 및 협박, 도난사고 등의 형태로 비행이 발생한다. 문제는 이러한 비행문화가 일부 비행청소년들에게서만 발생하지 않고, 그 정도가 약화된 채로 대부분의 학생들에게 보편적으로 나타나고 있다는 점이다. 예를 들어, 생일을 맞은 친구를 축하해준다는 '생일빵'을 통해 심하게 구타를 하거나, 동료의 생필품 등을 상대방의 양해를 구하지 않고 마치 자신의 것처럼 사용을 하거나, 집단따돌림을 통해 심리적 폭력을 가하는 일이 비일비재하다.

제3절 학생문화의 영향

학교문화, 가정문화, 대중문화를 통해 본 우리나라의 학생문화는 다시 학생들의 가치관에 영향을 미친다. 이러한 영향을 긍정적, 부정적 측면으로 구분하여 살펴보면 다음과 같다.

첫째, 학업중심의 학교문화는 학생들의 학력을 높인 반면, 입시위주의 문화는 통제와 규율 속에서만 학습하게 하고 평가에 초점을 둔 학습을 하는 부작용을 낳았다.

둘째, 부모가 자녀교육에 대하여 높은 관심을 갖는 가정문화는 학생과 부모 사이의 밀접하고 친밀한 관계를 유지하게 하는 장점이 있다. 반면에 학생들이 자기중심적 성향을 가지게 되며, 성인이 되어서도 부모에 심리적 · 경제적으로 의존하는 경우가 많다.

셋째, 대중문화는 파급효과가 매우 크기 때문에 사회적 관심이 필요한 문제에 대해 쉽게 접하고 다양한 의견을 학습할 수 있는 기회를 제공한다. 그러나 대중문화는 비생산적이고 소비 및 외모를 지향하는 가치관을 심어주기도 한다.

생각해 볼 문제

1. 교사들이 수업에서 그들의 지도성을 발휘하지 못하는 이유를 학생문화 현상의 측면에서 논의해 보자.

2. 학생들의 일탈행동의 범위를 어디까지로 보아야 할 것인지를 토의해 보자.

3. 자신이 담임을 맡은 학생들 중 일탈행동을 하는 학생이 있다고 가정하고 어떻게 지도할 것인지를 논의해 보자.

임용고사 기출문제

(2009학년도 중등 임용시험)

1. 다음 사례의 박 교사와 같이 청소년 비행에 접근하는 이론으로 가장 적절한 것은? (5)

> A 중학교에서 박 교사가 맡고 있는 반의 많은 학생들은 지각과 무단결석을 일삼고 학교폭력을 비롯한 크고 작은 말썽을 피웠다. 문제의 원인을 찾던 박 교사는 다른 아이들과 달리 문제행동을 일으키지 않는 재민이를 주목하였다. 관찰 결과 박 교사는 재민이가 교우관계가 좋고 부모와의 관계도 친밀할 뿐만 아니라 이웃과도 사이좋게 지낸다는 것을 알게 되었다. 이에 박 교사는 재민이 주변에 있는 좋은 친구와 부모, 이웃이 재민이가 문제행동을 자제하도록 하는 데 중요한 역할을 하고 있다고 생각하게 되었다.

① 낙인이론(Labelling theory)
② 편류이론(Drift theory)
③ 아노미이론(Anomie theory)
④ 문화일탈이론(Cultural departure theory)
⑤ 사회통제이론(Social control theory)

풀이 재민이는 주변에 좋은 친구와 부모, 이웃 등과 유대관계가 좋은 것으로 보이며, 이들이 재민이의 문제행동을 교정하고 통제해 주었기 때문에 문제행동을 일으키지 않았다고 볼 수 있으므로 사회통제이론이라 할 수 있다.

(2008학년도 중등 임용시험)

2. 낙인이론(labeling theory)에 관한 설명 중 옳지 않은 것은? (1)

① 낙인은 추측 → 고정화 → 정교화의 순서로 이루어진다.

② 낙인의 주요 요인에는 성, 인종, 외모, 경제적 배경 등이 있다.

③ 낙인에 따른 교사의 차별적인 기대는 학생의 자기지각에 영향을 준다.

④ 낙인이론은 학교에서 교사와 학생 간의 상호작용을 연구하는 데 활용된다.

풀이 낙인이론은 사회구성원들이 일탈행동이라고 규정한 행동을 어떤 사람이 행한 경우에 다른 사람들이 그를 일탈행위자로 낙인찍는 경향이 있기 때문에 일탈행동을 더 저지르게 된다고 보는 견해이다. 그 과정은 사회구성원들의 추측 → 정교화 → 고정화의 순서로 이루어진다. 낙인의 원인은 주로 가시적인 요소들로 성, 인종, 외모, 경제적 배경 등이 있다. 낙인에 의해 고정화된 교사의 기대는 학생의 자아개념에 영향을 주기 때문에(자성예언 효과, 피그말리온 효과) 교사와 학생의 상호작용 유형을 연구할 때 하나의 틀이 될 수 있다.

(2007학년도 중등 임용시험)

3. 학생들의 놀이에 관한 문화기술연구(ethnography)를 수행할 때, 연구활동으로 가장 적절하지 않은 것은? (4)

① 놀이가 학생들의 일상생활과 어떻게 연결되어 있는지 그 맥락을 총체적으로 규명한다.

② 학생들이 선호하고 자주 실현하는 놀이의 방식과 종류를 학생들이 어떻게 분류하는지를 분석한다.

③ 쉬는 시간이나 청소시간에 학생들과 함께 지내면서 놀이가 학생들에게 어떤 의미를 주는지 추론한다.

④ 청소년 문화연구 및 심리학의 이론적 근거로 가설을 설정하고 놀이 관련 변인들을 조작적으로 규정한다.

풀이 학생문화에 대한 연구 중 문화기술연구는 질적 연구방법에 해당한다. 문화기술연구는 다른 말로 민속지라고도 하는데, 연구를 할 때 현지조사에 바탕을 둔 여러 민족의 사회조직이나 생활양식 전반에 관한 내용을 체계적으로 기술하는 것을 말한다. 인류학에서는 원래 생소한 문화를 연구하기 위해 인류학자들이 직접 그 문화를 체험하고 관심과 행동양식에 대한 자료를 수집하는 연구를 말하였다. ④는 양적인 연구방법에 해당한다.

읽을 거리

The individual and the world

True individual is a product of the relaxation of the grip of the authority if custom and traditions as standards of belief. Aside from sporadic instances, like the height of Greek thought, it is a comparatively modern manifestation. Not but that there have always been individual diversities, but that a society dominated by conservative custom represses them or at least does not utilize them and promote them. For various reasons, however, the new individualism was interpreted philosophically not as meaning development of agencies for revising and transforming previously accepted beliefs, but as an assertion that each individual's mind was complete in isolation from everything else. In the theoretical phase of philosophy, this produced the epistemological problem: the question as to the possibility of any cognitive relationship of the individual to world. In its practical phase, it generated the problem of the possibility of a purely individual consciousness acting in behalf of general or social interests, - the problem of social direction. While the philosophies which have been elaborated to deal with these questions have affected education directly, the assumptions underlying them have found expression in the separation frequently made between study and government and between freedom of individuality and control by others. Regarding freedom, the important thing to bear in mind is that it designates a mental attitude rather than external unconstraint of movements, but that this quality of mind cannot develop without a fair leeway of movements in exploration, experimentation, application, etc. A society based on custom will utilize individual variations only up to a limit of conformity with usage; uniformity os the chief ideal within each class. A progress society counts indivisual variations as precious since it finds in them the means of its own growth. Hence a democratic society must, in consistency with its ideal, allow for intellectual freedom and the play of diverse gifts and interests in its educational measures.

Dewey(1916).

참고문헌

김민(2005). 21세기 청소년문화와 학교교육. 인문과학논총, 15, 119-153.

김병욱(2007). 교육사회학. 서울: 학지사.

김신일(1992). 청소년문화의 의미와 성격. 서울: 한국청소년정책연구원.

김철훈(2001). 한국학교문화와 입시드라마. 서울: 문음사.

문선이(2001). 양파의 왕따일기. 서울: 파랑새어린이.

조용환(1999). 고등학교 학생문화의 종합적 이해와 비판. 정신문화연구, 17(4), 118-149.

조혜영(2006). 지식정보사회와 청소년문화 재고찰: 청소년의 온라인 커뮤니티 참여와 지식 · 정보 습득을 중심으로. 교육인류학연구, 9(2), 141-166.

한국사회조사연구소(2005). 청소년생활통계연보.

Csikszentmihalyi, M. (1997). *Finding Flow*. New York: Basic Books.

Dewey, J. (1916). *Democracy and education*. NY: MacMillan.

Prensky, M. (2000). *Digital Game-Based Learning*. New York: McGraw-Hill.

Roberts, K. A. (1978). Toward a Generic Concept of Counter-Culture. *Sociological Focus, 11*, 111-126.

Williams, R. (1983). *Keywords*. London: Fontana.

제 7 장

건전한 학생문화의 조성

학생문화는 장차 그 사회의 문화다. 학생문화의 주체는 학생으로서 학생은 학습의 주체다. 때문에 학생문화는 곧 학습에 관한 문화라고 할 수 있다. 건전한 학생문화란 한쪽으로 치우치지 않고 건강하고 온전한 문화로, 그 문화의 배경 또는 목적에는 배움이 있다. 이는 학생문화를 청소년 문화, 또래문화 등과 구분 짓는 요소다. 건전한 학생문화를 조성하기 위해서 교사는 먼저 학생에 대한 이해가 필요하며, 건전한 학생문화가 무엇인지, 이를 조성하기 위한 구체적 방안이 무엇인지에 대해 알아야 한다.

제1절 건전한 학생문화

학교폭력 및 부적응, 교사에 대한 반항 등 공교육 붕괴가 사회적 문제로 부각된 지 오래되었다. 학생문화는 학교문화의 하위문화로, 공교육 붕괴와 같은 학교문화의 문제점을 학생문화의 건전성 회복을 통해 해결할 수 있다. 여기에서는 건전한 학생문화의 의미, 목적을 살펴보고 건전한 학생문화의 구성요소에 대해 살펴보고자 한다.

1. 건전한 학생문화의 목적

건전한 학생문화는 학생으로 하여금 학습을 통해 자신의 타고난 적성과 능력을 발견하게 하고 이를 계발하여 생애의 직업으로 연결시켜 주는 환경을 마련해 주는 문화를 말한다. 때문에 건전한 학생문화를 조성하고자 하는 것은 학생들의 자아실현의 장을 마련해 주고, 이들이 사회에 진출하였을 때 자연스럽게 사회의 문화도 건전성을 유지할 수 있게 하는 것이 그 목적이다.

1) 학생의 자아실현의 욕구 충족

인간의 행동은 결핍된 욕구를 충족하기 위해 발생된다. 때문에 결핍된 욕구는 곧 특정 행동의 동기부여 인자가 될 수 있다. 대표적인 예로 Maslow (1943)는 인간의 욕구에 의한 동기부여를 언급하였다. [그림 7-1]과 같이 인간의 욕구는 다섯 가지 계층으로 된 위계가 있으며, 하위계층의 욕구가 충족되었을 때 비로소 그다음 계층의 욕구가 발생한다고 하였다.

Maslow의 욕구를 가장 낮은 단계부터 살펴보면 다음과 같다. ① 생리적 욕구(physiological need)란 식욕, 성욕, 수면욕, 배설욕 등 생명의 유지에

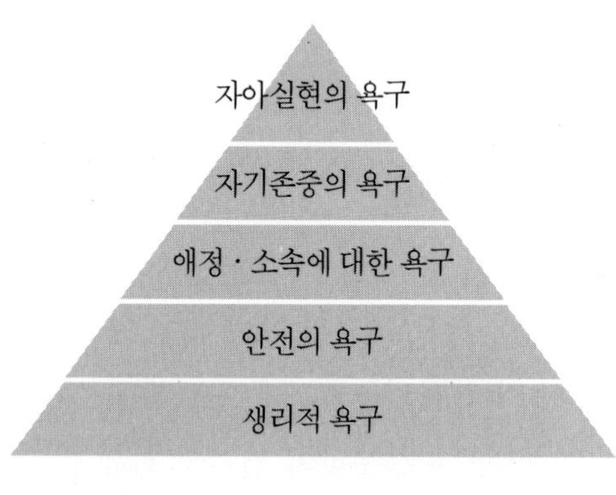

[그림 7-1] Maslow의 욕구의 위계

출처: Maslow(1943).

꼭 필요한 욕구다. ② 안전의 욕구(safety need)란 사고, 질병, 경제적 불안 등의 위험으로부터 정신적 · 육체적으로 자신을 안전하게 보존하려는 욕구다. ③ 애정 · 소속에 대한 욕구(social need)란 가족, 이웃, 동료 등의 집단에 소속되어 소외감이나 고독을 극복하고자 하는 욕구다. ④ 자기존중의 욕구(self-esteem need)란 타인으로부터 존경을 받거나 스스로를 다른 사람보다 낫다고 평가하고 싶은 욕구다. ⑤ 자아실현의 욕구(self-actualization need)란 자신의 능력을 발휘하여 자신의 존재를 표현하고 확인하고자 하는 욕구다.

P/ L/ U/ S/

가장 상위의 자아실현의 욕구는 존재의 욕구(being need)로 다른 네 가지 욕구가 결핍에 대한 욕구(deficit need)라는 점에서 차별성을 가진다.

자아실현의 욕구는 인간의 욕구 중 가장 고차원적인 욕구다. 자아실현의 욕구가 있는 사람은 이전 단계까지의 욕구충족으로 얻은 내적 · 외적 결과를 통합하여 자신의 잠재력을 최대한 발휘해 보려고 노력하며, 지속적인 노력으로 자기발전과 창조적인 생활을 통해 성취감과 자기만족을 추구하게 된다. 이러한 자아실현의 욕구가 충족되는 사람은 행복한 삶을 누릴 수 있다. 그렇지만 이것 또한 나머지 네 단계의 욕구가 충족되었을 때 이루어질 가능성이 크다. 그렇기 때문에 욕구들을 완벽하게 분리하는 것은 가능하지 않다.

건전한 학생문화는 학생으로 하여금 학습을 통해 자신의 잠재능력을 발견, 계발, 발휘하게 하고, 이를 생애의 직업으로 연결시켜 주는 환경을 마련해 주는 문화를 말한다. 그러므로 건전한 학생문화는 학생들이 자신의 능력으로 자아실현의 욕구를 충족시킬 수 있는 환경을 제공한다. 이는 학생들의 삶을 행복하고 가치있게 하며 이후의 삶에도 긍정적 영향을 미친다.

2) 건전한 사회문화의 기반 마련

Fromm(1990)은 사회, 문화, 경제 등 사회가 급격하게 발전하는 상황에서 인간이 자아를 어떻게 인식하며, 사회가 개인의 정신건강에 어떠한 영향을 미치는가에 대해 기술하였다. 그는 개인과 사회의 관계를 개인이 사회에 적응하고 조절해야 한다는 기존의 관점과는 반대로 사회가 인간의 욕구에 대해 어떻게 적응하는가? 또는 인간의 정신건강을 발전시키거나 방해하는 데 사회가 하는 역할은 무엇인가?라는 관점을 취하였다.

Fromm의 관점에서 사회의 건전함은 개인에게 매우 중요한 영향을 미친다. 개인의 삶을 억압하는 사회제도나 문화는 비판받아야 한다. 마찬가지로 학생문화의 건전함은 학생 개개인이 자신의 능력을 발견하고 이를 발현하는 과정을 도와 자아를 실현하게 한다. 그러나 건전하지 못한 학생문화는 부적응학생을 발생시키며, 학생이 학교나 가정에 대한 소속감과 애정을 갖지 못하게 만들어 방황하도록 한다. 학생들의 소속감 부재는 불건전한 성인문화를 흉내 내거나 학교폭력, 청소년비행 등의 문제를 발생시키며, 이러한 문제로 인한 피해자들을 낳게 되는 악순환을 불러온다.

사회의 건전함을 알아볼 수 있는 척도 중 하나로 '사회에 문제가 발생되었을 때 사회의 시스템이 이 문제를 얼마나 신속하게 바로잡아 온전해질 수 있는가?'를 들 수 있다. 건전한 사회라고 해서 문제가 없을 수 없다. 다만 사회에서 발생한 불균형을 균형으로, 균열을 조화로, 부적응하는 개인을 적응시키는 데 걸리는 시간과 노력이 짧고 개인에게 미치는 영향을 최소화시키는 사회가 건전한 사회이다. 학생문화의 건전성 또한 이러한 척도로 알 수 있다. 공교육 붕괴, 학교폭력, 교권추락, 입시과열, 비인간화와 같은 문제들이 해결되어 학생 개개인에게 미치는 영향을 최소화할 수 있어야 건전한 학생문화가 된다.

학교에서 집단따돌림을 당한 학생이 정신적 충격으로 성인이 되어서도 사회에 부적응하기도 하며, 학생이 교사로부터 격려와 관심을 받고 자신의 음악적 소질을 발견하여 훌륭한 음악가가 되기도 한다. 학생들은 일정시간이 지나면 그들의 학교를 떠나 사회의 구성원으로서 역할을 하게 된다. 그러므로 학생문화는 곧 미래사회 문화의 청사진이다.

2. 건전한 학생문화의 역할

건전한 학생문화는 학생이 자신의 적성을 발견하고 이를 계발시켜 직업과 연계하여 사회에 공헌하고 자아를 실현할 수 있는 환경을 제공한다. 이러한 역할을 제대로 수행할 수 있는 학생문화를 건전한 학생문화로 볼 수 있다.

1) 학생의 적성 발견

최근 교육의 패러다임이 수요자인 학생중심으로 변화하고 있다. 이전의 교육은 사회질서와 전통을 유지하기 위한 교육과정을 학교교육을 통해 전달하는 공급자 중심의 패러다임을 가지고 있었다. 교육은 전통과의 일관성을 유지하고 사회통합의 기능을 가져야 하지만, 최근에는 교육을 통한 사회질서의 유지보다는 개인의 행복추구를 위한 지원에 더욱 가치를 두는 경향이 있다. 이는 교육뿐만이 아니라 사회 전반에 나타나는 현상으로 정보통신의 발달이 세계화를 촉진시켰을 뿐만 아니라 국경이 없는 인터넷은 국가, 사회, 이념보다는 각자의 삶을 더 중요한 가치로 인식하게 만들었다.

예를 들어, 올림픽 금메달리스트의 경우 이전에는 국가를 대표하는 선수가 올림픽을 통해 우리나라의 위상을 세계에 드높였다는 데 의미를 두었다. 그러나 최근에는 국가적 위상보다는 금메달리스트들의 개인사에 더 초점을 맞춘다. 그들이 어떠한 역경을 딛고 노력하여 금메달을 획득하였는지, 그들의 장점과 단점이 무엇인지, 어떠한 교육을 받았는지에 대해 관심을 가지게 되는 것이다.

P/ L/ U/ S/

2008년 베이징 올림픽에서 금메달 8관왕의 수영선수 Michael Phelps가 비록 우리나라 사람은 아니지만, 모두가 그의 타고난 능력과 재능, 훈련의 방법 등 선수의 개인적 역사에 관심을 가졌다.

교육에서도 학생들을 규율로 통제하고 관 주도에 의한 획일적이고 교과서중심의 교육방식을 유지하여 왔으나, 1990년 초반부터 '열린교육'의 실천으로 학생들의 특성과 적성을 반영한 유연한 교육과정을 실행하기 시작하였다. 이를 통해 자율적이고 창의적이며 개별화된 수업문화가 확산되었으며, 평균인을 양성하던 교육에서 학생 개개인의 소질을 계발하는 방향으로 바뀌기 시작했다.

이러한 교육 패러다임의 변화는 학생문화에도 영향을 미쳤다. 교과서중심의 획일적 교육이 아닌 생활중심의 다양한 체험학습을 강조하였고, 교사에 의해 조직된 활동에 수동적으로 참여하는 것이 아닌, 각자의 흥미에 따라 스스로 활동을 조직하고 수행하는 형태로 바뀌게 되었다. 이러한 학생중심의 문화는 건전한 학생문화를 형성하는 데 매우 중요한 역할을 한다.

획일적인 학생문화에서는 학생들의 경험을 제한시키기 때문에 자신의 소질과 적성을 발견하기 쉽지 않았다. 타고난 소질과는 전혀 다른 엉뚱한 것을 학습해야 한다면 그 과정은 괴로울 수밖에 없다. 그러나 건전한 학생문화는 학생으로 하여금 다양한 활동을 경험하게 하여 자신의 소질과 적성을 가급적 일찍 발견하게 한다. 교과서에서 다루는 교육과정 외에도 전문가들과의 교류와 다양한 과외활동을 통해 자신의 소질을 발견하게 한다.

2) 학생의 능력계발

건전한 학생문화는 학생이 발견한 자신의 소질과 능력을 최대한 발현할 수 있도록 다양한 프로그램을 지원할 수 있어야 한다. 이를 학교 안의 프로그램과 학교 밖의 프로그램으로 구분하여 살펴보면 다음과 같다.

학교 내 교육과정에서는 '계발활동' 시간을 통해 흥미나 적성이 비슷한 학생들이 그룹을 지어 자유롭고 창의적인 활동을 하고 있다. 이는 자신이 하고자 하는 활동에 자발적으로 참여하여 잠재능력을 최대한 계발하고 동료 학생들과의 협동적 활동을 통해 사회적 기술도 학습하게 하는 시간이다. 교과서중심의 지식습득 위주의 수업에서 포함할 수 없는 다양한 활동중심의 교육과정들을 계발활동에서 다루고 있으며, 비교적 학생들의 개성이 존중되고 자기표현의 기회가 제공된다. 그러나 다양한 계발활동을 지도할 수 있는 교원 인력풀의 부족이나 시간적 제한, 물리적인 환경의 제한 등으로 학생의 능력계발이 충분하게 이루어지지 않는 경우가 있다. 예컨대 학교에 수영장이 없는 경우 계발활동에서 '수영활동'을 포함할 수 없으며,

수영을 지도할 교사 또한 구하기가 쉽지 않다. 학교에서는 이러한 제약사항들을 해결하기 위하여 지역사회의 인적자원과 시설을 이용하는 등의 노력을 통해 학생들에게 좀 더 다양하고 실질적인 능력계발의 기회를 제공하고자 한다.

건전한 학생문화는 학교 밖의 다양한 사회기관을 통한 능력계발의 기회를 제공한다. 지역의 대학에서는 특정 교과에 우수한 학생들을 추천받거나 선발하여 방학 중 영재교육 프로그램을 제공하기도 하며, 준거집단이나 사설 교육기관을 통해 능력계발의 기회를 부여하기도 한다. 그러나 현재 우리나라 초등학생들의 경우 예체능을 포함한 다양한 활동으로 능력계발이 가능하지만, 중학교 이후부터는 상급학교 진학준비에 초점이 맞추어진 입시위주의 교육에 한정되고 있다. 때문에 다양한 소질을 가진 학생들이 이해력, 사고력 중심의 주요 교과에 초점을 둔 입시위주의 공부만을 하면서 자신의 소질과 거리가 먼 공부 때문에 스트레스를 받거나 평가기준의 획일화로 인해 점수로 서열화됨에 따라 학생들이 패배감과 무력감을 가지게 되는 문제가 나타나고 있다.

이러한 문제의 해결책으로 학교 밖의 다양한 활동을 지원하기 위하여 학생들이 가족 등과 함께 현장체험학습의 기회를 가질 수 있도록 허용하고 있다. 이로 인해 학생들은 각급 학교의 학칙이 허용하는 기간 내에 국내·외의 친인척 방문 및 고적답사, 각종 문화행사에 참가할 수 있다. 일반적으로 학부모가 학교에 현장체험학습을 신청하면 학교장이 심사 후 허가를 통보한다. 현장체험학습 실시 후 보고서를 제출하면 이 기간의 출석을 인정받는다. 교사는 학생들의 현장체험학습을 지원하기 위하여 사전지도로 신청서 및 보고서 작성방법, 안전사고 예방교육, 관련 정보를 제공하며, 사후지도로 체험학습 보고서 확인 및 전시, 체험학습 결과 발표의 기회를 제공하고자 노력해야 한다.

PLUS

「초·중등교육법 시행령」 제48조 제5항(수업운영방법등)에서는 "학교의 장은 교육상 필요한 경우 보호자의 동의를 얻어 교외체험학습을 허가할 수 있다. 이 경우 학교의 장은 교외체험학습을 학칙이 정하는 범위 안에서 수업으로 인정할 수 있다."라고 규정하고 있다.

3) 능력과 직업의 연계

미국의 심리학자 Holland(1998)는 직업환경을 실재형, 탐구형, 예술형, 사회형, 진취형, 관습형의 여섯 가지로 분류하였다. 그리고 각 유형에 속한 사람들의 특성을 〈표 7-1〉과 같이 설명한다.

P/ L/ U/ S/

Holland는 여섯 가지의 직업 환경 유형의 첫 자를 따서 RIASEC 유형이라고 하였다. 그 각각은 실재형(Realistic), 탐구형(Investigative), 예술형(Artistic), 사회형(Social), 진취형(Enterprising), 관습형(Conventional)이다.

〈표 7-1〉 Holland의 성격 및 직업(작업)환경별 특징

유형	특징
실재형	• 성격: 단순하고 남성적이며 솔직하고 말이 적다. • 활동: 질서정연하고 체계적인 기계조작, 교육적 치료활동은 좋아하지 않는다. • 적성: 기계 조작능력이 뛰어나지만 대인관계능력은 부족하다. • 직업: 기술자, 항공기 조종사, 정비사, 농부, 엔지니어 등
탐구형	• 성격: 지적 호기심이 많고 비판적이며 내성적이다. • 활동: 물리적, 문화적 현상의 탐구에 흥미가 있고 반복적인 활동은 싫어한다. • 적성: 학구적, 지적 자부심은 높지만, 지도력이나 설득력은 부족하다. • 직업: 과학자, 인류학자, 지질학자, 의료기술자, 의사 등
예술형	• 성격: 상상력이 풍부하고 개성이 강하지만 협동심이 부족하다. • 활동: 변화와 다양성을 좋아하지만 통일되고 구조화된 것은 좋아하지 않는다. • 적성: 미술적, 음악적 능력은 있지만 사무기술이 부족하다. • 직업: 음악가, 소설가, 배우, 미술가, 디자이너 등
사회형	• 성격: 사교적이며 이상주의적이다. • 활동: 타인의 문제를 듣고 이해하는 데 흥미를 보이지만 체계적 활동에는 흥미가 없다. • 적성: 사회적, 교육적, 대인관계능력이 뛰어나지만 기계적 · 체계적 능력은 부족하다. • 직업: 사회복지사, 교육자, 간호사, 종교 지도자, 상담가, 임상치료사, 언어치료사 등
진취형	• 성격: 지배적이고 통솔력이 있으며, 외향적 · 낙천적 · 열성적이다. • 활동: 조직이 목적과 경제적 이익을 얻기 위해 타인을 선도, 통제하는 일과 위신, 인정을 얻는 활동을 좋아하지만 체계적인 활동에는 흥미가 없다. • 적성: 적극적 · 사회적이며 언어능력이 뛰어나지만 과학적 · 체계적 능력이 부족하다. • 직업: 기업경영인, 정치가, 판사, 영업사원, 상품구매인, 보험회사원, 판매원, 관리자, 연출가 등

관습형	• 성격: 정확하고 빈틈이 없으며 세밀하다. • 활동: 원칙과 계획에 따라 일하며 자료를 정리, 조직하는 일을 좋아하지만 창의적이고 모험적인 일은 선호하지 않는다. • 적성: 사무적, 계산적이지만 탐구적이거나 독창적이지 못하다. • 직업: 공인회계사, 경제 분석가, 은행원, 세무사, 경리사원, 컴퓨터프로그래머, 감사원, 안전 관리사, 사서, 법무사 등

출처: Holland(2004).

Holland의 분류는 학생들이 자신의 특성에 맞는 진로를 탐색할 수 있는 길잡이가 된다.

3. 건전한 학생문화의 구성

학생문화는 장차 그 사회의 문화라고 하였다. 따라서 건전한 학생문화는 그 사회의 미래가 건전해진다는 것을 의미한다. 학생들은 기성세대와 비교하여 교육을 통해 문화를 형성할 수 있는 가능성이 크다. 때문에 건전한 학생문화의 조성은 사회의 발전과 생산성을 위해 매우 중요하다.

제2절 건전한 학생문화 창출을 위한 노력

건전한 학생문화 창출을 위하여 교사는 학생이 내일의 주역이 아니라 오늘의 주인공이라는 인식이 필요하다. 즉, 학생들에 대해 충분히 이해하고 그들이 주체적으로 학생문화를 창출해 나갈 수 있도록 도움을 주어야 한다.

1. 학생에 대한 이해

건전한 학생문화 창출을 위하여 교사들이 가장 먼저 실천해야 할 것은 학생에 대한 전인격적 이해다. 학생을 이해하기 위해서는 학생을 학생으로만 생각하기보다는 다양한 지위를 가진 하나의 총체적 인간으로 보는 것이 필요하다. 조용환(1999)은 다음과 같이 이야기하였다.

> 개인 '홍길동'은 태양중학교 2학년 3반 학생이지만, 늘상 학생의 위치에 있지는 않다. 그는 학생이라는 지위 말고도 누구의 자녀, 누구의 형제, 누구의 친구 등 그가 맺고 있는 숱한 사회적 관계의 한 성원으로서의 다양한 지위를 가지고 있다. …… '홍길동'이 학생이라고 해서 그를 학생으로만 보지 않는 것이, 또는 다른 지위와 대비하여 보는 것이 학생에 대한 온전한 이해의 출발점이다.

학생에 대한 전인격적 이해는 학생의 발달수준에 대한 이해로부터 시작된다. 학생의 신체, 사회성, 도덕성 발달에 대하여 살펴보면 다음과 같다.

1) 신체적 발달의 이해

> **PLUS**
> 일반적으로 아동기는 7~12세를, 청년기는 사춘기에서 성인의 사회적 지위를 얻을 때까지를 일컫는다.

일반적으로 학생은 신체발달을 기준으로 아동기부터 청년기의 일부까지 해당된다. 신장의 변화는 여학생의 경우 11세, 남학생의 경우 13세에 급등하며, 뇌의 발달은 청년기 이전에 거의 이루어진다고 볼 수 있다. 때문에 학생들은 신체적으로는 이미 성인이지만 사회적으로는 성인의 역할을 할 수 없는 시기가 있다. 이 시기는 현대의 지식기반사회에 와서 학업 기간의 연장으로 더욱 길어지면서 이로 인한 학생의 내적, 외적 발달의 불균형이 문제점으로 드러나고 있다. 즉, 학생들 자신의 기대와 주변환경의 기대가 서로 다름에 대한 심리적 부적응과 함께 우울증, 자살충동, 거식증 등이 증가하고 있다. 때문에 학생들의 주요한 과업 중 하나는 급격하게 발달하는 신체를 수용하고 긍정적인 신체의 자아로 통합하는 것이며, 교사는 이러한 과업을 이해하고 도와야 한다.

학생들은 급격하게 발달하는 자신의 신체에 대한 관심이 지대하며, 신체의 매력성에 매우 중요한 가치를 두고 있다. 특히 디지털 기기의 발달로 학생들이 연예인 또는 대중문화의 스타와 같이 매력적인 신체를 가진 사람들을 접할 기회가 많아졌다. 때문에 여학생뿐만 아니라 남학생 또한 자신의 외모에 대한 관심이 크고 그로 인한 자신감 또는 열등감이 학생의 자존감에 큰 영향을 미치고 있다.

따라서 교사들은 학생들의 급격한 신체적 변화와 외모에 대한 관심을 이해하고 수용할 수 있어야 한다. 특히 여학생들의 경우 남학생과 비교하여 상대적으로 자신의 신체에 대한 불만족 정도가 높다. 우리나라의 경우 인종이 다양하지 않고 비슷한 신체구조를 가지고 있기 때문에 신체적 매력에 대한 기준이 매우 획일적이다. 또한 이러한 매력의 사회적 기준이 서양의 기준을 따르기 때문에 자신의 신체와 이상적으로 생각하는 신체의 괴리감이 매우 크다. 교사는 학생들로 하여금 자신의 신체가 가지는 개성을 발견하고 자기다움에 대한 자부심을 가질 수 있도록 교육해야 한다.

2) 사회성 발달의 이해

사회성 발달이란 다른 사람들과 상호작용하며 조화롭게 어울려 지내는 능력의 발달을 의미한다. 사회성의 부족이란 상호 만족을 추구하는 대인관계 형성에 필요한 지식이나 기술이 부족하거나 왜곡되어 있음을 말하며, 대표적인 증상으로 사회불안증, 사회적 고립, 공격적 행동, 의존적 행동, 외로움 등이 있다.

학생들의 사회성 발달에 또래집단과의 관계가 매우 중요한 역할을 한다. 초등학교 저학년의 경우 고정적인 구성원이 없는 또래집단을 구성하다가 고학년이 되면 응집력이 강하고 조직적인 또래집단을 구성하게 된다. 또래집단은 원만한 대인관계의 연습의 장이며, 소속감을 제공하고 의사결정의 준거를 제공한다. 중 · 고등학교 학생들은 사춘기를 겪고 나서 남과는 구별되는 자기 존재의 독특함을 인식하고 이를 발현하고자 하는 자아정체감을 형성해 나가기 시작한다. 학생들의 올바른 자아정체감 형성은 타인과의 사회적 상호작용을 원만하게 하며 타인의 정체감을 존중하도록 하는 것으로서 사회성 발달에 매우 중요하다.

P/ L/ U/ S/

은둔형 외톨이는 일본어로 히키코모리라고 한다. 이는 '(특정 장소에) 틀어 박히다'라는 뜻의 일본어 '히키코모루'의 명사형 단어다. 은둔형 외톨이는 1970년대 입시과열에 적응하지 못한 일본 청소년들 중 등교를 거부하거나, 낮에는 집에서만 지내고 밤이 되어서야 밖으로 나오곤 하는 이들을 지칭한다. 홀로 방에서 컴퓨터만 사용하고 지내는 등 타인과의 면 대 면 교류 없이 살아가기를 자처하는 것이 특징이다.

최근에는 또래집단에 소속되지 못하거나 집단따돌림 등을 당하여 사회성 발달에 문제를 겪는 경우가 많다. 또한 인터넷의 보급으로 이메일, 채팅, 온라인게임, 가상현실 등 가상의 공간에서의 사회적 활동이 증가함에 따라 학생들이 타인과 접촉할 기회가 줄어들게 되었다. 때문에 면 대 면을 통한 사회적 기술이 부족한 경우가 있다. 이러한 극단적인 예로 은둔형 외톨이가 있다. 입시위주의 서열화된 교육 시스템과 집단따돌림을 경험한 학생들의 일부가 집에서 은둔생활을 하면서 외부와의 교류를 차단한 외톨이가 되어 사회적 문제가 되고 있는 것이다.

최근 들어 인터넷을 사회성 발달을 돕는 도구로 사용하고자 하는 노력들이 있어 왔다. 인터넷은 전 세계의 학생들과 교류할 수 있게 하며, 다양한 시각을 배울 수 있는 훌륭한 도구다. 또한 타인의 의견에 대해 자신의 의견을 피드백할 수 있고, 자신의 의견에 대해서도 즉각적이고 다양한 피드백을 제공받는다. 인터넷을 통한 사회적 교류는 면 대 면 사회적 교류에서 불가능한 매우 확장된 사회적 교류가 가능하다.

교사는 학생들의 사회성 발달에 대해 관찰하고, 문제가 발견된 경우 원인을 파악할 수 있어야 한다. 학생들에게 나타나는 사회성 발달의 문제로는 주의력결핍 및 과잉행동장애, 자기통제의 결여, 무질서한 행동, 위축된 행동 등이 있다. 이와 같은 문제들의 원인으로는 학생의 지적 수준이 낮아 주변의 환경을 인지하고 학습하는 능력이 낮은 경우, 유아기 또는 아동기에서 겪는 애착의 문제, 부모의 양육방식 등에서 찾을 수 있다.

3) 도덕성 발달의 이해

도덕성이란 이해관계나 적법성이 아니라 선악의 도덕률 그 자체에 가치를 두고 행동하는 성품을 말한다. 교사는 학생들의 도덕성 발달수준을 Kohlberg(1981)의 도덕성 발달단계이론을 통해 이해할 수 있다. Kohlberg

는 이 이론을 통해 학생들에게 도덕적 판단력을 길러 주고자 하였다.

그는 도덕성 발달단계를 인습 이전 수준의 도덕성(pre-conventional morality), 인습수준의 도덕성(conventional morality), 인습 이후 수준의 도덕성(post-conventional morality)으로 구분하였으며, 도덕적 판단에서 가장 중요한 준거는 판단의 근거라고 하였다. 각 수준과 단계의 특성은 〈표 7-2〉와 같다.

교사는 학생들이 도덕적 딜레마에 봉착했을 때 어떠한 도덕적 판단의 근거를 가지고 의사결정을 하는지에 대해 살펴보아야 한다. 그리고 〈표 7-2〉를 근거로 학생의 도덕성 발달수준을 가늠할 수 있어야 한다.

P/ L/ U/ S/

인습 이전 수준에서는 행동의 결과 주어지는 상벌의 옳고 그름을 판단하고, 규칙이 외부적 요소에 영향을 받아 도덕적 판단이 이루어진다. 인습수준에서는 행동의 결과보다는 가정, 사회 등 자신이 속한 집단의 기대를 따르는 것이 더욱 가치 있다고 보며, 적극적으로 질서를 유지하고 정당화한다. 인습 이후 수준에서는 인간의 존엄성과 같은 보편적 가치가 집단의 기대를 따르는 것보다 더 타당하고 생각한다.

〈표 7-2〉 Kohlberg의 도덕성 발달단계

수준	단계
인습 이전 수준의 도덕성 (4~10세)	1단계: 처벌과 복종에 의한 도덕성 – 처벌을 두려워하여 규칙에 순응 – 힘 있는 사람에게 복종
	2단계: 욕구충족을 위한 수단으로서의 도덕성 – 자신과 타인의 욕구충족을 위해 도덕적 가치 판단을 함
인습수준의 도덕성 (10~13세)	3단계: 대인관계의 조화를 위한 도덕성 – 타인과의 좋은 관계를 유지하기 위한 도덕적 판단을 함 – 물리적인 힘보다 심리적 안정에 초점을 둠
	4단계: 법과 질서를 중시하는 도덕성 – 법과 질서를 지키고자 함 – 사회규범이 도덕적 판단의 근거가 됨
인습 이후 수준의 도덕성 (13세 이상)	5단계: 사회계약정신으로서의 도덕성 – 법은 사회가 동의한 장치이므로 도덕적 판단의 준거가 됨 – 법이 개인의 권리나 존엄성을 위협한다면 민주적 절차로 변경 가능
	6단계: 보편적 윤리의 도덕성 – 개인의 양심에 따라 도덕적 판단을 함 – 최고의 선은 인간의 존엄성, 보편성, 공정성과 같이 자신이 선택한 보편적 윤리원칙을 따르는 것임

출처: Kohlberg(1981).

4) 기질 이해

학생을 이해하기 위한 한 가지 방법으로 학생의 기질을 이해하는 것이 있다. 기질이란 외부적으로 드러나는 특성을 유형화한 성격과는 달리 사람이 본래 타고난, 환경의 영향과 억압을 받기 이전의 상태에 더 초점을 두는 것이다. 학생의 기질을 이해하는 것은 그 학생의 발달과정을 이해하는 것만큼 중요하다. 일반적으로 다혈질적인 학생들을 내향적 기질의 교사가 다루기 어려워하는 것도 그 기질의 차이에서 오는 것이다. 에니어그램이란 인간의 기질을 아홉 가지로 구분하고 각 기질의 특성을 정리한 것이다.

에니어그램은 '에니어(ennear, 아홉)'라는 단어와 '그라모스(grammos, 도형 · 선 · 점)'라는 단어의 합성어로 [그림 7-2]와 같이 '아홉 개의 점이 있는 그림'이라는 뜻이다. 인간의 기질을 아홉 가지 유형으로 분류하고 각 유형의 특성과 장단점에 대해서 정리하고 있다.

한국에니어그램연구소에서는 한국형 에니어그램을 연구하고 있다. 윤운성(2001)이 개발한 한국형 에니어그램 검사는 81문항으로 된 전국 표준화 검사다(N=2,500명). 5점 척도로 이루어진 이 검사의 Cronbach α=.90, 재검사신뢰도=.89, Riso(1996)와 공인타당도는 .82로 유형별 문항의 양호도

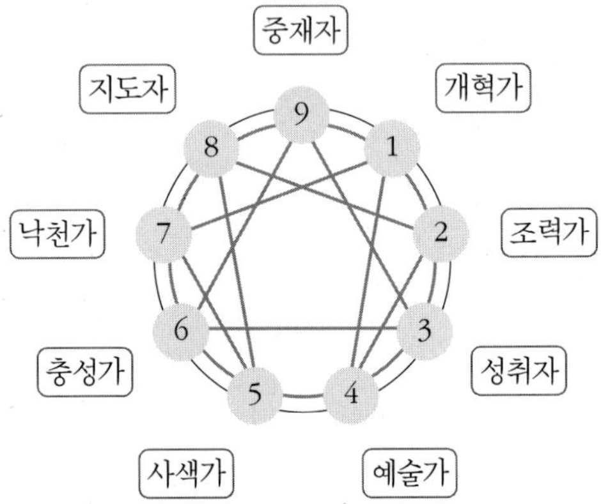

[그림 7-2] 인간의 아홉 가지 기질

출처: http://www.kenneagram.com

가 높은 검사도구다. 한국에니어그램연구소(http://www.kenneagram.com)에서 정리한 각 유형별 특징은 다음과 같다.

- 제1유형인 개혁가는 완벽함을 추구하는 사람이다. 항상 공정함과 정의를 염두에 두고 이상향을 건설하고자 한다. 건강할 때에는 근면하고 협동심이 강하나 건강하지 않을 때에는 상대에게 공격적으로 대한다.
- 제2유형인 조력가는 타인에게 도움을 주려는 사람이다. 정이 많고 타인의 기분을 이해하고 맞추려고 노력하기 때문에 적응력이 뛰어나다.
- 제3유형인 성취자는 성공을 추구하는 사람이다. 항상 효율을 중시하고 자신의 생활을 희생시키더라도 개의치 않는다. 건강할 때에는 독수리처럼 날쌔지만 건강하지 않을 때에는 주변 사람의 반응을 눈여겨보고 자신의 모습을 바꾸기도 한다.
- 제4유형인 예술가는 자신이 특별한 존재가 되기를 지향하는 사람이다. 이들은 감동을 중시하고 슬픔이나 고독도 진하게 여긴다. 이들이 건강할 때에는 우아하고 아름다움을 추구하지만, 건강하지 않을 때에는 감정을 구결하거나 슬픔에 빠진다.
- 제5유형인 사색가는 지식을 얻어 관찰하는 사람이다. 지적이며 사려 깊고 분석력과 통찰력이 뛰어나다. 건강할 때에는 현명하게 대처하지만 건강하지 않을 때에는 타인과 융합하지 않고 독불장군처럼 군다.
- 제6유형인 충성가는 안전을 추구하고 충실한 사람이다. 이들은 책임감이 강하고 자신이 속한 사회 및 단체에 헌신하고자 한다. 건강할 때에는 공동체에 협조적이고 조화를 이루며 믿음직스럽지만, 건강하지 않을 때에는 달아나거나 공격적으로 변한다.
- 제7유형인 낙천가는 즐거움을 추구하고 계획하는 사람이다. 이들은 밝고 명랑하며 아이디어와 상상력이 풍부하다. 건강할 때에는 자유롭고 행복을 추구하지만 건강하지 않을 때에는 산만하고 한 가지에 집중하지 못하는 경향이 있다.
- 제8유형인 지도자는 굳건하면서 주장이 강한 사람이다. 자신이 옳다고 생각하는 것에 대해서는 전력을 다해 싸우며 '할 수 있다'고 느낄 때 만

PLUS

조력가가 건강할 때에는 따뜻한 사랑을 베풀고 충성스럽지만, 건강하지 않을 때에는 타인의 애정을 얻기 위해 집착을 보인다.

족을 느낀다. 건강할 때에는 힘과 생명력이 넘치지만 건강하지 않을 때에는 화를 내고 공격적으로 변한다.

- 제9유형인 중재자는 조화와 평화를 바라는 사람이다. 이들은 갈등이나 긴장을 피하고 마음이 넓어 주위에 쉽게 동화되는 특징이 있다. 건강할 때에는 우호적이고 안정감이 높지만, 건강하지 않을 때에는 일을 망치거나 현실적인 대처를 못하고 수동적으로 변한다.

P/ L/ U/ S/

현재 미국에서는 가정의 불화를 해결하거나 문제학생을 지도하기 위해서, 또는 일반 기업에서 사원들을 관리하는 영역에까지 에니어그램을 적용하여 생활이나 업무수행의 지침으로 삼고 있다.

마찬가지로 이러한 아홉 가지 유형은 학생들의 기질을 이해하는 데 큰 도움이 된다. 특히 교사 또는 학부모들이 학생들을 지도하는 데 어려움을 겪는 사례를 보면 이러한 기질의 차이 때문으로 볼 수 있다. 교사는 제5유형의 사색가의 기질을 가지고 있는데 학생이 제8유형의 지도자의 기질을 가지고 있는 경우, 교사의 훈육방식이 학생에게 적합하지 않을 수 있다. 또한 에니어그램의 아홉 가지 기질 유형은 겉으로 드러나는 성격유형과 달리 타고난 내면의 기질을 의미하기 때문에 환경의 요구 때문에 자신의 기질과 다르게 행동하는 데에서 오는 갈등 및 스트레스를 이해할 수 있다. 예술가적 기질의 학생에게 가정과 학교에서는 성취가나 사색가의 기질을 요구하기도 한다. 이런 경우 학생들은 스트레스 상황에 놓이게 된다. 학생이 자신의 타고난 기질을 바로 알고 그 성향에 맞게 건강한 삶을 살 수 있도록 학교와 가정에 에니어그램과 같은 심리적 도구의 활용을 적극적으로 지원해 주어야 한다.

2. 학생참여의 기회 제공

1) 생산적 놀이문화

Huizinga(1955)는 인간을 유희적 존재라는 의미의 '호모 루덴스(Homo Ludens)'라고 불렀다. 놀이는 인류가 존재하면서부터 함께 진행되어 왔다. 오히려 인간이 전제된 문화보다 더 오래된 것으로 볼 수도 있다. 왜냐하면

동물들이 문화를 창조하지는 못하지만 그들도 놀이를 하기 때문이다. Huizinga는 놀이 그 자체와 놀이가 가지고 있는 형식적 특성을 다음과 같이 제시하였다.

- 놀이는 자발적이고 자유로움을 전제로 한다. 자발적으로 하지 않고 의무적으로 놀이할 때에는 그것은 더 이상 놀이라고 볼 수 없다.
- 놀이는 일상과 실제를 떠나 일시적인 어떤 한 활동영역으로 건너뛰는 것이다. 그것은 시간과 공간의 개념에서 일상으로부터 탈피하는 것이다.
- 인간은 놀이를 통해 완벽한 질서와 아름다움을 창조하려는 경향이 있다.
- 인간은 놀이를 통해 즐거움이라는 감정을 생산하여 현실을 더욱 풍부하게 경험할 수 있다.

이처럼 자발성, 비현실성, 완벽한 질서와 같은 놀이의 특징 때문에 사람들은 놀이를 하고 싶어 한다. 특히 이 세 가지에 대한 욕구충족이 되지 않을 경우 더욱 '노는 것'에 몰입하는 경향이 있다.

이것은 학생들에게도 그대로 적용된다. 우리나라에는 컴퓨터게임에 중독된 학생들이 많다. 이들 대부분은 학교생활과 가정생활에서 만족감을 얻지 못하고 있다. 때문에 현실도피의 한 방법으로 게임을 선택한 것이다. 컴퓨터게임의 가상공간에서는 완벽하게 적용되는 게임의 규칙 때문에 그들은 가상공간을 제어하고 있다는 통제감을 느낄 수 있다. 현실에서는 통제를 당하기만 하는 그들이 컴퓨터게임이라는 가상의 공간에서는 통제감을 얻는 것이다.

그러나 컴퓨터게임과 같은 놀이문화는 학생의 삶을 풍요롭게 하기보다는 부정적 영향을 미친다. 인간은 놀이를 통한 휴식으로 생산성을 향상시킬 수 있다. 그러나 학생들은 컴퓨터게임을 통해 오히려 시간과 에너지를 소비하고 이것은 현실의 삶에 부정적으로 작용한다. 컴퓨터게임뿐만 아니라 대부분의 대중문화 또한 생산적 활동 없이 소비적 활동만으로 구성되어 있다. 학생들이 즐기는 대중문화는 상업성을 전제로 하기 때문에 최종적으로는 구매를 통한 소비적 활동이 강요되는 것이다. 때문에 학생들은 놀이를 통하여 소비행위는 빈번하게 하지만 새로운 문화를 생산해 내고 창출해 내는 활동의 기회는 거의 전무하다. 이러한 소비지향적 문화 속에서 학생들은 자신만의 고유한 영역을 찾아내거나 만들어 내는 기회를 박탈당하게 된다.

P/ L/ U/ S/

'노는 것'에 몰입하는 경향은 일반적으로 의무감으로 일을 수행하고 있는 경우, 현실에 만족감이 적어 현실에서 탈출하고자 하는 경우, 자신을 둘러싼 환경이 불완전하고 불공평하다고 생각하는 경우에 더욱 강하게 나타난다.

건전한 학생문화를 창출하기 위하여 소비적인 문화보다는 놀이를 통해 활동의 결과물을 눈으로 확인할 수 있는 생산적 놀이문화로 전환하는 노력이 필요하다. 학생은 놀이를 통해서 학습할 수 있어야 한다. 또한 놀이가 학습에 방해가 되는 것이 아니라 삶에 휴식을 제공하고 자신의 정신과 육체를 위해 필요한 것이라는 생각을 할 수 있는 환경을 마련해 주어야 한다. 심지어 '놀기만' 하는 학생들도 그들의 무의식 속에서는 노는 것에 대한 죄책감을 가지고 있다는 것을 쉽게 발견할 수 있다. 그러나 놀이는 즐겁고 나를 발견할 수 있는 과정이다. 음악을 듣고 음악을 구매하는 활동에서 그치는 것이 아니라 그들 중 음악적 재능이 있는 학생은 곡을 재구성하거나 새로운 작곡활동을 시도해 볼 수 있어야 한다. 게임을 즐기는 것에서 그치는 것이 아니라 그들 중 일부는 게임을 개발하는 일에 대한 전문성을 기를 수 있을 것이다. 마찬가지로 영화를 감상하고 나서 영화를 제작해 볼 수 있는 기회를 가질 수 있어야 한다. 이러한 생산적 과업에 참여할 수 있도록 학교와 가정에서 허용적인 태도를 취한다면 건전한 놀이문화가 조성될 수 있다. 컴퓨터게임에 중독되어 PC방만을 찾는 학생들이 게임을 개발하기 위하여 컴퓨터 프로그래밍을 공부할 수 있다면 놀이를 통해 적성을 발견하고 능력을 계발하는 기회가 제공되는 것이다.

2) 웹 2.0 기반의 온라인 참여 환경 조성

웹 2.0은 새로운 개념의 웹 서비스로 사용자 참여를 바탕으로 한 개방된 자율적 환경이다. 웹 2.0은 과거의 웹 서비스인 웹 1.0과 비교해 보면 이해가 쉽다. 과거 웹에서의 정보는 책이나 인쇄물에 있던 것을 그대로 하이퍼미디어 형태로 변형하여 웹으로 옮긴 것이다. 책이나 인쇄물과 비교하여 언제, 어디서나 접근할 수 있다는 접근성과 경제성에 초점을 둔 서비스였다. 그러나 웹 2.0에서는 제공하는 콘텐츠의 형성에서부터 사용자의 참여를 허락한다.

> P/ L/ U/ S/
>
> 웹 2.0은 2004년 O'reilly Media의 대표 Tim O'reilly에 의해 도입된 개념으로 데이터의 소유자나 독점자 없이 누구나 손쉽게 데이터를 생산하고 인터넷에서 공유할 수 있도록 한 사용자 참여 중심의 인터넷 환경을 의미한다. 블로그, 위키피디아 등이 대표적인 예다.

실생활에서 가장 흔하게 접하는 예로, 포털 사이트 '네이버'의 '지식in' 서비스는 사람들이 일상생활에서 겪는 문제의 해결에 필요한 경험적이고 암묵적인 지식을 공유할 수 있도록 한다. 서비스의 제공자는 사용자들이 공통의 문제에 대한 제안자와 해결자의 역할로서 만날 수 있는 만남의 장만을 제공할 뿐 실제 문제해결에 필요한 정보를 제공하지는 않는다. 즉, 서비스되는 콘텐츠의 형성에 사용자가 직접 참여하는 형태가 되는 것이다. 또한 '싸이월드 미니홈피'의 경우에도 사용자들이 홈페이지를 개설할 수 있도록 도와주고 콘텐츠의 저작에 필요한 기본적인 도구를 제공하기만 할 뿐, 그 안에 올려질 콘텐츠는 사용자 스스로 저작하여 공유(스크랩)한다. 미국의 동영상 공유 서비스인 'YouTube'의 경우도 마찬가지다.

이렇듯 최근의 많은 웹 서비스들이 사용자 참여적 콘텐츠를 서비스하고 있으며, 학생들은 이러한 참여적 온라인 활동에 익숙해져 있다. 때문에 학생들과 관련된 웹 서비스인 학교 홈페이지, 교육청 홈페이지, 학습과 관련된 웹 서비스, 학생 커뮤니티를 지원하는 웹 서비스 등에서 학생참여적 활동을 허용하여야 한다. 그러나 대부분의 학교 및 학교 관련 웹 사이트는 정보를 공개하기 위한 도구로만 이용된다. 학생 및 학부모는 정보를 제공받기만 하는 수혜자이며 게시판에 글을 올리는 등의 소극적 참여만 허락된다. 지식in이나 미니홈피에서의 적극적이고 참여적인 활동을 학교 홈페이지에서는 보여 주지 못한다. 요즘 학생들은 자신의 문화적 활동의 결과물을 공개하고 보여 주기를 원한다. 공개된 자료에 대한 타인의 반응을 댓글 등으로 피드백 받기를 원하며, 이러한 피드백은 더욱 적극적인 활동을 하게 만드는 원동력이 된다. 이는 Vygotsky(1978)가 말한 것처럼, 학생이 스스로 구성한 지식의 타당성을 타인과의 상호작용인 사회적 협상(social negotiation)을 통해 검증받을 수 있다는 측면에서 교육적이다.

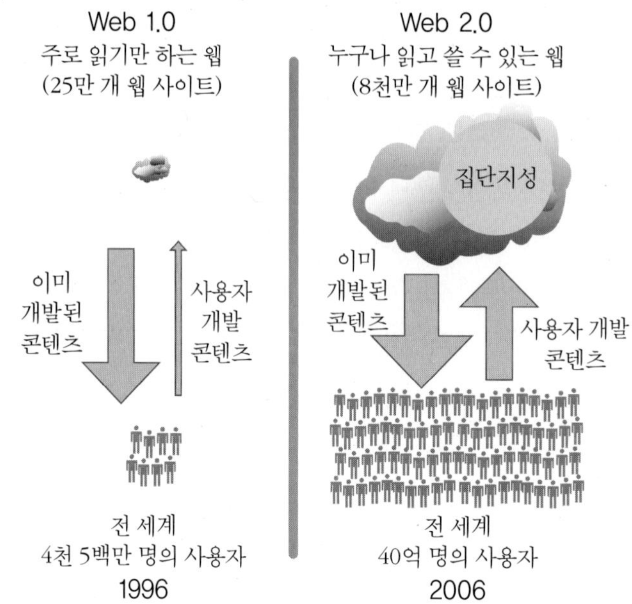

[그림 7-3] 웹 1.0과 웹 2.0의 비교

출처: http://web2.socialcomputingjournal.com

3. 법적 근거 마련

사회 있는 곳에 법이 있다. 사회가 복잡해질수록 그에 따른 법규범도 전문화·세분화된다. 여기에서는 건전한 학생문화를 만들기 위한 법적 근거를 살펴보도록 한다.

1) 학생문화와 헌법

국가의 최고 규범은 「헌법(Constitutional Law)」이다. 그런데 놀랍게도 우리나라 현행 「헌법」은 어느 곳에서도 '학생'에 대해서 규정하지 않는다.

다만 현행 「헌법」 제31조 제1항이 "모든 국민은 능력에 따라 균등하게 교육을 받을 권리를 가진다."고 규정한다. 아울러 제2항에서 "모든 국민은 그 보호하는 자녀에게 적어도 초등교육과 법률이 정하는 교육을 받게 할 의무를 진다."는 것을 밝힌다. 그리고 제3항에서 무상인 의무교육에 대해서 규정한다. 따라서 최고 실정법인 「헌법」에는 학생교육과 학생문화에 대해서 규정하는 바가 전혀 없다.

그러나 현행 「헌법」은 제34조에서 '청소년'이라는 단어를 쓴다. 제34조 제4항에서 "국가는 노인과 청소년의 복지향상을 위한 정책을 실시할 의무를 진다."고 규정한다. 이 조항은 청소년에 대한 여러 하위 실정법의 근거 규범이 된다.

2) 학생문화와 실정법

(1) 「청소년기본법」

「청소년기본법」 제1조는 목적을, 제2조는 기본이념을 규정한다. 동법 제6조 제1항은 가정이 청소년의 육성에 대해서 1차적 책임이 있음을 밝힌다. 그렇기에 가정이 따뜻한 사랑과 관심으로 청소년이 개성과 자질을 바탕으로 한 자기발전을 실현하게 해야 한다고 한다. 제6조 제4항은 가정의 무관심 · 방치 · 억압이나 폭력으로 청소년이 가출을 하거나 비행을 저지를 때에는 친권자가 청소년을 보호하는 1차적인 보호의무를 갖는다고 한다. 나아가 법 제7조는 청소년이 일상생활 속에서 즐겁게 활동하고 더불어 사는 기쁨을 누리도록 도와주는 '사회의 책임'을 말한다. 그렇기 때문에 청소년의 비행을 방임해서는 안 되고, 지도해야 한다고 한다(제7조 제2항). 그리고 청소년을 대상으로 청소년의 정신적 · 신체적 건강에 해를 끼치는 행위를 해서는 안 된다고 선언한다(제7조 제3항). 더 나아가 제8조는 국가와 지방자치단체의 책임으로 청소년활동을 지원하고, 청소년복지의 수준을 높이며, 청소년보호에 필요한 법적 · 제도적 장치를 마련하고 시행해야 한다

P/ L/ U/ S/

「헌법」을 제외한 실정법에서 청소년에 대한 기본법 기능을 하는 법이 바로 「청소년기본법」이다.

고 규정한다.

(2) 「청소년복지지원법」

청소년의 복지향상을 위해서 만든 법으로 「청소년복지지원법」이 있다. 제3조는 '청소년의 인권보장'을 규정한다. 제4조는 청소년이 사회의 정당한 구성원으로 청소년과 관련된 의사결정에 참여할 권리가 있다고 한다. 제6조는 국가(지방자치단체 포함)는 청소년에 대하여 국가가 운영하는 수송시설, 궁 · 능, 박물관, 공원, 공연장과 같은 시설의 이용료를 면제하거나 할인할 수 있다는 '청소년 우대' 정책을 규정한다.

(3) 「청소년활동진흥법」

「청소년활동진흥법」은 청소년에 대한 여러 가지 활동을 돕고자 만든 법이다. 「청소년활동진흥법」은 크게 두 가지 활동에 바탕을 둔다. 첫 번째가 청소년교류활동(청소년교류, 국제청소년교류, 교포청소년교류, 남북청소년교류)의 지원이고, 두 번째가 청소년문화활동(청소년문화활동 기반구축, 전통문화 계승, 청소년축제 발굴지원, 청소년자원봉사활동 활성화)의 지원이다.

(4) 「아동 · 청소년의 성보호에 관한 법률」

마지막으로 청소년에 대해서 중요한 기본법이 「아동 · 청소년의 성보호에 관한 법률」이다. 이 법은 청소년 대상 성범죄의 처벌과 절차에 관한 특례를 규정하고 피해청소년을 위하여 구제와 지원절차를 마련하며 청소년 대상 성범죄자를 체계적으로 관리하게 한다(제1조). 그 밖에 동법 제4조는 '국가와 지방자치단체의 의무', 제5조는 '사회의 책임'을 규정한다. 또한 동법 제6조는 '홍보영상의 제작 · 배포 · 송출'이라는 제목 아래, 보건복지부장관이 청소년 대상 성범죄의 예방과 계도, 피해자의 치료와 재활 등에 관한 홍보영상을 만들어 「방송법」에서 규정하는 방송편성 책임자에게 배포해야 한다고 규정한다.

4. 새로운 학교문화 형성을 위한 대안

학생문화는 학교문화의 하위문화다. 때문에 건전한 학교문화를 통해 건전한 학생문화를 창출할 수 있다. 이러한 관점에서 김종두(2008)는 새로운 학교문화를 형성하기 위한 대안을 '교사, 학교장, 정책입안자, 교육개혁가, 학부모들에게 주는 소고'라는 제목으로 다음과 같이 제시하였다.

첫째, 학부모는 자녀에 대한 욕심을 자제해야 한다. 특히, 부모의 희생을 토대로 자녀가 성장하였을 경우, 희생에 대한 보상이 부족하다고 판단될 때 부모-자녀 관계가 원만하지 못하게 된다.

둘째, 상대방을 인정하고 존중하는 포용력을 기르는 풍토를 만들어 주어야 한다.

셋째, 지위와 능력에 맞는 처우보다 과업에 맞는 처우가 이루어져야 하며, 이를 수용하는 문화를 만들어야 한다.

넷째, 세계화로 인해 학습량이 과도하게 증가한 것은 학생들에게 오히려 학습에 대한 흥미를 잃게 하므로 이를 조정할 필요가 있다.

다섯째, 학교문화는 교사라는 지도자(leader)에 의해 주도적으로 만들어 가야 한다. 교사 스스로 학교문화의 개혁에서 주역을 담당하고 있다고 인식해야 한다.

여섯째, 우리나라 교육의 양적 축소가 아닌 과도한 부분을 줄여 부족한 부분으로 이동하는 조정이 필요하다. 지식습득에 사용되는 교육과정을 체력을 단련하고 건전한 정서를 함양하는 데 분배할 수 있을 것이다.

일곱째, 공교육이 부실한 이유는 교사들의 경쟁력이 없다는 데 있다. 경쟁이 없으면 안주하게 되므로 긍정적 경쟁을 유도할 수 있는 교사경쟁 시스템의 도입이 필요하다.

여덟째, 교육과학기술부의 기능을 축소해야 한다. 우리나라 교육은 관료화된 구조의 경직된 틀에서 벗어나기 힘들 정도로 그 규모가 너무 비대해졌다.

아홉째, 교육과정의 개편 또는 탄력적 운영을 허용해야 한다. 학생들이 어려워하는 수학은 학업에 흥미를 잃거나 포기하는 원인이 되기도 한다. 자신의 능력에 맞는 과제를 선택하여 학습할 수 있게 하는 융통성이 필요하다.

생각해 볼 문제

1. 우리 주변에서 건전한 학생문화로 생각되는 현상 또는 활동을 찾아보고, 그 이유에 대해 생각해 보자.

2. 건전한 학생문화란 궁극적으로 학생을 위해 어떠한 기반을 마련하는 것인지에 대해 토론해 보자.

3. 건전한 학생문화를 창출하기 위해 교사들이 할 수 있는 일들에 대해 논의해 보자.

임용고사 기출문제

(2009학년도 중등 임용시험)

1. 최교사는 학생들의 진로지도를 위하여 홀랜드(J. Holland)의 진로탐색검사를 실시하였다. 검사 결과, 영철이의 직업적 성격유형은 다음 그림의 ㉠과 ㉡에 해당하는 것으로 나타났다. 영철이의 직업적 성격특성을 가장 잘 설명하는 것은? (5)

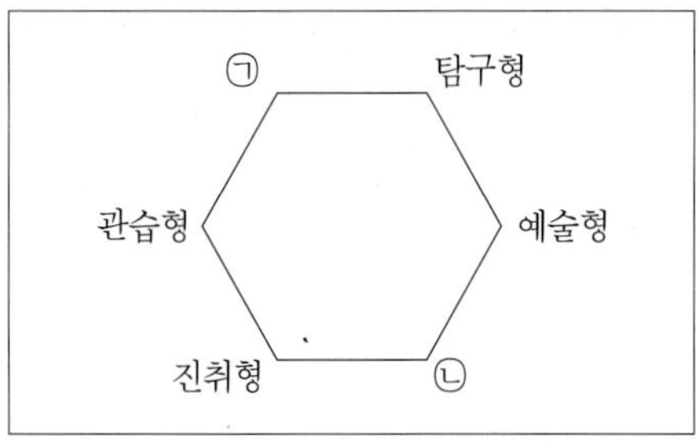

	㉠	㉡
①	다른 사람들과 어울리는 것을 좋아하며, 다른 사람들을 도와주는 활동을 선호한다.	계획에 따라 일하기를 좋아하며, 계산적인 능력을 발휘하는 활동을 선호한다.
②	지도력과 통솔력이 있으며, 말을 잘하고 다른 사람들을 관리하는 활동을 선호한다.	기계를 만지거나 조작하는 것을 좋아하며, 몸을 움직이는 활동을 선호한다.
③	정확하고 분석적이며, 지적 호기심이 많고 체계적인 활동을 선호한다.	변화와 다양성을 좋아하며, 자유롭고 창의적인 활동을 선호한다.
④	계획에 따라 일하기를 좋아하며, 계산적인 능력을 발휘하는 활동을 선호한다.	지도력과 통솔력이 있으며, 말을 잘하고 다른 사람들을 관리하는 활동을 선호한다.
⑤	기계를 만지거나 조작하는 것을 좋아하며, 몸을 움직이는 활동을 선호한다.	다른 사람들과 어울리는 것을 좋아하며, 다른 사람들을 도와주는 활동을 선호한다.

풀이 Holland의 진로탐색검사의 여섯 가지 유형 중 ㉠은 실재형, ㉡은 사회형을 말한다.
실재형의 특성은 다음과 같다.

- 성격: 단순하고 남성적이며, 솔직하고 말이 적다.
- 활동: 질서정연하고 체계적인 기계조작, 교육적 치료활동은 좋아하지 않는다.
- 적성: 기계 조작능력이 뛰어나지만 대인관계능력은 부족하다.
- 직업: 기술자, 항공기 조종사, 정비사, 농부, 엔지니어 등

사회형의 특성은 다음과 같다.

- 성격: 사교적이며, 이상주의적이다.
- 활동: 타인의 문제를 듣고 이해하는 데 흥미를 보이지만 체계적 활동에는 흥미가 없다.
- 적성: 사회적, 교육적, 대인관계능력이 뛰어나지만, 기계적 · 체계적 능력은 부족하다.
- 직업: 사회복지사, 교육자, 간호사, 종교 지도자, 상담가, 임상치료사, 언어치료사 등

(2008학년도 중등 임용시험)

2. 진로상담에 관련된 설명으로 옳지 않은 것은? (3)

① 진로를 결정한 학생도 진로상담의 대상이다.

② 누구에게나 한 가지 이상의 직업적성과 직업흥미가 있다.

③ 홀랜드(J. L. Holland)는 진로발달에서 자아개념을 가장 중시하였다.

④ 크럼볼츠(J. D. Krumboltz)는 진로의사결정에 영향을 미치는 요인들의 상호작용을 중시하였다.

풀이 위의 문제는 학생의 진로를 상담할 때 필요한 기본적인 지식을 가지고 있는지를 묻는 문항이다. 진로를 결정하는 것만이 진로상담의 목표가 아니므로 이미 진로를 결정한 학생이라고 하여 진로상담의 대상자에서 제외해서는 안 되고 학생의 진로를 지속적으로 안내해 주어야 한다. Holland는 학생의 행동양식이나 인성특성에 걸맞는 직업유형이 있다고 보았기 때문에 자아개념을 중시했다는 진술은 틀린 것이다. Krumboltz는 진로의사결정에 영향을 주는 네 가지 요소인 유전, 환경, 학습경험, 직업기술이 상호작용하는 것을 중시하였으며, 이 중 상담자가 유전과 환경은 처방하지 못하지만, 학습경험과 직업기술에 대한 상담 및 처방은 가능하다고 보았다.

(2007학년도 초등 임용시험)

3. 〈보기〉와 같은 특징을 보이는 콜버그(L. Kohlberg)의 도덕성 발달단계는? (1)

〈보기〉

- 자신의 욕구가 옳고 그름을 결정하는 기준이 된다.
- 도덕적 행위는 자신과 타인을 만족시키는 수단이라고 생각한다.
- "네가 내 등을 긁어 주었으니 나도 너의 등을 긁어 줄게."와 같은 입장에서 도덕적 판단을 한다.

① 2단계: 개인적 보상 지향

② 3단계: 착한 소년-착한 소녀 지향

③ 4단계: 법과 질서 지향

④ 5단계: 사회적 계약 지향

풀이 위의 문제는 Kohlberg의 도덕성 발달단계에 대해 이해하고 있는지를 확인하는 문항이다. Kohlberg의 도덕성 발달단계는 총 6단계로 구분될 수 있으며, 위의 〈보기〉에서처럼 자신의 욕구와 타인의 욕구를 충족시키는 것이 도덕적 가치판단의 기준이 되는 것은 2단계 욕구충족을 위한 수단으로서의 도덕성 단계라고 볼 수 있다.

읽을 거리

The Paradox of Work

The intrinsic rewards of work are easiest to see in the highly individualized professions, where a person is free to choose his or her goals and set the difficulty of the task. Highly productive and creative artists, entrepreneurs, statesmen, and scientists tend to experience their jobs like our hunting ancestors did theirs-as completely integrated with the rest of their lives. One of the most common tropes in the nearly hundred interview I conducted with such persons as Nobel Prize-winners and other creative leaders in different fields was: “You could say that I worked every minute of my life, or you could say with equal justice that I never worked a day.” The historian John Hope Franklin expressed this blending of work and leisure most concisely when he said: “I have always subscribed to the expression: ‘Thank God it’s Friday’ because to me Friday means I can work for the next two days without interruptions.”

Csikszentmihalyi(1997).

참고문헌

김종두(2008). 학교문화. 서울: 교육과학사.

윤운성(2001). 에니어그램 성격유형검사의 개발과 타당화. 교육심리연구, 15(3), 131-161.

조용환(1999). 고등학교 학생문화의 종합적 이해와 비판. 정신문화연구, 17(4), 118-149.

Csikszentmihalyi, M. (1997). *Finding Flow*. New York: Basic Books

Fromm, E. (1990). *The Sane Society*. New York: Henry Holt and Company, LLC.

Holland, J. L. (2004). 홀랜드 직업선택이론(안창규, 안현 역). 서울: 한국가이던스. (원전은 1998년 출간)

Huizinga, J. (1955). *Homo ludens; a study of the play-element in culture*. Boston: Beacon Press.

Kohlberg, L. (1981). *Essays on Moral Development*, Vol. I: The Philosophy of Moral Development. San Francisco, CA: Harper & Row.

Maslow, A. H. (1943). A Theory of Human Motivation, *Psychological Review, 50*(4), 370-96.

Vygotsky, L. S. (1978). *Mind in Society*. Cambridge, MA: Harvard University Press.

http://www.kenneagram.com,

http://web2.socialcomputingjournal.com

제 4 부 학생관리와 생활지도

Teachers have two great dreams-to work with students who try to learn, and to escape from the constant struggle against misbehavior. … Misbehavior is the most difficult problem teachers have to contend with. It is a problem because it interferes with teaching and learning, shortchange students, and comes close to driving teachers nuts. … Students do not misbehavior randomly. They do so far particular reasons, which are neither mysterious nor psychologically impenetrable. The reasons are rather evident and all of them can be eliminated, modified, or avoid by teacher in the classroom.

C. M. Charles

제 8 장

생활지도의 업무

학생들의 건강한 생활을 위해서는 학교에서의 생활지도 업무가 매우 비중 있게 다루어져야 한다. 학생들에 대한 생활지도는 그들의 건전한 성장·발달은 물론, 그들로 하여금 자신의 정체성을 탐색하고 행복한 생활을 영위하도록 하는 데에 중요한 역할을 하기 때문이다. 따라서 교사들은 생활지도가 보다 효율적으로 이루어져 학생들이 학업성취를 높이고 원만한 생활을 할 수 있도록 생활지도 관련 업무에 대하여 잘 알고 이를 실행할 수 있어야 할 것이다.

제1절 생활지도 관련 업무의 의의

각급 학교에서 이루어지는 생활지도 관련 업무는 학생들의 전체 생활과 밀접한 관련을 맺으며 계획·실행되고 있다. 생활지도 관련 업무는 업무 담당교사가 주관하되, 주로 학급담임교사 또는 상담교사에 의해 구체적으로 실행된다. 이러한 생활지도는 학생들의 건전한 발달을 가져다주기 때문에 학교업무로서 실행될 경우 훨씬 긍정적인 결과를 기대할 수 있다.

PLUS

생활지도는 모든 학교에서 업무를 통해 실행되거나, 교과 및 범교과 활동과 관련지어 이루어진다.

1. 반복적 · 체계적 생활지도의 순환 가능성

학교에서의 생활지도 업무는 공간적으로 학교 단위의 지속적인 생활지도를 가능하게 한다. 따라서 학년 간 연계성 있는 생활지도는 물론, 학년 내에서도 어느 정도 통일된 생활지도를 실행함으로써 반복적이고 체계적인 지도가 된다. 이러한 체제는 학년 간 순환적 생활지도의 반복실행을 가능하게 하여 생활지도의 효율성을 가져온다.

학교에서의 생활지도 업무는 횡적으로는 학년 내, 또는 학급 내에서 다양한 활동을 통해 이루어질 수 있으며, 종적으로는 학년 간 학생들의 발달 수준에 맞는 생활지도가 연속적으로 이루어질 수 있는 장점이 있다. 이러한 종적 · 횡적 생활지도는 학교 단위로 이루어짐으로써 보다 체계적인 계획과 실행을 가능하게 한다.

초등학교에서의 횡적 생활지도는 학년 · 학급별로 교과별 관련 단원 또는 교과외활동을 통해 통합적으로 실시할 수 있으며, 종적으로는 저학년, 중학년, 고학년으로 나누어 역시 교과별 관련 단원 또는 교과외활동을 통해 실시할 수 있다. 이러한 체계는 중 · 고등학교로 연결되어 관련 교과 및 교과외활동을 통해 학년 · 학급별 횡적 지도와 학년 간 종적 지도를 가능하게 한다.

예를 들면, 일시적 따돌림이 각급 학교에서 유행처럼 번져 나갈 때 초등학교와 중 · 고등학교에서 이에 따른 학년 · 학급별 지도가 불가피해지고, 이는 곧 횡적 지도를 수반하게 된다. 또 따돌림 현상이 유난히 초등학교 고학년 학생들에게 많이 나타날 때 이들에 대한 집중적인 지도가 학년이 바뀌면서 계속적으로 이루어진다면, 이는 체계적인 종적 지도를 의미한다.

이처럼 생활지도의 예방적 차원에서 볼 때 각급 학교 학생들에게 우려가 되는 상황에 대한 학년 · 학급별 횡적 지도가 이루어질 수 있으며, 미리 학생들에게 필요한 상황을 설정하여 체계적인 종적 지도를 심화할 수도 있을 것이다.

그러므로 학교에서 실행하고자 하는 생활지도 업무는 학생들의 건전한 성장 · 발달을 위해 순환적으로 반복적 · 체계적 지도를 가능하게 하는 수단이 된다. 즉, 초등학교에서 학년별 · 내용별 생활지도를 순환적으로 실행할 경우 학생들은 올바른 자기성장의 기초를 다지고, 원만한 인간관계를 형성하며, 사회구성원으로서의 공동체의식을 가질 수 있는 기회를 얻는다. 또 중 · 고등학교의 경우, 초등학교에서 다져진 기초 위에 건전한 자기성장에의 길을 가도록 하고 공존의 의미를 깨달아 이를 실천하게 하는 심화된 프로그램을 제공할 수 있다.

궁극적으로 학교 생활지도 업무는 학생들의 조화로운 성장 · 발달을 위해 계속적이고 체계적인 프로그램의 순환으로 생활지도의 효율화를 꾀하게 된다. 따라서 각급 학교별 · 학년별 생활지도 프로그램은 보다 체계적인 계획과 반복적 실행으로 순환되어야 할 것이다.

2. 교과 및 범교과 활동을 통한 생활지도의 통합적 운영

실제로 생활지도가 이루어지는 내용적 측면은 교과 및 범교과 활동을 통해서 가능하다. 이들 영역을 통한 생활지도는 학생들의 생활 전반에 걸쳐 있기 때문에 통합적으로 이루어지기 쉬우며, 또 그렇게 하는 것이 생활지도의 효율성을 높일 수 있다. 이러한 측면에서 생활지도 업무는 학년별 또는 학급별로 교과 간, 그리고 범교과 간에 관련성을 갖고 통합적으로 이루어진다는 장점이 있다.

> P/ L/ U/ S/
> 학교에서 시행되는 범교과활동으로는 보통 특별활동과 재량활동, 그리고 학교행사 등을 통한 활동을 들 수 있다.

이미 학교 교육과정에서는 생활지도와 관련된 덕목을 제시함으로써 수업시간을 통한 학습으로 생활지도를 하고 있다. 그리고 교과외활동을 통해서도 생활지도를 할 수 있는 기회를 제공하기 위해 재량활동과 특별활동, 그리고 각종 행사 등을 추진하고 있다.

생활지도는 지속성을 요구하기 때문에 독립된 영역으로 지도하는 것은 의미가 없다. 따라서 교육과정상 다양한 생활지도 영역을 제시하여 학습 및 각종 활동을 통해 생활지도의 활성화를 꾀하도록 해야 할 것이다.

예를 들면, 교과시간에 학습한 생활지도의 각종 사례들을 재량활동을 통해 시연 또는 점검을 한다든가, 학교행사를 통해 실천하는 경우가 있을 수 있다. 이러한 실행은 초등학교에서 중 · 고등학교로 가면서 좀 더 심화시켜 지도할 수 있으며, 교육과정에 명시된 내용을 중심으로 하면 별도의 시간을 내지 않아도 되기 때문에 통합적 지도가 얼마든지 가능하다.

이처럼 생활지도가 통합적으로 실행될 때 학생들의 건전한 성장 · 발달을 유도할 수 있다. 즉, 다양한 활동에 대한 교과 및 범교과 활동을 통한 지도는 학생들의 자기성장을 위한 밑거름이 될 수 있다. 그러므로 학교에서는 학생들의 생활지도를 독립적으로 실행하거나 교과활동과 구별하여 실행한다면 큰 오류를 범할 수 있다. 더욱이 학생들의 학습지도 역시 생활지도 영역이므로 생활지도는 그야말로 학생들의 학교생활 전반에 걸쳐 통합적으로 실행되어야 하는 것이다.

3. 개인차를 고려한 발달적 생활지도의 수월

일반적으로 학교에서 이루어지는 예방적 차원의 생활지도는 집단지도이며, 처방적 차원의 생활지도는 개별지도인 경우가 많다. 그러나 생활지도는 무엇보다도 예방적 차원에서 이루어지는 것이 바람직하기 때문에 개인차를 고려한다면 학생들의 발달수준에 근접한 생활지도를 할 수 있어 더욱 효과적이다.

더욱이 학교에서 생활지도 업무를 추진할 경우, 학생들의 일반적 특성을 파악하는 것이 크게 어렵지 않기 때문에 학생 개개인의 성향을 파악하여 개별 생활지도를 실행하는 것도 수월하다. 즉, 학교 단위의 생활지도를 한눈에 볼 수 있어 학생들의 일반적 특성에 맞는 생활지도는 물론, 개별 학생들의 특성에 맞는 개인차를 고려한 생활지도의 가능성이 커진다.

학생들의 개인차는 신체적 · 지적 · 정의적 측면에서 매우 다양하게 나타난다. 따라서 다양한 생활지도 프로그램의 개발 및 운영으로 개별 학생들의 수준을 고려한 생활지도를 실행하는 것은 곧 발달적 생활지도의 의미를 갖는다.

P/ L/ U/ S/

발달적 생활지도란 모든 학생들이 건강한 인생의 목표를 설정하고 그 목표를 달성하도록 여러 가지 행동들을 발달시키는 데 도움을 주는 것을 말한다.

발달적 생활지도는 학생들의 연령과 발달수준에 적합한 과제와 주제들에 초점을 맞추며(Schmidt, 1996), 이는 개별 또는 집단 생활지도를 통해 이루어질 수 있다. 이를 위해서는 보다 조직적이고 계획적인 프로그램이 필요하며, 무엇보다도 교사들이 학생들에 대한 발달적 관점을 정립하여 학생들을 위한 다양하고 구체적인 프로그램을 개발 · 실행해야 한다.

이러한 생활지도를 가능하게 하는 것이 바로 학교에서의 생활지도 업무다. 즉, 학교에서의 생활지도 업무는 학생발달에 근접하여 적절한 생활지도가 이루어질 수 있다. 학생들 개개인의 발달적 생활지도가 이루어질 수 있는 근거는 학교 단위 생활지도의 체계적 운영과 개별 생활지도의 실행 가능성에 있다.

개인차를 고려한 생활지도가 가능한 이유는 학교급별 · 학년별로 업무가 차별화되어 프로그램을 개발 · 운영하는 일에도 체계화할 수 있기 때문이다. 따라서 각급 학교에서는 학생들이 지닌 개인적 특성과 배경 및 상황을 고려한 생활지도가 이루어질 수 있도록 해야 할 것이다. 이는 학생들의 개인차를 존중하여 그들의 자기성장을 돕는 것이 되기 때문이다.

4. 학교학습의 효율화 유도

학교에서 업무를 통한 체계적 · 지속적 생활지도는 학생들의 학교학습을 극대화할 수 있다. 즉, 학교에서 생활지도 업무를 충실히 이행한다면 이는 곧 학습으로 이어져 관련 교과를 학습하면서 생활지도를 하게 되어 결국 학습의 효율성을 가져오는 것이다.

학습지도 또는 교육지도는 생활지도의 중요한 영역이다. 학생들의 학습을 효율적으로 실행하기 위해서는 학습지도가 이루어져야 하는데, 생활지

P/ L/ U/ S/
생활지도의 영역은 보통 학습지도, 진로지도, 성격지도, 건강지도, 사회성 지도, 여가지도 등으로 나누어 볼 수 있다.

도 업무를 효율적으로 개발 · 운영한다면 학생들의 학습효과는 높아질 것이다. 즉, 생활지도를 통해 학생들이 학습에 대해 긍정적인 인식을 갖고 나름대로 학습법을 개발하여 학습에 흥미를 느낀다면, 학생들의 가장 큰 스트레스라고 할 수 있는 학습을 긍정적으로 받아들일 수 있다는 것이다.

생활지도는 학생들로 하여금 학교생활의 질서와 공동생활의 의미를 깨닫게 함으로써 교사 및 친구들과의 원만한 인간관계 형성을 유도하며, 개인의 자기성장을 도움으로써 학생들의 자기발전에 공헌한다. 이러한 분위기 조성 및 지원은 학생들에게 학교생활에의 즐거움을 가져다줌은 물론, 학습에 대한 동기와 흥미 등을 진작시켜 학습의 효율성을 꾀하게 한다.

따라서 교사들은 생활지도의 한 영역으로서의 학습지도뿐만 아니라, 학습지도 외 생활지도를 통해서도 학습을 위한 시너지 효과를 가져올 수 있음을 인식해야 한다. 즉, 각급 학교에서 교사들은 생활지도가 학생들의 학습효과를 높여 주는 것임을 깨닫고 보다 체계적인 생활지도 업무의 실행에 주력해야 할 것이다.

5. 생활지도의 목표달성

생활지도의 목표는 시대적 상황, 사회적 분위기 그리고 학생들의 발달수준과 문제상황에 따라 생활지도를 바라보는 관점이 달라지기 때문에 다양하게 설정될 수 있다. 따라서 생활지도의 목표를 한마디로 정의하기란 매우 어려운 일이다.

P/ L/ U/ S/
생활지도의 목표로는 일반적으로 자신과 자신을 둘러싼 세계의 이해, 자아실현, 전인적 발달, 문제해결력의 신장, 미래의 준비 등을 들 수 있다.

그러나 많은 학자들(Baker, 2000; Dinkmeyer & Caldwell, 1970; Fields & Boesser, 1994; Gysbers & Henderson, 1994; Muro & Kottman, 1995; Shertzer & Stone, 1980)의 생활지도 목표에 대한 논의에도 불구하고, 생활지도의 궁극적인 목표는 같은 맥락에서 제안하고 있다. 즉, 생활지도가 학생들의 건전한 성장 · 발달을 돕는 일이라는 점에서 같은 입장을 취한다.

현대사회에서 학생들은 많은 고민과 문제를 가지고 있다. 이러한 것들은 자신의 꿈이나 생각이 현실과 충돌하면서 나타나는 것이 보통이다. 따라서 학생들로 하여금 자신을 계발하고 문제상황에 현명하게 대처할 수 있도록 하는 것이 생활지도에서 보다 중요한 과제가 되고 있다.

학생들이 해결해야 하는 과제는 일반적이면서 동시에 개별적이다. 즉, 또래의 학생들이 대부분 겪는 과제가 있으며, 또래의 학생들과 다른 과제를 겪거나 추구하는 학생들도 있다. 어떤 상황이 학생들에게 공통된 문제일 수 있으나, 특정 학생에게는 전혀 문제가 되지 않을 수도 있다.

이러한 상황에 가장 근접하여 생활지도가 가능한 곳이 학교다. 학교에서의 생활지도 업무는 학생들이 추구하는 과제를 도와주고, 학생들에게 벌어질 문제상황을 예방한다. 동시에 이미 벌어진 문제상황에 대처하는 방법에 대한 해결 프로그램의 계획 · 실행이 보다 수월하게 이루어진다.

이처럼 학교에서의 생활지도 업무는 학생들의 미래를 보다 성숙하게 하기 위한 계획이 된다. 따라서 교사들은 생활지도 업무를 통해 학생 생활지도의 중요성을 새롭게 인식하여 보다 적극적으로 생활지도를 할 수 있도록 노력해야 한다.

제2절 생활지도 관련 업무의 종류

각급 학교에서 이루어지는 생활지도 관련 업무는 사실상 학교마다 거의 비슷하다. 이렇게 학교에서의 생활지도가 비슷하게 이루어지는 것은 생활지도가 청소년들에게 매우 중요하며, 또 학교가 생활지도의 각 영역을 업무분장화함으로써 체계적으로 지도하고 있음을 나타내는 것이다. 보통 대부분의 학교에서는 생활지도와 관련된 업무로 기본생활습관지도, 교육지도, 교통안전지도, 건강지도, 진로지도, 경제지도, 여가지도 등과 관련된 계획을 수립 · 실행하고 있다.

P/ L/ U/ S/

생활지도 관련 업무를 담당한 부서의 명칭은 학교에 따라 다소 차이가 있으나, 보통 '생활체육부'와 '특별활동부'의 하위 업무로 조직되어 부장교사의 추진 아래 이루어지고 있다.

1. 기본생활습관지도

P/ L/ U/ S/

기본생활습관지도 업무에서는 보통 학생들이 학교생활이나 일상생활을 수행하는 데 필요한 기초적인 생활습관을 지도하도록 하고 있다.

학생들의 기본생활습관지도는 학교마다 생활지도의 가장 기본적인 업무로 배정하고 있다. 따라서 초등학교에서의 기본생활습관지도는 거의 매일 이루어지며, 중 · 고등학교에서는 보통 학년 초에 집중적으로 실시한다. 학교에서 수립하고 있는 기본생활습관지도 영역에는 복장지도, 등하교지도, 시간관리지도, 주변정리정돈지도, 질서지도, 인사예절지도 등이 있다.

김계현 등(2001: 188)은 청소년기의 건전한 생활습관 형성을 통한 원만한 성장 · 발달이 성인기에 이르기까지 연장될 수 있도록 하는 몇 가지 기본원리를 다음과 같이 제시하고 있다. 즉, ① 성인의 관여와 통제를 점차적으로 줄이면서 학생 자신의 자기통제력 및 자기관리 능력이 향상되도록 점진적으로 접근하기, ② 발달영역 간의 균형과 조화 이루기, ③ 연령과 능력을 고려하여 가장 적절한 수준에서 출발하되 점차적으로 재조정하기, ④ 일관성과 지속성을 가지고 지도하기 등이다. 이러한 원리는 학교에서의 기본생활습관을 지도하기 위한 업무계획을 수립하고 실행하는 데 도움이 될 수 있다.

기본생활습관지도는 어느 학교에서든지 전교생을 대상으로 하여 지속적으로 이루어지며, 올바른 생활습관을 정착시켜 인간교육은 물론, 바람직한 민주시민의 자질을 육성하는 것을 목적으로 한다. 서울HD초등학교(2008)의 경우 "실내에서 뛰지 않고 조용히 하는 생활을 습관화하며, 공중도덕을 잘 지키는 국제화 사회에 적합한 세계시민으로서의 자질을 기른다."라는 목적을 설정하고 있다.

기본생활습관지도의 목적을 달성하기 위하여 학교에서는 여러가지 방침을 제시하고 있는데, 서울HD초등학교(2008: 165)의 예를 들면 다음과 같다.

① 전 교사가 기본생활습관지도를 지속적으로 실시한다.

② 가정, 지역사회와의 연계지도를 위해 가정통신을 발송한다.

③ 선도를 요하는 학생을 파악하고 상담지도를 지속적으로 실시한다.

기본생활습관지도는 학교생활을 바르게 하고, 원만한 일상생활을 위해 매우 기본적이고 필수적인 영역이다. 따라서 학교급에 따른 학생들의 발달 수준별 기본생활습관지도는 그들로 하여금 사회의 구성원으로서 성장하도록 하는 기초가 된다.

초등학교의 기본생활습관지도는 학교생활에의 적응, 학교시설물의 사용, 학교에서의 통행예절, 친구들과 사이 좋게 지내기 등과 관련한 내용이 주를 이루고 있다(서울HA초등학교, 2009; 서울HD초등학교, 2008). 이러한 생활지도는 학년 초나 학기 초에 학교 단위로 전체 학생들에게 실시하는 경우가 대부분이다. 학기 초에 이루어지는 기본생활습관지도는 한 해 동안의 학교생활 및 학교 밖에서의 생활을 원만하게 하는 데 도움을 준다. 서울HD초등학교(2008: 169)의 경우, 특히 교내질서 및 공중도덕 지키기에 대한 지도계획을 수립하여 철저히 지도하고 있는데, 그 내용 가운데 몇 가지 영역을 예로 들어봄으로써 학교에서 이루어지는 기본생활습관지도의 광범위하면서도 구체적인 실행을 엿볼 수 있다. 우선, '먼저 바르게 인사하기'에는 인사말을 분명하고 힘차게 하기, 인사를 하기 전과 한 후에 상대방을 바라보고 눈 맞추기, 때와 장소 및 상대에 맞게 인사하기 등의 구체적인 하위 내용을 규정하고 있다. 다음으로, '줄서서 차례 지키기'에는 놀이기구, 화장실, 수도, 공공시설물을 사용할 때 줄서서 차례 지키기 등을 규정하고 있다. 또, '내 일은 내가 하기'에는 자기주도적으로 생활하기, 자기가 할 일을 남에게 미루지 않기 등을 하위요소로 규정하고 있다. 끝으로, '공공장소에서 조용히 하기'에는 공공장소에서 생활할 때 질서를 지키고 조용히 하기, 야외학습이나 공공장소에서 남에게 피해 주지 않기 등을 하위요소로 규정하고 있다. 이를 실천하기 위해 교사와 학생의 협조, 사전지도 등을 중요시하고 있다.

P/ L/ U/ S/

기본생활습관지도는 중 · 고등학교보다는 초등학교에서 더욱 강화하여 지도하고 있다. 어릴 때 익힌 습관은 성장한 후의 습관 형성에 결정적인 영향을 미치기 때문이다.

중학교의 기본생활습관지도는 중학생으로서의 바른 예절, 교우관계, 질서 등과 관련되어 있다(서울A중학교, 2009; 서울S여자중학교, 2008). 이러한 생활지도 역시 대부분의 학교에서 학교업무로 규정하여 학기 초에 일괄적으로 이루어지는 경우가 많다.

고등학교의 기본생활습관지도는 중학교에서의 생활지도 수준을 좀 더 심화시켜 고등학생으로서의 몸가짐과 예절, 시간관리, 스스로 실천하는 생활 등에 역점을 둔다(서울E여자고등학교, 2008). 고등학교에서의 생활지도 역시 대부분 학기 초에 이루어진다.

학교현장에서, 특히 중·고등학교에서는 학습위주의 학교생활을 하는 경우가 대부분이기 때문에 사실상 기본생활습관을 지도하기 위해 별도의 시간을 할애한다는 것은 매우 어려운 일이다. 따라서 학기 초에 집중 지도하거나, 관련 교과 또는 범교과활동 시간에 자연스럽게 지도하는 경우가 많다.

2. 교육지도

학생들의 교육지도(educational guidance)는 학업의 여러 가지 활동과 관련된 지도로, 기본생활습관지도 못지않게 중요한 영역이다. 학습은 학생들의 중요한 생활 영역이며, 이는 그들의 미래를 결정짓는 요인이 될 수도 있기 때문이다. 따라서 각급 학교에서는 학생들의 발달에 적합한 교육지도를 연중 내내 교과 또는 범교과활동을 통해 실시하고 있다.

실제로 학생들의 스트레스 가운데 가장 흔하고 중요한 것은 학업과 관련된 스트레스다. 따라서 학생들로 하여금 학습에 흥미를 갖고 자신에게 맞는 학습방법을 발굴하여 학습력을 키워 나갈 수 있도록 하는 일은 학습지도에서 매우 중요하다.

이시용 등(2002: 42)은 특히 초등학교 학생들이 학업과 관련하여 발달시켜야 할 내용으로 ① 자기 자신이 세운 목표를 성취하기 위한 동기 갖기,

② 자기 자신을 언어적으로, 그리고 글로 표현하여 나타내기, ③ 학업적 성취에 관련된 다양한 기술 익히기, ④ 스스로 자신의 학습유형, 즉 자신의 성격유형, 습관과 행동 인식하기, ⑤ 자기 자신의 학업적 성취를 스스로 평가해 보고 그 과정 점검하기 등을 들고 있다. 이러한 내용요소들을 생각할 때 사고력의 증진, 자기표현, 의사소통, 문제해결 등과 관련된 생활지도로서의 학습지도는 각급 학교에서 매우 중요한 업무로 다루어질 필요가 있다.

그럼에도 불구하고 교육지도는 생활지도와 분리하여 생각하거나 생활지도의 영역으로 보지 않는 경우가 있다. 그러나 생활지도의 궁극적 목표를 생각한다면 교육지도는 생활지도의 중요한 영역으로 자리 잡아야 한다.

실제로 학교에서 이루어지는 생활지도 업무 가운데 교육지도의 영역에서는 학생들의 학습준비부터 학습에의 몰입까지 자기 스스로 학습하는 일련의 과정에 대한 지도가 이루어져야 한다. 그러나 이러한 것들은 수업시간에 교사들에 의해 수시로 이루어지고 있는 것으로, 학교생활지도 업무에 제시되어 있는 경우는 거의 없다. 주로 독서교육, 기초학력부진아교육, 체험학습 등에 대한 계획이 수립되어 실행되고 있는데, 구체적인 내용은 다음과 같다.

> PLUS
> 학습지도는 특정한 영역 또는 중심사업으로서의 영역이 아닌 한, 대부분 교실수업에서 교사들의 잔소리에 의해 이루어지는 경우가 많다.

첫째, 독서교육이다. 각급 학교의 독서교육은 독서의 생활화로 폭넓은 학습경험을 갖도록 하며, 문제를 스스로 해결하는 사고력과 판단력을 길러 전인적 인간 육성을 목적으로 한다. 이를 위해 대부분의 학교에서는 교과지도, 특별활동, 계기교육, 학교행사, 가정학습 등과 연계하여 지도하도록 계획을 수립하여 실행하고 있다. 또 전자도서관의 활용과 효율화에 힘쓰고, 독서교육 활동에 학부모나 지역사회 인사들의 참여를 권장하고 있다. 아울러 독서토론대회, 독서암송대회, 독서인증제, 도서관 영화제 등을 실시하여 독서교육의 활성화에 주력하고 있다. 지역사회의 도서관과 연계하여 독서교육이 이루어지기도 한다(서울HD초등학교, 2008; 서울HA초등학교, 2009). 중 · 고등학교에서는 보통 점심시간을 이용하여 독서 후 논술쓰기

> PLUS
> 도서관 영화제는 어린이들에게 유익한 독서와 관련된 영화를 상영하여 어린이들의 독서의욕을 고취시키기 위해 실시된다.

시간을 갖고 있다(서울A중학교, 2009; 서울E여자고등학교, 2008).

독서교육은 학생들의 주의집중력을 높이고 배경지식을 넓혀 학습에 흥미를 갖게 하는 역할을 하며, 간접경험을 통한 학습을 가능하게 함으로써 학생들의 자기성장을 돕는다.

둘째, 기초학력부진아교육이다. 학습부진 현상을 보이는 학생을 대상으로 하는 학습부진아지도 프로그램은 대부분의 초등학교에서 실행하고 있다. 이러한 학습지도 역시 학생들의 자기성장을 위한 기초로서의 생활지도 영역이다. 학생들의 학력부진이 해결될 때 학생들은 학교생활을 보다 즐겁게 할 뿐만 아니라 학습력이 향상될 수 있기 때문이다. 중 · 고등학교에서는 방과후 활동을 통해 자신의 부족한 과목에 대하여 보충학습을 하는 형태로 이루어지고 있다(서울A중학교, 2009; 서울S여자중학교, 2008; 서울E여자고등학교, 2008).

PLUS
기초학력이 부족한 원인으로는 개인적 요인, 학습에 대한 관심 정도, 학습습관, 가정환경, 학습결손 등을 들 수 있다.

서울HD초등학교(2008: 100)에서는 학습부진아지도를 위하여 다음과 같은 목적을 설정하고 있다.

> 초등학교 교육과정에서 국어, 수학교과의 최소 성취수준에 미달하는 학생의 학습부진요인을 분석하여 지도계획을 수립하고, 계획적이며 지속적으로 특별 보충지도하여 기초학력을 신장시킴으로써 학습활동에 정상적으로 참여할 수 있도록 하기 위함이다.

이러한 목적을 달성하기 위해 기초학력진단평가의 결과 성취도 70% 미만인 학생을 3월 초에 선정하여 지도하도록 계획을 수립하고 있다. 대부분의 학교에서 시행하는 지도순서는 ① 원인규명단계에서 건강, 환경, 학습태도 등 살펴보기, ② 원인치료단계에서 학습부진의 원인 제거하기, ③ 지도단계에서 개별지도 실시하기, ④ 발전단계에서 자기과제를 선택하여 해결하기, ⑤ 평가단계에서 확인평가 실시하기 등이다.

PLUS
학습부진(underachievement)은 학업성취수준이 학생의 잠재능력에 미치지 못하는 상태를 말한다.

이러한 지도는 부진학생 전담교사를 배정하여 실시하는 경우도 많으나,

보통 담임교사가 지도하는 경우가 일반적이다. 주로 아침자습시간, 교과시간, 휴식시간, 방과후의 개별 프로그램, 가정학습 프로그램 등에 의해 이루어진다. 학교에서는 자율적으로 한 학기에 2~3회 정도 성취도 평가를 실시함으로써 학생들의 학습지도 참고자료로 사용하고 있다.

최근에는 학습된 무기력 상태를 나타내는 학생들에 대한 지도가 새롭게 등장하고 있는데, 학생들이 학습에 흥미를 갖도록 교과별로 교사들이 해야 할 일이다. 또 학습미성취 학생들에 대한 지도 역시 좀 더 강화해야 할 학습지도 영역이다.

셋째, 체험학습이다. 각급 학교에서는 학년별로 수련활동을 연 1~2회 정도 실시함으로써 체험의 기회를 제공한다. 또 주5일제 수업에 따라 등교를 하지 않는 매월 둘째, 넷째 토요일에 현장체험을 통한 교육의 기회가 제공되기도 한다. 체험학습은 학교를 떠나 다양한 현장을 체험함으로써 자연환경과 지역사회를 이해하고, 공동생활의 질서를 배우게 한다. 또 미지의 세계에 대한 도전의식을 키워 줌으로써 세계를 폭넓게 이해하는 기회를 제공한다. 대부분의 학교에서는 학교 홈페이지에 주5일제 수업 사이트를 개설하여 의미 있는 체험활동이 되도록 학습장소나 프로그램을 안내하고 있다. 이에 따라 각종 박물관이나 문화유적, 공원 등을 방문하여 학습하기도 하고, 자원봉사를 하기도 하며, 고아원이나 양로원 등을 방문하여 자신들의 특기를 발휘하도록 지원하고 있다. 그리하여 자기주도적 학습력 및 평생학습의 기회를 넓혀 주고, 전인적 발전 및 자기성장을 돕는다.

학교업무 가운데 교육지도는 학습력을 키워 준다는 점에서 학생들의 학업성취와 가장 밀접하게 관련되지만, 학생들의 정서와도 크게 관련된다는 점에서 더욱 중요하다. 학생들이 자신의 학업에 대해 긍정적인 성취감을 맛보면 학습에 대한 의욕이 강해지지만, 그렇지 못할 경우에는 학습에 대해 부정적인 정서를 형성하기 때문이다. 학생들이 학습에 대한 미성취로 부정적 정서를 갖게 될 경우 그들은 부정적 자아개념은 물론, 정서적 갈등과 불안감을 느낄 것이다. 정서적 문제는 다시 학업성취를 더 어렵게 만드는 요인으로 작용함으로써 학습미성취 또는 정서불안 등의 악순환을 가져올 것이다.

3. 교통안전지도

학교의 생활지도 업무 가운데 교통안전지도는 초등학교에서 주로 실시되고 있는 영역이다. 교통안전지도는 학생들이 안전하게 학교를 오고갈 수 있도록 하는 데 중점을 두지만, 궁극적으로는 교통안전의식을 갖고 생활 속에서 이를 실천할 수 있도록 하는 데 더 큰 목적을 갖는다.

서울HD초등학교(2008: 170)에서 실시하고 있는 교통안전지도의 추진내용을 살펴보면 다음과 같다.

① 횡단보도를 건널 때에는 녹색어머니의 지도에 따른다.
② 횡단보도를 건널 때에는 녹색 신호등이 켜진 후 3초 뒤에 손을 들고 오른쪽으로 건넌다.
③ 길을 건널 때에는 신호등을 잘 보고 반드시 횡단보도 또는 지하도를 이용하여 건넌다.
④ 버스를 오르내릴 때에는 차례를 지킨다.
⑤ 버스 안에서는 웃어른이나 노약자에게 자리를 양보한다.
⑥ 방과 후에는 집으로 먼저 간다.

PLUS

녹색어머니회 회원은 학년 초에 학급별로 일정 수를 모집하여 총회를 하고 발대식을 한 후 활동을 개시하며, 활동이 끝나면 학교에서 감사장을 전달하기도 한다.

이러한 추진내용을 실천하는 데 크게 공헌하는 단체가 바로 초등학교마다 조직되어 있는 '녹색어머니회'이다. 대부분의 학교에서는 녹색어머니회를 조직 · 운영하고 있으며, 고학년 학생들이 이 활동을 보조하는 경우가 많다.

서울HA초등학교(2009: 158) 녹색어머니회 운영계획을 보면 "어린이들의 안전을 위한 교통지도 및 거리질서 확립에 스스로 참여 · 봉사한다."라는 목적을 수립하고 있다. 이러한 활동은 학생들의 등교지도에 자진하여 참여함으로써 교통사고를 예방하는 데에 일차적인 목적이 있다.

서울HD초등학교(2008: 172)의 교통안전지도 실행에 대한 방침을 보면, ① 어린이 등교 시 교통안전지도에 협조하고, ② 각 학급에서 자원한 어머니를 녹색어머니회 회원으로 선출하며, ③ 5개 조로 나누어 매주 요일별로 봉사한다는 것이다.

녹색어머니회 활동은 보통 학생들이 등교하는 아침에 실시하며, 학교별로 4~5구역을 정하여 횡단보도가 있는 곳이나 위험한 곳을 중심으로 학생들이 안전하게 길을 건너도록 지도하고 있다. 활동을 할 때에는 녹색의 복장과 모자 등을 착용하고 수신호로 안전횡단을 돕는다.

녹색어머니회의 자원봉사에 의한 교통지도를 통해 학생들은 길을 건너는 방법을 실제로 학습하게 되며, 일상생활에서 교통안전에 대한 의식을 바르게 하는 계기를 갖게 된다.

그러나 문제는 학교에 따라 자원봉사할 학부모가 많지 않아 학생들의 교통안전지도에 차질이 생기는 경우가 있다는 것이다. 부모들이 맞벌이를 많이 함으로써 자원봉사 어머니의 수가 줄고, 그로 인해 봉사를 하는 어머니가 계속해서 당번이 되는 경우가 생겨 학부모들 사이에 불만이 제기되기도 한다. 이러한 점을 극복하기 위해서는 학부모와 지역사회 그리고 학부모들이 다니는 직장에서의 협조가 이루어져야 할 것이다.

4. 건강지도

건강지도(health guidance)는 학생들의 신체적 · 정신적 건강과 관련된 지도로, 점차 중요해지고 있는 생활지도 영역이다. 건강지도는 학생들의 체력검사, 보건실에서 일괄적으로 실시하는 건강검진 및 보건위생지도, 그리고 성교육 등으로 나뉜다. 이러한 지도는 초등학교는 물론, 중 · 고등학교에서도 정기적으로 시행하고 있다.

P/ L/ U/ S/

기초체력 증진을 위한 검사로는 보통 앉아윗몸앞으로굽히기, 윗몸일으키기, 1000m 오래달리기, 신체질량지수 등을 측정한다.

첫째, 대부분의 학교에서는 체육시간을 이용하여 학생들에게 체력검사를 시행함으로써 학생들의 기초체력을 증진시키고자 한다. 각 학교에서 기초체력을 증진하기 위한 노력은 신체를 건강하게 발달 · 촉진시켜 건강한 인간으로 성장할 수 있는 기틀을 마련하는 데 목적을 둔다.

서울HA초등학교(2009: 233-235, 239)에서는 기초체력을 증진하기 위해 학년별로 체력점수 기준표를 만들어 높은 등급에 도달한 학생들에게 체력인증서를 주는 제도를 시행하고 있다. 또 건강체력검사를 통해 학생들의 건강을 증진하기 위한 노력을 하고 있다. 건강체력검사에서는 심폐지구력, 유연성, 근력 · 근지구력, 순발력, 체지방 등을 측정한다.

P/ L/ U/ S/

학급담임교사가 할 수 있는 건강위생지도에는 손발 씻기, 양치질하기, 손톱 기르지 않기, 식사 바르게 하기 등이 있다. 특히 급식지도는 건강지도의 한 영역으로 학교마다 크게 관심을 기울이는 부분이다.

둘째, 보건위생지도는 보건교사의 계획에 따라 학교 전체 학생들을 대상으로 이루어진다. 구체적인 지도는 담임교사에 의해 이루어지는 것이 보통이며, 특히 학생들의 정기건강검진은 직접 병원에서 받도록 함으로써 보다 다양하고 정확한 검진이 되도록 하고 있다.

서울HD초등학교(2008: 192)의 학교보건계획의 목적을 보면 ① 학교보건교육 및 보건봉사로 학생과 교직원의 건강관리 능력을 배양하고, ② 학교보건요원 및 보건위생시설 확보로 건강한 학교를 육성하며, ③ 학교환경위생 정화로 면학 분위기를 조성한다는 것이다. 서울HA초등학교(2009: 244)에서는 보건교육의 목적을 달성하기 위해 다음과 같은 방침을 제시하고 있다.

① 효율적인 보건교육 실시와 보건봉사를 통하여 학생 스스로 각종 질병을 예방할 수 있는 능력을 길러 건강한 학교생활을 하게 한다.
② 학교보건요원의 활동을 강화하여 학교보건 관리의 실효성을 높인다.
③ 학교건강검사는 정확하게 실시하고, 그 결과에 따라 적절한 제반조치를 취한다.
④ 정서순화와 학습에 지장이 있는 저해요인을 정화하여 명랑한 교육환경을 만든다.

학교에서의 보건교육 추진내용은 보통 연중 및 매월로 각각 구분하고 있다. 연중 실시내용으로는 연중 건강상담 및 관찰, 정수기 위생관리, 개인위생지도, 응급처지, 현장학습 시의 보건대책, 불소용액 양치 등이 있다. 또 매월 계획을 수립하고 있는데, 일반적으로 수립되고 있는 구체적인 내용을 살펴보면 〈표 8-1〉과 같다.

P/ L/ U/ S/

보건실의 보건 서비스는 1차 의료 및 응급처치, 전교생을 대상으로 한 기초건강실태조사 및 신체능력검사, 불소양치사업, 보건소나 병원과의 협력으로 BCG 접종, 구강검사, 소변검사 등을 주요 내용으로 한다.

〈표 8-1〉 서울HD초등학교 건강지도계획

월	보건계획	해당 학년
3	• 신입생 보건실 이용 안내 • 취학 전 예방접종 확인 • 재학생 건강상태 조사 • 2차 홍역예방접종 확인 및 접종 안내 • 성폭력예방교육	1학년 1학년 전학년 1학년 1~3학년
4	• 봄철 전염병예방교육 • 보건교육	전 학년 6학년
5	• 학생 신체발달상황 검사 및 결과처리 • 학생 건강검사(검진기관)	2, 3, 5, 6학년 1, 4학년
6	• 보건교육 • 여름철 보건교육(수인성 전염병)	5학년 전 학년
7	• 비만아동상담 • 방학 중 건강관리지도	전 학년 전 학년
9	• 학교행사에 따른 사고예방지도 • 가을철 전염병예방교육 • 보건교육	전 학년 전 학년 6학년
10	• 보건교육 • 독감예방, 손 씻기 교육 등	5학년 전 학년
11	• 보건교육	4학년
12	• 성폭력예방교육 • 방학 중 건강관리지도	전 학년 전 학년
기타	• 결핵예방접종 안내(실시기관의 공문에 의함)	1학년

출처: 서울HD초등학교(2008), pp. 192-194.

〈표 8-1〉에서 보는 바와 같이 보건교사가 전체 학생들을 대상으로 하는 보건활동에는 보건 서비스, 보건교육 및 상담, 전염병 관리 등이 있다. 이

처럼 학생들의 건강을 위한 보건계획은 보건교사의 주도 아래 수립되어 전체 학생들을 대상으로 이루어지고 있다. 그러나 학급에서 담임교사에 의한 건강지도 역시 생활지도의 한 영역으로서 실행되어야 하기 때문에 교사들의 학생건강에 대한 관심이 필요하다.

셋째, 성교육은 양성평등교육과 관련하여 보건교사 중심으로 이루어진다. 서울HA초등학교(2009: 245)에서 이루어지는 성교육 및 양성평등교육의 목적은 다음과 같다.

> 남녀의 신체적 · 심리적 특성을 이해함으로써 긍정적인 자아개념을 형성하고, 남녀의 사회적 역할을 이해함으로써 원만한 사회생활을 영위하며, 양성평등한 성역할을 이해함으로써 책임 있는 행동을 할 수 있도록 한다.

이를 위해서는 대부분의 초등학교가 학년별 10시간 내외의 시수를 확보하고, 성에 대한 자연스러운 접근을 유도하며, 내용에 따라 보건교사 또는 담임교사가 실시하도록 하고 있다. 그 내용은 대체로 다음과 같이 구성된다(서울HA초등학교, 2009: 246).

> **PLUS**
> 「초 · 중등교육법」 제23조 제2항에 의하면 2009년 3월 1일부터 초등학교 5, 6학년에서 재량활동 시간을 활용하여 연간 각각 17시간 이상의 보건교육을 실시하도록 하고 있다.

① 신체 · 심리발달 영역: 신체의 발달과 건강, 신체검사의 중요성, 사춘기의 신체적 변화, 신체의 구조와 기능, 사춘기의 심리적 특성, 순결의 중요성 등
② 인간관계 이해 영역: 동성친구와 우정 쌓기, 여가선용 방안, 이성친구와의 교제, 사춘기의 이성교제 등
③ 성문화 및 성윤리 영역: 남녀 간의 성차이와 성 고정관념, 양성평등, 남녀의 차이와 조화로움, 성폭력의 의미와 예방, 대중매체를 통한 불건전한 성 표현이 청소년들에게 미치는 영향, 음란물이 미치는 영향과 대처 방법 등

특히 오늘날 양성평등적 관점에서 이성을 바라보는 시각의 변화는 교실

에서의 역할 고정관념에서 탈피하여 서로의 성을 존중하는 분위기를 만들고 있어 매우 바람직한 현상으로 여겨지고 있다.

이러한 성교육과 양성평등교육은 학년이 올라갈수록 더욱 심화되어 지도되고 있는 양상을 보인다. 그리하여 중 · 고등학교에서 다루어지는 주제는 이성과의 교제, 성을 보는 시각, 양성평등과 관련하여 좀 더 깊이 있게 다루어진다(서울A중학교, 2009; 서울S여자중학교, 2008; 서울E여자고등학교, 2008).

건강지도의 문제는 학생 전체를 대상으로 한 보건실의 건강지도가 사실상 한계를 지닌다는 점이다. 따라서 학생들의 건강지도는 보건실이 주축이 되어 전체적인 예방 및 체질검사가 이루어져야 하겠지만, 학생 개개인의 건강지도는 학급담임교사가 중심이 되어 수시로 이루어지도록 업무가 편성되는 것이 효율적일 것이다.

5. 진로지도

학생들의 진로지도(vocational guidance)는 학생들의 진로에 대한 탐색과 준비를 돕는 것으로, 직업과 관련된 다양한 정보를 제공하고 진학지도와 직업안내 등이 이루어진다. 이러한 진로지도는 초등학교의 경우 직업의 의미나 탐색에 초점을 두며, 중 · 고등학교로 올라가면서 더욱 구체적으로 이루어지거나 대학진학과 관련되는 경향이 있다.

따라서 초등학교의 진로지도는 보통 자신의 적성, 흥미, 능력 등을 정확히 알고 직업의 세계를 이해함으로써 자신에게 적합한 진로계획을 수립하여 일과 직업에 대한 건전한 가치관과 태도를 형성하는 것이 목적이다. 서울HD초등학교(2008: 179)는 이러한 일반적인 목적을 달성하기 위해 다음과 같은 구체적인 목표를 설정하고 있다.

① 자신의 소질, 흥미를 발견한다.

② 다양한 직업역할 유형에 대한 인식과 일의 세계와 관련된 개념의 발달을 촉진시킨다.

③ 일에 대한 태도와 가치관의 계발 및 형성을 위해 노력한다.

P/ L/ U/ S/

Super의 생애발달이론에 의하면 출생~14세까지는 성장기(growth stage)에 해당하며, 15~24세까지는 탐색기에 해당한다.

Ginzberg의 진로발달이론에 의하면 초등학교 시기는 기쁨과 환상이 진로 선호에 일차적인 결정 요인이 되는 환상단계이다. 따라서 초등학교의 진로지도는 자신의 소질과 적성을 발견하고, 일의 세계를 이해하며, 일에 대한 태도를 발달시키는 데 역점을 두어야 할 것이다.

진로지도를 위한 추진내용은 주로 교과활동, 특별활동, 진로지도의 날 운영, 학교 재량시간 활용, 진로상담, 학부모 계도 등을 통해 이루어지고 있는데, 구체적인 내용은 다음과 같다(서울HD초등학교, 2008).

첫째, 교과활동을 통해서는 전 교사가 미래의 직업선택을 합리적으로 안내하는 일에 초점을 두어 지도하고 있다. 이를 위해 관련 단원의 목표와 내용을 분석·추출하고 체계적인 계획과 재구성을 통하여 효율적으로 지도하고 있으며, 학생들의 생활과 밀접하면서 구체적이고 다양한 자료를 활용하고 있다.

둘째, 특별활동을 통해서는 자발적이고 협동적인 참여 아래 자유로운 자기표현의 기회를 부여하고, 개성과 소질의 발견 및 신장을 도모하며, 나아가 민주시민으로서의 자질과 능력을 함양하고자 한다.

셋째, '진로지도의 날'을 설정하여 진로교육 프로그램에 의한 개인별 과제를 해결하고, 진로에 대한 관심을 제고하기 위해 진로일기 쓰기를 지도하고 있다.

P/ L/ U/ S/

학교에 따라서는 토요 휴무일이나 방학 때 부모님 직장을 방문하고 견학기록문을 작성하게 함으로써 직업에 대한 탐색 및 자신의 진로에 대한 고민의 기회를 갖도록 하고 있다.

넷째, 학교 재량시간을 학년별로 계획하여 자율적으로 운영함으로써 자신의 진로에 대한 관심을 제고하고, 자기이해 및 각종 직업에 대해 인식하며, 현명한 진로탐색을 위해 치밀한 준비와 계획을 하도록 지도하고 있다.

다섯째, 지속적인 관심과 진로상담을 통해 진학이나 직업선택에 관련된 다양한 정보를 제공하고 자기이해, 자기탐색, 직업선택, 진로계획, 진로의

사결정을 돕는 데 역점을 두고 있다.

끝으로, 가정통신이나 학부모회의 시 진로지도의 중요성을 인식하게 하고 올바른 진로지도를 위한 학부모의 역할에 대해 계도하고 있다. 즉, 자녀가 자기 자신을 이해하도록 도우며, 자녀에게 일과 직업의 세계에 대한 정보를 제공해 주도록 안내하고 있다.

중학교의 진로지도는 한 걸음 더 나아가 다양한 직업세계를 구체적으로 이해하도록 하는 것이 목적이다(서울A중학교, 2009; 서울S여자중학교, 2008). 또 고등학교의 진로지도는 경제적 · 사회적 구조의 측면에서 직업의 다양성과 구체성을 알고, 현명하게 직업을 선택하도록 돕는 것을 목적으로 한다(서울E여자고등학교, 2009). 따라서 Ginzberg의 진로발달이론에서 주장한 바와 같이 여러 가지 활동을 통해 자기를 검증하고 역할을 수행하면서 직업탐색을 시도하도록 도와줄 필요가 있다.

대체로 진로지도는 교과내용과 관련한 지도가 주를 이루고 있으며, 교장 및 교감선생님의 훈화와 명예교사를 초빙한 진로교육이 전부라 해도 과언이 아니다. 따라서 좀 더 적극적이고 구체적이며 실질적인 진로지도가 이루어져야 할 것이다.

6. 경제지도

대부분의 학교에서 시행하고 있는 생활지도의 한 영역으로서의 경제지도(economic guidance)는 학생들의 근검 · 절약을 생활화하는 데 그 목적을 둔다. 이를 위해서는 우리 경제 바로 알기, 바른 경제생활의식 갖기, 재활용 경제교육, 상설 분실물 코너 설치 · 운영, 근거리 걸어 통학하기, 작은 것부터 아껴 쓰기, 상품선택요령 알기 등의 내용을 지도하고 있다.

〈표 8-2〉는 서울HD초등학교(2008)의 경제교육 추진내용이다.

경제교육은 물자에 대한 근검 · 절약을 생활화함으로써 자원의 중요성을 알고 한정된 자원을 후손에게 물려주어야 함을 인식시키는 계기가 된

P/ L/ U/ S/

'아나바다' 운동은 아껴 쓰고, 나눠 쓰고, 바꿔 쓰고, 다시 쓰는 운동이다. 이 운동을 통해 학생들은 재활용의 의미를 깨닫고 물자를 절약하는 태도를 기른다.

〈표 8-2〉 서울HD초등학교의 경제교육 추진내용

실천과제	세부 추진사항
5분 경제교육	• 경제교육 교재 이용 • 월 · 토 조회시간, 조 · 종례, 명상시간을 통해 훈화하기
교과서 물려 쓰기	• 재활용 교과서 선정 • 헌 교과서 물려주기
분실물 코너 설치 운영	• 학기 초 소지품에 이름 쓰기 지도 • '아나바다' 실 만들기 • 분실물 코너 만들기 • 토요 반성조회 시 습득물 방송하기
전기, 수돗물 아껴 쓰기	• 에너지 자원 절약에 대해 토의하기 • 전기, 냉 · 난방 아껴 쓰기 • 수도 사용 후 꼭 잠그기
승용차 이용 등하교 자제	• 걸어서 등교하기
생일은 가족과 함께 보내기	• 학교통신에 '검소한 생일 보내기' 올리기
재활용하기	• 매주 수요일에만 쓰레기 버리기 • 알뜰바자회 개최
1인 1통장 갖기	• 매월 저축의 날 운영
용돈기입장 정리하기	• 용돈기입장 확인

출처: 서울HD초등학교(2008), pp. 184-185.

다. 아울러 물자를 아껴 쓰는 것이 환경오염도 줄일 수 있음을 알게 하는 좋은 기회가 된다.

따라서 학용품에 이름 적고 아껴 쓰기, 분실물 코너에서 자기 물건 찾기, 학교 전기와 수돗물 아껴 쓰기, 재활용하기 등은 학생들이 학교에서 수시로 실행할 수 있는 영역들이다. 학교에서의 이러한 경제교육은 가정으로 연계됨으로써 생활화하는 데 중요한 역할을 한다. 즉, 가정에서도 각종 물자 아껴 쓰기나 재활용 등을 실천하는 것을 돕는다. 이처럼 경제교육은 성인이 되어서의 경제생활은 물론, 일상생활과 관련되는 것이기 때문에 어려서부터 지도할 필요가 있다.

특히 학부모회를 중심으로 한 바자회에서는 학생들이 물건을 서로 바꿔 쓰고, 사용하지 않는 물건을 저렴하게 판매함으로써 싼값에 구매하는 기회를 갖는다. 이러한 행사를 통해 물건을 재활용하며, 판매수익금으로는 어려운 이웃을 돕는다든가 학교발전을 위한 기금으로 사용하고 있다. 경제지도와 관련한 행사는 초등학교에서 주로 이루어지고 있으며, 중학교의 경우 드물게 시행하고 있다.

7. 여가지도

여가지도(leisure time guidance)는 최근에 학생들이 학습 이외의 시간을 의미 있게 보내도록 하기 위한 방안으로 실시되기 시작한 생활지도의 한 영역이다. 이 영역은 학생들이 자기 시간을 관리하고 행복한 생활을 누리도록 하기 위한 것으로, 앞으로 생활지도에서 중요하게 다루어질 것으로 보인다.

P/ L/ U/ S/

여가지도는 여가시간을 효율적으로 사용하게 함으로써 시간관리의 효과도 있다.

여가생활이란 자신이 지닌 재능을 발굴하여 발휘하거나 취미생활을 하고, 학습을 위한 시너지 효과(synergy effects)를 얻으며, 남는 시간을 효율적으로 보내기 위한 것이다.

그동안 여가지도는 학교에서의 생활지도 업무로 규정되어 있지 않았으며, 사실상 제대로 이루어지지 않았다. 그러나 최근에는 대부분의 학교에서 특기적성 계발의 중요성을 인식하여 재량활동이나 특별활동 그리고 방과후 활동을 통한 자기계발 활동계획을 수립하고 있다.

특별활동과 재량활동을 통해서는 자치활동, 적응활동, 계발활동, 학교행사, 봉사활동 그리고 동아리활동이 이루어지는데, 매주 또는 격주로 탄력적인 운영을 하면서 학생들이 자신의 흥미와 적성을 고려하여 활동하도록 하고 있다. 또 학기말이나 학년말에 전시회나 발표회 등을 통해 학생들의 능력을 발휘하도록 기회를 제공하고 있다.

특히 최근 학교에서 실시하는 방과후 활동은 학생들뿐만 아니라 학부모들에게도 큰 호응을 얻고 있는 영역으로 자리 잡고 있다. 방과후 활동의 주제는 학교에 따라 다양하게 실시되고 있는데, 리코더, 첼로, 회화, 공작, 수학, 영어, 중국어, 한자, 마술 등을 예로 들 수 있다. 이처럼 방과후 활동에는 학습의 보충을 위한 활동은 물론, 학생들의 취미나 특기를 살리는 활동 등이 다양하게 있다.

학교에서 실시하는 방과후 활동은 사교육에 대한 의존에서 벗어나 공교육 안에서 적은 비용으로 학생들의 재능을 키워 줌으로써 잠재력을 계발하는 데 의의가 있다. 학생들은 방과후 활동을 통해 자신들이 가지고 있는 적성을 발굴하거나 취미생활을 함으로써 여가를 보내기도 하지만, 이를 통해 자신의 진로를 결정하는 경우도 많다.

다음은 서울S중학교 3학년 여학생의 방과후 활동경험에 대한 면담내용이다.

> 전 플루트를 배우고 있어요. 이모께서 초등학교 4학년 때 플루트를 사 주셔서 초등학교 때도 방과후 활동시간에 이 악기를 연주했고, 지금도 계속 하고 있어요. 공부해야 할 건 많지만, 방과후 활동시간만큼은 제가 하고 싶은 것을 학원에 가지 않고서도 배울 수 있어 좋아요. 얼마 전에는 발표회까지 했는데, 엄청 기분 좋았어요(2008. 12. 12 서울S여자중학교 3학년 오○○학생).

학교에서 이루어지는 여가 활동계획은 고등학교의 경우 학생들의 진로와 관련이 깊다. 특히 하루의 대부분을 학습에 몰입하고 있는 학생들의 특기와 적성을 발굴하여 그들이 여가를 즐기도록 하는 것은 앞으로 의미 있는 생활지도의 한 영역으로 자리 잡을 것이다.

생각해 볼 문제

1. 생활지도 관련 업무가 학교에서 실행될 수 있는 가능성과 한계에 대해 현 상황을 예로 들어 논의해 보자.

2. 각급 학교별로 가장 비중 있게 다루어야 할 생활지도 관련 업무를 학생들의 발달특성과 관련지어 생각해 보자.

3. 초등학교와 중·고등학교에서의 생활지도 관련 업무 간에 어떤 계열성이 있어야 하는지 토론해 보자.

임용고사 기출문제

(2009학년도 초등 임용시험)

1. 다음의 행동특징을 보이는 아동에 대한 담임교사의 지도전략으로 적합한 것을 〈보기〉에서 모두 고른 것은? (3)

- 자리에 앉아 있어야 하는 수업장면에서 지나칠 정도로 돌아다닌다.
- 수업시간에 끊임없이 친구들의 일에 참견하거나 간섭하여 학습을 방해한다.
- 공부를 포함하여 학교에서 이루어지는 대부분의 활동에서 주의를 집중하지 못하고 과제를 완성하지 못한다.

〈보기〉

ㄱ. 행동교정을 위해 단회상담적 접근방법을 적용한다.
ㄴ. 부모가 비협조적이라도 설득을 통해서 지도과정에 참여시킨다.
ㄷ. 행동수정기법, 인지행동적 기법, 사회성 증진훈련 등을 다양하게 활용한다.
ㄹ. 학습을 지도할 때 시청각 보조자료, 구조화된 자료, 조작 가능한 자료 등은 주의를 분산시킬 수 있으므로 사용하지 않는다.

① ㄱ, ㄷ ② ㄱ, ㄹ ③ ㄴ, ㄷ ④ ㄱ, ㄴ, ㄷ ⑤ ㄴ, ㄷ, ㄹ

풀이 학습을 진행할 수 없을 정도로 주의산만하고 과잉행동을 하는 학생의 경우에는 부모의 협조를 얻고 다양한 기법을 활용하여 지속적으로 지도하는 것이 옳다. 그렇지 않으면 학습부진은 물론, 정서장애를 가져올 수도 있다.

(2008학년도 중등 임용시험)

2. 진로상담에 관련된 설명으로 옳지 않은 것은? (3)

① 진로를 결정한 학생도 진로상담의 대상이다.

② 누구에게나 한 가지 이상의 직업적성과 직업흥미가 있다.

③ 홀랜드(J. L. Holland)는 진로발달에서 자아개념을 가장 중시하였다.

④ 크럼볼츠(J. D. Krumboltz)는 진로의사결정에 영향을 미치는 요인들의 상호작용을 중시하였다.

풀이 Holland는 유형론에 바탕을 두고 개인의 행동양식이나 인성유형이 직업선택과 발달에 중요한 영향을 미친다고 주장하였다. 그는 여섯 가지 직업적 성격의 특성을 제시하고, 직업의 선택은 개인의 인성 표출이라고 하였다. 즉, 직업에 대한 선택은 개인의 타고난 유전적 소질, 개인이 속한 사회문화, 그리고 문화적 요인 간의 상호작용에 의해 이루어진다고 보았다.

(2005학년도 초등 임용시험)

3. 〈보기〉의 생활지도 활동에 해당되는 것은? (1)

〈보기〉

철수는 ADHD의 증상을 자주 나타내는 아동이다. 철수의 담임선생님은 인터넷을 통해서 그 지역의 상담기관들을 조사해서 부모에게 알려 드렸다. 그리고 부모의 동의를 얻어 상담기관에 철수의 지도를 요청하였다.

① 위탁활동 ② 조사활동

③ 정치활동 ④ 추수지도활동

풀이 ADHD 증상을 보이는 학생들은 주의력결핍행동, 과잉행동 그리고 충동성을 나타낸다. 이 증상이 지속되면 주의력이 저하되어 2차적인 학습장애가 나타나며, 공격적인 행동으로 공동생활이 어려워진다. 따라서 학교와 가정에서의 지속적인 관심과 지도를 요구한다. 그러나 생활지도를 하는 데 담임교사가 문제행동을 지도하기 어려운 상황이나 다른 기관의 도움을 필요로 할 때에는 부모의 동의를 얻어 상담기관의 도움을 요청하는 것이 가능하며, 경우에 따라서는 이러한 방법이 더 효과적일 수 있다.

(2003학년도 초등 임용시험)

4. 수업시간에 너무 소란스럽게 떠드는 아이들에게 체벌을 가하였더니 조용해졌다. 이런 일이 반복된 후 교사의 체벌이 잦아졌다. 이 사례를 행동주의 학습이론 중 강화이론으로 해석할 때, 교사의 체벌행동의 빈도를 높인 강화물은? (2)

① 학생들의 소란행위

② 학생들의 조용해진 행동

③ 체벌을 받는 학생의 생각

④ 체벌행동을 하는 교사의 의지

풀이 교사의 체벌로 학생들의 소란스러운 행동이 줄었으며, 교사는 학생들의 조용해진 행동을 원하기 때문에 체벌의 빈도를 높인 것이다. 즉, 교사로 하여금 계속해서 체벌을 하게 만든 것은 학생들의 조용해진 행동인 것이다.

(2002학년도 초등 임용시험 논술)

5. 논술

최근 우리 사회에서는 '학교교육 위기'에 대한 우려의 목소리가 높다. 학교가 붕괴되어 제 구실을 다하지 못한다는 것이다. 이와 관련된 최근의 연구에서는 학교교육의 핵심 영역인 수업과 생활지도 면에서 비효율성 혹은 불능 등을 학교교육 위기 현상의 예로 지적하고 있다. 향후 학교교육이 본래의 역할을 다하기 위해서는 이러한 문제들을 정확하게 인식하고, 미리 대처해 나가야 할 것이다.

이와 같은 학교교육의 위기 현상에 대해 다음의 내용을 중심으로 논하시오. (20점)

〈다음〉

- 학교수업과 생활지도의 비효율 혹은 불능을 나타내는 현상들을 예시한다.
- 이러한 현상이 발생하는 원인을 학교 내적 원인과 외적 원인으로 구분하여 기술한다.
- 학교교육의 위기 현상에 비추어 본 현실적인 극복방안을 제시한다.

논술 작성 시 유의사항	배점
• 어법과 원고지 작성법에 맞게 서술하시오.	• 어법과 원고지 작성법(3점)
• 주어진 지면(2,000자)을 최대한 이용하여 서술하시오.	• 분량(3점)
• 전체적인 글의 체계를 짜임새 있게 구성하시오.	• 전체적인 글의 논리적 체계성(4점)
• 다음 항목을 다룰 때 글의 명료성, 풍부성, 적절성을 고려하시오. – 학교교육 위기의 현상 예시 – 학교교육 위기의 원인 제시 – 학교교육 위기의 극복방안 제시	• 학교교육 위기의 현상 예시(2점) • 학교교육 위기의 원인 제시(4점) • 학교교육 위기의 극복방안 제시(4점)

읽을 거리

Being

The moment the old man saw the young man approaching with a wide smile and clear look in his eyes, the old man called out, "You look like someone who has found The Present!"

"I have!" the young man exclaimed.

The old man beamed. He knew the young man would find his way. They both enjoyed the moment.

Then the old man said, "Tell me how it happened."

"Well, I found myself feeling happier and realized that I wasn't thinking about what had happened to me in The Past, and I wasn't feeling anxious about what might happen to me in The Future. All of a sudden, the obvious occurred to me. The Present, the gift you give yourself, is just that - the present moment. I see now that being in The Present means focusing on what is, right now." ……

Then he asked hesitantly, "I was wondering how does being in The Present help when you are in a bad situation?" ……

The old man said, "Consider this:

Even In Th Most
Difficult Situations,

When You Focus On
What Is Right
In The Present Moment,
It Makes You Happier,
Today.

And It Gives You The Needed
Energy And Confidence
To Deal With
What Is Wrong.

What the old man said made sense. "So being in The Present means focusing on what is, right now." "And," the young man added, "it also means focusing on what is right, now."

"Yes," the old man said. "Exactly!"

Johnson(2003).

참고문헌

김계현, 김동일, 김봉환, 김창대, 김혜숙, 남상인, 조한익(2001). **학교상담과 생활지도**. 서울: 학지사.

이시용, 정환금, 허승희, 홍종관(2002). **초등학교 생활지도와 상담**. 서울: 교육과학사.

Baker, S. B. (2000). *School counseling for the twenty-first century*. NJ: Prentice-Hall.

Charles, C. M. (2000). *The synergetic classroom: Joyful teaching and gentle discipline*. NY: Longman.

Dinkmeyer, D. C., & Caldwell, E. (1970). *Developmental counseling and guidance: A comprehensive school approach*. NY: McGraw-Hill.

Fields, M., & Boesser, C. (1994). *Constructive Guidance and Discipline*. NJ: Prentice Hall.

Gysbers, N. C., & Henderson, P. (1994). *Developing and Managing Your School Guidance Program*. Alexandria: American Counseling Association.

Johnson, S. (2003). *The Present*. NY: Doubleday.

Muro, J. J., & Kottman, T. (1995). *Guidance and Counseling in the Elementary and Middle School*. Dubuque: Brown Communication.

Schmidt, J. J. (1996). *Counseling in School*. MA: Allyn and Bacon.

Shertzer, B., & Stone, S. C. (1980). *Fundamentals of counseling* (3rd ed.). Boston: Houghton Mifflin.

서울A중학교(2009). **학교교육과정 운영계획**.

서울E여자고등학교(2008). **학교교육과정 운영계획**.

서울HA초등학교(2009). **즐겁고 신나는 HA교육**.

서울HD초등학교(2008). **HD 교육과정 운영계획**.

서울S여자중학교(2008). **학교교육과정 운영계획**.

서울S여자중학교 3학년 오○○학생 면담 내용. 2008. 12. 12.

제 9 장

생활지도의 실제

오늘날 학급에서 학생들의 활동은 매우 다양하고 광범위하며, 종종 예측 불가능한 상황을 만들어 내기 때문에 생활지도는 교사들이 어렵게 생각하는 영역 가운데 하나가 되고 있다. 더욱이 학교부적응을 나타내는 학생, ADHD 증상을 나타내는 학생, 그리고 집단따돌림과 같은 현상들은 자주 등장하는 문제상황들로서 교사는 생활지도의 방법을 알고 주변의 다양한 사례들을 통해 학생들의 문제행동에 대처할 수 있어야 할 것이다.

제1절 생활지도의 방법

학교에서 일어나는 다양한 문제상황들은 대부분의 학생들에게서 나타나기 때문에 생활지도를 할 때에는 학생들 상황 전체를 파악하고 이에 따라 개별적으로 지도하는 것이 중요하다. 이를 위해서는 학생들에 대한 이해가 우선적으로 이루어져야 하며, 다양한 상담기법을 적용함으로써 학생들의 행동을 지도할 수 있어야 한다.

1. 학생에 대한 이해

생활지도를 하기 위해서는 가장 먼저 학생들의 본질과 그들이 처한 상황을 이해하는 것이 중요하다. 이를 위해서는 보다 객관적인 자료에 근거한 이해가 필요하다. 보통 표준화검사 도구를 이용하거나 교실상황에서의 학생행동 관찰 등으로 학생들의 인지적 · 정의적 측면을 탐색하는 방법이 있다.

1) 표준화검사 도구의 활용

심리검사는 인간의 다양한 현상이나 상황, 즉 인간이 지닌 능력이나 특성 또는 행동을 표준화된 도구에 의해 수량화함으로써 측정하는 것을 말한다. 심리검사를 할 때에는 보통 타당도(validity)와 신뢰도(reliability) 분석을 거친 표준화된 측정도구를 사용하는 경우가 많다.

P/ L/ U/ S/

타당도란 검사도구의 목적에 대한 적합성을 말하며, 신뢰도란 검사도구의 일관성을 말한다.

일반적으로 학교에서의 심리검사는 학생들의 전반적인 특성을 알고, 개인 간 또는 개인 내 비교를 통해 학생들의 행동을 예언하며, 그들의 건전한 성장 · 발달을 돕기 위한 기초자료로 삼는 것이 목적이다. 따라서 검사결과를 전적으로 과신해서는 안 되며, 검사를 다양하게 실시하여 종합적이고 객관적인 자료를 얻어야 한다.

생활지도에서 심리검사가 중요한 까닭은, 생활지도를 할 때에는 표준화검사 도구에 의해 측정된 결과를 바탕으로 하는 과학적 원리에 기초한 자료가 필요하기 때문이다. 따라서 눈에 보이는 학생행동을 바탕으로 생활지도를 하기보다는 심리검사를 통해 그 학생의 전반적인 상태를 객관적으로 파악한 후 실시하는 것이 중요하다.

심리검사의 종류에는 성격검사, 적성검사, 지능검사 등이 있다. 이들 검사는 모두 생활지도를 위해 유용한 검사로서 학생들의 다양한 상황이나 현상을 이해하고 지도하는 데 도움이 된다.

성격검사는 그 도구의 종류와 검사방식이 다양하다. 우리나라에서 사용되는 대표적인 도구로 K-CBCL(Korean Child Behavior Checklist)은 사회능력과 문제행동을 알아보는 데 유용하다(오경자 외, 1997). 또 KPRC (Korean Personality Rating Scale for Children)는 아동의 심리적 장애나 정신과적 문제를 선별 · 진단하기 위해 개발된 도구인 KPI-C(Korean Personality Inventory for Children)의 문제점을 보완한 것이다. 그 밖에 중학생부터 성인까지 활용이 가능한 MBTI 검사, MMPI 다면적 인성검사 등이 있다. 이외에 투사법검사가 있는데, 로르샤하 잉크반점검사(Rorschach Inkblot Test: RIT), 아동용 주제통각검사(Children Apperception Test: CAT), 성인용 주제통각검사(Thematic Apperception Test: TAT), 문장완성검사(Sentence Completion Test: SCT) 등이 이에 속한다.

P/ L/ U/ S/

CAT는 Bellak(1971)이 3~10세의 아동에게 실시하기 위해 만든 것으로, TAT 도판들이 성인에게 알맞게 그려져 있어 아동들에게 적합하지 않다고 보아 도판에 동물들을 등장시켜 만든 것이다.

적성검사는 특정한 과제나 상황에 대한 수행의 정도를 예언하기 위한 것으로, 내용과 목적에 따라 활용범위가 다소 다르다. 우리나라에서는 대부분 종합적성검사를 사용함으로써 개인의 적성을 종합적으로 측정한다. 이에는 KAT-M 적성검사(중학생용), KAT-A 적성검사(고등학생용), 진로성숙도검사, GATB 적성검사 등이 있다.

지능검사는 학생들의 학업성취를 예언해 주는 척도가 된다. 학생들의 종합적인 정신능력을 측정하는 일반지능검사를 많이 하며, 경우에 따라서는 각각의 지능검사 요인을 독립적으로 측정하기도 한다. 우리나라에서 활용되고 있는 지능검사에는 KEDI-WISC(Korean Educational Development Institute-Wechsler Intelligence Scale for Children), K-WISC(Korean Wechsler Adults Intelligence Scale), K-WISC-III(Korea-Wechsler Intelligence Scale for Children-III), 한국판 K-ABC(Kaufman Assessment Battery for Children), 초 · 중 · 고등학생용 지능검사 등이 있다.

P/ L/ U/ S/

15세 이하 청소년의 경우 웩슬러 아동용 지능검사(KEDI-WISC)를, 16세 이상 청소년의 경우 웩슬러 성인용 지능검사(K-WISC)를 사용할 수 있다.

검사를 실시할 때에는 검사자가 실시하고자 하는 검사에 대해 잘 알고 있어야 하며, 매뉴얼에 충실해야 한다. 또 검사를 실시하기 위한 여러 가지 물리적 환경요인이 적절해야 하며, 검사자의 따뜻한 태도와 함께 시간을 엄수하는 것도 필요하다.

닌 본능적인 성적 에너지(libido)에 의해 동기화된다고 주장하였다.

정신분석적 상담의 목표는 내담자가 가지고 있는 무의식적 동기를 의식화시켜 의식적으로 행동할 수 있게 도와주는 것이다. 그리하여 내담자로 하여금 어린 시절의 경험들이 무의식적 동기에 의해 영향을 받지 못하게 자신의 기본적인 성격을 재구조화하도록 도와줌으로써 자신을 통찰 · 인식하고 그에 따라 행동하는 개인으로 변화시킨다.

정신분석적 상담은 보통 개방단계, 전이의 전달, 전이의 훈습, 전이의 해결의 과정을 거친다. 정신분석적 상담에서 사용되는 기술에는 자유연상, 꿈의 분석, 저항의 분석, 전이의 분석 등이 있다.

P/ L/ U/ S/

자유연상은 내담자로 하여금 마음속에 떠오르는 것을 마음대로 이야기하게 함으로써 과거를 회상하고 충격을 받았던 감정들을 발산하게 하여 문제행동이나 부적응행동의 원인을 찾는 데 효과적이다.

정신분석적 상담은 인간의 사고와 행동이 욕구나 동기에 의해 결정된다고 한 점, 성격(personality)에 대한 최초의 이론을 수립했다는 점, 방어기제를 통해 이상행동과 불안의 역할을 이해하는 데 중요한 영향을 미쳤다는 점, 그리고 치료방법으로서의 면접법을 사용하여 해석, 저항, 전이 등이 갖는 역할을 밝힌 점 등에서 크게 인정받고 있다. 그러나 인간의 행동이 본능에 따라 이루어진다고 하여 본능을 지나치게 강조한 점, 어린 시절의 경험을 지나치게 강조하여 인간의 의지로 성격발달이 이루어지기 어렵다고 단언한 점, 그리고 일반적으로 시도하기에 한계가 있다는 점 등의 제한점이 있다(이시용 외, 2002; 이현림, 김영숙, 2006).

2) 행동수정

행동주의적 상담이론은 초기에는 인간을 유전과 환경에 의해 결정되는 무기력한 존재로 보았다. 그러나 최근에는 인간 스스로 행동을 수정하는 능동적 존재로 보는 경향이 강조되고 있다.

행동주의적 상담이론에서는 인간의 행동변화에 관심을 가지며, 행동을 학습의 결과로 본다. 행동주의 상담이론의 기초가 되는 학습이론에는 Pavlov의 고전적 조건화이론, Skinner의 조작적 조건화이론, Bandura의 사회학습이론, 그리고 인지적 행동주의이론이 있다. 행동수정(behavioral modification)은 바로 이 행동주의 학습이론에 근거한 절차와 기법들을 사용한다.

행동수정의 목표는 문제행동 또는 부적응행동을 없애고 바람직한 행동을 학습시키는 것이다. 이를 위해서는 잘못된 행동을 소거시키거나 바람직한 행동을 학습하는 데 유용한 요인 또는 환경을 찾아내야 한다.

행동수정에서는 문제행동의 정의, 문제의 정도 평가, 목표 설정, 점진적 접근, 변화 정도의 평가 및 지속적 적용 등의 과정을 거친다(연문희, 강진령, 2003). 여기에서는 바람직한 행동을 강화하고 부적절한 행동을 소거하고자 하는 다양한 기법들을 사용하는데, 간헐강화(intermittent reinforcement), 자기강화(self-reinforcement), 토큰강화(token economy), 행동형성법(shaping), 행동연쇄법(chaining), 용암법(fading), Premack의 원리, 타임아웃(time-out), 반응대가(response cost), 과잉교정(overcorrection), 단계적 탈감법(systematic desensitization), 홍수법(flooding), 혐오요법(aversion therapy), 자기주장훈련(assertiveness training), 자기교시법(self-instruction) 등이 있다(한국행동요법학회, 2002).

행동주의적 상담은 학습원리를 상담에 적용함으로써 상담의 과학적 발전을 가져오고, 내담자에 따라 적합한 상담기법을 다양하게 적용할 수 있다. 따라서 학교상담을 할 때 매우 유용하며, 가장 많이 사용되는 기법이다. 그러나 행동적 측면과 상담기술을 지나치게 강조한 점에 대해서는 비판의 여지가 있다.

P/ L/ U/ S/

자기주장훈련은 인간관계에서 서로의 존재를 존중하면서 자신의 의사 표현을 함으로써 서로의 생각이나 의견을 조율하여 행동에 옮기도록 하는 것이다. 자기교시법은 언어가 행동을 지배한다고 보아 비합리적인 자기진술을 합리적인 자기진술로 바꾸게 하는 방법이다.

3) 현실치료

현실치료(reality therapy)는 Glasser(1925~)가 제안한 상담전략으로, '현재의 나'에 초점을 맞춘다. 그리하여 인간이 궁극적으로는 자기결정을 하고 자기 삶에 책임을 진다는 가정에 근거하여 개인의 책임을 강조한다. 이에 인간은 자신의 삶을 자신이 선택하여 자신이 관리해야 한다고 본다.

현실치료의 목표는 개인이 자신의 삶에 대한 욕구를 충족시키는 것에 있으므로 3R, 즉 현실파악과 수용능력(reality), 책임감(responsibility), 그리고 옳고 그름을 판단하는 능력(right or wrong)을 강조한다(Glasser, 1965). 따라서 환자와 치료자 사이의 강력한 개인적 관계, 현실의 직면, 무책임한 행동의 거부, 더 좋은 방식의 행동 학습 등이 중요시된다.

P/ L/ U/ S/

현실치료에서는 무의식적 갈등 혹은 갈등에 대한 이유를 찾지 않으며, 환자가 자신의 욕구를 바로 지금 충족시키기 위해 스스로를 돕도록 도와주고자 한다.

현실치료는 WDEP, 즉 내가 원하는 것이 무엇인가(want), 그런데 나는 지금 무엇을 하고 있는가(doing), 그래서 나의 행동결과에 어떤 평가를 내릴 수 있는가(evaluation), 그렇다면 어떤 계획을 세워야 하는가(planning) 등의 절차를 밟아 간다. 이때 사용하는 기법에는 상담자–내담자의 친밀한 관계 형성, 숙련된 질문, 적절한 유머, 토의와 논쟁, 맞닥뜨림, 역설적 기법 등이 있다(김계현 외, 2001).

현실치료는 자신의 행동에 책임지는 것을 강조하며, 현재 속에서 미래를 향해 나아간다는 점에서 새로운 접근이다. 그러나 인간의 행동에 영향을 미치는 과거의 사건이나 상황 등을 고려하지 않은 채 치료가 이루어질 수 있는지 생각해 볼 일이다.

4) Elis의 합리적 · 정서적 · 행동적 상담

Ellis(1913~2007)의 합리적 · 정서적 · 행동적 상담(Rational Emotive Behavioral Therapy: REBT)에서는 인간이 합리적 · 비합리적 측면을 모두 갖는다고 본다. 즉, 인간은 바람직하고 건전한 성장을 추구하면서도, 때로는 부정적이고 파괴적인 생각과 행동을 한다는 것이다. 따라서 인간의 비합리적 사고가 비합리적 행동을 가져온다고 가정한다.

REBT의 목표는 내담자가 가지고 있는 비합리적이고 파괴적인 신념을 합리적이고 건설적인 신념으로 바꾸어 합리적이고 현실적인 삶을 살아가도록 돕는 것이다. 이를 위해 내담자의 문제를 해결할 때 인지적 사고를 중시한다.

Ellis는 ABCDE 이론을 제시함으로써 인간이 가진 비합리적 신념 때문에 부정적인 정서와 행동을 한다고 설명하였다. 그리하여 내담자로 하여금 합리적 신념에 의한 행동을 하게 함으로써 자신의 삶을 책임지면서 사회구성원으로 자신 있게 살아가도록 돕는 것을 목적으로 하였다.

이 이론에서는 인간의 정서적 혼란을 야기하는 사건을 A(activating event), 어떤 상황에서 개인이 갖게 되는 사고나 태도인 신념체계를 B(belief system), 선행사건에 직면했을 때 합리적 · 비합리적 사고와 태도로 상황을 해석하여 느끼는 정서적 결과를 C(consequence), 상담자가 내담자의 비합리적 사고와 신념에 대해 검토해 보도록 하는 논박을 D(dispute), 그리고 내담자의 비합리적 사고와 신념을 합리적 사고와 신념으로 대치했을 때 갖게 되는 긍정적 결과를 E(effect)로 설명하면서 논박을 통한 사고와 행동의 합리적 결과를 이끌어 낸다.

P/ L/ U/ S/

논박이란 내담자 자신이 가지고 있는 비합리적인 신념이나 사고에 도전함으로써 그것이 옳은지 검토해 보도록 상담자가 촉구하는 것이다.

REBT에서는 인지적 기법으로 비합리적 신념에 대한 논박, 언어표현의 변화, 유추기법 등을, 정서적 기법으로 합리적 정서의 상상, 역할연기, 유머의 사용 등을, 그리고 행동적 기법으로 행동적 과제 부과, 바람직한 행동에 대한 보상 등을 사용한다.

이 이론은 생각을 바꾸면 행동이 바뀔 수 있음을 강조한 점, 내담자 스스로 문제를 해결할 수 있는 방법을 익힐 수 있다는 점 등에서 시사하는 바가 크다. 그러나 상담자가 논박의 과정에서 지시적일 수 있으며, 자발성이 없고 논박이 어려운 내담자에게는 적용하기 어렵다는 한계가 있다.

5) Rogers의 인본주의적 상담

Rogers(1902~1987)는 인간은 건설적이고 합리적이며 선한 존재로, 적절한 도움이 제공된다면 자신의 잠재력을 충분히 발달시킬 수 있다고 보았다. 따라서 인본주의적 상담에서는 인간을 긍정적으로 보아 누구나 자기를 이해하고 실현할 수 있는 잠재적 능력을 가진 존재로 본다.

P/ L/ U/ S/

Rogers는 정신분석적 상담과 지시적 상담에 반대함으로써 비지시적 상담을 표방하였으며, 이는 다시 내담자중심 상담으로, 그리고 다시 인간중심 상담으로 바뀌었다.

인본주의적 상담의 목표는 내담자로 하여금 충분히 기능하는 인간(fully functioning person)으로 성장하도록 돕는 것이다. 즉, 내담자에게 건전한 분위기를 조성해 줌으로써 자기실현에 도달하게 하여 완전한 기능을 하는 사람이 되게 하는 것이다(Hjelle & Ziegler, 1981).

인본주의적 상담에서는 내담자의 주체성과 책임이 강조되어 스스로 자신의 문제를 주체적으로 통찰해야 하므로 상담의 과정을 명확하게 구분하기 어렵다. 이 상담에서 사용되는 기술에는 진실성(congruence), 무조건적 긍정적 배려(unconditioned positive regard), 정확한 공감적 이해(accurate empathic understanding) 등이 있다(이시용 외, 2002).

인본주의적 상담이 내담자를 중요하게 생각하고, 상담기술보다 상담자의 태도를 강조한 점은 상담현실에 적용할 만한 것들이다. 그러나 객관적인 정보를 활용하여 내담자를 도와주는 면이 부족하고, 상담과정에서 내담자가 스스로 결정하도록 돕는 것이 어려울 수 있다.

3. 내담자와의 대화

상담을 할 때에는 어느 한 가지 상담이론에 의해 실행하는 데에 한계가 있으므로 내담자의 특성, 문제점, 상황 등을 고려하여 여러 상담이론을 동시에 적용해야 할 것이다. 아울러 보다 효율적인 상담을 위해서는 상담과정에서 다음과 같은 몇 가지 대화기법들을 활용해야 할 것이다.

1) 명료화

P/ L/ U/ S/

명료화는 내용을 분명하게 하기 위한 것이고, 구체화는 상담의 진행을 위해 좀 더 자세한 이야기를 듣고자 하는 것이다.

명료화는 내담자가 이야기하는 내용의 앞뒤 문맥을 분명히 하고자 할 때 사용하는 기술로, 상담과정에서 상담의 목표를 성취하는 데 중요한 역할을 한다. 이러한 기술은 내담자의 상황을 정확히 이해함으로써 상담자로 하여금 정확한 결론을 내리게 하며, 내담자로 하여금 상담자가 자신의 말에 집중함으로써 잘 이해하고 있음을 느끼게 하여 신뢰감을 형성시키는 역할을 한다. 예를 들면, 내담자의 이야기가 애매모호하거나 어법에 맞지 않는 이야기를 할 때 “그게 무슨 뜻이지?” 또는 “네가 금방 말한 것을 다시 한 번 이야기해 주겠니?” 등과 같이 되물음으로써 이야기의 내용을 명확히 하는 것이다.

2) 구체화

구체화란 내담자가 이야기하는 내용 가운데 불확실한 부분, 애매모호한 부분 등에 대해 구체적으로 확인하는 기술이다. 이를 위해서는 내담자가 자주 사용하는 어휘와 개념들을 정확히 파악해야 한다. 예를 들면, 내담자가 자신의 생각이나 감정을 드러낸 표현에 대해 좀 더 구체적일 필요가 있을 때 "네가 한 말에 대해 예를 들어 보겠니?"라든가 "네가 왜 그렇게 느꼈는지 좀 더 자세히 설명해 보겠니?" 등과 같이 되물음으로써 내담자가 표현하고자 하는 것을 정확히 하려는 것이다.

3) 되돌려 주기

되돌려 주기란 내담자가 표현한 내용이나 정서를 상담자가 이해한 대로 되돌려 주는 것이다. 즉, 내담자가 표현한 것을 그대로 표현하는 것이 아니라, 내담자의 표현하는 바를 이해하고 공감한다는 것을 드러내는 것이다. 되돌려 주기를 통해 내담자는 자신이 표현한 것을 상담자가 이해했다는 사실을 알게 되고, 상담자는 대화를 주제에 맞게 이끌어 갈 수 있게 된다.

박성희와 임용우(2006: 94-96)는 되돌려 주기를 크게 인지적 측면의 내용 되돌려 주기, 즉 재진술(paraphrase)과 정서 되돌려 주기, 즉 반영(reflection)으로 나누어 설명하고 있다. 예를 들면, 재진술은 내담자가 짝이 떠들어서 공부하기 힘들다는 말을 할 때 "짝이 떠들어서 공부하는 데 어려움이 많다는 말이구나."로, 반영은 짝이 미안한 마음을 갖지 않고 자꾸 떠드는 것에 대해 어이없다고 표현할 때 "짝에 대해 실망이 큰 것 같구나."와 같이 표현할 수 있다.

4) 직면(맞닥뜨리기)

직면은 내담자의 모순된 이야기와 행동을 지적하는 기술이다. 즉, 내담

P/ L/ U/ S/
직면은 경우에 따라서는 내담자에게 민망하고 위협적인 경우가 될 수 있으므로 조심해서 사용해야 한다.

자가 하는 이야기 가운데 불일치, 변명, 방어기제 등이 드러날 때 직면시킴으로써 이 상황을 인식 또는 이해하게 하는 것이다. 이 기술은 내담자로 하여금 자신이 감추거나 왜곡하는 것을 알게 함으로써 상담의 진행을 돕는다. 예를 들면, 내담자가 "전 담임선생님이 좋아요."라고 말하면서 입을 삐죽거렸을 때, "말로는 좋다고 하지만, 표정을 보니 반드시 그런 것 같지는 않구나."라고 표현하는 것이다.

5) 장단 맞추기

장단 맞추기는 내담자의 이야기에 관심을 갖고 반응하는 것으로, 상담자가 내담자의 이야기에 집중하고 있음을 나타냄으로써 내담자의 이야기를 지속시켜 상담의 효율성을 꾀하는 것이다. 내담자는 상담자가 자신의 말에 장단을 맞출 때 자신의 이야기를 솔직하게 털어놓는다. 예를 들면, 내담자가 한 이야기에 대해 "그랬구나." "그래서 어떻게 됐는데?" "어머나, 세상에!" 등과 같이 반응하는 것이다.

6) 요약

요약은 내담자가 반복해서 하는 이야기나 주제들을 간추려서 드러내는 것이다. 즉, 내담자가 이야기하는 여러 가지 주제들을 찾아 종합하고 이를 다시 내담자에게 표현하는 것을 말한다. 이 기술은 내담자가 표현한 내용을 간단하게 드러냄으로써 대화를 통해 얻은 내용을 확인하는 데 도움이 된다. 예를 들면, "이번 시간에는 동생이 학용품을 망가뜨려 속상하다는 얘기를 했지." 등으로 표현된다.

7) 해석

해석이란 내담자의 이야기에 대해 상담자가 판단을 하며 반응하는 것이다. 이 기술은 내담자로 하여금 상담자의 객관적 통찰을 인식하게 하여 내담자 자신도 그렇게 인식하도록 하는 데에 목적이 있다. 이를 위해서는 상담자와 내담자 사이에 신뢰관계를 형성해야 하며, 일관되고 긍정적인 해석이 이루어져야 한다. 예를 들면, "내가 생각하기에는 동생이 학용품을 망가뜨리는 것은 그 학용품의 사용법을 몰라서 그러는 것 같은데." 등과 같이 표현할 수 있다.

8) 자기개방

자기개방은 내담자가 겪은 일에 대해 상담자 자신이 겪은 경험을 이야기함으로써 내담자가 친밀감을 갖고 상담에 임하도록 하기 위한 것이다. 이때 상담자의 자기개방의 수준은 적절하면서 진실해야 한다. 예를 들면, "선생님도 예전에 친구랑 다투고 몹시 속상했었는데, 내가 먼저 화해하고 나서 더 친해졌던 경험이 있단다." 등과 같이 표현할 수 있다.

9) I-message/Do-message

상담자가 내담자에게 이야기를 할 때 아무리 좋은 대화기술을 사용한다고 하더라도 내담자를 자극하면 아무런 효과가 없다. 따라서 내담자를 존중하는 대화가 필요한데, 그것이 바로 I-message/Do-message이다.

나를 주어로 하는 I-message는 대화를 부드럽게 하면서 내담자의 기분을 상하지 않게 할 수 있어 상담을 이끌어 가기에 좋다. 예를 들면, "선생님은 네가 친구랑 싸우고 난 후 기분이 나쁠까 봐 걱정이 된단다." 등으로 표현할 수 있다. 이 표현은 "야, 넌 또 친구랑 싸웠니? 그렇게 싸우고 나면 기분 나쁘지 않니?"라고 하는 You-message보다 효과적이다. 또 행동을 표현하는 Do-message는 내담자를 자극하지 않으면서 잘못된 행동을 지적할 수 있다. 예를 들면, "오늘 친구랑 다투었구나." 등과 같이 표현할 수 있다. 이는 "야, 싸움쟁이야!"라고 하는 Be-message보다 효과적이다.

P/ L/ U/ S/

I-message는 나를 주어로 상대방에 대한 나 자신의 감정, 생각, 신체적 상태 등을 표현하는 대화법이다. "네가 ~~(행동)하니까, 나는 ~~(감정)게 느낀다."라는 방식으로 표현한다.

P/ L/ U/ S/

Be-message는 상대방의 문제행동을 전반적인 성격 특성이나 인격으로 확대시켜 표현하는 말이다. "야, 지각대장!" 등과 같이 표현한다.

제2절 적응 및 부적응 지도

학교에서의 생활지도는 학생들의 돌발적인 행동만큼이나 다양하게 이루어진다. 교사들은 모든 학생들이 학교생활에 적응하도록 전체적인 지도와 함께 문제상황을 예방하기 위한 각종 대처와 문제행동을 수정하기 위한 다양한 전략들을 사용한다. 무엇보다도 교사들은 모든 학생들이 즐겁고 원만한 학교생활을 할 수 있도록 관심을 갖고 지속적인 생활지도를 해야 할 것이다.

1. 적응지도

학생들의 적응지도란 모든 학생들로 하여금 학교생활을 원만하게 하도록 하는 생활적응 및 학습지도를 말한다. 학생들은 학교나 학년이 바뀌면 새로운 환경을 접하면서 여러 가지 혼란을 겪거나 나름대로의 질서가 무너진다. 이러한 상황을 극복하려면 기본생활습관지도와 학습적응지도를 우선적으로 실시하는 것이 중요하다.

1) 기본생활습관지도

(1) 규칙준수지도

규칙 지키기는 공동사회의 생활방식을 익혀 이를 습관화함으로써 더불어 살아가는 데 기본이 되는 요소다. 이를 위해 학교에서는 규칙을 지키는 민주시민으로서의 자질을 갖추도록 다양한 실천이 이루어져야 한다.

초등학교에서는 교실에서 조용히 하기, 복도에서 뛰어다니지 않기, 질서 지키기 등의 규칙을 정하여 이를 실행하고 있으며, 중 · 고등학교에서는 자율적으로 규칙을 지키는 생활을 습관화하는 데 역점을 두고 있다.

규칙 지키기는 다음과 같은 세부 영역으로 나누어 지도할 수 있다.

첫째, 학교 시설물을 아끼고 소중하게 다루는 일이다. 즉, 교실, 특별교실, 화장실, 각종 시설물 등 학교에서 사용하는 모든 건물이나 시설에 대한 사용방법 등을 다룬다. 그리하여 공동생활 공간에서 필요한 예절을 실천하게 함으로써 더불어 살아가는 방법을 배우게 한다.

둘째, 질서 지키기와 관련된 사항이다. 교실에서 조용히 하기, 복도에서 뛰거나 장난치지 않기 등이 포함되는데, 여럿이 함께 생활하는 곳에서는 차례를 지키는 일이 중요하다는 것을 알게 하고 이를 실천하도록 한다.

셋째, 약속 지키기다. 공동생활에서 원만한 인간관계를 형성하는 기본은 서로 신뢰관계를 맺는 것이다. 서로가 신뢰할 수 있을 때 공동생활의 규칙을 준수할 수 있고, 질서 있는 사회를 만들 수 있으며, 친구들끼리도 다정하게 지낼 수 있다.

넷째, 다른 사람 배려하기다. 학교생활에서 규칙은 결국 다른 사람에게 피해를 주지 않기 위해 만든 것이다. 다른 사람을 존중하는 일은 상대방을 인정하고 배려하는 방식으로 나타나며, 이는 곧 규칙을 준수함으로써 가능해진다.

이들 영역에 대하여 교사들은 교과 또는 범교과활동을 통해 학생들이 생활화할 때까지 지속적으로 지도해야 한다. 즉, 이들 덕목과 관련된 단원에서 또는 다양한 생활상황에서 학생들에 대한 지속적인 관심과 개별지도를 병행해야 할 것이다.

다음은 규칙 지키기를 지도한 서울HA초등학교 5학년 K교사와의 면담 내용이다. K교사는 규칙준수지도에서 가장 어려웠던 점을 다음과 같이 언급하고 있다.

> 처음에는 대부분의 학생들이 저의 지도에 따라 잘 하는 것처럼 보였어요. 그런데 조금이라도 자신에게 불편을 주는 것 같은 상황이 되면 규칙을 어기는 경우가 늘더라고요. 그래서 규칙을 왜 지켜야 하는지, 지키면 어떤 좋은 점이

P/ L/ U/ S/

규칙 지키기는 초등학교에 입학하면 3월 한 달 동안 '우리들은 1학년'을 통해, 이후 2학년까지는 바른생활, 3~6학년은 도덕교과를 통해 집중적으로 지도되는 경향이 있다. 또 중학교와 고등학교에서도 예절, 질서, 공존 등과 관련된 덕목을 교과 및 교과외 활동을 통해 지도하고 있다.

있는지, 그리고 규칙을 지키지 않았을 때 우리에게 돌아오는 피해와 불편은 무엇인지 절실하게 깨닫도록 하는 것이 제일 중요하다고 생각했어요(2009. 4. 17 서울HA초등학교 K교사).

규칙은 생활의 기본이므로 학교에서의 지속적이고 체계적인 지도를 위해서는 규칙이 우리에게 가져다주는 여러 가지 상황들을 인식하고 체험하는 기회를 제공하는 것이 중요하다. 그리하여 학생들 스스로 규칙을 지키는 것이 편리하고 유익하다는 것을 느끼고 실행하도록 해야 할 것이다.

(2) 정리정돈지도

P/ L/ U/ S/

정리정돈하는 일은 공동생활을 하는 에티켓이다. 도서관에서 책을 보고 제자리에 둔다든가, 여럿이 사용하는 물건을 사용 후 제자리에 두는 것은 바로 공동생활에서 다른 사람에게 피해가 가지 않도록 하는 것과 관련된다.

학생들의 기본생활습관 가운데 정리정돈은 일상생활에서 길러야 하는 기본 태도다. 정리정돈을 잘 하면 학습은 물론, 일상생활에 편리함과 효율성을 가져다주기 때문이다. 따라서 정리정돈하는 습관은 초등학교나 중 · 고등학교에서 모두 중요하게 다루어져야 하는 영역이다.

주변을 정리하는 일에는 크게 자기 물건 정리하기와 공동의 물건 정리하기로 나누어 볼 수 있다. 일반적으로 초등학교에서는 자기 물건 사물함에 가지런히 정리하기, 학급의 물건 종류별로 정리하기 등을, 중 · 고등학교에서는 자기 물건 찾기 쉽고 보기 좋게 정리하기, 학급 비품 바르게 정리하기 등의 수준에서 이루어지고 있다.

일반적으로 정리정돈지도에서는 다음과 같은 내용들이 다루어질 수 있다.

우선, 자기 물건 정리하기와 관련된 내용이다. 초등학교나 중 · 고등학교에는 학생들의 간단한 물건들을 보관할 수 있는 개인 사물함이 있다. 이 사물함에 자기 물건들을 종류별로 가지런히 정리하여 필요할 때 언제든지 쉽게 사용할 수 있도록 해야 한다. 또 책상 속을 책과 공책 그리고 그 밖의 학용품으로 나누어 정리하는 방법에 대해 구체적으로 지도해야 한다. 학교에서의 자기 물건 정리하기는 가정에서 자기 방의 다양한 물건들을 정리하는 것으로 이어진다.

다음으로, 교실의 공동 물건 정리하기와 관련된 내용이다. 교실에서는 다양한 영역에서 공동으로 사용하는 물건에 대한 정리정돈이 필요하다. 쓰레기 분리하여 버리기, 청소함 정리하기, 학급도서 정리하기, 학습자료 정리하기 등을 예로 들 수 있다. 우선 쓰레기를 버릴 때에는 재활용할 수 있는 종이나 병 그리고 플라스틱 등은 따로 모아 버리고, 재활용이 어려운 쓰레기는 쓰레기봉투에 담아 버리도록 한다. 청소함을 정리할 때에는 빗자루와 쓰레받기를 각각 정리하고, 걸레는 빨아 말려서 차곡차곡 개어 넣으며, 비눗갑 역시 가지런히 챙겨 보관하도록 한다. 학급도서는 종류별로 책의 크기에 따라 가지런히 정리하고, 학습자료는 종류별로 정리하여 누구나 필요할 때 언제든지 사용할 수 있도록 해야 한다.

자기 자신은 물론, 주변을 정리정돈하는 일은 환경을 쾌적하게 만들고 아늑한 교실분위기를 만들 뿐만 아니라, 학습동기를 유발시킨다. 즉, 주변 환경이 깨끗하고 정리정돈이 잘 되어 있으면 학습능률이 오르며, 학생들의 긍정적 정서를 만들어 주는 계기가 된다.

다음은 정리정돈하기를 지도한 서울A중학교 P교사의 면담내용이다. P교사는 정리정돈에 대한 지도가 학습의 효율성을 높이는 데 매우 중요함을 역설하고 있다.

> 정리정돈을 잘 하는 학생들은 수업준비에 걸리는 시간이 짧습니다. 그런데 도무지 정리정돈을 하지 않는 학생들은 수업준비에 걸리는 시간이 너무 길어요. 자기 책이 어디에 있는지조차 알지 못해 뒤죽박죽된 사물함을 뒤지느라 정신이 없어요. 심지어는 책상 속에 책이 있는데도 찾지를 못해요. 정리정돈이 잘 되어 있으면 어떤 일을 할 때 필요한 것들을 쉽게 찾을 수 있어 능률적이라는 생각이 들어요. 더욱이 학습의 효율성을 높여 주어 좋은 것 같았어요(2008. 9. 25 서울A중학교 P교사).

학생들에게 정리정돈을 생활화하도록 지도하는 일은 쉬운 일이 아니다.

그러나 정리정돈이 되어 있지 않을 때 어떤 불편함이 있는지, 환경이 얼마나 어지럽혀지는지, 그리고 얼마나 많은 시간낭비를 가져오는지 경험을 통해 지도한다면 정리정돈의 중요성을 인식시키고 이를 실행하도록 하는 데에 도움이 될 것이다.

(3) 예절지도

예절은 공동생활을 하는 기본으로, 자신을 나타내는 잣대가 된다. 즉, 사회의 구성원으로서 원만한 생활을 하는 데 기초가 된다. 예절을 갖추어 행동할 때 자신의 위상은 그만큼 높아지며, 다른 사람으로부터도 존경을 받게 되어 성공적인 삶을 살게 된다.

학생들에게 집중적으로 지도하는 예절은 크게 인사예절과 식사예절로 나누어 볼 수 있다. 일반적으로 초등학교에서는 인사 잘하기, 음식 골고루 먹기 등에 초점을 두어 지도하며, 중·고등학교에서는 상황에 맞게 인사하기, 자신의 몸에 적절하게 음식 섭취하기 등과 관련지어 지도한다.

P/ L/ U/ S/

인사예절은 공동생활을 원만하게 하는 기본이 된다. 따라서 학교에서 이루어지는 인사지도는 가정과 사회에서 그대로 실천되는 경우가 많다.

학교에서의 예절지도는 다음과 같은 내용을 중심으로 이루어질 수 있다.

우선, 식사예절은 보통 초등학교에서 지도되는 경우가 많은데, 식사 전에 손을 깨끗이 씻으며, 반찬은 가리지 말고 먹을 만큼 덜어 먹도록 지도한다. 음식을 먹을 때는 바른 자세로 앉아 큰소리로 떠들지 않으며, 조심스럽게 지나다니도록 지도한다. 아울러 식사 전에는 "잘 먹겠습니다." "맛있게 먹겠습니다." 등으로, 식사 후에는 "잘 먹었습니다." "맛있게 먹었습니다." 등으로 인사하도록 지도한다.

다음으로, 인사예절은 사회생활의 기본이라 할 수 있다. 아침에 교실에 들어가면서 선생님과 친구들에게 하는 인사는 생활을 즐겁게 해 준다. 선생님들께는 공손하게 머리를 숙여 인사하고, 친구들에게는 다정하게 인사하도록 지도한다. 인사는 때와 장소를 가려 하는 것이 중요하다. 그러므로 아침에는 보통 "선생님, 안녕하십니까?" "얘들아, 안녕." 등으로, 집에 갈 때에는 "선생님, 안녕히 계세요." "얘들아, 잘가." 등으로 인사하도록 지도

한다.

다음은 인사지도를 실시한 서울E여자고등학교 L교사의 면담내용이다. L교사는 인사예절에 대한 지도가 원만한 인간관계를 형성하고 즐거운 생활을 하는 데 도움이 된다고 설명하고 있다.

> 인사를 잘하는 학생들은 매우 활발하고 긍정적인 학교생활을 하더군요. 그런데 인사를 하지 않거나 하는 둥 마는 둥 하는 학생들은 소극적으로 생활하는 경우가 많았고, 학교생활을 즐거워하지 않는 것처럼 보였어요. 물론, 고등학생이다 보니 어린 시절에 비해 밝고 명랑하게 인사하지 않는 경향도 있기는 하지만 말입니다. 학생들이 늘 밝게 인사하는 습관을 갖게 된다면 학생들의 정서에도 도움이 될 것이고, 학습효과도 높아질 것으로 생각돼요(2008. 10. 10 서울E여자고등학교 L교사).

인사하는 생활은 자신의 생활을 즐겁게 해 줄 뿐만 아니라 공동사회에서 더불어 사는 즐거움을 느끼게 한다. 정서적으로 즐거움을 느끼게 되면 학습의 효율성이 높아져 자신감이 생기고 자기주도학습의 계기가 마련될 수 있다.

2) 학습적응지도

(1) 학습준비지도

학교에서는 학생들의 효율적인 학습을 위해 학습환경을 조성하기 위한 노력을 다양하게 하고 있다. 따라서 학교의 물리적 환경 구성은 물론, 학생들에 대한 각종 검사를 통해 그들의 학습준비를 돕고 있다.

> **P/ L/ U/ S/**
> 최근에는 국가에서 학업성취도검사를 일률적으로 실시함으로써 학생들의 학습지도자료로 사용하고 있다.

그러나 무엇보다도 중요한 것은 학습자 본인의 학습준비를 위한 노력이다. 초등학교는 주로 담임교사에 의해 상당히 구체적으로 지도가 이루어지고 있으며, 중·고등학교의 경우는 교과별 학습방법에 대한 지도에 역점을 둔다. 학습준비가 철저히 이루어졌을 때 학습이 효율적으로 이루어질 수 있기 때문이다.

학습준비지도는 다음의 내용들을 중심으로 이루어질 수 있다.

첫째, 학습과 관련된 준비물구비지도다. 준비물이 갖추어지지 않으면 학습을 할 수 없게 되며, 나아가 학습에 흥미를 잃기도 한다. 따라서 학생들로 하여금 수업에 필요한 준비물을 제대로 챙기도록 하는 지도가 필요하다. 초등학교는 알림장을 확인하여 준비하는 습관을 갖도록 지도해야 하며, 중 · 고등학교는 각 교과시간에 해당 준비물을 스스로 메모하여 챙기도록 지도해야 한다.

PLUS

숙제하기는 학교학습의 확인 및 적용 또는 예습 차원에서 조사학습이 이루어지는 경우가 많다.

둘째, 숙제하기지도다. 숙제는 학습을 위한 준비로, 선행학습 또는 부진한 부분을 보충하기 위해 반드시 해야 함을 알게 한다. 학생들이 숙제를 통해 학교에서 배운 내용을 확인하고 적용하는 시간을 갖게 될 때 학습이 효율적으로 이루어질 수 있다. 교사는 숙제검사를 하고 내용을 확인하여 피드백을 반드시 해 주어야 한다. 그렇게 할 때 학생들이 자신의 학습력을 확인하고 발전시킬 수 있기 때문이다.

셋째, 예습과 복습하기지도다. 보통 어렵게 생각되는 과목들에 대해서는 예습을 권장하는 경우가 많으며, 경우에 따라서는 복습도 강조한다. 주어진 교과시간에 충분한 학습과 반복이 어려울 때 복습과 예습을 철저히 하면 학습효과가 높아질 수 있다.

다음은 예습을 철저히 하는 어느 고등학생의 학습경험이다. 이 학생은 자신이 어려워하는 과목에 대해서 복습보다는 예습을 주로 하는데, 이러한 학습방법이 학교수업을 따라가는 데 매우 효과적임을 언급하고 있다.

> 국어책을 미리 한 번 읽고 학교에 갔더니 선생님 말씀이 훨씬 더 잘 들어오고, 게다가 복습을 하지 않아도 오래 기억에 남아 좋은 것 같았어요. 수학이나 영어는 예습과 복습으로 배운 내용을 확실히 하는 습관을 가졌더니, 시험기간에 한가하더라고요. 다른 친구들한테도 제 학습방법을 권하고 싶어요(2008. 9. 25 서울A중학교 2학년 서○○학생).

학습을 실행하기 위한 준비는 학습의 질을 결정짓는 관건이 된다. 일단 학습준비가 잘 되어 있을 때 학습에 흥미를 갖게 되고, 그러다 보면 열심히 하게 되어 좋은 결과를 얻을 수 있기 때문이다. 따라서 교사들은 학습준비의 중요성을 강조하여 지도해야 할 것이다.

(2) 학습에의 참여 및 몰입지도

학생들의 기본생활습관 가운데 학습과 관련지어 가장 중요하게 이루어지는 것은 학습태도에 대한 지도다. 학습태도가 학생들의 학습능력에 큰 영향을 미치기 때문이다.

일반적으로 학생들의 발달특성에 따라 초등학교에서는 바른 자세로 앉아 수업에 참여하는 지도가 이루어진다. 특히 초등학교 저학년에서는 바른 자세로 앉기, 연필 바르게 쥐기, 책과 공책 가지런히 올려놓기 등과 같은 기초적인 지도가 이루어지고 있다. 중학교에서는 수업에 몰입하기, 고등학교에서는 자율적으로 학습하기 등에 초점을 맞추고 있다.

대체로 학습에 대한 참여와 몰입지도는 다음과 같은 내용을 중심으로 이루어질 수 있다.

첫째, 학생들의 자세와 관련된 사항이다. 학생들에게 걸상에 몸을 수직으로 기대어 편안하게 앉는 자세를 수시로 지도함으로써 바른 학습태도를 갖게 해야 한다. 이러한 지도는 학생들로 하여금 학습에 열중하게 할 뿐만 아니라, 건강하고 바른 신체발달을 유도한다. 그러나 학생들의 주의집중시간을 고려한다면 간혹 편안한 자세를 취하도록 하는 것도 필요하다.

둘째, 학습에 적극적으로 참여하게 한다. 특히 초등학교 학생들은 주변의 새로운 현상에 대해 호기심이 매우 많으므로, 정해진 시간표에 맞추어 정신을 집중하고 수업에 임하는 것이 쉽지 않다. 이에 교사는 학생들이 동기를 갖도록 다양한 수업전략을 개발해야 할 것이다. 중 · 고등학교 학생들에게도 학습에 스스로 몰입하도록 하는 동기부여가 필요하지만 이들은 학습에 대해 절박한 인식을 가지고 있기 때문에 수업에 집중시키는 것이 다소 수월한 면이 있다.

셋째, 발표예절이다. 발표를 할 때에는 교사가 질문을 한 후에 손을 들어 의사표현을 하되, 바른 자세로 서서 알맞은 크기의 목소리로 근거를 들어 이야기하도록 한다. 또 다른 사람이 발표할 때에는 잘 듣고 질문을 하는 방법도 안내한다. 중 · 고등학교 학생들은 초등학교 때보다 발표하는 횟수가 줄어들기 때문에 전체 토의 또는 그룹별 토론 등을 거쳐 발표하게 하는 것도 좋은 방법이다.

P/ L/ U/ S/

초등학교 저학년에서는 연필 쥐기지도를 실시하는데, 이는 글씨를 바르게 쓰는 데 기본이 된다. 이때의 습관은 성인이 되어서도 유지되는 경우가 많아 매우 중요한 지도로 보고 있다.

넷째, 메모하기지도다. 교과서는 교사와 학생을 연결시켜 주는 역할을 한다. 오늘날 수업은 컴퓨터 프로그램을 활용한 수업이나 토론수업 등을 많이 하기 때문에 과거 판서위주의 수업방식은 거의 찾아보기 어렵다. 따라서 수업시간에 학생들이 중요한 것을 놓치지 않도록 메모하는 방법을 알려 주어 습관화하도록 해야 한다. 관련 내용을 교과서의 여백에 정리하면 학습의 효율성을 높일 수 있기 때문이다.

다음은 메모 습관이 잘 갖추어진 어느 중학생의 학습경험이다. 이 학생은 중요하다고 생각되는 것을 교과서의 여백에 메모하거나 포스트잇을 활용하여 붙임으로써 학습내용에 대하여 확실하게 이해할 수 있었다고 언급하고 있다.

> 전 색 볼펜을 좋아해요. 삼촌한테 배운 건데, 색 펜으로 선생님이 중요하다고 설명하는 것에 밑줄을 긋거나 메모를 해요. 포스트잇도 활용하고요. 이렇게 하니까 시험공부할 때 굳이 참고서를 펴지 않아도 되어서 시간을 절약할 수 있어 좋아요. 그리고 메모하는 습관은 일상생활에서도 도움이 되는 것 같아요. 엄마한테 이야기했더니, 엄마도 심지어는 텔레비전을 볼 때 공책을 옆에 두고 중요한 내용이나 필요한 내용을 꼭 메모하시더라고요(2008. 10. 10 서울E여자고등학교 1학년 김○○학생).

학습방법은 개인에 따라 다르다. 학습에 임하는 태도, 몰입의 정도, 메모하는 방법 등에 따라 학생의 학습능력은 달라진다. 학습을 하되, 적극적으로 참여하여 자기주도학습을 할 수 있도록 한다면 학생들은 지식을 분석하여 종합 · 정리하는 능력을 발전시킬 수 있을 것이다.

2. 부적응지도

학생들의 부적응행동은 교사의 관심부족과 가정환경 등 개인의 다양한 내적 · 외적 요인에 의한다. 학생들의 부적응행동은 일반적으로 ADHD, 집단따돌림, 고립 등의 형태로 나타난다. 이러한 부적응행동은 정서적 장애뿐만 아니라 원만한 사회생활을 어렵게 만들기 때문에 지속적인 지도가 필요하다.

1) ADHD 지도

학생들 가운데 나타나는 ADHD(Attention Deficit/Hyperactivity Disorder) 증상은 오늘날 학급에서 자주 볼 수 있는 문제행동 중의 하나이다. 이 증상은 학교에 입학하기 전부터 나타나는 경우가 많은데, 학교생활 부적응에 의해 나타나는 경우도 많다.

P/ L/ U/ S/

ADHD는 학령기 및 학령 전기 아동에게서 흔히 나타나는 정신과 장애 중의 하나이다. 가정문제, 전학 등의 혼란스러운 상황에 의해서도 감정적 반응이 나타날 수 있는데, 이는 ADHD 증상으로 볼 수 없다.

ADHD 증상을 가진 학생들은 몇 가지 특징적인 행동을 보인다. 첫째, 주의력결핍행동으로, 주의가 산만하여 학습이나 활동과제에 몰입하는 것을 어려워하고, 실수를 자주 하며, 정리정돈을 하지 못해 물건을 자주 잃어버리고 찾는 경향을 보인다. 둘째, 과잉행동으로, 학습에 집중하지 못하기 때문에 수업시간에 돌아다니거나 주변 아이들을 괴롭히고, 혼자 중얼거리며 말을 많이 하기도 한다. 셋째, 충동성으로, 성격이 매우 급한 사람처럼 차례를 기다리지 못하고, 질문이 끝나기 전에 말을 하며, 어떤 일에 버릇없이 끼어드는 경향이 있다. 또 사소한 일에도 화를 내거나 싸우려고 하기 때문에 친구들과 화합하기 어렵다(http://www.ADHD.or.kr).

ADHD의 경향성은 〈표 9-1〉과 같은 진단기준에 의해 평가해 볼 수 있다.

PLUS

ADHD는 아홉 가지 증상 중 여섯 가지가 적어도 6개월 이상 지속적으로 나타나야 하며, 이들 증상의 일부는 만 7세 이전에 나타나야 한다. 또 이 증상이 학교와 가정에서 동시에 나타나야 하며, 이들 증상으로 인해 학습장애 또는 사회적 부적응을 일으켜야 ADHD로 판정내릴 수 있다.

〈표 9-1〉 **ADHD 평가척도-부모용**(또는 교사용)

	학생의 태도	전혀 그렇지 않다 (매우 드물다)	약간 혹은 가끔 그렇다	상당히 혹은 자주 그렇다	매우 자주 그렇다
1	학교수업이나 일, 혹은 다른 활동을 할 때 주의집중을 하지 않고 부주의해서 실수를 많이 한다.	0	1	2	3
2	가만히 앉아 있지 못하고 손발을 계속 움직이거나 몸을 꿈틀거린다.	0	1	2	3
3	과제나 놀이를 할 때 지속적으로 주의집중하는 데 어려움이 있다.	0	1	2	3
4	수업시간이나 가만히 앉아 있어야 하는 상황에서 자리에서 일어나 돌아다닌다.	0	1	2	3
5	다른 사람이 직접 이야기하는 데도 잘 귀 기울여 듣지 않는 것처럼 보인다.	0	1	2	3
6	상황에 맞지 않게 과도하게 뛰어다니거나 기어오른다.	0	1	2	3
7	지시에 따라서 학업이나 집안일이나 자신이 해야 할 일을 끝마치지 못한다.	0	1	2	3
8	조용히 하는 놀이나 오락활동에 참여하는 데 어려움이 있다.	0	1	2	3
9	과제나 활동을 체계적으로 하는 데 어려움이 있다.	0	1	2	3
10	항상 '끊임없이 움직이거나' 마치 '모터가 달려서 움직이는 것처럼' 행동한다.	0	1	2	3
11	공부나 숙제 등 지속적으로 정신적 노력이 필요한 일이나 활동을 피하거나 싫어하거나 또는 하기를 꺼린다.	0	1	2	3
12	말을 너무 많이 한다.	0	1	2	3
13	과제나 활동을 하는 데 필요한 것들(장난감, 연필 등)을 잃어버린다.	0	1	2	3
14	질문을 끝까지 듣지 않고 대답한다.	0	1	2	3
15	외부 자극에 의해 쉽게 산만해진다.	0	1	2	3
16	자기 순서를 기다리지 못한다.	0	1	2	3
17	일상적인 활동을 잊어버린다(숙제를 잊어버리거나 도시락을 두고 학교에 간다.).	0	1	2	3
18	다른 사람을 방해하고 간섭한다.	0	1	2	3

출처: http://www.ADHD.or.kr

* 부주의성: 홀수 문항 점수의 합, 과잉행동/충동성: 짝수 문항 점수의 합
* 총점이 부모용 19점 이상, 교사용 17점 이상일 경우 ADHD가 의심됨(전문가와 상담이 필요한 아동으로 간주함)

ADHD 증상이 지속되면 주의집중력이 저하되어 2차적인 학습장애가 나타나고, 공격적인 행동으로 남을 괴롭혀 공동생활이 어려워진다. 그러다 보면 자신감이 떨어지고 초조와 불안증세를 나타내거나 우울증의 증상을 보여 결국 대인관계가 원만하지 못하므로 친구들이 많지 않다.

이처럼 ADHD 증상을 보이는 학생들은 여러 가지 심각한 문제를 야기하므로 조기치료가 중요하다. 학교에서 ADHD 증상을 보이는 학생들에 대한 지도는 다음과 같이 이루어질 수 있다.

첫째, 부모교육 및 상담을 실시한다. 가정에서 부모의 양육태도와 여러 가지 배경은 ADHD의 요인이 되므로, 이에 대한 탐색과 부모상담이 뒤따라야 한다. ADHD 증상을 보이는 학생들은 부모가 자신을 관심 있게 보아주길 원한다. 따라서 가정에서 가족 모두가 관심과 애정을 갖고 함께하는 시간을 많이 갖도록 조언한다.

둘째, 학생의 과제수행에 대한 안내와 교사의 긍정적 피드백이 요구된다. 학생들이 과제를 왜 수행해야 하는지, 그리고 어떤 방식으로 하는지에 대한 구체적인 설명을 하고, 정해진 기한 내에 과제를 수행하는 일이 중요하다는 것을 인식시켜야 한다. 또 과제를 수행한 후에는 반드시 격려의 피드백을 해 주어 앞으로의 과제에 대해 동기를 갖도록 해야 한다.

셋째, 평소에 원만하고 신뢰할 수 있는 관계를 형성해야 하며, 대화를 자주 한다. 학생들은 교사가 자신을 인식하고 있다는 것을 느낄 때 학교생활을 즐겁게 한다. 자신과 대화할 때 자신에 대해 관심을 갖고 있다고 생각하기 때문이다. 교사가 학생들과 대화하는 생활을 할 때 그들로 하여금 긍정적 태도를 갖게 하기 때문에 보다 치료적인 접근이 될 수 있다.

2) 집단따돌림지도

교실에서 따돌림을 받는 학생들은 수준별로 다양하게 존재한다. 모범적인 행동을 하여 교사로부터 늘 칭찬받는 학생, 잦은 문제행동으로 교사의 주의를 자주 받는 학생, 그리고 이 두 상황의 중간에 있는 학생들로 조용히 학교에 왔다가 칭찬도 체벌도 받지 않고 조용히 사라지는 학생 등으로 구분해 볼 수 있다. 이들은 상황에 따라 서로 따돌림의 대상이 될 수 있다.

집단따돌림은 매우 다양한 형태로 나타난다. 신체적으로는 힘이 센 학생들로부터 매맞음, 발로 차임 등과 같은 형태로 나타난다. 또 언어적인 따돌림도 중요한 상해를 입히는데, 심한 욕, 이상한 별명, 나쁜 소문 등의 형태로 나타난다. 그 밖에 행동적인 측면에서는 위협적인 행동, 미행 등과 같은 형태로 나타난다.

이러한 집단따돌림의 원인으로는 개인 내적 요인과 개인 외적 요인으로 살펴볼 수 있다. 개인 내적 요인으로는 학습과 생활에서 생기는 스트레스, 가정상황, 부모의 양육방식 등을 들 수 있으며, 개인 외적 요인으로는 이기적이고 경쟁적인 사회풍토, 매스컴의 영향 등에서 찾아볼 수 있다.

집단따돌림은 피해자와 가해자 모두 부정적인 정서를 갖게 하기 때문에 즉각적인 지도가 필요하다. 학교에서의 집단따돌림 현상은 다음과 같이 예방 또는 지도할 수 있다.

P/ L/ U/ S/

집단따돌림 현상이 나타날 때에는 따돌림을 당하는 입장이 되어 보게 하는 역할놀이를 하면 효과적이다.

첫째, 학생에 대한 지도다. 우선, 따돌림을 당하는 학생으로 하여금 자신이 따돌림을 당하는 이유를 알게 함으로써 스스로 친구들과 원만한 관계를 형성하도록 하는 것이다. 다음으로, 따돌림을 가하는 학생들로 하여금 따돌림을 가하는 이유를 찾고 따돌림을 당할 때의 느낌을 실제 체험하도록 함으로써 그러한 행위를 하지 않도록 지도하는 것이다. 두 경우 모두 개별적 지도는 물론, 수업시간 및 기타 시간을 통해 의도적으로 협동하고 화합하게 하는 기회를 주는 것이 중요하다.

둘째, 부모교육과 상담을 실시한다. 부모의 양육태도 및 가정의 여러 가지 배경은 학생들로 하여금 따돌림을 당하게 하거나 따돌리게 하는 행동을 하게 한다. 따라서 교사는 따돌림을 당하는 학생의 부모와 따돌림을 가하는 학생의 부모 모두에 대한 상담을 하는 것이 좋다.

셋째, 교사의 노력이다. 교사는 학급에 따돌림 현상이 존재하는지, 그리고 이것이 어떠한 형태로 나타나는지 살펴보고 대처해야 한다. 일시적인 장난이나 단편적 사건에 대한 놀림의 형태로 나타나는지, 아니면 과도한 신체적 괴롭힘이나 협박 또는 언어적 모욕 등의 형태로 나타나는지 분석하여 이에 따라 개별적 · 집단적 지도나 상담을 실시해야 한다. 무엇보다도 중요한 것은 교사가 학생들의 고민을 들어주고, 학생들을 평등하게 대하며, 학생들이 학교생활을 즐겁게 하도록 도와주는 역할을 해야 한다는 것이다.

따돌림은 초등학교 학생들이 자기 마음에 맞는 친구들을 골라 사귐으로써 단짝친구 또는 그룹이 형성되면서 상대방에 대해 갖는 일종의 편견 또는 배척에 의해 생기는 경우가 많다. 그러나 그 정도가 상당히 폭력적이거나 모욕적인 형태라면 이는 학교생활지도의 심각한 영역이 될 수밖에 없다.

고립되거나 따돌림을 받는 학생들은 대부분 학교생활에 부적응 현상을 나타내며, 학습에서도 미성취 또는 부진한 현상을 나타낸다. 그러다 보니 자연적으로 친구들과 어울리기 힘들어지거나, 집단따돌림을 받는 대상이 되기 쉽다. 문제는 따돌림을 받은 학생들이 자신이 당한 것에 대한 보복으로 자기보다 취약한 학생들을 상대로 따돌림을 가하는 경우가 생겨 따돌림 현상이 반복 · 순환되어 나타날 수 있다는 것이다.

P/ L/ U/ S/

집단따돌림은 중 · 고등학교로 가면서 더욱 심각해지며, 집단폭행 등의 형태로 발전하면서 위험한 상황에까지 이르기도 한다.

생각해 볼 문제

1. 오늘날 각급 학교별로 가장 문제시되는 학생들의 행동을 예로 들고, 이들 행동을 수정할 수 있는 방안에 대해 논의해 보자.

2. 각각의 상담이론이 학생들의 어떤 문제사태에 적용하기 좋은지 예를 들고, 효과적인 활용방안에 대해 생각해 보자.

3. 교실상황에서 주로 사용되는 교사언어에 대해 조사해 보고, 교사언어가 학생생활지도에 어떤 영향을 미치는지 토론해 보자.

임용고사 기출문제

(2009학년도 초등 임용시험)

1. 〈보기〉에서 글래서(W. Glasser)의 현실치료이론에 대한 옳은 설명을 모두 고른 것은?

(4)

〈보기〉

ㄱ. 인간은 기본적으로 생존, 자유, 힘, 즐거움, 소속의 욕구를 가지고 있다.
ㄴ. 인간은 행동을 선택할 수 있고 이미 행한 모든 행동은 선택에 의해서 이루어진 것이다.
ㄷ. 인간은 행동을 선택할 때 자신의 욕구를 최대한으로 충족시키기 위해서 자신을 통제한다.
ㄹ. 전행동(total behavior)은 활동(acting), 생각(thinking), 느낌(feeling), 신체반응(physiology)의 네 가지로 구성된다.
ㅁ. 전행동 중에서 인간이 통제할 수 있고, 행동의 방향을 잡아주는 것은 활동과 신체반응이다.

① ㄱ, ㄴ
② ㄱ, ㄷ, ㄹ
③ ㄷ, ㄹ, ㅁ
④ ㄱ, ㄴ, ㄷ, ㄹ
⑤ ㄴ, ㄷ, ㄹ, ㅁ

풀이 현실치료는 '현재의 나'에 초점을 맞춤으로써 인간이 궁극적으로는 자기결정을 하고 자기 삶에 책임을 진다는 가정에 근거하여 개인의 책임을 강조한다. 현실치료의 목표는 개인이 자신의 삶에 대한 욕구를 충족시키는 것에 있으므로 3R, 즉 현실파악과 수용능력(reality), 책임감(responsibility), 그리고 옳고 그름을 판단하는 능력(right or wrong) 등을 강조한다. 따라서 환자와 치료자 사이의 강력한 개인적 관계, 현실의 직면, 무책임한 행동의 거부, 더 좋은 방식의 행동학습을 중요시한다.

(2009학년도 초등 임용시험)

2. 다음은 김 교사가 영철이를 상담하는 장면에서의 대화내용이다. 〈보기〉에서 김 교사가 사용한 상담기법에 대한 옳은 설명을 모두 고른 것은? (2)

> 영철: 오늘도 지난번 그 애들이 저를 놀렸어요.
> 김 교사: 네가 말한 그 애들이란 진수, 용선이, 희철이를 얘기하는 거니?

〈보기〉

> ㄱ. 학생으로 하여금 보다 구체적으로 말하도록 돕는다.
> ㄴ. 학생으로 하여금 자신의 감정을 더 많이 표현하도록 격려한다.
> ㄷ. 학생의 진술내용이 모호하거나 분명하지 않은 경우에 사용한다.
> ㄹ. 학생이 한 말 중에서 일관성 있게 강조되어 표현되는 내용을 확인하여 드러내는 기술이다.

① ㄱ, ㄴ ② ㄱ, ㄷ
③ ㄱ, ㄴ, ㄹ ④ ㄱ,ㄷ, ㄹ
⑤ ㄴ, ㄷ, ㄹ

풀이 여기서 교사의 질문은 학생의 이야기를 좀 더 구체화하기 위한 것으로서 학생의 이야기 중에서 '그 애들'을 분명히 하기 위해 사용하였다. 이러한 대화기법은 내담자가 이야기하는 내용의 정체를 구체적으로 확인하는 기술로, 내담자가 이야기하는 내용 가운데 불확실한 부분, 애매모호한 부분 등을 확인하고자 할 때 유용하다.

(2008학년도 초등 임용시험)

3. 〈보기〉의 대화에서 합리적-정서적-행동적 치료의 ABCDE 상담모형 중 B단계에 해당하는 것은? (3)

〈보기〉

ㄱ. 교사: 어떤 이야기를 하고 싶니?
학생: 너무 화가 나서 죽겠어요.
ㄴ. 교사: 무슨 일이 있었길래 그러니?
학생: 호영이가 다른 애랑만 놀아요.
ㄷ. 교사: 어떤 생각이 들어 화가 난 걸까?
학생: 호영이는 나랑만 놀아야 해요.
ㄹ. 교사: 호영이는 정말 너랑만 놀아야 될까?
학생: 꼭 그렇지는 않지만……. 나랑 많이 놀면 좋겠어요.

① ㄱ ② ㄴ ③ ㄷ ④ ㄹ

풀이 합리적-정서적-행동적 치료의 ABCDE 상담에서 B는 어떤 상황에서 개인이 갖게 되는 사고나 태도인 신념체계(belief system)를 말한다. 따라서 내담자의 신념이나 사고와 관련된 상담대화가 요구된다. A(activating event)는 인간의 정서적 혼란을 야기하는 사건을, C(consequence)는 선행사건에 직면했을 때 합리적 · 비합리적 사고와 태도로 상황을 해석하여 느끼는 정서적 결과를, D(dispute)는 상담자가 내담자의 비합리적 사고와 신념에 대해 검토해 보도록 하는 논박을, E(effect)는 내담자의 비합리적 사고와 신념을 합리적 신념으로 대치했을 때 갖게 되는 긍정적 결과를 말한다.

(2008학년도 중등 임용시험)

4. 상담교사가 '재진술'을 사용하여 학생과 상담하려고 한다. 다음 빈칸에 알맞은 반응은? (1)

〈보기〉

학생: 친구들이 저만 따돌리고, 선생님들도 저에게 관심이 없어요.
교사: ______________________________

① 친구들이 너만 따돌리고 선생님들도 관심이 없단 말이구나.

② 선생님도 예전에 친구들한테 따돌림을 당했을 때 몹시 힘들었단다.

③ 친구들이 너만 따돌린다는 말이 무슨 말인지 좀 더 이야기해 줄 수 있니?

④ 친구들이 따돌리지 않고 선생님들도 너에게 관심을 가져 주었으면 했는데, 그렇지 않아서 많이 힘들었겠다.

풀이 재진술이란 내담자가 표현한 내용을 상담자가 이해한 대로 되돌려 주는 것으로, 내담자가 표현한 것을 그대로 표현하는 것이 아니다. 재진술은 인지적 측면의 내용 되돌려 주기로, 상담자가 내담자의 표현하는 바를 이해하고 있음을 드러냄으로써 상담자가 자신의 표현에 몰두하고 이해함을 알게 하고, 상담자의 이해수준을 확인하며, 대화를 주제에 맞게 끌고 가는 역할을 한다.

(2004학년도 초등 임용시험)

5. 다음과 같은 특징을 지닌 심리검사는? (2)

〈보기〉

- 아동에게 실시하는 지능검사다.
- 언어성 검사와 비언어성 검사를 모두 포함한다.
- 문화적 편향을 극복하기 위한 목적으로 개발되었다.
- 순차처리척도, 동시처리척도 및 습득도처리척도로 구성된다.

① Bender-Gestalt ② K-ABC

③ Stanford-Binet ④ WISC-R

풀이 K-ABC(Kaufman Assessment Battery for Children)는 전통적인 지능검사가 지닌 문제점을 수정·보완하여 아동의 지능과 습득도를 사정하기 위해 Kaufman과 Kaufman이 개발한 것이다. 기존의 지능검사들은 지능이론에 근거하지 않았고, 검사의 형태와 내용이 수검자의 인지발달 수준에 따라 구별되지 않았으며, 좌뇌의 기능을 측정하는 검사라는 지적을 받았다. 또 검사결과에 근거해서 아동이 왜 그런 정도의 수행을 했는지 설명할 수 없었다는 비판을 받아 왔다.

읽을 거리

Self-Soothing

A NURTURING ENVIRONMENT helps children in the process of self-soothing. What does self-soothing mean? When you feel anxious, self-soothing is the ability to come back to your center until you feel better. Sometimes it means learning to tolerate frustration or discomfort until it passes. I may mean knowing that there are things you can do(such as take time-out) to ease the discomfort until it does pass. There are many degrees of anxiety, and some degrees take less time for self-soothing than others.

Anxiety is a normal component of living. We anxious when we are scared, when we don't get what we want, when we feel rejected, when we feel hurt, when we feel powerless. The list could go on and on. The good news is that we are born with several coping, or self-soothing, abilities, and as we grow we can learn other coping skills. The bad news is that many parents and teachers think "good" parenting and teaching means extinguishing children's self-soothing abilities instead of allowing them to develop. These same parents and teachers avoid teaching additional self-soothing skills, often because they are too busy fixing every problem children encounter or using punishment instead of helping children manage their own behavior. What they often do not understand is that positive time-out provides children the opportunity to enhance their innate ability to self-soothe instead of having that ability extinguished by adults who overprotect or punish.

Nelsen(1999).

About the author

Jane Nelsen is a popular lecturer and co-author of the entire POSITIVE DISCIPLINE series. She has appeared on Oprah and Sally Jesse Raphael and was the featured parent expert on the National Parent Quiz, hosted by Ben Vereen. Jane is the mother of seven children and the grandmother of seventeen.

참고문헌

김계현, 김동일, 김봉환, 김창대, 김혜숙, 남상인, 조한익(2001). **학교상담과 생활지도**. 서울: 학지사.

박성희, 임용우(2006). 대화의 심리와 대화기법. 한국초등상담교육학회 편. **한국형 초등학교 생활지도와 상담**. 서울: 학지사. 94-96.

연문희, 강진령(2003). **학교상담**. 서울: 양서원.

오경자, 이혜련, 홍강의, 하은혜(1997). **아동청소년 행동평가척도(K-CBCL) 실시요강**. 서울: 중앙적성연구소.

이시용, 정환금, 허승희, 홍종관(2002). **초등학교 생활지도와 상담**. 서울: 교육과학사.

이현림, 김영숙(2006). **인간발달과 교육**. 서울: 교육과학사.

조용환(2002). **질적 연구: 방법과 사례**. 서울: 교육과학사.

한국행동요법학회 편(2002). **행동요법**. 서울: 양서원.

Bellak, L. (1971). *The TAT, CAT and SAT in clinical use* (3rd ed.). NY: Grune & Stratton.

Freud, S. (1953). *A general introduction to psychoanalysis*. NY: Washing Square Press.

Glasser, W. (1965). *Reality therapy: A new approach and psychiatry*. NY: Harper & Row.

Hjelle, L. A., & Ziegler, D. J. (1981). *Personality theories*. NY: McGraw-Hill.

Nelsen, J. (1999). *Positive Time-out*. CA: Prima Publishing.

서울A중학교 P교사 면담내용. 2008. 9. 25.

서울A중학교 2학년 서○○학생 면담내용. 2008. 9. 25.

서울E여자고등학교 L교사 면담내용. 2008. 10. 10.

서울E여자고등학교 1학년 김○○학생 면담내용. 2008. 10. 10.

서울HA초등학교 K교사 면담내용. 2009. 4. 17.

http://www.ADHD.or.kr

제 5 부 학사실무

Knowledge is not a copy of reality. To know an object, to know an event, is not simply to look at it and make a mental copy or image of it. To know an object is to act on it. To know is to modify, to transform the object, and to understand the process of this transformation, and as a consequence to understand the way the object is constructed.

J. Piaget

제 10 장

학교사무 관리

오늘날 학교조직은 증가하는 민주화의 요구와 학교의 책무성에 대한 요구 등 그 조직관리의 면에서 많은 변화를 요구받고 있다. 즉, 학교에 대하여 민주적 운영을 강조하고 있고 학부모들도 이전의 방임적 자세에서 벗어나 학교경영에 직 · 간접적으로 참여하려는 경향이 두드러지고 있다(정태범, 1999: 211). 이 장에서는 학교조직을 이해하고 각종 사무관리 및 실행에 대하여 알아보며, 최근 주목받고 있는 교육행정정보시스템의 활용에 대하여 살펴보고자 한다.

제1절 학교조직의 이해

조직이란 '공동의 목표달성을 위해 업무를 분담하고 그에 따라 권위가 부여되어 있는 잘 체계화된 인간의 집단'이다(정태범, 1999: 212). 특히 학교라고 하는 조직은 외부에서 말하고 있는 조직적인 특징 이외에 학교만이 갖고 있는 또다른 특성을 지니고 있다.

P/ L/ U/ S/

행정조직 원리에는 계층의 원리, 기능분업의 원리, 조정의 원리, 적도집권의 원리, 통솔범위의 원리, 명령통일의 원리 등이 있다.

1. 학교조직의 특성

학교조직은 학생조직, 교사조직, 학교행정가 등을 비롯해 다양한 인적 변인의 복잡한 상호작용을 통해 그 기능을 발휘한다. 따라서 일선 교육현장의 조직구성원이 어떤 학교에서는 훌륭한 성과를 올렸으나, 다른 학교에서는 그와 같은 성과를 거두지 못하는 경우가 있다. 이는 학교마다 그 조직이 각기 다른 특성을 갖기 때문이다. 결국 구성원이 소속한 학교조직의 분위기에 따라 결정되는 것이다(정태범, 2003: 470). 이러한 학교조직의 독특한 특성은 ① 교육의 전통, ② 교직의 전문적 특성, ③ 다양한 관리이론의 발전, ④ 학교에 대한 일반대중의 큰 기대 등의 영향으로 새롭게 부각되고 있다. 이에 학교조직의 독특한 측면을 전문적 관료제, 조직화된 무질서조직, 이완조직, 이중조직으로 나누어 살펴보고자 한다.

1) 전문적 관료제

학교조직의 관료제는 구성원인 교사가 고도의 교육을 받은 전문가라는 점에서 다른 일반적인 관료제와 구분된다. 즉, 교사들은 독립적인 교실에서 각기 다른 배경의 학생들을 가르치면서 상당한 자유재량권을 가진다. 따라서 다른 관료조직의 구성원들과는 달리 교사들은 감독이나 직무수행의 통일된 표준을 갖기 어렵다.

> **P/ L/ U/ S/**
> Weber에 의하면 관료제는 분업과 전문화, 비정성, 권위의 위계, 규칙과 규정 및 경력지향성 등을 특징으로 한다.

이처럼 학교는 다른 관료조직과는 달리 엄격한 감독을 받지 않기 때문에 교사들이 조직의 상위층의 기대에 부응하고 있는가를 확인하기 위해 몇 가지 수단을 활용한다. 즉, ① 자질을 나타내는 지표로서의 교사자격증 요구, ② 표준화된 교육과정과 교과서 사용, ③ 정해진 코스를 따르고 있는지를 점검하는 학교학습평가 등이 그것이다(Mintzberg, 1979: 86).

2) 조직화된 무질서조직

교육조직은 불분명한 목표, 불확실한 기술(technology), 유동적인 참여 등을 특징으로 한다(Cohen & March, 1974). 첫째, 교육기관의 목적이 구체적이거나 분명하게 설정되어 있지 않다. 더욱이 학교의 교육주체들 간에 서로 다른 목적을 추구하기 때문에 학교의 목표를 구체적인 실행으로 옮기기가 어렵다. 둘째, 학교의 교수-학습활동에 참여하는 교사, 행정가, 장학담당자들 간에 활용하는 교수기술이 분명하지 않다. 셋째, 학교조직 구성원들의 참여가 유동적이고 간헐적이다.

이처럼 학교조직은 조직화된 무질서(organized anarchy)의 특성을 지니기 때문에 의사결정도 구조화되어 있지 않고 문제와 해결책, 결정의 참여자들과 선택의 기회가 특정한 시점에 우연히 만나서 의사결정이 이루어진다. 이처럼 의사결정에 필요한 요소들이 쓰레기통에 모이는 과정과 흡사하다고 해서 학교의 의사결정 모형을 '쓰레기통 모형(garbage can model)'이라고 한다(Cohen, March, & Olsen, 1972).

3) 이완조직

이완이란 '느슨한 결합'이라는 뜻으로, 연결된 각 사건이 서로 대응되는 동시에 각각 자체의 정체성을 보존하면서 물리적 · 논리적 독립성을 갖는 경우에 쓰는 말이다(Weick, 1976: 5).

이완조직(loosely coupled system)은 첫째, 환경변화에 적응하기 위해 한 조직에서 이질적인 요소들이 공존하는 것을 허용한다. 둘째, 광범한 환경변화에 대해 민감해져야 한다. 셋째, 국지적인 적응을 허용하고, 넷째, 기발한 해결책의 개발을 장려하며, 다섯째, 다른 부분에 영향을 주지 않는 한 체제의 한 부분이 분리되는 것을 용납한다. 여섯째, 체제 내의 참여자들에게 보다 많은 자유재량권과 자기결정권을 제공하며, 끝으로, 부분 간의 조정을 위하여 비교적 소액의 경비가 요구된다.

Meyer와 Rowan(1978)은 학교가 이완조직으로 이해되어 신뢰의 논리에 의해 운영되어야 한다고 하였다. 이것은 학교의 중심적 활동인 수업이 조직구조의 통제로부터 벗어나 있고, 교육평가와 교육과정, 교수방법, 교육권 등에서 교육행정가가 교사를 통제할 위치에 있지 못하기 때문인 것으로 해석된다.

예를 들면, 학생상담과 관련하여 학교장과 상담자는 어느 정도 관계를 맺고 있으나, 각자 정체성과 독립성을 보유하고 있어 그 관계가 견고하지 않으며 상호 영향력이 약하고 제한적이다. 또 교사들은 연구수업과 같은 특별한 경우를 제외하고는 동료교사와 학교행정가로부터 별다른 간섭을 받지 않고 수업진행에 대하여 상당한 자유재량권을 행사함으로써 전문적인 자율성을 인정받고 있다. 그리고 개별 단위학교와 교육청과의 관계에서 개별 단위학교들은 학교경영과 교육과정 운영 등 상당한 영역에 걸쳐서 자율성을 갖는다.

4) 이중조직

이완조직의 개념만으로는 학교조직을 설명하기가 어렵다. 수업 등과 관련한 특정한 측면에서 볼 때는 느슨한 결합구조를 가진 조직으로 이해할 수 있으나, 행정관리자라는 보편적인 조직관리의 측면에서는 엄격한 결합구조를 갖고 있기 때문이다(곽내영, 2007: 957).

예를 들면, 교수활동영역, 즉 ① 수업활동에 대한 공식적 감독과 평가, ② 수업의 내용, 절차, 기술에 대한 구체적 기준, ③ 수업활동에 대한 교육행정가의 직접적 권위 등에서는 통제가 약하다. 그러나 교사의 자격과 임용, 학급편성, 담임교사의 배정, 수업시간표의 작성과 같은 의식적 분류의 영역에서는 통제가 강하다. 따라서 학교조직에서는 보다 미묘하고 간접적인 수단인 조직문화를 통하여 통제가 이루어진다.

2. 학교조직의 형태

1) 학교의 행정조직

학교는 다양한 형태의 조직들이 상호 관련되어 있다. 즉, 교육지도조직, 교무분장조직, 각종 운영협의회, 지역사회 관련 조직 등이 그것이다. 이들 조직에 대해 구체적으로 살펴보면 다음과 같다(정태범, 1999: 227-229).

(1) 교육지도조직

교육지도조직은 학교조직의 핵을 이루는 기간조직으로, 교장－교감－부장교사－학급담임교사로 이어지는 조직형태다. 이러한 교육지도조직은 교육과정 운영 담당, 교수조직(instructional organization) 등으로 전문조직(professional organization)의 성격을 지닌다. 하부조직으로는 교수－학습조직, 생활지도조직, 연구－연수조직 등이 있다.

(2) 교무분장조직

교무분장조직은 교장－교감－부장교사－계원으로 이어지는 조직형태로, 학교의 각종 사무를 능률적으로 수행하기 위한 직능조직(functional organization)의 성격을 지닌다. 이 조직은 교육과정 운영을 간접적으로 지원하기 위한 사무적 기능의 조직형태다. 그동안 학교는 교무분장조직을 강화함으로써 학교를 관료적 조직으로 만들었으며, 전문적 조직을 위축시키는 결과를 초래하였다.

(3) 운영협의

운영협의는 관련 조직을 조종하고 유기적으로 통합하여 활동을 효율적으로 촉진하기 위한 조직으로, 학교업무의 민주화, 자율화, 합리화를 위한 의사결정조직(decision-making organization)이다. 교직원회의, 부장회의, 각종 위원회(운영위원회, 기획위원회, 교육과정개선위원회, 생활지도위원회 등), 각종 협의회 등이 이에 속한다. 교원은 교육의 전문가로서, 업무의 수행자로서 학교경영과정에 참여할 수 있다. 그러나 학교의 권위주의적 운영으로 그 실효를 거두지 못하고 있다.

(4) 지역사회 관련 조직

지역사회 관련 조직은 교육활동에 필요한 보조조직으로, 학교교육에 직접 혹은 간접으로 영향을 미친다. 학부형조직, 지역사회조직 등이 있으며, 교육발전의 촉진제 역할을 수행한다.

(5) 학교운영위원회

학교운영위원회는 단위학교의 교육자치정신을 구현하기 위하여 교직원, 학부모, 지역인사 등이 학교운영에 책임을 지고 학교교육의 성과를 올리고자 하는 학교공동체다. 이 조직은 학교조직의 상부 심의 · 의결기구의 성격을 가지며, 보통 학교의 규모를 고려하여 7인 내지 15인의 범위 내에서 구성된다.

이 조직은 ① 학교의 예산 및 결산, 선택교과 및 특별활동 프로그램의 선정, 학교헌장 또는 학교규정의 제정 등에 관한 심의, ② 교장 · 교사의 초빙을 위한 추천위원회 구성 · 운영, 학교발전기금 조성 및 사용, 지역사회의 기부금 징수관리, 방과후 교육활동의 실시 여부와 그 비용을 결정 · 징수하는 등에 관한 의결, ③ 기타 학교운영 전반에 대한 자문 등의 기능을 수행한다.

2) 학교의 업무조직

(1) 교무분장조직의 원칙과 유형

교무분장을 조직할 때에는 몇 가지 원칙에 의거해야 한다(정태범, 1999: 251). 첫째, 적재적소주의 원칙이다. 학교장은 교무분장을 할 때 가능한 한 각 직원의 개성, 적성 그리고 희망 등을 고려해야 한다. 둘째, 변화성의 원칙이다. 즉, 학교장은 각 교사의 장래를 생각해서 다양한 경험을 해 보도록 해야 한다. 셋째, 공정성의 원칙이다. 이것은 사무의 공평한 부담을 의미하는데, 이를 위해서는 계획서 등에 기재된 세부항목을 고려할 것이 아니라 실시활동의 내용을 고려해야 한다.

교무분장조직의 유형은 〈표 10-1〉과 같이 몇 가지로 구분된다.

〈표 10-1〉 교무분장조직의 유형

유형	특징
부별조직 위주형	• 대개의 중등학교의 교무분장조직이다. • 조직이 단순하고 비교적 명료하다는 장점이 있다. • 조직원이 부서와 학년에 동시에 소속됨으로써 야기되는 조직 내의 역할갈등이 심하게 나타날 수 있다. • 학년부장의 역할을 인정하지 않기 때문에 대개의 경우 학년부장은 부장으로서 독립된 위치는 가지고 있으나 조직원이나 분장업무가 없고, 일부의 학교에서는 부서의 기획계를 겸임하고 있다.
부별조직과 학년조직 혼합형	• 일부의 중등학교와 대부분의 초등학교의 교무분장조직이다. • 초등학교의 경우에는 부별조직보다 학년조직이 보다 활성화되어 있어서 학년부장을 중심으로 한 동학년조직이 모든 업무의 주체가 되고 있다. • 중·고등학교의 경우에는 학년조직보다는 부별조직 중심으로 모든 업무가 처리된다.
부별조직과 과별조직 혼합형	• 실업계고등학교에서 취하고 있는 형태다. • 학년부장의 역할을 인정하지 않기 때문에 대개의 경우 학년부장은 부장으로서 독립된 위치를 가지고 있으나 조직원이나 분장업무가 없고, 일부의 학교에서는 부서의 기획계를 겸임하고 있다.

출처: 정태범(1999).

(2) 구체적인 교무분장조직

교무분장조직은 학교급별로 다르고, 학교규모에 따라 차이가 있다. 또 그 구조는 보직교사와 교사의 수에 따라 결정된다. 일반적인 조직은 〈표 10-2〉와 같다.

P/ L/ U/ S/

교무분장에 대한 규정은 각 학교별 실정에 맞게 내규로 정하여 사용한다.

보직교사의 명칭은 보통 '부장'으로 부르며, 「초·중등교육법 시행령」

〈표 10-2〉 교무분장조직

<table>
<tr><td colspan="4">교장</td><td></td></tr>
<tr><td colspan="4">〈교무행정〉 교감</td><td>〈서무행정〉</td></tr>
<tr><td>부서</td><td>부장</td><td>업무분장</td><td>계(총수)</td><td></td></tr>
<tr><td>교무부</td><td>부장</td><td>기획, 학적, 고사, 기록, 수업, 문서, 시상, 전산 등</td><td>7~9</td><td rowspan="10">서무부장
차석
수납계
인사
기능직</td></tr>
<tr><td>학생부</td><td>부장</td><td>기획, 생활지도, 교문지도, 주번, 청소, 근태, 교외지도, 봉사활동, 통계, 문서, 어머니회 등</td><td>8~9</td></tr>
<tr><td>연구부</td><td>부장</td><td>기획, 학습지도, 연수, 교과서, 학습자료(교구), 교과협의, 특별활동, 독서, 도서, 환경미화, 게시 등</td><td>8~10</td></tr>
<tr><td>윤리부</td><td>부장</td><td>기획, 국민정신교육, 민주시민, 훈화, 시사홍보, 명상 등</td><td>4~5</td></tr>
<tr><td>환경부</td><td>부장</td><td>기획, 소비절약, 자연보호, 저축, 재활용, 협동조합, 실외청소, 봉사 등</td><td>5~7</td></tr>
<tr><td>진로상담부</td><td>부장</td><td>기획, 장학, 특수교육 등</td><td>3~4</td></tr>
<tr><td>과학부</td><td>부장</td><td>기획, 과학교구, 실험실습, 컴퓨터, 시청각, 과학평가, 실험실관리, 과학진흥, 방송 등</td><td>4~6</td></tr>
<tr><td>체육부</td><td>부장</td><td>기획, 의식, 민방위, 체육진흥, 시설관리, 행사지도, 보건, 스카우트 등</td><td>4~5</td></tr>
<tr><td>학년부</td><td>부장</td><td>기획, 각반 담임(※ 초등 6개 학년부, 중등 3개 학년부)</td><td>1</td></tr>
<tr><td>교과부</td><td>부장</td><td>(없음)</td><td>0</td></tr>
</table>

출처: 정태범(1999).

PLUS

각 계 총수는 40~50개 정도이고, 학교별로 구성에 편차가 있으나 크게 다르지 않다.

에서는 보직교사라고 통칭한다. 한편 「초 · 중등교육법 시행령」 제36조에서는 교감의 증치에 대해 다음과 같이 명시하고 있다.

① 43학급 이상의 초등학교 · 중학교 및 고등학교에는 교감 1인을 더 둘 수 있으며, 이 경우 교감 중 1인은 수업을 담당할 수 있다.

② 중학교 및 고등학교에 야간학급을 두는 경우에는 야간학급을 담당하는 교감을 따로 둘 수 있다.

PLUS

복수교감제를 시행할 경우 대규모 학교에서 업무의 편이성이라는 장점이 있지만, 명령체계가 일원화되지 못하고 서로 편을 가르는 등 단점도 양산될 우려가 있다.

3. 현행 학교조직 운영의 문제

현행 학교조직은 교육의 효율화를 위해 구성되지만, 운영상 몇 가지 문제점을 지닌다(정태범, 1999: 252-262).

첫째, 공문처리 업무가 각 부 업무의 대부분을 차지한다. 학교마다 각 부가 창의적으로 사업을 기획 · 수행하는 일은 별로 없다. 대개 교육청이나 외부기관의 지시 · 권장사항을 수동적으로 이행하는 경우가 많다.

둘째, 각 부의 업무 중 상당부분은 행정업무에 속한다. 행정업무 중에 교과교육이나 생활지도 관련 업무도 많은 양을 차지하고 있으나, 조사 또는 보고업무가 주종을 이룬다. 그러다 보니 행정위주의 업무관행으로 교사 본연의 교육활동에 지장이 생기고 있다.

셋째, 각 부의 방만한 업무체계로 부서 간 업무량 편차와 개인별 업무편중이 심하다. 이에 부서를 통합 · 조정할 필요가 있다. 통합 · 조정에 따라 유휴인력이 명확하게 산출되면 인력의 효율적 재배치 및 필요부서 신설과 함께 원로교사나 병약자에 대한 업무면제가 가능하게 된다.

넷째, 각 부의 업무 중 상당부분은 담임업무와 관련이 크다. 이는 학년 단위로 협의해서 처리할 필요성이 크다는 점을 시사한다.

다섯째, 교과교육활동의 전문성 신장이 이루어지지 않고 있다.

여섯째, 대도시 거대학교의 전체 학급을 부서별로 일괄관리하는 데 따른 비효율성이 크다. 그러므로 학년별로 관리함으로써 소규모 학교운영의 이점을 최대한 살릴 필요가 있다.

일곱째, 교무행정업무의 전산화와 교무행정지원 전담인력의 확충이 필요하다.

끝으로, 학생생활지도가 제대로 이루어지지 못하고 있다.

제2절 각종 사무의 관리 및 실행

1. 기안문 작성법

1) 공문서의 종류

공문서의 종류로는 법규문서, 지시문서, 공고문서, 비치문서, 민원문서, 일반문서가 있으며, 흔히 공문서라고 할 때는 일반문서를 지칭한다. 공문서의 종류를 구체적으로 살펴보면 〈표 10-3〉과 같다.

〈표 10-3〉 공문서의 종류

법규문서	헌법 · 법률 · 대통령령 · 총리령 · 부령 · 조례 및 규칙 등에 관한 문서
지시문서	훈령 · 지시 · 예규 및 일일명령 등 행정기관이 그 하급기관 또는 소속공무원에 대하여 일정한 사항을 지시하는 문서
공고문서	고시 · 공고 등 행정기관이 일정한 사항을 일반에게 알리기 위한 문서
비치문서	비치대장 · 비치카드 등 행정기관이 일정한 사항을 기록하여 행정기관 내부에 비치하면서 업무에 활용하는 문서
민원문서	민원인이 행정기관에 대하여 허가 · 인가 · 기타 처분 등 특정한 행위를 요구하는 문서 및 그에 대한 처리문서
일반문서	법규문서 내지 민원문서에 속하지 아니하는 모든 문서

출처: 경상남도진주교육청(2004).

2) 문서의 성립 및 효력발생

문서는 당해 문서의 서명(전자문서서명 · 전자이미지서명 및 행정전자서명을 포함)에 의한 결재가 있을 때 성립하며, 그 문서가 수신자에게 도달(전자문서는 수신자의 컴퓨터 파일에 기록되는 것을 말함)됨으로써 효력이 발생한다. 다만, 공고문서의 경우에는 특별한 규정이 있는 경우를 제외하고는 그 고시 또는 공고가 있은 후 5일이 경과한 날부터 효력을 발생한다. 민원문서를 정보통신망을 이용하여 접수 · 처리한 경우에는 당해 민원사항을 규정한 법령에서 정한 절차에 따라 접수 · 처리된 것으로 본다(「사무관리규정」 제8조).

3) 문서의 구성

(1) 기안작성

전자문서시스템 초기화면에서 원하는 서식을 선택하면 [그림 10-1]과 같은 기안작성 화면이 나타난다. 문서의 제목과 보안등급, 공개여부를 반드시 입력해야 하며 '긴급결재' '보안결재'는 선택사항이다(충청남도공주교육청, 2004: 12-29).

기안작성은 내용별로 크게 '수신자 지정' '결재선 지정' '보안등급/공개여부 지정' '문서취급/보고형태 지정' '본문작성/문서첨부' '요지/본문넣기' '공람 지정' '주소' '기록물철 선택' '임시저장' '결재올림'으로 구분한다. 민원문서일 경우 우편발송을 위해 주소 입력을 해야 한다.

> **PLUS**
> 최근에는 전국에 전자문서시스템이 도입되어 결재를 쉽게 올릴 수 있는 장점도 있지만, 문서의 오류를 살펴보지 않고 발송되는 점이 문제로 지적되고 있다.

① 제목: 문서의 제목을 입력한다.

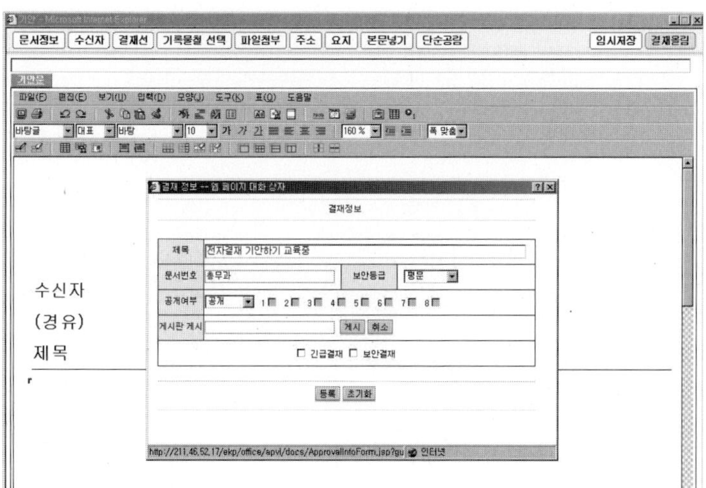

[그림 10-1] 기안작성의 초기화면

② 보안등급: 기안문서의 처리, 보관상의 보안등급을 지정한다. 기본값은 '평문'으로 되어 있으며, '평문' '3등급' '2등급' '1등급' '보안 1등급'으로 지정할 수 있다.

③ 공개여부: 문서의 공개여부를 지정한다. 문서를 '공개' '부분공개' '비공개'로 지정할 수 있으며, '공개'가 기본값으로 설정되어 있다.

④ 긴급결재: 기안문서를 긴급 결재문서로 처리하는 것이다. 긴급 결재문서로 처리된 기안문서는 문서목록 화면에서 '구분' 항목 앞에 붉은색 아이콘으로 표시된다.

⑤ 보안결재: 보안이 필요한 문서의 경우 보안결재를 선택하면 결재자가 문서결재 시 결재자의 암호를 확인하는 과정을 거치게 된다.

(2) 수신자 지정

수신하는 부서를 선택하면 자동으로 입력된다.

(3) 결재선 지정

초기화면에서 필요한 내용을 지정하고 기본값을 처리한 후, 수신자를 지정한 다음에는 [그림 10-2]와 같이 결재선을 지정해야 한다.

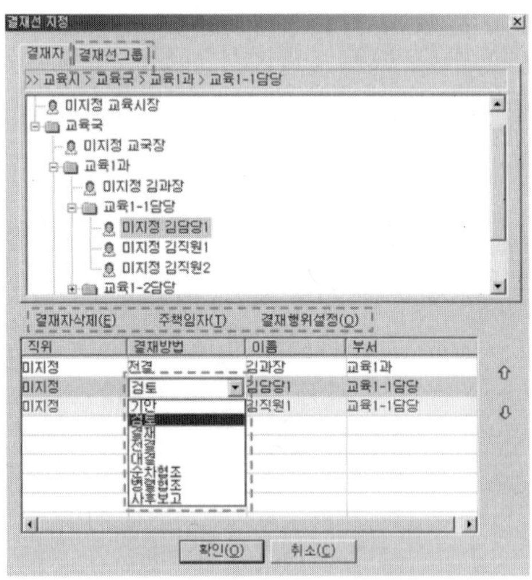

[그림 10-2] 결재선 지정화면

① 기안: 기안자의 결재유형이다.

② 검토: 검토자, 즉 중간결재자의 결재유형이다.

③ 결재: 결재권자의 결재행위를 지정하는 결재유형이다.

④ 전결: 위임전결규정에 의거 전결권한이 있는 사용자의 결재유형이다.

⑤ 대결: 검토 혹은 결재자를 대신하여 결재하는 사용자를 선택했을 경우의 결재유형이다.

⑥ 순차협조: 타 부서와의 협의를 통해 관련 사항의 의사결정을 내리고자 할 때 지정된 직원이 행할 수 있는 결재유형이다. 순차협조부서의 경우 결재수정을 통해 결재선을 추가반영할 수 있으며, 순차적으로 결재가 이루어진다.

⑦ 병렬협조: 순차협조와 마찬가지로 타 부서와의 협의를 통해 관련 사항의 의사결정을 내리고자 할 때 지정된 직원이 행할 수 있는 결재유형이다. 병렬협조부서의 경우 결재수정을 통해 결재선을 추가반영할 수 있으며, 결재순서가 정해지지 않는다.

⑧ 사후보고: 결재선 지정 시 결재자가 '사후보고'로 지정되어 있는 경우, 결재된 문서들에 대한 정보를 결재가 모두 끝난 다음에 사후보고자에게 보내는 결재유형이다.

PLUS

보통 학교현장에서의 기안이란 일반기안을 의미한다.

(4) 파일첨부

문서의 첨부할 파일을 선택하여 첨부한다.

(5) 요지

보고를 위하여 간단하게 요지를 작성한다.

(6) 본문넣기

근거 공문에 의거하여 본문을 작성한다.

(7) 기록물철 선택

공문을 모아 놓을 수 있도록 기록물철을 선택한다.

(8) 결재올림

결재는 결재순서에 의거하여 지정한다.

(9) 결재

상관의 결재를 뜻한다.

(10) 발송의뢰

결재가 모두 끝나면 기안자가 발송의뢰를 해야 한다.

(11) 발송

발송이란 결재처리가 완료된 문서를 보내는 기능으로, 기안자가 수행하거나 발송의뢰 기능을 통해 지정된 발송자가 수행할 수 있다. 문서발송은 크게 내부발송과 외부발송으로 구분된다. 내부발송은 기안자가 속한 기관 내부로 문서를 발송하는 경우를 말하며, 외부발송은 다른 기관으로 문서를 발송하는 경우를 말한다. 문서발송은 미결문서에서 해당문서의 문서발송 버튼을 통해 수행되며, 발송한 문서에 대한 정보는 발송문서 항목에서 확인할 수 있다.

2. 공문서 관리

P/ L/ U/ S/

지금은 행정실장 수신 → 교감 접수 및 배분 → 담당교사 확인 및 공람 등이 전자문서로 일원화되어 있다.

문서는 생산한 즉시 「공공기록물 관리에 관한 법률 시행령」 제20조의 규정에 의하여 기록물 등록대장에 등록하고 생산등록번호를 부여하여야 한다(「사무관리규정」 제24조).

3. 기록물 관리

'기록물'이라 함은 공공기관이 업무와 관련하여 생산 또는 접수한 문서 · 도서 · 대장 · 카드(인사기록카드, 생활기록부, 토지대장, 건물대장 등) ·

도면(설계도, 지적도, 도시계획도 등) · 시청각기록물 · 전자문서 등 모든 형태의 기록정보자료를 말한다.

'기록물철'이라 함은 2건 이상의 관련 기록물을 함께 담아 관리하는 서류철, 카드 · 도면 · 사진 등의 보관봉투, 테이프 · 필름 등의 롤, 개개의 디스켓 또는 디스크, 컴퓨터파일의 디렉토리 등 기록물 묶음의 기본단위를 말한다.

기록물분류기준표상의 '단위업무'란 업무의 성격 · 처리절차 · 형태 등이 거의 동일한 업무의 최소단위로, 업무의 분장 및 이관이나 문서관리 시에 기본단위로 사용하며, 임의로 변경할 수 없다(「공공기록물 관리에 관한 법률 시행규칙」).

기록물 관리제도는 ① 생산등록번호/접수등록번호의 통합부여, ② 각종 문서대장(기록물등록대장, 기록물배부대장, 기록물철등록부)의 통합관리, ③ 시청각기록물의 등록관리, ④ 기록물분류기준표에 따른 기록물 분류 및 편철, ⑤ 기록물건 생산과 동시에 기록물철등록부에 기록물철명의 등재, ⑥ 별도의 추가작업 없이 전자문서시스템을 이용하여 생산현황보고, ⑦ 전자문서의 이관 등에 유용한 제도다(경상남도진주교육청, 2004: 129-130).

> **PLUS**
> 전자문서의 이관은 종이기록물과 동일한 시기에 이관하며, 이관방식은 전자문서시스템-자료관시스템-전문관리기관시스템을 이용한다.

일반문서류의 편철방법은 다음과 같다(경상남도진주교육청, 2004: 130).

① 손상 없이 끼워 넣는 방식
② 사안별로 관련 문서끼리만 얇게 편철(100매 기준)
③ 진행용 파일과 보존용 표지 구분
④ 기록물철 등록 후 출력되는 내부표지 반드시 사용 → 기록물철 등록여부 확인
⑤ 논리적 순서대로 위(1. 1)로부터 아래(12. 31)로 순차적 편철 → 전산화 병행
⑥ 정리이관시 전산출력된 색인목록으로 교체 → 전산등록 일치여부 확인
⑦ 전산화 가능토록 면표시 표준화

4. 보고사무

P/ L/ U/ S/

보고사무는 2008년 9월 2일자로 상당히 많은 부분이 삭제되었다. 현재는 목적과 보고기일에 대한 대강의 안내만 남아 있고 자세한 내용은 없다.

보고심사는 보고업무를 효율적으로 운용함으로써 신속 · 정확한 보고체제를 확립하고, 불필요한 보고를 억제하여 효과적인 업무수행을 도모하며, 하급기관 및 민간기관의 업무부담을 줄여 생산성 제고에 기여함을 목적으로 한다(서울특별시교육청, 2002: 294).

보고기일은 보고기관의 범위, 보고내용의 난이도 및 보고작성에 소요되는 시간 등을 참작하여 정한다.

제3절 교육행정정보시스템의 이해와 활용

1. 목표

교육행정정보시스템(NEIS)은 학교교육의 효율화를 꾀하기 위한 것으로서 구체적인 목표는 다음과 같다(충청남도공주교육청, 2004: 1-12).

첫째, 교육행정의 정보화로 생산성의 극대화를 가져오고, 교원의 업무를 경감시킨다. 즉, 기관 간/부서 간 막힘 없는 업무처리체계 기반을 확보함으로써 교육행정 업무의 간소화, 효율화, 합리화를 이루고 교원의 업무를 경감시키고자 한다.

둘째, 교육행정서비스의 획기적 개선을 통해 국민의 만족도를 제고하고자 한다. 이를 위해서는 교육행정정보 공유를 통한 행정서비스의 신속 · 정확한 처리, 지역, 창구 무관 One/Non-Stop 민원서비스 기반 확립 등에 주력한다.

셋째, 디지털 행정을 통하여 일하는 방식을 개편함으로써 21세기 국가경쟁력을 확보하고 교육행정의 전자정부를 구현하고자 한다. 이를 위해 교육정책 기초자료의 실시간 제공, 기관 내외 문서의 전자적 유통 등을 강화하고, 기관 간 · 업무 간 자료의 공유 및 연계로 정보공동활용 체제를 구현하며, 행정업무처리방식을 오프라인 방식에서 정보통신기술을 활용한 온라인 방식으로 개편한다.

현재 이루어지고 있는 교육행정정보시스템은 [그림 10-3]과 같다.

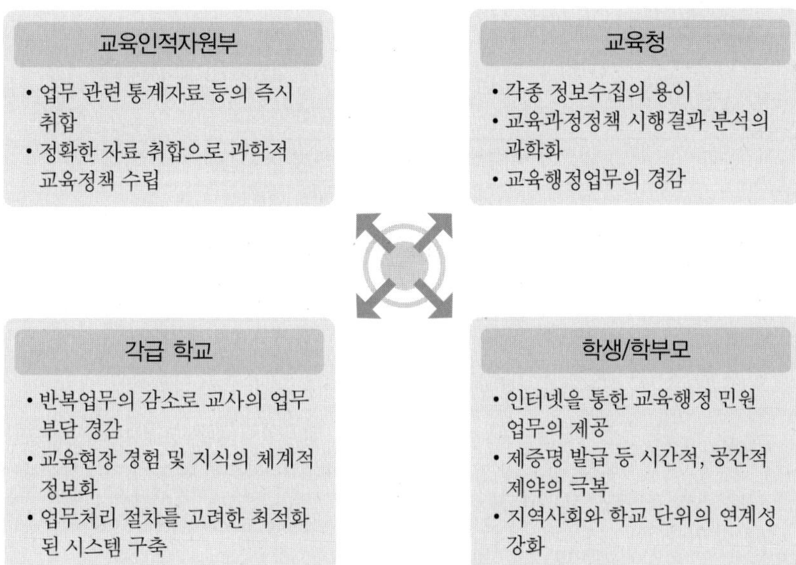

[그림 10-3] 교육행정정보시스템의 구조

출처: 충청남도공주교육청(2004).

2. 사업범위

교육행정정보시스템은 학교와 교육행정기관의 교육행정업무를 인터넷으로 연결처리할 수 있는 응용 소프트웨어 설계 · 개발로 학교와 교육행정기관에서 수행되는 모든 업무를 27개 영역으로 분류 · 추진하고 있다. 구체적인 사업범위는 〈표 10-4〉와 같다.

교육행정정보시스템을 운영하기 위해서는 중앙보급 또는 시 · 도교육청

P/ L/ U/ S/

인권위원회의 결정에 따라 교무/학사 영역과 보건영역은 학생들의 개인정보 보호 차원에서 서버를 분리하여 별도로 운영하고 있다.

〈표 10-4〉 학교 및 교육행정기관의 업무영역 및 내용

단위업무	세부내용
기획	주요업무, 기관평가
공보	보도자료 관리
법무	법률정보, 판례정보, 법령질의 해석
감사	감사계획 및 결과, 감사현황 분석, 감사자료 공유, 사이버 감사
재산등록	재산등록 대상 및 내역 관리, 재산신고
교육통계	학교현황, 학생현황, 교원현황, 시설현황, 주요업무통계 등
입(진)학	초등학교 취학, 중학교 입학, 고등학교 입학 등
장학	교육과정, 연구학교, 장학정보, 학생행사 관리, 연구대회 등
교무/학사	학교교육과정, 학적, 성적, 학생생활기록부, 학생생활, 교과용도서
검정고시	원서접수, 성적처리, 고사장 관리, 합격처리 및 각종 통계산출
평생교육	평생교육시설 및 교육 프로그램 관리, 학원 및 교습소 관리
보건	학교보건실 관리, 학교환경 관리, 건강기록부 및 보건통계
체육	학교체육시설 관리, 운동부 및 선수 관리, 각종 현황 및 통계 관리
교원인사	정·현원, 임용시험, 인사기록, 임용발령, 호봉, 전보, 평정, 승진, 연수, 상훈 및 징계, 복무, 기간제교사, 전문직 임용, 자격검정 관리
일반직 인사	정·현원, 임용시험, 인사기록, 임용발령, 호봉, 평정, 승진, 연수, 상훈 및 징계, 복무
급여	월급여, 연봉제, 명절휴가비, 연가보상비, 성과상여금, 연말정산, 기여금, 건강보험, 국민연금, 고용보험
민원	제증명, 유기한 민원, 진정/건의/질의, 정보공개, 현황통계 등
비상계획	민방위 편성, 민방위 해제, 민방위 교육훈련, 공익근무요원 편성, 공익근무요원 관리
법인	법인정보, 예·결산, 법인대장
시설	시설사업 관리, 학교시설 승인, 학교시설 사용승인, 시설 유지·관리, 시설현황, 수용계획
재산	공유재산 관리계획, 재산대장 관리, 사용허가/대부 관리, 폐교재산 활용 관리
물품/교구/기자재	취득/운용 관리, 재물조사, 수급계획, 교구기준안 관리, 교구현황 관리, 실험실습재료 관리, 기자재 기준안 관리, 기자재 현황 관리, 기자재 통계

예산	예산편성, 예산배정, 예산이월, 예산운용, 예산통계
회계	세입, 세출, 세입 · 세출 외 현금, 계약/압류, 결산, 자금
학교회계	예산, 세입, 세출, 결산, 세입 · 세출 외 현금, 세무관리, 발전기금
급식	학교급식 통계, 급식관리, 급식 외 관리, 급식분석
시스템	코드관리, 시스템연계, 보안, 사용자 인증 및 권한 관리, 로그관리, 인터페이스 관리, 배치작업 관리, 업무처리승인 관리

출처: 충청남도공주교육청(2004).

자체 개발 프로그램으로 학교와 교육청에서 작성 · 보유하고 있는 자료를 수집하거나 변환한다. 자료의 대상은 학교종합정보 관리, 교육예산 관리, 급여관리, 인사관리, 물품관리 등이 해당된다.

이 시스템을 지원하기 위해서는 물적 기반과 운영환경을 조성해야 한다. 따라서 교육과학기술부 및 16개 시 · 도교육청에 개발업무시스템을 설치 · 운영할 서버, 시스템 소프트웨어, 통신장비 등을 구축하고, 교육과학기술부, 시 · 도교육청 및 관련 기관 연계체계뿐만 아니라, 교원 및 행정직 등의 모든 교직원에 대한 전자인증 및 보안시스템을 구축해야 한다.

3. 개념도

교육행정정보시스템의 개념도는 [그림 10-4]와 같다.

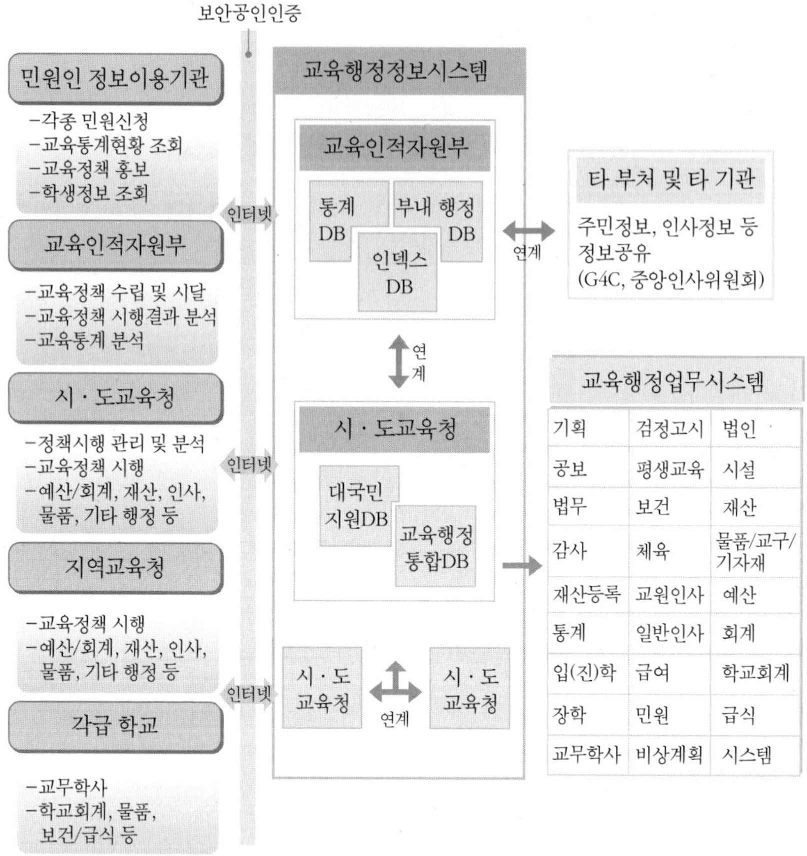

[그림 10-4] 교육행정정보시스템의 개념도

출처: 충청남도공주교육청(2004).

4. 주체별 역할

교육행정정보시스템을 개발 · 운영하고 지원하며 이 시스템을 이용하는 인적 요인들의 역할을 살펴보면 〈표 10-5〉와 같다.

〈표 10-5〉 교육행정정보시스템의 주체별 역할

주체	역할	내용
교육과학기술부 (KERIS)	운영기관	• 전국 단위 교육행정정보시스템 보급 및 운영 • 유지보수, 추가개발 등 총괄 • 시 · 도교육청 업무분석 및 개발지원, 운영상담 등 • 시스템 보안 및 인증관리
시 · 도교육청	운영기관	• 시 · 도 교육행정정보시스템 운영 및 관리 • 사용자 교육 및 운영상담
한국전산원	지원기관	• 사용자(교원, 교육행정공무원: 43만 명)에 대한 공인인증 발급 및 관리
국민 (일반국민, 학부모, 민원인 등)	서비스 수혜자	• 인터넷(대국민 홈페이지)을 이용하여 민원 신청, 학생성적, 교육통계 등 교육행정정보 서비스 이용
업무담당자 (교원, 교육행정 공무원)	시스템 수혜자 서비스 수혜자	• 담당업무를 인터넷을 통해 처리 • 관련 업무정보의 공동이용을 통해 업무 효율성 향상 및 업무부담 경감

출처: 충청남도공주교육청(2004).

PLUS

교육행정정보시스템은 손쉽게 데이터를 수시로 저장할 수 있고, 간편하게 온라인으로 전입/전출을 시킬 수 있다는 장점이 있지만, 컴퓨터에 익숙하지 않은 교사들은 많은 어려움을 겪고 있다.

5. 기대효과

교육행정정보시스템은 궁극적으로는 교육활동의 효율성을 제고하는 데 직 · 간접적으로 도움을 주기 위한 장치다. 따라서 이 시스템이 원활하게 운영된다면 다음과 같은 효과를 기대할 수 있을 것이다(충청남도공주교육청, 2004: 1-12).

1) 교원의 업무경감 및 교육의 질 제고

(1) 학적관리의 용이

교육행정정보시스템은 초등학교 입학 시 입력된 학생정보를 고등학교 졸업 시까지 지속적으로 사용할 수 있게 되어, 상급학교 진학 시마다 재작성했던 교사들의 입력업무가 없어진다. 또 학생 전·출입 시 학생자료를 직접 송부하던 처리방식에서 벗어나 온라인으로 처리됨으로써, 송부를 위한 학생자료 작성작업이 사라진다. 그리고 학생의 재입학 및 편·입학 시 필요했던 종전자료의 재입력과정이 불필요해진다.

(2) 성적처리의 간소화

성적처리의 자동화로 다양한 평가기준에 의한 성적처리가 가능해짐에 따라 성적처리 업무를 보다 간편하게 수행할 수 있다.

(3) 교육과정 운영업무의 간편

교과별 시수관리의 자동화로 오프라인 수작업이 불필요해지고, 수준별 반편성, 선택과목별 반편성이 자동화됨에 따라 출석부가 자동 제공되며, 특기적성교육의 강좌개설 및 학생편성 작업의 자동화, 강좌별 학생 수 관련 각종 통계의 정확한 작성이 용이해진다.

(4) 학생생활지도의 효율화

학생 관련 각종 자료가 초등학교부터 고등학교까지 누적관리되므로 학생지도를 위한 자료작성이나 학생파악에 소요되는 노력과 시간이 감소된다.

(5) 공문서 처리 및 보고업무의 감소

공문서 처리 및 보고업무의 대부분을 차지하는 단순 반복질의 및 통계자료(교구, 기자재, 보유현황, 학생 수, 특기적성교육 관련 통계, 장기결석자 통계, 생활지도 통계, 전출입 통계 등)를 시스템에서 직접 제공한다. 또 업무수행에 필요한 각종 정보(교육과정, 학교보건관리 정보, 건강기록사항, 체육특기자 정보 등)를 시스템을 통해 정확하게 획득함에 따라 자료수집 시간이 감소되어 업무수행의 질을 제고할 수 있다.

PLUS

교육행정정보시스템의 도입 이전에는 S/A, C/A와 같이 서버를 각 학교에 두고 정보부에서 일체관리하는 방식이어서 운영이 미숙한 학교에서는 곤란을 겪었었다.

(6) 인사업무의 신뢰성 확보

교원에 대한 인사업무(임용시험 관리, 전보, 평정, 연수 등)를 시스템을 통해 정확하게 처리함으로써 교원 인사관리의 오류를 최소화하여 신뢰성을 확보할 수 있다. 또 정보부 및 정보부장 업무를 경감할 수 있다. 즉, 학교별로 운영하던 학교정보시스템이 시 · 도 단위로 운영됨에 따라 하드웨어 및 시스템 소프트웨어 관리, 응용프로그램 패치, 데이터 관리 등 정보부장의 시스템 운영업무가 없어진다.

2) 비용의 감소 및 교원행정 업무담당자의 생산성 향상

일련의 교육행정 업무[예산편성, 예산안 작성, 지출, 세입, 세출, 결산, 물품(관리전환), 입학배정 등]를 시스템을 이용하여 처리함으로써 수작업 및 취합 · 조정 등에 소요되던 시간 및 업무량이 단축된다. 또 타 기관 및 업무 간 연계로 자료의 공동이용을 통해 업무 효율성을 향상시키게 되고, 중복 업무의 수행을 방지할 수 있다. 즉, 타 기관(타 부처 및 타 시 · 도 교육청) 연계, 취학아동 정보, 검정고시 정보, 전 · 출입 등 업무 간 연계, 통합월급여, 인사업무와 급여업무, 교무학사와 학교회계 등이 이에 해당된다. 아울러 정확한 데이터에 근거한 정책수립 및 의사결정으로 정책수립의 효율화 및 정책의 질을 제고할 수 있다.

> **PLUS**
> 최근에는 민원서비스의 일환으로 학부모서비스를 실시하고 있어, 학부모가 자녀의 학업성취도 정도와 생활기록부나 수행평가 결과 등의 열람을 희망할 경우 공개하도록 되어 있다. 이때 꼭 필요한 것이 공인인증서다.

3) 학생, 학부모 및 일반국민의 만족도 제고

(1) 전 · 출입 및 상급학교로의 진학 용이

학생의 전 · 출입 및 상급학교로의 진학 시 학생과 학부모가 처리하던 학생 관련 서류를 온라인으로 직접 처리함으로써 학생과 학부모의 비용과 불편을 감소시킬 수 있다.

(2) 국민의 민원서비스 접근성 향상

각종 민원을 인터넷과 전국의 교육행정기관 및 각급 학교를 통해 신청 · 처리 · 통보함으로써 학부모 및 일반국민의 비용을 절감할 수 있다. 또 인터넷을 통해 제증명 신청, 진정/건의/질의, 정보공개 등의 민원을 신청할 수 있으며, 이에 대한 처리 · 통보가 가능하다.

(3) 학생정보의 제공을 통한 효율적인 학생생활지도

학생의 부모 및 보호자에게 학생의 정보를 인터넷을 통해 제공함으로써 학생생활지도를 효율적으로 실시할 수 있다.

(4) 첨부서류의 감소

검정고시 응시서류 작성 시에 제출하던 첨부서류가 감소되며, 검정고시 응시를 위해 타 시 · 도교육청에서 과목합격증명서 등을 발급받아 제출하던 것을 시스템으로 확인할 수 있다. 또 각종 증명 및 사실확인 등 민원 신청 시 제출하던 각종 첨부서류도 줄어든다. 즉, 행정자치부와 주민정보를 공유하거나 내부 정보시스템으로 조회하여 사실을 확인함으로써 기존에 제출하던 첨부서류를 줄일 수 있다.

생각해 볼 문제

1. 학교조직의 독특한 특성을 숙지하고, 어떤 학교조직의 모습이 가장 이상적인 모습인지 토론해 보자.

2. 학교현장에서 교사들의 제일 큰 불만은 많은 공문서 처리에 있다. 학교의 공문서 처리를 줄일 수 있는 방안에 대하여 생각해 보자.

3. 교육행정정보시스템이 도입된 지 8년째 되고 있다. 인터넷을 활용한 업무가 교사들에게 주는 장점과 단점은 각각 무엇인지 토론해 보자.

임용고사 기출문제

(2004년 중등 임용시험)

1. 〈보기〉에서 중학교의 조직적 특성을 설명한 것으로 바르게 짝지어진 것은? (1)

〈보기〉

ㄱ. 규범적 힘으로 통제되는 규범조직
ㄴ. 느슨하게 결합된 이완결합체제
ㄷ. 참여자 모두가 이익을 보는 호혜조직
ㄹ. 조직화된 무정부 상태의 조직
ㅁ. 일반대중의 이익을 위한 공익조직

① ㄱ, ㄴ, ㄹ ② ㄱ, ㄷ, ㄹ
③ ㄴ, ㄷ, ㅁ ④ ㄷ, ㄹ, ㅁ

풀이 학교는 전문적 관료제의 특성과 이완조직, 조직화된 무질서조직, 이중조직의 성격을 갖고 있다. ㄱ은 전문적 관료제를 설명하고 있고, ㄴ은 이완조직, ㄹ은 조직화된 무질서조직을 설명하고 있다.

(2003년 중등 임용시험)

2. 코헨과 마치(Cohen & March)가 주장한 교육조직의 '조직화된 무질서(organized anarchy)'의 특징과 관련이 가장 적은 것은? (3)

① 학교구성원들의 참여가 유동적이고 간헐적이다.
② 교육조직의 목적은 구체적이지도 명료하지도 않다.
③ 학교의 각 하위체제들은 수직적인 위계특성을 지니고 있다.
④ 학교운영기술뿐만 아니라 교수–학습기술이 분명하지 않다.

풀이 조직화된 무질서한 조직의 특징은 불분명한 목표, 불확실한 기술, 유동적인 참여 등을 특징으로 한다. 학교의 예를 들어 본다면, 교육기관의 목적이 분명하게 설정되어 있지 않다는 점, 교사·행정가·장학담당자들 간에 활용하는 교수기술이 분명하지 않다는 점, 그리고 구성원들의 참여 또한 유동적이고 간헐적이라는 점 등을 들 수 있다.

(2000년 중등 임용시험)

3. 교육의 과정은 공장의 생산과정과 달리 투입과 산출의 인과관계를 분명하게 파악할 수 없다. 이러한 교육의 속성 때문에 나타나는 학교조직의 유형은? (4)

① 합리적 조직(rational organization)

② 비공식적 조직(informal organization)

③ 관료적 조직(bureaucratic organization)

④ 이완조직(loosely coupled organization)

풀이 합리적 조직과 관료적 조직은 문제와 같은 설명이 될 수 없다. 비공식적 조직은 Chester Barnard(1938)에 의하면 적어도 세 가지 중요한 기능을 한다고 설명하고 있는데, 첫째는 의사소통을 촉진하는 효과적인 수단, 둘째는 조직의 응집력을 키우는 수단, 셋째는 개인들이 가지고 있는 인간적인 측면들을 보호하는 장치로서의 기능이다. 따라서 비공식적 조직은 조직 내의 목표를 달성하는 데 도움을 주는 또 다른 조직인 것이다. 여기에서는 교육에 투입과 산출의 인과관계가 명확하지 않기 때문에 따라오는 유형이므로 이완조직의 성격을 설명하고 있는 것이라고 하겠다.

(1999년 초등 임용시험)

4. 교무분장 시 고려되어야 할 사항으로 가장 중요한 것은? (2)

① 교육청의 지시

② 직무분석의 결과

③ 다른 학교의 사례

④ 담당 업무의 평균 건수

풀이 교무분장조직의 기본 원칙은 적재적소주의 원칙, 변화성의 원칙, 공정성의 원칙이다. 학교에서 교무 분장 시 가장 고려해야 할 점은 직무분석의 결과일 것이다. 이는 적재적소주의 원칙에 합당한 것이고, 교사의 능력을 고려하여 안배하는 첫걸음이 되기 때문이다.

(예상문제)

5. 조직의 원리에 비추어 볼 때 43학급 이상의 초등학교에 둘 수 있는 복수교감제가 지니는 취약점과 가장 관련이 있는 것은? (4)

① 분업화

② 적도집권

③ 통솔범위

④ 명령 일원화

풀이 복수교감제에서는 학교교육과정 운영과 학교경영의 명령 일원화가 될 수 없는 문제점이 발생할 수 있다. 그러나 분업화, 적도집권, 통솔범위는 복수교감제가 가져올 수 있는 장점이다.

읽을 거리

The Scar That Imprisons the Elephant

The elephant is the largest living animal on Earth. Even so, they are controlled by humans who don't even amount to 1/10 of their size.

In countries like India or Thailand, people lure young elephants from the wild and shut them in a cage in order to tame them. They fasten a thick chain on the elephant's leg and tie them to the trunk of a large tree. The baby elephant will try with all its might to free itself from the chain, but only in vain. Soon the elephant realizes it cannot free itself after trying and trying again.

Through this process, the elephant loses its will and eventually refrains from any action which surpasses the length of the chain. That is how they won't run away even when they are tied to a tree branch with a flimsy rope after they are fully grown.

Many people become accustomed to the limitations they have acquired for themselves as they grow older. We fear leaving our comfort zone. Will you live like a chained elephant or will you break loose and taste freedom?

Cha(2008).

참고문헌

경상남도진주교육청(2004). 교직실무자료. 경상남도진주교육청.

공공기록물 관리에 관한 법률 시행규칙. 행정자치부령 제380호. 2007. 4. 5.

곽내영(2007). 교육학(하). 들풀.

사무관리규정. 대통령령 제20982호 일부개정. 2008. 9. 2.

서울특별시교육청(2002). 교직실무편람. 서울특별시교육과학연구원.

정태범(1999). 학교경영계획론. 서울: 양서원.

정태범(2003). 교육행정학. 서울: 양서원.

초·중등교육법. 법률 제8917호(일부개정 2008. 3. 21).

충청남도공주교육청(2004). 전자문서시스템 사용 교육교재.

Barnard, C. I. (1983). *The Functions of the Executive*. Cambridge, Mass: Harvard University Press.

Cha, Norbert D. Y. (2008). *Blessing of the Rainbow* (tran. by Soo-jin Kim). Seoul: Wis & Bis. (원전은 2007년 출간)

Cohen, M. D., & March, J. G. (1974). *Leadership and Ambiguity*. New York: McGraw-Hill.

Cohen, M. D., March, J. G., & Olsen, J. P. (1972). A Garbage Can Model of Organizational Choice. *Administrative Science Quartely, 17*, 1-25.

Hoy, W. K., & Miskel, C. G. (2008). *Educational Administration: Theory, Research, and Practice* (8th ed.). New York: Mcgraw-Hill.

Meyer, J. W., & Rowan, B. (1978). The Structure of Educational Organizations. In M. W. Meyer(Ed.), *Environments and Organizations* (pp. 78-109). San Francisco: Jossey-Bass.

Mintzberg, H. (1979). *The Structuring of Organizations*. Englewood Cliffs, NJ: Prentice Hall.

Weick, K. E. (1976). Educational Organizations as Loosely Coupled Systems. *Administrative Science Quarterly, 21*, 1-19.

http://helpsys.cne.go.kr/교육행정정보시스템안내/

제 11 장

학교 관련 업무

학교 관련 업무는 실제 초등학교, 중학교, 고등학교에서 이루어지고 있는 업무들인데 특정한 법령에 의한다기보다는 각 시 · 도교육청의 지침에 의거하고 있으며, 기본적인 업무는 비슷하다. 이 장에서는 많은 학교 관련 업무 중 학생사정 업무, 학적업무, 민원처리 관련 법령에 대해 살펴보고자 한다.

제1절 학생사정 업무

1. 입학

1) 초등학교

초등학교의 입학 관련 내용은 「초 · 중등교육법」 제13조~제16조, 「초 · 중등교육법 시행령」 제15조~제22조에 명시되어 있다(서울특별시교육청, 2006: 163-166).

(1) 취학대상

초등학교 취학대상은 만 6세가 되는 아동으로 정하고 있다. 만 5세 아동 가운데 조기입학을 희망하는 자는 1년 조기입학만 가능하다.

P/ L/ U/ S/

현재는 1월 1일생부터 12월 31일생까지를 한 학년으로 분류하여 취학대상으로 선정하고 있다.

(2) 취학아동명부 작성 및 열람

읍 · 면 · 동장은 매년 10월 1일 현재, 그 관내 거주 아동으로서 다음해 3월 1일 취학할 아동명부를 10월 31일까지 작성한다. 아동명부를 작성한 후에는 10일 이상의 기간을 정하여 보호자가 열람할 수 있도록 한다.

(3) 입학기일의 통보

교육장은 매년도 취학할 아동의 입학기일과 통학구역을 결정하여 당해 연도 11월 30일까지 읍 · 면 · 동장에게 통보한다. 그러나 교육대학 · 사범대학 · 종합교원양성대학의 부설초등학교 및 사립초등학교의 통학구역은 지정하지 않는다.

(4) 취학통지

읍 · 면 · 동장은 입학할 학교와 입학기일을 명기하여 당해 연도 12월 20일까지 보호자에게 통지 후, 입학할 학교장에게 취학아동명부를 통보한다.

(5) 재외국민자녀의 입학

재외국민자녀 또는 외국인이 보호하는 자녀는 출입국관리사무소장이 발행한 출입국에 관한 사실증명서 또는 외국인등록사실증명서를 거주지 관할 해당 학교장에게 제출한다.

2) 중학교

중학교 입학 관련 내용은 「초 · 중등교육법」 제13조~제16조, 「초 · 중등교육법 시행령」 제15조~제22조, 제68조, 제72조, 제96조에 명시되어 있다(서울특별시교육청, 2006: 163-166).

(1) 입학자격

중학교의 입학자격은 ① 초등학교를 졸업한 자, ② 중학교입학자격검정고시에 합격한 자, ③ 외국 또는 군사분계선 이북 지역에서 6년 이상의 학교교육과정을 수료한 자, ④「소년원법」 제29조 제4항의 규정에 의하여 초등학교에 상응하는 교육과정을 이수한 자로 한다.

(2) 원서 제출 및 배정

각 초등학교에서 출신 초등학교 관할 중학교입학추첨관리위원회(교육청별 구성)에 중학교 배정원서를 제출하면, 교육장은 지역별 · 학교군별로 추첨에 의해 학교를 배정한다. 학교배정 후 당해 학교 입학을 포기하는 경우, 당해 연도에 다른 학교배정은 불가능하다. 교육장이 인정한 체육특기자와 지체부자유자는 학교를 지정하여 배정할 수 있다.

(3) 기타

서울의 경우 각종 학교인 선화예술학교, 서울국악예술학교, 국립국악중학교, 예원학교, 한국삼육중학교는 자체 전형방법에 의하여 신입생을 선발한다.

3) 고등학교

고등학교 입학 관련 내용은「초 · 중등교육법」 제47조,「초 · 중등교육법 시행령」 제77조~제89조에 명시되어 있다(서울특별시교육청, 2006: 163-166).

(1) 입학자격

고등학교 입학자격은 ① 중학교를 졸업한 자, ② 고등학교 입학자격 검정고시에 합격한 자, ③ 교육과학기술부장관이 지정한 학교를 졸업한 자, ④ 외국 또는 군사분계선 이북 지역에서 9년 이상의 학교교육과정을 수료한 자, ⑤ 교육과학기술부장관이 지정한 사회교육시설에서 중학교교육과정에 상응하는 교육과정을 이수한 자, ⑥「소년원법」 제29조 제4항의 규정에 의하여 중학교에 상응하는 교육과정을 이수한 자로 정하고 있다.

(2) 지원절차

전기학교(실업계고교, 예술계고교, 체육계고교, 특수목적고교, 특성화고교, 과학고교)는 지원 고교에 입학원서를 개별 접수한다. 그러나 후기학교(전기에 해당하지 않는 모든 학교)에 지원하고자 할 때 해당 지역 재학생 및 졸업생은 중학교 관할 지역교육청에 원서를 일괄 접수하며, 타 시·도 졸업생 및 학력인정자는 거주지 관할 지역교육청에 원서를 개별 접수한다.

(3) 입학전형 방법

전기학교는 후기학교의 입학전형 방법에 실기고사, 적성검사, 실험·실습 및 면접을 실시할 수 있다. 후기학교는 ① 중학교 학교생활기록부의 기록에 의한 방법, ② 시·도별로 시행하는 선발고사에 의한 방법, ③ 중학교 학교생활기록부의 기록과 선발고사를 병합한 방법으로 전형이 이루어진다.

다만, ① 외국 또는 군사분계선 이북 지역에서 9년 이상의 학교교육과정을 수료한 자, ② 정부의 초청 또는 추천에 의하여 귀국한 과학기술자 및 교수 요원의 자녀, ③ 외국인학생, ④ 외국에서 부모와 함께 거주하며(2년 이상) 외국의 학교에 2년 이상 재학하고 귀국한 후 국내 중학교에 편입학하여 졸업한 학생, ⑤ 체육특기자 및 지체부자유자 등은 입학전형이 면제된다.

(4) 신입생 선발

전기학교는 당해 학교장이 결정하고, 후기학교는 주간부·야간부 순으로 선발한다.

(5) 신입생 배정

학교별 신입생 배정은 다음과 같은 몇 가지 원칙에 따른다.

① 학교군별로 추첨에 의거 배정한다.
② 2개 이상의 학교를 선택하여 지원할 수 있도록 교육감이 지정한 특정지역 내 소재하는 학교(선복수지원 후추첨 배정학교)에 대하여는 지원자 중 해당 학교 정원의 전부 또는 일부를 배정할 수 있다.
③ 체육특기자, 지체부자유자는 학교군에 제한 없이 교육감이 학교를 지정하여 배정한다.
④ 통학상 교통이 불편하거나 학교군별 수용능력상 필요한 경우 정원의 범위 내에서 타 학교군 학교에 배정할 수 있다(「서울특별시교육청고시」 제94-7호).
⑤ 당해 연도 고등학교에 배정된 자가 당해 학교의 입학을 포기한 경우 당해 연도에 다시 다른 학교에 배정받지 못한다.

2. 전학, 재입 · 편입학, 휴학

1) 전학

(1) 초등학교

초등학교의 학생이 주소의 이전으로 전학하고자 할 때, 재학 중인 학교에 그 사실을 통지하고, 주소지 변경을 확인할 수 있는 서류를 전학하고자 하는 학교에 제출하여야 한다(「초 · 중등교육법」 시행령 제19조, 제21조).

전학절차는 다음과 같다.

① 거주지 관할 동사무소에 전입신고와 동시에 학교를 배정받는다.
② 재학 중인 학교에 거주지 이전 사실을 통보한다.
③ 전학하고자 하는 학교에 주소지 변경을 확인할 수 있는 서류(전입신고서 또는 주민등록등본)를 제출한다.
④ 전입학교장은 전출학교장에게 학교생활기록부와 건강기록부의 송부를 요청한다.

PLUS

교육행정정보시스템이 도입되어 현재는 전산작업으로 전학처리를 한다.

⑤ 재외국민 또는 외국인이 보호하는 자녀의 경우, 출입국관리사무소장이 발행한 출입국에 관한 사실증명서 또는 외국인등록사실증명서를 제출한다.

부득이 학교생활 부적응 또는 가정사정 등으로 학생의 교육환경을 바꾸어 줄 필요가 있다고 학교장이 인정하는 경우, 학생의 보호자 1인의 동의를 얻어 교육장에게 추천할 수 있으며, 교육장은 전학할 학교를 지정할 수 있다(서울특별시교육청, 2006: 166-169).

(2) 중학교

중학교에 재학 중인 자로서 전 가족의 거주지가 다른 학교군으로 이전된 자에 한하여 주소지 관할 지역교육청이 이 업무를 담당한다(「초·중등교육법 시행령」 제73조~제75조).

일반학생의 경우에는 재적학교에 거주지가 이전된 주민등록등본을 제출하고 재학증명서를 발급받은 후, 주민등록등본 2부, 재학증명서 1부를 거주지 관할 지역교육청 교육상담실(민원실)에 제출하면 당일 배정받게 된다.

귀국학생의 경우에는 다음 서류를 준비하여 거주지 관할 지역교육청 교육상담실(민원실)에 제출한다. 그리고 귀국학생을 위한 특별학급이 설치된 중학교로의 전입 희망 시 이를 반영하도록 하고 있다.

① 해외에서 다닌 모든 학교의 재학증명서와 성적증명서(재학학년과 기간 명시, 학교장 서명 또는 직인 필수)

② 국내 최종학교 재적증명서 또는 졸업증명서

③ 출입국사실증명서(부·모·학생)

④ 전 가족이 등재된 주민등록등본(귀국일 이후 발행)

⑤ 외국에서의 체류기간 및 거주기간확인서(영사관 발행)

경우에 따라서는 부득이 학교장이 학생의 교육상 교육환경을 바꾸어 줄 필요가 있다고 인정하여 전학을 추천한 자에 대해서는 교육장이 학교를 지정하여 배정할 수 있다. 또 학교장은 교육과정 이수에 지장이 없는 범위 안에서 중학교, 특성화중학교, 학력인정 각종 학교 간의 전·입학을 허가할 수 있다(서울특별시교육청, 2006: 166-169).

(3) 고등학교

고등학교 가운데 전기학교는 전학하고자 하는 학교(교육과정 이수에 지장이 없는 범위 내에서 해당 학교장이 시행)가, 후기학교는 시·도교육청 민원실에서 이 업무를 담당한다(「초·중등교육법 시행령」 제89조, 제92조).

전학이 가능한 경우는 ① 후기 일반계고등학교 재학 중인 자로서 전 가족의 거주지가 다른 학교군으로 이전된 자(단, 선복수지원 후추첨 배정학교에 재학 중인 자는 거주지 학교군과 학교가 소속된 학교군 이외의 학교군으로 거주지가 이전된 자에 한함), ② 과학고교, 외국어고교, 예술계고교, 체육계고교 재학생으로서 제2학년 1학기 이하에 재학 중이며 전 가족이 서울시에 거주하는 자, ③ 학교장이 교육환경을 바꾸어 줄 필요가 있다고 인정하여 다른 학교로 전학을 추천한 자, ④ 실업계고교 재학 중인 자로서 학교장의 추천을 받은 자 등이다.

그 절차는 전기학교의 경우, 전학하고자 하는 전기고에서 전입학 동의서를 발급받은 후, 재학하는 학교에 전입학동의서를 제출하고 전출허가를 받은 다음, 전출서류를 전입학교에 제출하면 된다. 후기 일반계고등학교의 경우는 다음과 같다.

① 재적학교에 거주지가 이전된 주민등록등본을 제출한다.
② 재적학교에서 전입학배정원서를 작성한다.
③ 전입학배정원서와 주민등록등본을 서울특별시교육청 민원실로 모사전송한다.
④ 서울특별시교육청에서 신청인과 전화상담으로 학교를 배정받는다.

⑤ 서울특별시교육청에서 배정받은 공문을 재적학교와 배정학교로 모사전송한다.

⑥ 재적학교와 배정학교에 가서 전입학수속을 밟는다.

귀국학생의 경우, ① 해외에서 다닌 모든 학교의 재학증명서와 성적증명서(재학학년과 기간 명시, 학교장 서명 또는 직인 필수), ② 국내 최종학교 재적증명서 또는 졸업증명서, ③ 출입국사실증명서(부 · 모 · 학생), ④ 전 가족이 등재된 주민등록등본(귀국일 이후 발행), ⑤ 외국에서의 체류기간 및 거주기간확인서(현지 영사관 발행)를 원본과 사본 각 1부씩 구비하여 서울특별시교육청 중등교육과로 제출하면 된다.

비평준화지역 고등학교로 전입학하려면 전입학 희망 고등학교장으로부터 전입학동의서를 발급받은 후, 재적교에 제출하여 전출수속 후 동의서를 발급받은 전입학 희망교에 가서 전입학수속을 밟는다.

후기 일반계고교로의 전입학은 제3학년 1학기까지 결원의 범위 내에서 가능하고, 실업계고교에서 후기 일반계고교로의 전입학은 제1학년 2학기초(9월) 및 제2학년 1학기초(3월)에만 가능하며, 과학고교, 외국어고교, 예술계고교, 체육계고교에서 후기 일반계고교로의 전입학은 제2학년 1학기까지 가능하다. 배정방법은 학교군별, 학교별, 학년별, 남 · 녀별 결원수 범위 내에서 접수순서에 따라 통학여건을 고려하여 수시배정한다(서울특별시교육청, 2006: 166-169).

2) 재입학 및 편입학

PLUS

초등학교의 경우 외국에 장기간 어학연수를 다녀와도 학교내규에 의하여 일정 수준의 평가를 통과하면 상급학년으로 진급할 수 있도록 법제화되어 있다.

재입학이란 퇴학한 학생이 퇴학 당시의 재적학교로 다시 입학하는 것을 말한다. 퇴학 당시의 재적학교에 재입학원서를 제출하여 학교장이 허가할 경우 당해 학교에서 재입학 수속을 한다. 고등학교 이하 학생의 재입학은 퇴학 당시의 학년 이하로 하며 수시로 가능하다.

편입학이란 퇴학한 학생이 퇴학 당시의 학교가 아닌 다른 학교로 재입학하는 것을 말하며, 전입학절차와 동일하다. 고등학교 이하 학생의 편입학은 교육과정 이수에 지장이 없는 범위 내에서 수시로 가능하다(「초 · 중등교육법 시행령」 제92조).

3) 휴학

휴학은 특별한 규정이 없는 한 학칙이 정하는 바에 의하여 학교장이 행한다. 단, 의무교육 대상자의 경우에는 유예로 처리한다. 휴학생은 휴학 당시 학년으로 학적을 관리하여 현원에 포함시킨다. 예를 들어, 2007학년도 2학년에 휴학생이 1명 있는 경우, 2학년 현원에 휴학생 수를 포함시키며, 다음 학년도에도 계속 2학년의 현원에 휴학생을 1명 포함시킨다. 복학은 휴학일자 이전에 신청해야 하며, 휴학 당시의 학년으로 복학처리한다. 또 고등학생이 외국 유학을 가는 경우에 자퇴로 처리해야 하며 휴학으로 처리하면 안 된다(「초 · 중등교육법 시행령」 제92조).

4) 수료 및 졸업

학교의 장은 학생의 교육과정 이수 정도 등을 평가하여 학생의 각 학년 수료 또는 졸업을 인정한다. 이때 학생의 각 학년과정의 수료에 필요한 출석일수는 법정 수업일수의 3분의 2 이상이어야 한다. 학교의 장은 당해 학교의 교육과정을 이수하였다고 인정하는 자에게 졸업장을 수여한다(「초 · 중등교육법 시행령」 제50조).

5) 학력인정

초등학교와 중등학교의 경우 초등학교 졸업자 및 중학교 졸업자와 동등 이상의 학력이 있다고 인정되는 자의 범위는 각각 중학교 및 고등학교 입학자격의 인정범위와 동일하다.

고등학교 졸업자와 동등의 학력이 인정되는 경우는 다음과 같다(「초 · 중등교육법 시행령」 제98조).

1. 고등학교졸업학력검정고시에 합격한 자
2. 고등학교에 준하여 교육과정을 운영하는 학교로서 설립자, 학생정원, 수업일수, 학교시설 · 설비 및 수익용기본재산을 고려하여 당해 교육과정을 충실히 운영할 수 있다고 인정되는 학교 중 교육감이 지정 · 고시한 학교를 졸업한 자
3. 교육감이 학력심의위원회의 심의를 거쳐 12년 이상의 우리나라 학교교육과정을 수료한 자에 상응한 학력을 가진 것으로 인정한 북한이탈주민
4. 「한국과학기술원 학사규정」 제16조 제1항 제3호에 해당하는 학생으로서 과학기술대학의 입학전형에 합격하여 등록한 학생, 「광주과학기술원법 시행령」 제30조 제1항 제3호에 해당하는 학생으로서 광주과학기술원 학사과정의 입학전형에 합격하여 등록한 학생 또는 「대구경북과학기술원법 시행령」 제29조 제1항 제3호에 해당하는 학생으로서 대구경북과학기술원 학사과정의 입학전형에 합격하여 등록한 학생
5. 교육감이 지정한 평생교육시설에서 고등학교 교육과정에 상응한 교육과정을 이수한 자
6. 「소년원법」 제29조 제4항의 규정에 의하여 고등학교에 상응하는 교육과정을 이수한 자
7. 종전의 「교육법」에 의한 실업고등전문학교에서 3학년 이상을 이수한 자
8. 「대안학교의 설립 · 운영에 관한 규정」 제6조에 따라 고등학교 과정 학력인정을 받은 자
9. 외국에서 12년 이상의 학교교육과정을 수료한 자 또는 교육과학기술부장관이 우리나라의 12년 이상의 학교교육과정에 상응하는 것으로 인정하는 외국의 교육과정 전부를 수료한 자

제2절 학적업무

1. 생활기록부 기재요령

학적업무 가운데 생활기록부는 학생들의 인지적 · 정의적 발달을 나타내기 때문에 이에 대한 기재는 매우 신중해야 한다. 이에 생활기록부 기재요령을 구체적으로 살펴보고자 한다(교육과학기술부, 2007a; 2007b).

P/ L/ U/ S/

학생생활기록부 및 건강기록부는 독립된 서버를 별도로 구축하여 학생정보에 대한 보안을 철저히 준수하고 있다.

1) 목적

제1조(목적) 이 지침은 학교생활기록의 작성 및 관리에 관한 규칙(「교육인적자원부령」 제867호)에 의한 초등학교 · 중학교 · 고등학교에 적용하는 학교생활기록의 작성 및 관리 방법에 대하여 필요한 사항을 규정함을 목적으로 한다.

「초 · 중등교육법」이 일부 개정되고 '학교교육 정상화를 위한 2008학년도 이후의 대학입학제도 개선안'이 발표(2004. 11. 28)됨에 따라 학교의 교육활동에 많은 변화를 가져오게 되었으며, 이러한 변화를 학교생활기록부에 반영하기 위하여 '학교생활기록부의 개선 · 보완 방안'이 발표되었다.

2008학년도 이후의 대학입학제도 개선안에 따르면, 대학수학능력시험의 결과를 표준점수와 백분위, 등급(9등급)으로 제시하던 것을 등급(9등급)으로만 제공한다는 것이다. 이는 수능의 비중을 약화시키는 대신에 내신의 비중을 더욱 확대시키려는 조치다. 따라서 내신의 기록을 충실히 할 수 있는 방식으로 초등학교 · 중학교 · 고등학교 학교생활기록부 전산처리 및 관리지침을 수정 · 보완하였다.

교육행정정보시스템(NEIS)의 시행과 함께 학교생활기록부에 기록되는 학생정보 항목의 인권침해 가능성에 대한 문제가 제기되었고, 이를 해결하기 위하여 학생정보 항목의 공유 범위를 보다 합리적으로 조정할 수 있는 방안이 요구되었다. 따라서 학교생활기록부의 교육적 · 인권적 가치를 조화롭게 추구할 수 있도록 초등학교 · 중학교 · 고등학교 학교생활기록부 전산처리 및 관리지침을 개선하여 특기사항 6항목(인적사항, 학적사항, 출결상황, 진로지도상황, 창의적 재량활동상황, 특별활동상황)과 교과학습발달상황의 특기사항(중 · 고등학교만)란, 그리고 행동특성 및 종합의견란은 학교생활기록부 I 에서는 출력되지 않고, 학교생활기록부II에서만 출력되도록 하였다.

종래의 학교생활기록부의 보존기간에 관한 규정은 최근 학교생활기록부 항목의 인권침해 문제와 기록매체의 확보 및 유지에 소요되는 경제성이란 측면에서 재검토될 필요가 있었다. 따라서 학교생활기록부 보존상의 효율성을 추구할 수 있는 방식으로 초등학교 · 중학교 · 고등학교 학교생활기록부 전산처리 및 관리지침을 개선하였다.

2) 용어의 정의

제3조(용어의 정의) 이 지침에서 사용하는 용어의 정의는 다음과 같다.

① '전산자료'라 함은 학교생활기록부 및 관련 보조부 등을 체계적으로 전산처리한 자료를 말한다.

② '전산매체'라 함은 각종 전산자료가 기억 · 보관되어 있는 자기테이프, 디스크 등 보조기억매체를 말한다.

③ '사용자'라 함은 교육정보시스템 운영을 위해서 학교장으로부터 정당한 권한을 부여받은 자로서 시스템을 이용하여 관련 업무를 직접 처리하는 자를 말한다.

④ '원적교'라 함은 재취학 · 재입학(복학 포함) · 전입학 · 편입학 등 학생의 학적이 변동되기 이전에 재학하였던 학교를 말한다.

앞의 용어 가운데 학교에서의 '사용자'라 함은 실제로 학교생활기록부의 전산업무를 총괄하도록 학교장의 임명을 받은 교사와 학생의 학교생활기록부를 직접 전산으로 입력하는 각 학급의 담임교사, 교과 담당 교사 및 필요 시 교직원 중 전산업무를 보조하는 자 등을 통칭한다. 그리고 재입학(복학)한 학생의 '원적교'는 '재입학'한 학교와 동일하다.

P/ L/ U/ S/

교육과학기술부의 『학교생활기록부 기재 길라잡이』 등의 교재를 참고하면, 세세한 부분까지 규정하고 있는데, 문장 마지막의 어미처리 및 마침표 처리까지 지정하고 있다.

이처럼 용어의 정의에서 보는 바와 같이 학교생활기록부 전산처리에서 중요하게 사용되는 용어를 정의함으로써 업무수행상 혼동이 없도록 하였다.

3) 처리요령

제4조(처리요령) ① 학교생활기록의 자료입력 및 정정업무는 당해 업무를 담당하는 사용자가 수행함을 원칙으로 한다.

② 문자는 한글로(부득이한 경우 원어 또는 해당국 언어로), 숫자는 아라비아 숫자로 입력한다.

③ 학교생활기록부 작성에 필요한 보조부는 각 학교의 실정에 알맞게 계획을 수립하여 작성 · 활용하되, 전산입력하여 관리하거나 출력물로 대신할 수 있다.

④ 학생이 전학할 때, 원적교에서는 재학 당시까지의 상황을 입력한 학교생활기록부 전산자료, 용지에 출력한 출력물(제15조의 2 치료교육활동 내용 포함) 및 향후 학교생활기록부 작성에 필요한 각종 자료를 전 · 편입학하는 학교로 이송하고, 원적교에서는 그 사본을 보관한다.

학생이 전출 · 휴학 · 면제 · 유예 · 제적 · 자퇴 · 퇴학할 경우, 원적교에서는 그 학생이 재학할 때까지의 모든 상황(일일출결상황 등)을 교육정보시스템에 입력해서 보관해야 하며, 전출 시에는 교육정보시스템에 전출일 현재의 각종 자료(성적, 출결상황, 특별활동 이수시수, 창의적 재량활동 이수시수, 심화 · 보충의 이수시수 등)를 입력하여 교육정보시스템을 통해 전입학교의 요청을 받아 전입하는 학교로 전출 당일 전송함을 원칙으로 한다. 다만, 부득이한 사유로 입력하지 못한 전산자료(원본)나 각종 보조부 자료(성적, 월별출결상황 등)는 전입하는 학교로 우송한다. 그러나 가까운 거리 등에서는 문서수발원을 통해 송부할 수도 있다.

4) 인적사항

P/ L/ U/ S/

농어촌 소규모학교에서 편부모가정에 대한 사항이 노출되는 문제를 방지하기 위해 가족사항을 세세히 적을 필요가 없도록 바뀌었다.

제6조(인적사항) ① '학생'란에는 성명, 성별, 주민등록번호와 입학 당시의 주소를 입력하되, 재학 중 주소가 변경된 경우에는 변경된 주소를 누가하여 입력한다.

② '가족상황'란에는 부모의 성명, 생년월일을 입력하고, '특기사항'란에는 학생 이해에 도움이 될 사항이 있는 경우 본인 또는 보호자의 동의를 받아 입력한다.

종래에는 가족상황란에 부 · 모의 직업을, 특기사항란에 동거가족수를 기록하도록 하였으나 NEIS의 교무 · 학사, 입 · 진학, 보건 등의 3개 영역과 관련하여 제기된 인권침해 가능성의 문제 검토를 위해 설치된 국무총리 자문 교육정보화위원회의 결정에 근거하여 부모의 직업항목을 삭제하도록 하였고 동거가족수도 기록하지 않도록 하였다.

입력 예는 〈표 11-1〉과 같다.

〈표 11-1〉 인적사항의 입력 예

학생		성명: 한영 성별: 남 주민등록번호: 931212-1443211 주소: 경기도 성남시 분당구 수내동 40번지 한길나라아파트 101동 1405호 대전광역시 중구 선화동 90번지 2호
가족상황	부	성명: 한태준 생년월일: 1964년 3월 2일
	모	성명: 강민영 생년월일: 1965년 4월 5일
특기사항		2005년 5월 2일 부친 사망

5) 학적사항

제7조(학적사항) ① 중 · 고등학교에서는 입학 전 전적학교의 졸업 연월일과 학교명을 입력하며, 검정고시 합격자는 합격 연월일과 '검정고시 합격'이라고 입력한다.

② 재학 중 학적변동이 발생한 경우에는 전출교와 전입교에서 각각 학적변동이 발생한 일자, 학교와 학년, 학적변동 내용을 입력한다. 학적처리에 사용하는 용어는 별지 제7호와 같다.

③ '특기사항'란에는 학적변동의 사유를 입력한다.

P/ L/ U/ S/

인권보호위원회의 결정에 따라 학생들의 인권에 영향을 줄 수 있는 부분은 삭제 또는 보완 조치되어 있다.

특기사항란에 학생 · 학부모에 부정적 영향을 줄 수 있는 것은 입력하지 않을 수 있다.

입력 예는 〈표 11-2〉와 같다.

〈표 11-2〉 학적사항의 입력 예

2001년 2월 17일 □□초등학교 제6학년 졸업 2001년 3월 2일 ○○중학교 제1학년 입학(2001년 7월 18일 유예) 2003년 8월 6일 ◇◇중학교 제3학년에 재취학	
특 기 사 항	2001년 7월 18일 전 가족 일본 출국(부 파견근무) 2001년 9월 1일~2003년 7월 26일 일본 ○○중학교 재학 2003년 8월 1일 전 가족 귀국(부 파견 종료)

6) 출결상황

제8조(출결상황) ① '수업일수'는 「초 · 중등교육법 시행령」 제45조의 규정에 의하여 학교장이 정한 학년별 학생이 연간 총 출석해야 할 일수를 입력한다.

② '결석일수' '지각' '조퇴' '결과'는 별지 제8호의 '출결상황 관리'에 따라 질병 · 무단 · 기타로 구분하여 연간 총일수 또는 횟수를 각각 입력한다.

③ 재취학 등 학적이 변동된 학생의 동 학년의 수업일수 및 출결상황은 학적변동 전(원적교)의 것과 변동 이후의 것을 합산하여 입력한다.

④ '특기사항'란에는 특기사항 및 학급 담임교사의 의견을 입력한다.

특기사항란에는 질병, 무단 등으로 인한 장기결석, 기타 결석의 사유 등을 입력한다. NEIS의 교무 · 학사, 입 · 진학, 보건 등의 3개 영역과 관련하여 제기된 인권침해 가능성의 문제를 검토하기 위하여 설치된 국무총리자문 교육정보화위원회의 판단에 따라 결석사유를 입력하기는 하되 학교생활기록부 I에서는 출력되지 않고, 학교생활기록부II 에서만 출력되도록 하였다.

입력 예는 〈표 11-3〉과 같다.

〈표 11-3〉 출결상황의 입력 예

<table>
<tr><th rowspan="2">학년</th><th rowspan="2">수업일수</th><th colspan="3">결석일수</th><th colspan="3">지각</th><th colspan="3">조퇴</th><th colspan="3">결과</th><th rowspan="2">특기 사항</th></tr>
<tr><th>질병</th><th>무단</th><th>기타</th><th>질병</th><th>무단</th><th>기타</th><th>질병</th><th>무단</th><th>기타</th><th>질병</th><th>무단</th><th>기타</th></tr>
<tr><td>1</td><td></td><td>2</td><td></td><td></td><td></td><td></td><td></td><td>1</td><td></td><td></td><td>1</td><td></td><td></td><td></td></tr>
<tr><td>2</td><td></td><td>15</td><td></td><td></td><td>1</td><td></td><td></td><td></td><td></td><td></td><td></td><td></td><td></td><td>맹장수술(10일), 독감(5일)</td></tr>
<tr><td>3</td><td></td><td></td><td></td><td>3</td><td></td><td></td><td></td><td></td><td></td><td></td><td>1</td><td></td><td></td><td>부모간병</td></tr>
</table>

7) 자격증 및 인증 취득상황

제10조(자격증 및 인증 취득상황) ① 학생이 취득한 자격증과 인증의 명칭 또는 종류, 번호 또는 내용, 취득 연월일, 발급기관을 입력한다.

② 자격증은 국가기술자격법에 의한 국가기술자격증, 개별 법령에 의한 국가자격증, 자격기본법에 의한 국가공인을 받은 민간자격증에 한하며, 자격증과 인증은 원본을 대조한 후에 취득한 순서대로 입력한다.

단위학교에서 '자격증'란에 기록해 줄 수 있는 자격증인지의 여부를 구분하는 방법이 있다. 국가기술자격증은 국가기술자격법 시행규칙에 의거하여 정하고 있으므로 무궁화 마크, 국가표시(대한민국), 국가기술자격증 등으로 쉽게 확인할 수 있다. 국가자격도 국가기술자격증과 유사하여 국가기술자격, 무궁화 마크, 국가표시(대한민국), 시행(부)처 등으로 확인할 수 있다.

입력 예는 〈표 11-4〉와 같다.

〈표 11-4〉 자격증 및 인증 취득상황의 입력 예

구분	명칭 또는 종류	번호 또는 내용	취득 연월일	발급기관
자격증	자동차정비기능사 2급 고압가스기능사 2급 정보처리기능사	01-1234 02-2345 02-4567	2001년 10월 03일 2002년 8월 17일 2002년 8월 24일	한국산업인력공단 한국산업인력공단 한국산업인력공단
인증	예1)정보소양인증	정보산업과목 2단위 이수	2001년 8월 31일	○○○학교
	예2)정보소양인증	컴퓨터반 34시간 이수	2001년 2월 20일	○○○학교
	예3)정보처리기능사 자격취득	02-4567	2002년 8월 24일	한국산업인력공단

8) 재량활동

제12조(재량활동) ① 재량활동의 편성 · 운영 및 영역 · 내용 · 평가 등은 학교장이 교육과정의 기준과 학교의 실정에 따라 계획을 수립하여 실시한다.

② 교과재량활동 중 중학교 선택과목의 평가는 별지 제9호 '교과학습발달상황 평가 및 관리'에 의거 시행하여 '교과학습발달상황'란에 교과, 과목명, 성취도, 석차(동석차수)/재적수를 입력하고, 국민공통기본교육과정의 심화 · 보충학습의 이수여부는 '세부능력 및 특기사항'란에 이수시간 및 이수과목 등을 입력한다.

③ 교과재량활동 중, 고등학교 선택과목과 실업계고등학교에서 교과재량활동을 전문교과로 이수하는 경우의 평가는 별지 제9호 '교과학습발달상황

평가 및 관리'에 의거 시행하여 '교과학습발달상황'란에 교과, 과목명, 단위수, 원점수, 평균, 표준편차, 석차등급, 이수자수를 입력하고, 국민공통기본교육과정의 심화 · 보충학습의 이수여부는 '세부능력 및 특기사항'란에 이수단위(시간) 및 이수과목 등을 입력한다.

④ 창의적 재량활동은 '창의적 재량활동상황'란에 활동영역 또는 주제, 연간 이수시간을 입력하고 평가는 활동영역 또는 주제에 대한 특기사항을 해당 사항이 있는 학생에 한하여 간략한 문장으로 입력한다.

입력 예는 〈표 11-5〉와 같다.

〈표 11-5〉 재량활동의 입력 예

과목	세부능력 및 특기사항	
심화 · 보충	6단위(국어, 영어, 수학 총 102시간)를 이수함	(고등학교의 예)
심화 · 보충	34시간(국어, 영어 각 17시간)을 이수함	(중학교의 예)

교과	과목	1학기		2학기		비 고
		성취도	석차/재적수	성취도	석차/재적수	
재량	한문	수	10(3)/350	우	60(·)/350	

교과	과목	1학기			2학기			비고
		단위수	원점수/과목평균(표준편차)	석차등급(이수자수)	단위수	원점수/과목평균(표준편차)	석차등급(이수자수)	
재량	한문	2	95/70.0(10.0)	1(532)	2	85/73.0(11.0)	3(352)	

학년	활동영역 또는 주제	이수시간	특기사항
1	소집단공동연구	17시간	지역의 환경오염 실태를 잘 분석하여 발표함
	정보윤리교육	17시간	정보사회가 진행되면서 나타나는 정보격차와 정보불평등의 문제에 대한 보고서를 논리적으로 서술함

9) 특별활동

제13조(특별활동상황) ① 특별활동의 5개 영역별 활동내용, 평가방법 및

기준은 교육과정을 근거로 학교별로 정하며, 활동상황은 영역별 이수시간 및 특기사항을 입력하되, 특기사항(참여도, 활동의욕, 태도의 변화 등)은 해당사항이 있는 학생에 한하여 간략하게 문장으로 입력한다.

② 제1항의 봉사활동 영역의 실적은 학교계획에 의한 봉사활동과 학생 개인 계획에 의한 봉사활동의 구체적인 내용을 별도의 '봉사활동 실적'란에 연간 실시한 봉사활동의 일자 또는 기간, 장소 또는 주관기관명, 활동내용, 시간, 누계시간을 실시일자 순으로 모두 입력한다.

③ 제1항의 규정에 의한 영역별 누가기록은 공정성, 객관성, 투명성, 신뢰도, 타당도 등이 확보되도록 서식을 개발하여 활용하되, 전산입력하여 관리하거나 그 출력물로 대신할 수 있다.

입력 예는 〈표 11-6〉과 같다.

〈표 11-6〉 특별활동의 입력 예

학년	봉사활동 실적				
	일자 또는 기간	장소 또는 주관기관명	활동내용	시간	누계시간
1	2005년 3월 10일	각 학급 교실	봉사활동의 의의와 필요성	1	1
	2005년 7월 6일	○○학교 진입로	환경정화활동	2	3
	2005년 8월 1일~7일	○○복지관	노인의 목욕을 도와줌	15	18
2					

10) 교과학습발달상황

제15조(교과학습발달상황) ① 교과학습발달상황의 평가는 별지 제9호 '교과학습발달상황 평가 및 관리'에 의거 시행한다.

② 초등학교의 교과학습발달상황은 각 교과의 학습활동 진보정도, 수행평가 결과, 특징 등을 종합하여 '세부능력 및 특기사항'란에 과목별로 간략하게 문장으로 입력한다.

③ 중학교는 제1항의 규정에 의하여 시행한 평가에 따라 '교과' '과목명'

> **P/ L/ U/ S/**
> 초등학교는 수행평가 결과만 입력할 뿐 필기고사에 대한 성적을 입력하는 부분이 없다.

'성취도' '석차(동석차수)/재적수'를 산출하여 각 학기말에 입력한다.

④ 고등학교는 제1항의 규정에 의하여 시행한 평가에 따라 '교과' '과목명' '단위수' '원점수' '평균' '표준편차' '석차등급' '이수자수'를 산출하여 각 학기말에 입력한다.

⑤ '비고'란에는 학교 간 통합 선택교과 이수, 학적변동으로 인한 이수과목 상이 등 교육과정 운영에 따른 특기사항에 관한 내용을 간략하게 입력한다.

⑥ '세부능력 및 특기사항'란에는 과목과 관련된 세부능력 및 수행평가, 학습활동 참여도 및 태도 등을 특기할 만한 사항이 있는 과목 및 학생에 한하여 간략하게 입력한다. 단, 일반학교 및 특수학교의 특수교육 대상자 중 특수학교 기본교육과정을 적용하는 학생에 대해서는 학기를 구분하여 교과목별 세부능력 및 수행평가, 학습활동 참여도 및 태도 등을 구체적으로 입력한다.

⑦ 고등학교의 일반선택 교양과목군(한문, 교련, 교양) 중 교양교과는 과목명, 이수단위 및 이수여부를 입력하고 평가는 '세부능력 및 특기사항'란에 특기할 만한 사항이 있는 과목 및 학생에 한하여 간략하게 문장으로 입력한다.

입력 예는 〈표 11-7〉과 같다.

〈표 11-7〉 교과학습발달상황의 입력 예

교과	과목	1학기			2학기			비고사유
		단위수	원점수/과목평균(표준편차)	석차등급(이수자수)	단위수	원점수/과목평균(표준편차)	석차등급(이수자수)	
수학	공통수학	4	수	1(3)/240				
이수단위 합계								

11) 자료의 보존

P/ L/ U/ S/

기본적 출력물은 1년 보관이 원칙이며, 학생생활기록부 I은 준영구 보존이다.

제18조(자료의 보존) ① 학교의 장은 「공공기관의 기록물 관리에 관한 법률」 및 동법 시행령에 의거 학교생활기록부(학교생활기록부 I)를 준영구 보존

해야 한다.

② 학교의 장은 학교생활세부사항기록부(학교생활기록부 II)의 전산자료와 종이출력물을 학생 졸업 후 5년 동안 보존하여야 하며, 보존기간이 종료된 후 폐기 처분하여야 한다. 단, 고등학교는 상급학교입학 전형자료로 활용할 수 있도록 학교생활세부사항기록부(학교생활기록부 II)를 전산매체로 5년간 추가 보존한다.

교육정보시스템에 저장된 졸업생 전산자료(학교생활기록부 I · II)는 해당 학생 졸업 후 5년 동안 보존하여야 한다. 보존기간 종료 후 학교생활기록부(학교생활기록부 I) 원본은 관할 교육청 자료관으로 이관하여 '기록물전문관리기관'으로 이관하기 전까지 보존 · 관리하여야 하며, 교육정보시스템에서 전산자료를 삭제한다. 원본 이관 시에는 학교생활기록부 사본이나 부본 전산매체를 학교에 보관하여 업무에 활용할 수 있다. 학교생활세부사항기록부(학교생활기록부 II)는 5년의 보존기간이 지나면 종이출력물은 폐기 처분하고 교육정보시스템에서 전산자료를 삭제한다. 단, 고등학교는 종이출력물과 전산자료는 폐기 처분하고, 대학입학 전형자료로 사용할 수 있도록 전산매체만 5년간 추가 보존한 후 폐기 처분한다.

학업을 중단(의무취학 면제 · 유예, 정원 외 학적관리, 자퇴 등)한 자가 재취학, 편입학, 재입학 등으로 학적을 회복하기 전까지는 해당 학생의 학교생활기록부(학교생활세부사항기록부 포함)를 제18조에 따라 보관하여야 한다.

2. NEIS 행정처리

NEIS 행정처리는 전입처리, 전출처리, 학적변동자 처리, 출결처리, 특별활동 및 체험활동 누가기록, 창의적 재량활동 기록 등에 사용되고 있다. 구체적인 내용은 〈표 11-8〉~〈표 11-13〉과 같다(교육과학기술부, 2007c: 1-5).

P/ L/ U/ S/

전입과 전출 날짜가 일치하지 않으면 학생의 수업일수에 결석일로 등록되는 문제점이 발생할 수 있으므로 정확하게 처리해야 한다.

〈표 11-8〉 전입처리

순서	학교업무내용	NEIS 처리방법
1	전입생 학급배정	• [전입/편입/재입/복학생 등록]에서 학년, 반, 번호 입력
2	전입생 학생부 자료 확인	• [전입/편입생 자료요청]에서 전입생 학생부 자료요청 • [전입/편입/재입/복학생 학적반영]에서 전입생 학생부 자료 확인 후 학적 반영 • [기본학적 관리]–[기본신상 관리]에서 학적사항 등 확인
3	전입생 자료입력	• [전입/편입/재입/복학생 이전 출결자료 등록]에서 전입일 이전 출결자료 수정 • [교과학습발달상황 관리]에서 세부능력 및 특기사항 입력
4	전입처리 확인	• [기본신상 관리]–[학생이동부] 및 [학교교육과정]–[학교일지 관리]–[학교일지 조회]에서 학생이동상황 확인

출처: 교육과학기술부(2007c).

P/ L/ U/ S/

최근 교무업무시스템의 학생생활기록부는 자동으로 오류 점검을 해 주기 때문에 오류 발생을 최소로 줄일 수 있게 되었다.

〈표 11-9〉 전출처리

순서	학교업무내용	NEIS 처리방법
1	전출생 출결자료 정리 및 확인	• [학급별 출결현황]에서 출결자료 확인 • 미입력한 출결사항은 [일일출결 관리]에서 일일출결자료 등록 또는 [반별 월출결 마감자료 등록]에서 이전월까지 월출결자료 정리
2	전출생 학생부 자료 작성 및 확인	• 미입력된 학생생활 및 성적 등 모든 자료를 해당 메뉴에서 확인하여 입력 • [반별 월출결 마감관리]에서 해당월에 대해 전출일자 기준으로 월마감 처리 • [학교생활기록부 자료 반영]에서 학생부 자료 반영 • [학교생활기록부 개별조회]에서 학생부 자료 확인 ※ 수정사항 발생 시 2번 다시 작업

3	전출 학적처리	• [전출자료 요청접수 및 송부]에서 학생 확인 및 송부할 자료(학생생활, 성적, 학생부 및 월별 출결자료 등) 확인 ※ [전출자료 요청접수 및 송부]에서 학생부 생성 및 월출결자료 수정, 학생부 확인 등 일괄작업 가능
4	전출생 학생부 자료 송부	• [전출자료 요청접수 및 송부]에서 전출자료 보내기
5	전출처리 및 확인	• [전출생 학적 반영]에서 전출생으로 학적 반영 • [기본신상 관리]–[학생이동부] 및 [학교교육과정]–[학교일지 관리]–[학교일지 조회]에서 학생이동상황 확인

출처: 교육과학기술부(2007c).

〈표 11-10〉 학적변동자 처리

순서	학교업무내용	NEIS 처리방법
1	대상학생에 대한 출결자료 정리	• [학급별 출결현황]에서 출결자료 확인 • 미입력한 출결사항은 [일일출결 관리]에서 일일출결자료 등록 또는 [반별 월출결 마감자료 등록]에서 이전월까지 월출결자료 정리
2	성적 및 각종 자료 등 학생부 자료 작성 및 확인	• 미입력된 학생생활 및 성적 등 모든 자료를 해당 메뉴에서 확인하여 입력 • [반별 월출결 마감관리]에서 해당월에 대해 학적변동일자 기준으로 월마감 처리 • [학교생활기록부 자료 반영]에서 학생부 자료 반영 • [학교생활기록부 개별조회]에서 학생부 자료 확인 ※ 수정사항 발생 시 2번 다시 작업
3	학적변동 처리	• 대상학생의 일일출결자료 확인 후 [학적변동 개별관리]에서 학생 등록
4	학적변동 확인	• [학적변동 개별관리]에서 학적 반영 • [기본신상 관리]–[학생이동부] 및 [학교교육과정]–[학교일지 관리]–[학교일지 조회]에서 학생이동상황 확인

출처: 교육과학기술부(2007c).

〈표 11-11〉 출결처리

순서	학교업무내용	NEIS 처리방법
1	일일출결사항 확인 및 마감	• [일일출결 관리]에서 일별출결사항 확인 • [반별 일출결 마감관리]에서 일별출결 마감
2	월출결 사항 기록 및 마감	• 일일 출결관리하는 경우 [반별 월출결 마감관리]에서 월출결 마감 • 월별 출결 관리하는 경우 [반별 월출결 마감자료 등록]에서 월출결자료 등록 및 마감
3	각종 출결 관련 통계 생성	• [월별 출결 및 재적현황] 및 [반별 연간 출결통계], [학년별 연간 출결통계]

출처: 교육과학기술부(2007c).

〈표 11-12〉 특별활동 및 체험활동 누가 기록

순서	학교업무내용	NEIS 처리방법
1	계발(클럽)활동 부서 만들기	• [계발(클럽)활동 부서만들기]에서 부서를 만들고 담당교사를 등록
2	학생별 계발(클럽)활동 부서배정	• [계발(클럽)활동 부서배정]에서 부서별로 학생을 배정
3	학생별 계발(클럽)활동 출석관리	• [계발(클럽)활동 출석관리]에서 출석을 관리함
4	누가기록	• [자치/적응/행사활동 누가기록]에서 학생의 누가기록 입력 • [계발(클럽)활동 부서별 기록]에서 학생별로 활동기록을 입력 • [봉사활동 누가기록(7차)]에서 학생의 누가기록을 입력 • [체험활동 누가기록]에서 학생의 누가기록을 입력
5	학교생활기록부 기록	• [자치/적응/행사활동 학생부 자료기록]에서 학생부에 반영될 자료를 기록 • [계발(클럽)활동 부서별 기록]에서 학생부에 반영될 자료를 기록 • [봉사활동 누가기록(7차)]에서 학생부에 반영될 자료를 기록

출처: 교육과학기술부(2007c).

〈표 11-13〉 창의적 재량활동 기록

순서	학교업무내용	NEIS 처리방법
1	창의적 재량활동 분류 및 영역 또는 주제관리	• [창의적 재량활동 활동영역 또는 주제관리]에서 창의적 재량활동을 분류하여 활동영역 또는 주제를 등록
2	창의적 재량활동 기록	• [창의적 재량활동 기록]에서 영역별로 학생의 기록을 등록

출처: 교육과학기술부(2007c).

제3절 민원처리 관련 법령

1. 민원처리의 근거

1) 변화와 혁신의 조건

'수요자 중심' 행정에 대한 요구가 증대하고 행정서비스도 민간과 경쟁하는 시대가 도래함에 따라 고객편의 위주로 행정서비스의 패러다임이 변화되고 있다. 또 국민들의 의식수준이 향상됨에 따라 다양하고 수준 높은 공공서비스에 대한 요구가 증대되고 있다. 이러한 흐름 속에서 '민원' 역시 행정에 대한 불평 · 불만이 아닌 '중요하고 긍정적인 행정의 투입요소(input)'로 파악되어야 한다(교육과학기술부, 2006: 1).

2) 민원 관련 기본용어

(1) 민원인

민원인이란 행정기관에 대하여 처분 등 특정한 행위를 요구(민원 신청)하는 개인 · 법인 · 단체를 의미한다(「민원사무처리에 관한 법률」 제2조 제1호). 따라서 민원인이 될 수 없는 경우는 다음과 같다(「민원사무처리에 관한 법률 시행령」 제2조 제1항).

1. 행정기관에 특정한 행위를 요구하는 행정기관 또는 공공단체(행정기관 또는 공공단체가 사경제의 주체로서 요구하는 경우를 제외한다)
2. 행정기관과 사법(사법)상의 계약관계에 있는 자로서 계약관계와 직접 관련하여 행정기관에 특정한 행위를 요구하는 자
3. 행정기관에 특정한 행위를 요구하는 자로서 성명 · 주소 등이 분명하지 아니한 자

(2) 고충민원

고충민원이란 행정기관의 위법 · 부당하거나 소극적인 처분 및 불합리한 행정제도로 인하여 국민의 권리를 침해하거나 국민에게 불편 또는 부담을 주는 사안과 관련한 민원을 말한다(「민원사무처리에 관한 법률 시행령」 제2조 제2항 제6호). 주로 다음과 같은 경우에 고충민원을 제기할 수 있다(교육과학기술부, 2006).

① 행정기관의 위법 · 부당한 처분이나 부작위 등으로 인하여 권리 · 이익이 침해되거나 불편 또는 부담이 되는 사항의 해결 요구
② 민원사무의 처리기준 및 절차가 불투명하거나 담당공무원의 처리 지연 등 행정기관의 소극적인 행정행위나 부작위로 인하여 불편 또는 부담이 되는 사항의 해소 요청
③ 불합리한 행정제도 · 법령 · 시책 등으로 인하여 권리 · 이익이 침해되거나 불편 또는 부담이 되는 사항의 시정요구
④ 기타 행정과 관련한 권리 · 이익의 침해나 부당한 대우에 관한 시정 요구

(3) 복합민원

복합민원이란 다수의 관계기관 또는 부서의 허가 · 인가 · 승인 · 추천 · 협의 · 확인 등을 거쳐 처리되는 민원을 말한다(「민원사무처리에 관한 법률」 제2조 제3호).

2. 민원처리의 태도

민원을 처리할 때에는 민원인의 요구를 정확히 받아들여 이를 신속하게 해결할 수 있어야 한다. 이에 민원을 처리할 때 지녀야 하는 태도와 자세 그리고 민원인을 보호하는 방법을 살펴보면 다음과 같다(교육과학기술부, 2006).

1) 민원처리 태도

① 투철한 대민봉사 정신

② 해박한 업무지식

③ 친절, 공손한 태도

④ 신속 · 공정한 업무처리

⑤ 처리심사기준 · 절차 공개, 안내서비스 제공

2) 민원처리 자세

(1) 세 가지 노력

① 민원인의 처지와 심리를 이해하려는 노력

② 업무에 관한 지식을 향상시키려는 노력

③ 신속 · 정확하게 봉사하려는 노력

(2) 여덟 가지 마음가짐

① '어서 오십시오'의 환영하는 마음

② '안녕하십니까'의 밝은 마음

③ '예~'하는 상냥한 마음

④ '수고하셨습니다'라고 위로하는 마음

⑤ '미안합니다'라는 겸손한 마음

⑥ '덕택으로'라는 겸허한 마음

⑦ '하겠습니다'의 봉사하는 마음

⑧ '고맙습니다' 하는 감사의 마음

3) 민원인의 보호

민원처리기관은 민원사무 처리와 관련된 정보에 대하여 민원인의 권익이 침해되지 않도록 보호해야 한다. 처리기관의 장 역시 민원인이 민원을 제출하였다는 이유로 불이익을 받지 않도록 조치해야 한다. 그리고 공개민원의 경우에도 해당 민원서류를 피민원인 혹은 피감기관 등에 그대로 전달하지 않도록 유의해야 한다.

생각해 볼 문제

1. NEIS에 의해서 처리되고 있는 교무업무시스템은 인권보호 차원에서 현재는 서버를 분리하여 독립적으로 운영하고 있다. 학적업무의 전산화가 교사에게 미치는 영향에 대하여 토론해 보자.

2. 일선 학교현장에서는 학생의 전 · 입학 등의 학적변동사항이 발생했을 때 많은 교사들이 어려움을 호소하고 있다. 각종 학생사정 업무를 편리하게 처리할 수 있는 대비책으로 어떤 방법이 있는지 생각해 보자.

3. 학부모 정보공개 서비스가 실시되고 있다. 학부모들은 자녀들의 교육정보를 열람하기 위해 공인인증서를 부여받아, 생활기록부 및 중등의 경우 학업성취도 수준까지 열람 가능하게 되어 있는데, 실제로 그 활용도는 매우 낮은 편이다. 정보공개 서비스를 활성화하기 위한 방안에는 무엇이 있는지 토론해 보자.

임용고사 기출문제

(2003년 초등 임용시험)

1. 교실의 물리적 환경구성 시 고려할 사항으로 가장 적절한 것은? (1)

   ① 교실의 색조 선택은 교실의 상황에 따라 달리하는 것이 좋다.

   ② 아동들의 자리배치는 동일한 형태로 지속시키는 것이 좋다.

   ③ 교실환경 구성 시 학생참여는 가능한 한 제한하는 것이 좋다.

   ④ 창이 있는 교실은 창에 발을 쳐서 각종 자료를 제시하는 것이 좋다.

풀이 Lemlech(1979)는 일반적 교실구성의 원칙으로 학생의 흥미를 자극할 수 있도록 해야 하고, 학습욕구를 북돋울 수 있도록 해야 하며, 비형식적 환경을 형성할 수 있도록 해야 하고, 학생의 욕구변화에 따라 바뀔 수 있도록 해야 하며, 교구자료를 보관할 수 있는 공간이 확보될 수 있도록 해야 한다고 제시하였다.

(2002년 중등 임용시험)

2. 학급경영을 할 때 학년 초에 다루어야 할 사항으로 가장 적합하지 않은 것은? (3)

   ① 교실환경 준비

   ② 학급규칙 설정

   ③ 학예행사 준비

   ④ 학생과의 관계 형성

풀이 학년 초에 학급담임이 해야 할 업무로는 제일 먼저 교실환경을 교육에 맞게 재구성해야 하고, 자기 반 학생들에 대한 관계(rapport)를 형성해야 한다. 학급규칙 설정은 사실 매우 중요한 사항은 아니나, 학예행사 준비에 비하면 학년 초에 다루어야 할 사항으로 분류될 수 있다.

읽을 거리

The Tide Will Always Come In

This is a story about the "Steel King", Andrew Carnegie.

In the restroom of Carnegie's office hangs a painting. It is neither the work of a famous painter nor a great piece of work. It is simply a picture of a boat with a row lying inside it. However, Carnegie treasured that picture like a jewel. Why was this?

Carnegie came upon the painting when he was a youth with little food or money. The moment he read the caption that the artist had written on the bottom of the painting. Carnegie's heart surged with hope. It said, "The tide is sure to come in. That day I will go out to sea."

Carnegie waited for the tide to come in. He spent many days of his youth cold and hungry, but that piece of writing gave him the power to overcome those hard times. And finally, when he became an internationally known rich man, he bought the painting for a very high price and hung it on his bathroom wall.

The tide will come in for you too. Nurture big dreams and be a firm believer in them. Prepare yourself to go out to sea. Begin right now.

Cha(2008)

참고문헌

교육과학기술부(2006). 교육민원처리 e-매뉴얼. 민원조사담당관실.

교육과학기술부(2007a). 학교생활기록부 기재 길라잡이(초). 한국교육학술정보원.

교육과학기술부(2007b). 학교생활기록부 기재 길라잡이(중). 한국교육학술정보원.

교육과학기술부(2007c). 학기중 업무처리. 한국교육학술정보원.

민원사무처리에 관한 법률. 법률 제8852호(일부개정 2008. 2. 29).

민원사무처리에 관한 법률 시행령. 대통령령 제20741호(일부개정 2008. 2. 29).

서울특별시교육청(2006). 교직실무편람. 서울특별시교육과학연구원.

초·중등교육법. 법률 제8917호(일부개정 2008. 3. 21).

초·중등교육법시행령. 대통령령 제16729호(일부개정 2000. 2. 28).

충청남도교육청(2008). NEIS 교무업무처리 방법. 충청남도교육과학연구원.

Cha, Norbert D. Y. (2008). *Blessing of the Rainbow* (tran. by Soo-jin Kim). Seoul: Wis&Bis. (원전은 2007년 출간)

Lemlech, J. K. (1979). *Classroom management*. New York: Harper & Row.

제 12 장

교육과정 편성 · 운영

우리나라는 국가수준의 교육과정에서 학교수준의 교육과정으로 옮겨가면서 학교에 최대한의 자율성과 융통성을 부여하고 있다. 이에 따라 학교의 실정, 학부모와 학생들의 특성과 요구 등을 반영하고 있다. 이러한 추세에 발맞추어 학생들의 학습을 지원하는 학사실무 가운데 교육과정의 편성 · 운영은 학생들의 질적 향상을 도모하는 교사들의 중요한 역할 중 하나로 인식되고 있다. 이에 교사들은 학사업무를 원활하게 추진하기 위해 학교교육과정에 대한 전문적 지식과 실행의지를 갖추어야 할 것이다.

제1절 학교교육과정의 이해

학교교육과정은 교육과정 개발에 대한 권한을 학교, 즉 교사에게 일임함으로써 학교교육의 효율성을 꾀하고자 한다. 우리나라의 제7차 교육과정은 학교중심 교육과정의 모습을 잘 보여 주고 있으며, '2007년 개정 교육과정' 역시 학생들의 질적 향상에 주력하기 위해 학교교육과정을 지원하고 있다.

P/ L/ U/ S/

학교교육과정은 학교중심 교육과정(school-based curriculum) 또는 학교수준 교육과정(school-level curriculum)으로도 불린다.

1. 교육과정의 수준

교육과정은 그 내용을 결정하는 주체에 따라 국가수준의 교육과정 기준, 지역수준의 교육과정 편성 · 운영 지침, 학교수준의 교육과정으로 나누어 볼 수 있다. 국가에서 교육과정을 개발 · 평가하고 지역이나 학교가 교육과정을 운영하는 역할만 하는 경우를 중앙집권적 교육과정 체제라고 한다. 반면, 교육과정의 개발 · 운영 · 평가의 모든 활동이 지역이나 학교를 중심으로 전개되는 경우를 지방분권적 교육과정 체제라고 한다.

1) 국가수준의 교육과정

국가수준의 교육과정이란 초 · 중등학교의 교육목적과 교육목표를 달성하기 위해 「초 · 중등교육법」 제23조 제2항에 의거하여 교육과학기술부장관이 문서로 결정 · 고시한 것으로, 교육내용에 관한 전국 공통의 일반적인 기준을 말한다. 오늘날 우리나라는 국가, 시 · 도교육청, 학교에서 교육과정의 결정을 분담하도록 그 권한을 분권화하고, 지역이나 학교의 실정에 맞게 편성 · 운영하도록 자율 · 재량권을 점차 확대해 가는 추세 속에서도 국가가 법령의 형태로 교육과정 기준을 설정하고 있다. 그 근거는 다음과 같다(교육과학기술부, 2008: 12-13).

PLUS

교육과학기술부가 초 · 중등교육법에 의거하여 고시하는 국가수준의 교육과정은 '교육의 기본설계도'로서의 기능을 지니게 되며, 학교교육과정의 기준으로서 법적 구속력을 갖기도 한다.

첫째, 초 · 중등 학교교육은 보통교육이기 때문에 국민으로서 필요한 공통적이고 일반적인 기준이 국가수준에서 설정되어야 한다.

둘째, 전국의 어느 학교에서나 같은 수준과 질의 교육혜택을 받을 수 있도록 교육의 질적 기회를 균등하게 보장하려면 전국 공통의 기준이 필요하다.

셋째, 단계별 교육은 교육내용의 영역, 범위, 수준, 학습량 등에서 계통성과 일관성이 있어야 하기 때문에 교육내용의 학년 또는 단계적인 체계 및 일관성을 유지하기 위해 국가수준의 기준이 필요하다.

넷째, 각 학교에서 이루어지는 교육이 공교육의 입장에서 객관적으로 질 관리가 되도록 교육의 일정수준을 유지 · 향상시키려면 국가수준의 기준이 필요하다.

다섯째, 교육에 가해질 우려가 있는 부당한 압력이나 간섭, 편향된 교화, 선전 등을 방지하여 교육의 중립성을 확보하려면 국가수준의 기준이 필요하다.

끝으로, 초 · 중등학교의 교육을 통해 기르고자 하는 인간상을 구현하는 일은 궁극적으로 국가의 책임이기 때문에 이를 위한 기준이 필요하다.

국가수준의 교육과정은 교육과정의 표준화로 학교교육의 질 관리가 용이하며, 학생들이 진학하거나 학교를 옮겼을 때에도 교육과정의 일관성과 연속성을 보장할 수 있다(김대현, 김석우, 2003: 32). 그러나 교육과정의 기준을 개발하는 데는 전문인력, 막대한 비용, 장시간의 투자 등이 필요하며, 지역이나 학교의 특성을 반영하지 못하고 자율성과 전문성을 해칠 수 있다.

2) 지역수준의 교육과정

지역수준의 교육과정은 시 · 도 단위 또는 시 · 군 · 구 단위의 지역특성과 실정, 필요, 요구 등이 반영된 교육과정 편성 · 운영 지침이다. 지역수준의 교육과정을 설정하는 법적 근거는 「초 · 중등교육법」 제23조 제2항 등에 제시되어 있으며, 국가수준의 교육과정으로부터 위임받은 사항을 수행한다.

그러므로 지역수준의 교육과정은 국가수준의 교육과정에서 획일적으로 제시하기 어려운 교육중점을 지역에 맞게 설정함으로써 관내의 각급 학교가 학교교육과정을 편성 · 운영하는 준거가 된다. 이에 시 · 도교육청 수준에서는 각급 학교교육과정 편성 · 운영 지침을 작성하여 이를 관내의 지역교육청과 각급 학교에 제시해야 하는 책무가 있으며, 시 · 군 · 구 지역교육청에서는 학교교육과정의 편성 · 운영에 관한 실천중심의 장학자료를 작성하여 각 학교에 제시해야 한다(교육과학기술부, 2008).

따라서 지역수준의 교육과정 지침은 국가수준의 교육과정과 학교수준의

P/ L/ U/ S/

우리나라 「초 · 중등교육법」 제23조 제2항에 보면 "교육감은 교육과학기술부장관이 정한 교육과정의 범위 안에서 지역의 실정에 적합한 기준과 내용을 정할 수 있다." 라고 명시하고 있다. 또 「교육기본법」 제5조 제1항에서는 "국가 및 지방자치단체는 교육의 자주성 및 전문성을 보장하여야 하며, 지역의 실정에 맞는 교육의 실시를 위한 시책을 수립 · 실시하여야 한다."라고 명시하고 있다.

교육과정을 자연스럽게 연결해 주는 역할을 한다. 또한 지역수준의 교육과정은 지역의 특수성을 반영하고, 지역교육청의 교육 전문성을 신장시킬 수 있다는 장점을 가진다. 그러나 지역 간의 격차가 심해질 수 있고, 시간이나 비용 등의 부족으로 교육과정 수준이 낮아질 수 있다.

3) 학교수준의 교육과정

PLUS

우리나라 학교수준의 교육과정은 중앙정부에서 개발한 교육과정을 채택하거나 반영 또는 재구조화한 학교중심 교육과정의 성격을 지닌다.

학교수준의 교육과정은 학교가 교육과정에 대한 의사결정을 통해 개발한 교육계획 또는 중앙정부에서 개발한 교육과정을 채택하여 변용하거나 재구조화함으로써 개발된다. 학교수준의 교육과정 편성 · 운영의 법적 근거는 「초 · 중등교육법」 제23조 제1항에서 "학교는 교육과정을 운영하여야 한다."라고 규정하고 있는 것에서 찾을 수 있다.

제7차 교육과정에서는 학교교육과정을 국가수준의 교육과정 기준과 시 · 도의 교육과정 편성 · 운영 지침을 근거로 하여 지역의 특수성과 학교의 실정 및 실태에 알맞게 각 학교별로 마련한 '의도적인 교육실천계획(school program)'으로 정의하고 있다(교육부, 1999: 14).

이러한 학교교육과정의 개념 정의를 바탕으로 '2007년 개정 교육과정'에서는 제7차 교육과정에서 제시한 내용을 그대로 수용하는 모습을 보이고 있다.

> 각 학교의 학교교육과정은 단순히 교육목표와 교육내용만을 의미하는 협의의 개념으로 볼 것이 아니라, 학습자의 '교육경험의 질'을 관리하는 구체적인 교육 프로그램의 계획을 의미하는 실천적 · 포괄적인 개념으로 보아야 한다. 이와 같은 교육 프로그램은 교육목표, 내용, 방법, 평가, 운영방식 등을 핵심 내용으로 하여 구성되며, 이들 요인에 영향을 주는 조직, 시설, 예산 등에 이르기까지 교육구조적인 요인에 대한 배려까지도 포함하여야 한다(교육과학기술부, 2008: 16).

여기서 학교교육과정의 교육내용은 지식과 그것을 조직하는 사고의 양식, 생활 경험, 공동체 경험을 포함하며, 방법은 구체적인 교수–학습과정을 의미한다. 그러므로 학교교육과정의 내용을 둘러싸고 있는 제반 관련 요인들과의 상호 유기적인 관계를 중시하는 개념으로 보아야 할 것이다. 결국 학교교육과정은 학교 주변의 모든 직접적이고 간접적인 환경과의 관련성이 바탕이 되어야 함을 알 수 있다.

우리나라 제6차와 제7차 교육과정, 그리고 '2007년 개정 교육과정'에서는 학교수준의 교육과정을 강조함으로써 학교에 교육과정의 개발 및 운영의 자율권을 최대한 위임하고 있으며, 이것은 교사들의 교육과정 개발에 대한 책무성을 부여하는 것이기도 하다.

2. '2007년 개정 교육과정'의 내용

우리나라 초 · 중등교육은 「교육기본법」과 「초 · 중등교육법」에 의해 운영하도록 규정하고 있다. 2007년 2월 28일에 개정 고시한 교육과정은 제7차 교육과정을 수정 · 보완한 교육과정으로서 '2007년 개정 교육과정'으로 명명하였다. 새 교육과정은 제7차 교육과정과 마찬가지로 '국민공통기본교육과정'과 '고등학교 선택중심 교육과정'으로 구성되어 있다. 국민공통 기본교육과정은 크게 교과, 특별활동, 재량활동으로 나뉘며, 고등학교 선택중심 교육과정은 교과와 특별활동으로 나뉜다.

1) '2007년 개정 교육과정'의 성격

새 교육과정은 「초 · 중등교육법」 제23조 제2항에 의거하여 고시한 것으로, 초 · 중등학교의 교육목적과 교육목표를 달성하기 위한 국가수준의 교육과정이며, 초 · 중등학교에서 편성 · 운영해야 할 학교교육과정의 공통적 · 일반적인 기준을 제시한 것이다.

가. 국가수준의 공통성과 지역, 학교, 개인수준의 다양성을 동시에 추구하는 교육과정이다.

나. 학습자의 자율성과 창의성을 신장하기 위한 학생중심의 교육과정이다.

다. 교육청과 학교, 교원 · 학생 · 학부모가 함께 실현해 가는 교육과정이다.

라. 학교교육 체제를 교육과정 중심으로 개선하기 위한 교육과정이다.

마. 교육의 과정과 결과의 질적 수준을 유지 · 관리하기 위한 교육과정이다(교육과학기술부, 2008: 189).

학교중심 교육과정은 사회적인 요구이며, 수요자 중심의 교육을 지향해야 하는 교육적 과제의 해법이기도 하다. 따라서 학교중심 교육과정은 국가수준의 공통성과 학교 자체의 특수성이 어우러져 학생들의 발달을 극대화시키기 위한 교육과정의 변화로 볼 수 있다.

2) 교육과정 구성의 방향

우리나라의 교육은 홍익인간의 이념 아래 모든 국민으로 하여금 인격을 도야하고, 자주적 생활능력과 민주시민으로서 필요한 자질을 갖추게 하여 인간다운 삶을 영위하게 하며, 민주국가의 발전과 인류공영의 이상을 실현하는 데 이바지하게 함을 목적으로 하고 있다.

이러한 교육이념을 바탕으로, 새 교육과정이 추구하는 인간상은 제7차 교육과정에서 추구하는 인간상과 같다.

가. 전인적 성장의 기반 위에 개성을 추구하는 사람

나. 기초능력을 토대로 창의적인 능력을 발휘하는 사람

다. 폭넓은 교양을 바탕으로 진로를 개척하는 사람

라. 우리 문화에 대한 이해의 토대 위에 새로운 가치를 창조하는 사람

마. 민주시민의식을 기초로 공동체의 발전에 공헌하는 사람(교육과학기술부, 2008)

P/ L/ U/ S/

제7차 개정 교육과정에서 추구하는 인간상은 제6차 교육과정까지의 단순한 인간상 제시방식을 탈피하고 복합적이고 다면적인 인간상을 설정한 것이 특색이다.

이와 같은 인간상을 구현하기 위한 구성방침으로는 첫째로, 사회적 변화의 흐름을 주도할 수 있는 기본능력을 길러 줄 수 있도록 교육과정을 구성하였고, 둘째로, 국민공통 기본교육과정과 선택중심 교육과정 체제를 도입하였으며, 셋째로, 교육내용의 양과 수준을 적정화하고, 심도 있는 학습이 이루어지도록 하였다. 넷째로, 학생의 능력, 적성, 진로를 고려하여 교육내용과 방법을 다양화하였으며, 다섯째로, 교육과정 편성과 운영에서 현장의 자율성을 확대하였다. 끝으로, 교육과정 평가체제를 확립하여 교육에 대한 질 관리를 강화하였다. 이러한 방침은 역시 학교중심 교육과정이 지향하는 학생 · 학부모의 요구 및 교사의 자율성과 전문성 신장을 고려한 것이며, 궁극적으로는 교육의 효율화를 꾀하기 위한 것이라 할 수 있다.

3) 학교급별 교육목표

새 교육과정이 추구하는 인간상을 구현하기 위해 다음과 같이 학교급별 교육목표를 두었는데, 이는 제7차 교육과정의 내용과 같다(교육과학기술부, 2008: 192).

(1) 초등학교 교육목표

초등학교의 교육은 학생의 학습과 일상생활에 필요한 기초능력 배양과 기본생활습관을 형성하는 데 중점을 둔다.

P/ L/ U/ S/

「초 · 중등교육법」 제38조에 "초등학교는 국민생활에 필요한 기초적인 초등교육을 하는 것을 목적으로 한다."라고 명시되어 있다.

가. 몸과 마음이 균형 있게 자랄 수 있는 다양한 경험을 가진다.

나. 일상생활의 문제를 인식하고 해결하는 기초능력을 기르고, 자신의 생각과 느낌을 다양하게 표현하는 경험을 가진다.

다. 다양한 일의 세계를 이해할 수 있는 폭넓은 학습경험을 가진다.

라. 우리의 전통과 문화를 이해하고 애호하는 태도를 가진다.

마. 일상생활에 필요한 기본생활습관을 기르고, 이웃과 나라를 사랑하는 마음씨를 가진다.

(2) 중학교 교육목표

P/ L/ U/ S/

「초 · 중등교육법」 제41조에 "중학교는 초등학교에서 받은 교육의 기초 위에 중등교육을 하는 것을 목적으로 한다."라고 명시되어 있다.

중학교의 교육은 초등학교 교육의 성과를 바탕으로, 학생의 학습과 일상생활에 필요한 기본능력과 민주시민으로서의 자질을 함양하는 데 중점을 둔다.

가. 심신의 조화로운 발달을 추구하고, 자기발견의 기회를 가진다.

나. 학습과 생활에 필요한 기본능력과 문제해결력을 기르고, 자신의 생각과 느낌을 창의적으로 표현하는 경험을 가진다.

다. 다양한 분야의 지식과 기능을 익혀 적극적으로 진로를 탐색하는 경험을 가진다.

라. 우리의 전통과 문화에 대한 자긍심을 지니고, 이를 발전시키려는 태도를 가진다.

마. 자유민주주의의 기본적 가치와 원리를 이해하고, 민주적인 생활방식을 익힌다.

(3) 고등학교 교육목표

P/ L/ U/ S/

「초 · 중등교육법」 제45조에 "고등학교는 중학교에서 받은 교육의 기초 위에 중등교육 및 기초적인 전문교육을 하는 것을 목적으로 한다."라고 명시되어 있다.

고등학교의 교육은 중학교 교육의 성과를 바탕으로, 학생의 적성과 소질에 맞는 진로개척 능력과 세계시민으로서의 자질을 함양하는 데 중점을 둔다.

가. 심신이 건강한 조화로운 인격을 형성하고, 성숙한 자아의식을 가진다.

나. 학문과 생활에 필요한 논리적 · 비판적 · 창의적 사고력과 태도를 익힌다.

다. 다양한 분야의 지식과 기능을 익혀, 적성과 소질에 맞게 진로를 개척하는 능력을 기른다.

라. 우리의 전통과 문화를 세계 속에서 발전시키려는 태도를 가진다.

마. 국가공동체의 형성과 발전을 위해 노력하며, 세계시민으로서의 의식과 태도를 가진다.

4) 편제와 시간(단위) 배당기준

'2007년 개정 교육과정'은 '교육과정 수시개정체제'에 따라 개정함으로써 교육과정의 안정성을 확보하고 종래의 주기적 · 일시적 개정방식의 문제점을 보완하고자 하였다. 그리하여 새 교육과정은 7차 교육과정의 기본 철학과 체제를 유지하면서 제기된 문제점을 개선하였다. 새 교육과정은 제7차 교육과정에서 표방한 바와 같이 '학생의 학습과 일상생활에 필요한 기초적인 능력과 태도의 육성'에 중점을 두며, ① 기본생활습관 형성과 기초교육의 충실, ② 재량활동의 활성화, ③ 학습부담의 경감과 교과구조의 점진적 확대, ④ 교과 학습내용의 적정화, ⑤ 통합교과의 견지 및 내실화를 주요 개정내용으로 하였다(교육과학기술부, 2008: 117).

(1) 편제

새 교육과정은 제7차 교육과정에서와 같이 '국민공통 기본교육과정'과 '고등학교 선택중심 교육과정'으로 구성되어 있다(교육과학기술부, 2008). 제7차 교육과정의 편제는 [그림 12-1]과 같다.

첫째, 국민공통 기본교육과정은 교과, 재량활동, 특별활동으로 편성한다. 국민공통 기본교육기간은 초등학교 1학년부터 고등학교 1학년까지의 10년간이며, 이 기간 중에는 학년제 개념에 기초하여 일관성 있게 교육과정 체제를 갖추었다. ① 교과는 국어, 도덕, 사회, 수학, 과학, 실과(기술 · 가정), 체육, 음악, 미술, 외국어(영어) 등 10개 기본교과로 한다. 다만, 초등학교 1, 2학년 교과는 국어, 수학, 바른 생활, 슬기로운 생활, 즐거운 생활 및 우리들은 1학년으로 한다. 또 3, 4학년은 9개 교과, 5, 6학년은 10개 교과를 편성하여 학년이 올라가면서 교과의 수를 확대하였다. ② 재량활동은 교과 재량활동과 창의적 재량활동으로 구성된다. 교과 재량활동은 중등학교의 선택과목 학습과 국민 기본교과의 심화 · 보충학습을 위한 것이며, 창의적 재량활동은 학교의 독특한 교육적 필요, 학생의 요구 등에 따른 범교과학습과 자기주도적 학습을 위한 것이다. ③ 특별활동은 자치활동, 적응

> **P/ L/ U/ S/**
> 특별활동은 학생의 요구와 지역 및 학교의 특성을 고려하여 학교 재량으로 배정하되, 봉사활동과 행사활동은 학교의 실정에 따라 별도의 시간을 확보하여 운영할 수 있다.

P/ L/ U/ S/

저학년 통합교과 교육과정은 교과와 교과 간의 통합을 지양하고, 생활중심의 대주제와 활동주제에 의한 통합 운영이 가능하게 되어 있다.

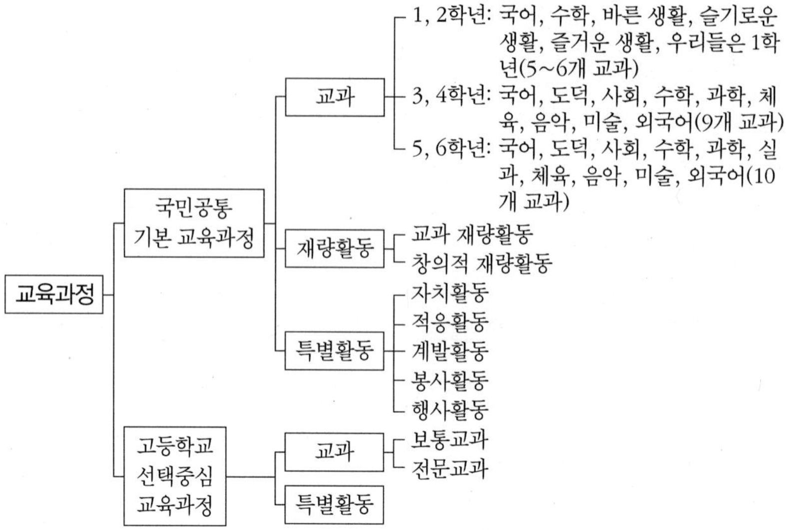

[그림 12-1] 제7차 교육과정의 편제

출처: 교육부(1999), p. 107.

활동, 계발활동, 봉사활동, 행사활동으로 한다.

둘째, 고등학교 선택중심 교육과정은 교과와 특별활동으로 편성한다. 교과는 보통교과와 전문교과로 한다. 보통교과는 국어, 도덕, 사회, 수학, 과학, 기술 · 가정, 체육, 음악, 미술, 외국어와 한문, 교양선택과목으로 한다. 전문교과는 농생명산업, 공업, 상업정보, 수산 · 해운, 가사 · 실업, 과학, 체육, 예술, 외국어, 국제에 관한 교과로 한다. 특별활동은 자치활동, 적응활동, 계발활동, 봉사활동, 행사활동으로 한다.

(2) 시간(단위) 배당기준

국민공통 기본교육과정의 시간(단위) 배당기준은 〈표 12-1〉에 나타나 있으며, 이 가운데 초등학교의 몇 가지 특성을 살펴보면 다음과 같다(교육과학기술부, 2008).

첫째, 학년별, 교과 및 영역별로 배당된 시간은 34주를 기준으로 한 '연간 최소 수업시간 수'이다. 이는 모든 학생들이 이수해야 하는 최소 시간이

〈표 12-1〉 국민공통 기본교육과정의 시간(단위) 배당기준

<table>
<tr><th rowspan="2" colspan="2">학교
학년
구분</th><th colspan="6">초등학교</th><th colspan="3">중학교</th><th>고등학교</th></tr>
<tr><th>1</th><th>2</th><th>3</th><th>4</th><th>5</th><th>6</th><th>7</th><th>8</th><th>9</th><th>10</th></tr>
<tr><td rowspan="14">교과</td><td>국어</td><td colspan="2" rowspan="2">국 어
210 238</td><td>238</td><td>204</td><td>204</td><td>204</td><td>170</td><td>136</td><td>136</td><td>136(8)</td></tr>
<tr><td>도덕</td><td>34</td><td>34</td><td>34</td><td>34</td><td>68</td><td>68</td><td>34</td><td>34(2)</td></tr>
<tr><td rowspan="4">사회</td><td colspan="2" rowspan="2">수 학
120 136</td><td rowspan="4">102</td><td rowspan="4">102</td><td rowspan="4">102</td><td rowspan="4">102</td><td colspan="4">사회</td></tr>
<tr><td>102</td><td>·</td><td>68</td><td>102(6)</td></tr>
<tr><td colspan="2" rowspan="3">바른 생활
60 68</td><td colspan="4">역사</td></tr>
<tr><td>·</td><td>102</td><td>68</td><td>102(6)</td></tr>
<tr><td>수학</td><td>136</td><td>136</td><td>136</td><td>136</td><td>136</td><td>136</td><td>102</td><td>136(8)</td></tr>
<tr><td>과학</td><td colspan="2" rowspan="3">슬기로운 생활
90 102</td><td>102</td><td>102</td><td>102</td><td>102</td><td>102</td><td>136</td><td>136</td><td>136(8)</td></tr>
<tr><td rowspan="2">실과</td><td rowspan="2">·</td><td rowspan="2">·</td><td rowspan="2">68</td><td rowspan="2">68</td><td colspan="4">기술·가정</td></tr>
<tr><td>68</td><td>102</td><td>102</td><td>102(6)</td></tr>
<tr><td>체육</td><td colspan="2" rowspan="2">즐거운 생활
180 204</td><td>102</td><td>102</td><td>102</td><td>102</td><td>102</td><td>102</td><td>68</td><td>68(4)</td></tr>
<tr><td>음악</td><td>68</td><td>68</td><td>68</td><td>68</td><td>68</td><td>34</td><td>34</td><td>34(2)</td></tr>
<tr><td>미술</td><td colspan="2" rowspan="2">우리들은 1학년
80 ·</td><td>68</td><td>68</td><td>68</td><td>68</td><td>34</td><td>34</td><td>68</td><td>34(2)</td></tr>
<tr><td>외국어
(영어)</td><td>34</td><td>34</td><td>68</td><td>68</td><td>102</td><td>102</td><td>136</td><td>136(8)</td></tr>
<tr><td colspan="2">재량활동</td><td>60</td><td>68</td><td>68</td><td>68</td><td>68</td><td>68</td><td>68</td><td>68</td><td>68</td><td>68(4)</td></tr>
<tr><td colspan="2">특별활동</td><td>30</td><td>34</td><td>34</td><td>68</td><td>68</td><td>68</td><td>68</td><td>68</td><td>68</td><td>68(4)</td></tr>
<tr><td colspan="2">연간 총 수업
시간 수</td><td>830</td><td>850</td><td>952</td><td>952</td><td>1,054</td><td>1,054</td><td>1,122</td><td>1,122</td><td>1,122</td><td>1,190(70)</td></tr>
</table>

출처: 교육과학기술부(2008), p. 194.

① 이 표의 국민공통 기본교육기간에 제시된 시간 수는 34주를 기준으로 한 연간 최소 수업시간 수다. 단, 3~6학년의 연간 총 수업시간 수는 주5일 수업에 따라 감축된 시간 수이므로 학교에서는 교과 수업시간 수 중 연간 34시간의 범위 내에서 감축하여 운영한다.
② 1학년의 교과, 재량활동, 특별활동에 배당된 시간 수는 30주를 기준으로 한 것이며, '우리들은 1학년'에 배당된 시간 수는 3월 한 달 동안의 수업시간 수를 제시한 것이다.
③ 1시간의 수업은 초등학교 40분, 중학교 45분, 고등학교 50분을 원칙으로 한다. 다만, 기후, 계절, 학생의 발달 정도, 학습내용의 성격 등을 고려하여 실정에 맞게 조절할 수 있다.
④ 10학년의 ( ) 안에 제시된 숫자는 단위 수다.

PLUS

연간 총 수업시간 수는 제7차 교육과정에서 3, 4학년이 986시간이었던 것을 새 교육과정에서 952시간으로, 5, 6학년이 1,088시간이었던 것을 1,054시간으로 학년별 연간 34시간씩 감축하였다. 반면, 중학교는 연간 1,156시간이었던 것을 1,122시간으로 34시간 증가하였다

며, 단위학교의 재량으로 기준 이상의 수업시간 수를 편성할 수 있도록 하였다.

둘째, 학교교육과정 운영의 자율화를 확대하기 위하여 교과, 재량활동, 특별활동 및 학년별 수업시간 수를 연간 총 수업시간 수로 제시하였다. 이

것은 계절과 교과 및 활동의 특성, 학교의 실정에 따라 융통적 · 탄력적으로 운영하도록 하기 위한 것이다.

셋째, 3~6학년의 연간 총 수업시간 수는 월 2회 주5일 수업제 실시에 따라 제7차 교육과정보다 34시간씩 감축되었다. 이는 지역 및 학교의 필요와 특성을 반영하여 자율적으로 교육과정을 편성 · 운영할 수 있도록 하기 위한 것이다.

넷째, 학생의 직접적 체험활동을 강화하기 위하여 교과 수업시간 수의 조정 · 운영이 가능하도록 하였다. 이는 학생의 직접적인 체험활동을 학교의 필요와 학생의 요구에 따라 통합 · 운영할 수 있도록 하기 위한 것이다.

다섯째, '우리들은 1학년' 교과에서는 하위영역별로 고정된 시간 운영을 계획하기보다는 담임교사 재량으로 탄력적인 시간 운영을 할 수 있도록 하였다. 이는 교과학습을 위한 기초기능뿐만 아니라 학습에 대한 흥미와 학교에 대한 긍정적인 인식을 심어 줄 수 있도록 하기 위한 것이다.

P/ L/ U/ S/

중학교의 교과 재량활동은 학문, 정보, 환경, 생활외국어(독일어, 프랑스어, 스페인어, 중국어, 일본어, 러시아어, 아랍어), 기타의 선택과목 학습시간에 중점을 두어 운영하도록 하고 있다.

여섯째, 재량활동은 이전처럼 교과 재량활동과 창의적 재량활동으로 구성하였으며, 초등학교에서는 특히 창의적 재량활동으로 운영하도록 하였다.

일곱째, 특별활동의 영역별 시간배정은 학교의 실정을 반영할 수 있도록 시간배정 결정권을 단위학교에 부여하였다. 따라서 학교마다 중점영역을 자유롭게 설정할 수 있도록 하였으며, 지역이나 학교의 실정, 학생의 요구나 필요에 따라 탄력적으로 운영할 수 있게 하였다.

한편 고등학교 선택중심 교육과정의 경우, 보통교과의 교과 이수단위는 132단위이고 특별활동은 8단위로 총 이수단위는 140단위다. 학교는 필요한 경우 시 · 도교육감의 승인하에 전문교과과목을 개설하거나 새로운 과목을 신설할 수 있다. 전문교육을 주로 하는 고등학교에서는 전문과목을 80단위 이상 이수하도록 하였으며, 전문교과의 각 과목에 대한 이수단위는 시 · 도교육감이 정하되, 외국어와 국제에 관한 교과의 각 과목별 이수단위는 8단위 이하로 배당하도록 하였다(교육과학기술부, 2008).

5) 교육과정 편성 · 운영 지침

2007년 개정 교육과정의 편성 · 운영 지침은 기본지침, 지역수준의 교육과정 편성 · 운영, 학교교육과정의 편성 · 운영, 교육과정의 평가와 질 관리, 특수한 학교에서의 교육과정의 편성과 운영으로 나누어 제시하고 있다(교육과학기술부, 2008: 122-181).

(1) 기본지침

기본지침에서는 1~10학년의 국민공통 기본교육과정과 11~12학년의 고등학교 선택중심 교육과정을 편성 · 운영하는 데 필요한 기초 사항을 제시하였다.

구체적으로 연간기준 수업시간 수의 확보, 수준별 교육과정의 편성 · 운영, 재량활동 교육과정의 편성 · 운영, 특별활동 교육과정의 편성 · 운영 등에 대한 내용을 명시하였다. 그리하여 모든 학생들이 필수적으로 이수해야 할 연간기준 수업시간 수를 명시하고, 학생의 능력과 적성, 진로를 고려하여 교육내용과 방법을 다양화하도록 하였다. 또 재량활동의 영역별 이수시간(단위) 수를 학교가 시 · 도교육청의 지침에 따라 편성하도록 하였다. 특별활동은 학교의 필요에 따라 시간(단위) 배당기준보다 더 많은 시간을 확보하여 운영할 수 있으며, 다양한 방식으로 시간 운영을 통합하거나 분할하여 융통성 있게 할 수 있도록 하였다.

> **PLUS**
> 2007년 개정 교육과정에서는 제7차 교육과정에서의 단계형 · 심화보충형이라는 유형을 폐지하고, 수업 내실화에 주력하도록 하고 있으며, 국어, 사회, 수학, 과학, 영어 교과에서의 수준별 수업을 권장하고 있다.

선택중심 교육과정에서는 일반계고등학교의 선택과목을 학생들의 균형적 이수를 위해 ① 인문 · 사회과목군(국어, 도덕, 사회), ② 과학 · 기술과목군(수학, 과학, 기술 · 가정), ③ 체육과목군(체육), ④ 예술과목군(음악, 미술), ⑤ 외국어과목군(외국어), ⑥ 교양과목군(한문, 교양)으로 나누었다. 전문교육을 주로 하는 고등학교에서는 보통교과의 선택과목에 대한 기준 단위를 2~4단위까지 증감 운영할 수 있도록 하였다.

(2) 지역 및 학교에서의 편성 · 운영

지역수준의 교육과정 편성 · 운영에서는 시 · 도교육청과 시 · 군 · 구교육청으로 나누어 그 내용을 제시하였으며, 학교교육과정의 편성 · 운영에서는 학교교육과정의 성격, 구성체제, 편성 · 운영의 절차 그리고 편성 · 운영의 지원에 대한 내용을 제시하였다.

P/ L/ U/ S/

시 · 도교육청은 교육과정의 편성 · 운영에 관한 조사연구와 자문 기능을 담당할 교육과정위원회를 구성하여 운영한다. 이 위원회에는 교원, 교육행정가, 교육과정전문가, 교과교육전문가, 학부모, 지역사회 인사, 산업체 인사 등이 참여할 수 있도록 규정하고 있다.

지역수준의 교육과정 편성 · 운영 지침에서는 시 · 도교육청과 지역교육청의 교육과정에 관한 역할이 제시되어 있다. 시 · 도교육청에서는 '각급 학교교육과정 편성 · 운영 지침'을 작성하고, 지역교육청에서는 이를 바탕으로 '학교교육과정 편성 · 운영에 관한 실천중심의 장학자료'를 작성하여 제시하도록 규정하였다.

학교수준의 교육과정 편성 · 운영에서는 국가에서 고시한 교육과정 기준과 시 · 도교육청에서 제시한 교육과정 편성 · 운영 지침, 그리고 지역교육청의 학교교육과정 편성 · 운영에 관한 장학자료를 근거로 학교 실정에 맞게 학습자의 교육경험의 질을 관리하는 구체적인 교육실천방안을 각 학교별로 마련하도록 하였다.

학교교육과정을 편성 · 운영하는 근거는 초 · 중등교육법과 국가수준의 교육과정 기준, 그리고 시 · 도 수준의 교육과정 편성 · 운영 지침이다. 단위학교에서 학교의 실정에 맞게 교육과정을 편성 · 운영해야 함은 교과서 중심, 공급자 위주의 교육이 교육과정 중심, 수요자 위주의 교육으로 전환됨을 의미한다. 또 학교의 경영책임자인 교장과 수업실천가인 교사가 교육의 내용과 방법의 주인이 되고 전문가의 위치를 확보하게 됨을 의미하며, 지역 및 학교의 특성, 자율성, 창의성을 충분히 살려 다양하고 개성 있는 교육을 실현할 수 있게 됨을 의미한다.

(3) 교육과정의 평가와 질 관리

교육과정의 평가와 질 관리를 위해 국가수준에서는 주기적으로 학생의 학력평가, 학교와 교육기관 평가, 교육과정 편성 · 운영에 관한 평가를 실시하도록 하였으며, 학교에서 교육과정 정신을 구현한 평가활동이 원활히 이루어질 수 있도록 다양한 방안을 강구하여 학교현장에 제공해 주도록 하고 있다. 시 · 도교육청에서는 관내 학교의 교육과정 편성 · 운영에 대한 질 관리 및 지역교육청의 교육과정 편성 · 운영체제의 적절성과 실효성을 높이기 위하여 학업성취도 평가, 교육과정 편성 · 운영 평가 등을 실시할 수 있도록 명시하고 있다. 이러한 것들은 교육과정 개정에서 추구하는 변화가 교육현장에서 실질적인 변화를 가져올 수 있도록 하기 위해 도입된 개념이다.

P/ L/ U/ S/

교육과정 평가의 주목적은 교육과정의 파행적인 운영을 예방하고, 교육과정 운영에 대한 실태 파악 및 이를 토대로 한 교육과정의 부분 수정을 위한 것으로, 학교기관 평가의 하나로 이루어져야 한다.

(4) 특수한 학교에서의 교육과정 편성 · 운영

초 · 중 · 고등학교에 준하는 학교의 교육과정은 새 교육과정에 따라 편성하도록 하고 있다. 즉, 공민학교, 고등공민학교, 고등기술학교(3년제 과정), 근로 청소년을 위한 특별학급 및 산업체 부설학교, 기타 특수한 학교에서는 새 교육과정을 바탕으로 학교의 실정과 학생의 특성에 알맞은 학교 교육과정을 편성하고, 시 · 도교육감의 승인을 얻어 운영할 수 있도록 하였다. 방송통신고등학교는 새 교육과정에 제시된 고등학교 선택중심 교육과정을 따르되, 시 · 도교육감의 승인을 얻어 새 교육과정의 편제와 단위 배당기준을 조정하여 운영할 수 있도록 하였다. 또 새로운 방식으로 교육과정을 운영하고자 하는 학교는 교육과학기술부장관의 승인을 받아 새 교육과정의 기준과 다르게 학교교육과정을 편성 · 운영할 수 있도록 하였다.

제2절 학교교육과정의 개발

학교교육과정은 교육과정의 개발 및 운영에 대한 권한을 학교에 위임함으로써 자율성과 융통성을 부여하고 있다. 따라서 학교교육과정은 학교의 특성과 학생들의 요구를 최대한 반영할 수 있다. 또 교사들이 교육과정을 직접 개발하게 함으로써 전문성을 부여하고 학교교육의 목표를 효율적으로 달성할 수 있는데, 이를 위해서는 교육과정 개발에 대한 교사들의 전문적 자질이 요구된다.

1. 의의

현재 우리나라의 교육과정은 국가중심 교육과정에서 학교중심 교육과정으로 무게중심이 상당히 옮겨져 있다. 학교중심 교육과정은 과거 중앙집권적인 체제하에서의 교육과정과 대비되는 것으로, 국가중심 교육과정과는 다른 철학적 기반을 갖는다. 따라서 교육과정의 개발권한 역시 국가중심에서 벗어나 현장의 교사들에게 위임되고 있다.

Sabar(1991)에 의하면 좁은 의미의 학교중심 교육과정 개발이란 외부에서 개발된 교육과정을 운영하기 위한 교사들의 자율적 의사결정을 의미하는 것이고, 넓은 의미의 학교중심 교육과정 개발은 학교장, 교사, 학생, 학부모 등 의사결정에 참여하는 모든 사람들에 의해 이루어지는 학교 전체 프로그램의 개발계획, 운영, 평가활동에 이르는 광범위한 의사결정을 말한다.

P/ L/ U/ S/

학교교육과정의 편성 · 운영은 교원의 전문적인 업무이며, 또 지역이나 학교의 실정에 따라 운영하도록 권한이 부여되기 때문에 자율성을 높일 수 있다.

Campbell(1985: 33-34)은 학교중심 교육과정 개발의 특성을 여섯 가지로 지적하고 있다. 첫째로, 학교중심 교육과정 개발은 특정적(particularistic)이라는 것이다. 따라서 학교가 가지고 있는 지역사회와 학생들의 진단적 또는 지각적 요구(perceived needs)에 초점을 맞춘 교육과정 개발활동으로 보았다. 둘째로, 학교중심 교육과정 개발은 틀 적응적(frame adaptive)이라는 것이다. 따라서 국가나 지역 교육과정들을 기초로 학교의 상황에 맞게 적응시키는 교육과정 개발활동으로 보았다. 셋째로, 학교중심 교육과정 개발은 과정중심적(process-oriented)이라는 것이다. 즉, 결과보다는 개발과정 자체에 중요성을 두는 교육과정 개발활동으로 보았다. 넷째로, 학교중심 교육과정 개발은 참여적(participatory)이라는 것이다. 따라서 교사들이 협동을 통해 변화를 위한 계획을 세우기에 적절한 교육과정 개발양식으로 보았다. 다섯째로, 학교중심 교육과정 개발은 전제적(preliminary)이라는 것이다. 이는 개발된 교육과정이 실행 후 평가를 통해 얼마든지 수정될 수 있는 실험적이고 개방적인 특징을 지닌다는 것이다. 끝으로, 학교중심 교육과정 개발은 역할확대적(role extensive)이라는 것이다. 즉, 교육과정 개발을 통해 교사들이 학급 내 역할에서 벗어나 좀 더 넓은 범위의 역할을 해야 함을 제시하고 있다.

따라서 학교교육과정에는 각 학교의 교육목표와 교육중점, 학교장의 경영철학, 특성 등이 반영되어야 하며, 학부모와 학생들의 요구가 충분히 고려되어야 한다. 제7차 교육과정에서는 구체적으로 학교수준에서 학교교육과정을 편성 · 운영해야 하는 필요성을 다음과 같이 제시하고 있는데, 이를 통해 학교중심 교육과정이 개발되어야 하는 까닭을 보다 명백히 알 수 있다(교육과학기술부, 2008: 16-17).

첫째, 교육의 효율성(effectiveness)을 높이기 위해 필요하다. 전국 공통의 일반적인 국가수준의 기준을 그대로, 획일적으로 적용하게 되면 학생 개개인의 능력과 적성에 맞는 교육의 개별화, 다양화, 자율화를 꾀하기가 어렵다. 또 융통성 있는 운영과 적극적인 교수-학습의 상호작용이 효율적으로 이루어질 수 없다.

둘째, 교육의 적합성(suitability)을 높이기 위해 필요하다. 지역이나 학교의 특수성, 교육의 실태, 학생 · 교원 · 학부모의 요구와 필요를 반영하여 해당 학교의 교육중점을 설정 · 운영할 때 학교교육의 적합성을 높일 수 있다.

셋째, 교원의 자율성(autonomy)과 전문성(professional expertise)의 신장을 위해 필요하다. 교사들을 학교교육과정의 편성 · 운영의 과정에 능동적으로 참여하도록 유도하여 자율성과 전문성을 신장시킬 수 있는 기회를 갖도록 해야 한다는 것이다.

넷째, 교육의 다양성을 추구하기 위해 필요하다. 획일적인 주입식 교육에서 벗어나 학생 개개인의 적성에 따라 모든 학생이 성공할 수 있도록 개별교육을 실천하려면 '교과서 중심의 학교교육체제'에서 벗어나 '교육과

P/ L/ U/ S/

「초 · 중등교육법」 제23조 제1항에서 학교가 교육과정을 운영해야 한다고 규정한 것은 '교과서 중심'의 학교교육체제에서 벗어나 '교육과정 중심'의 학교교육체제로 전환해야 함을 의미하는 것이다.

정 중심의 학교교육체제'로 전환시켜야 한다. 따라서 획일화된 교육내용과 방법 및 교육환경에서 탈피하여 학생 · 교원 · 학교의 실정에 부합하는 다양한 교육으로 변화시켜 나가기 위해서는 학교교육과정이 필요한 것이다.

끝으로, 학습자 중심의 교육을 구현하기 위해 필요하다. 학생들의 다양한 요구와 흥미 · 적성을 수용하고, 교육내용에 대한 학생의 선택권을 확대하기 위해서는 학생의 발달단계에 알맞은 당해 학교의 교육과정이 필요하다는 것이다.

이상에서 본 바와 같이 학교중심 교육과정 개발이란 국가중심 교육과정의 단점 또는 문제점을 보완하고자 하는 일련의 변화라고 할 수 있다. 국가중심 교육과정에서 교사들은 교육과정 개발에 소극적일 수밖에 없었으며, 그 실행에도 수동적이었다. 그러다 보니 교육과정의 실행은 개발자들과 교수자들 사이에 차이를 가져와 비효율적으로 이루어지게 되었다. 그러나 학교중심 교육과정 개발은 직접 가르치는 교사들이 주도함으로써 그들의 전문성을 발휘할 수 있을 뿐만 아니라, 학생 및 학부모 그리고 사회의 요구를 충분히 반영함으로써 보다 현실적인 교육과정을 실행하는 데 도움을 준다.

2. 배경

학교중심 교육과정 개발은 선진 외국은 물론, 개발도상국에서도 이를 교육과정의 핵심 정책으로 채택할 정도로 전 세계적으로 확대되고 있다(Lewy, 1991). 우리나라에서도 제6차 교육과정에서부터 교육과정의 핵심 정책으로 채택되어 제7차 교육과정을 거쳐 2007년 개정 교육과정에 이르기까지 지속적으로 추진되어 오고 있다.

학교중심 교육과정의 이와 같은 개발 또는 실행배경은 크게 교육과정의 역사적 · 철학적 · 심리적 측면에서 살펴볼 수 있다.

첫째, 역사적 배경에서 찾아볼 수 있다. 1950년대 미국은 질적으로 우수한 교육과정 개발의 필요성을 인식하고 국가적 차원에서 이를 개발 · 보급하여 학교에 활용하도록 하였다. 그러나 '위에서 아래로(top-down)'의 방식을 취함으로써 학교현장에서의 활용이 미흡했다(Lewy, 1991). 이것은 교육과정 개발주체와 실행주체 사이의 간격은 물론, 실행에 한계가 있음을 시사한다(권낙원, 민용성, 최미정, 2008). 즉, 교사들을 국가에서 개발한 교육과정을 단순히 실행하는 존재로 여김으로써 그들의 자율성과 전문성을 무시하였고, 학생 및 학부모, 그리고 지역의 요구에 부합하지 못하는 교육과정으로 그 적용에 실효성이 부족했던 것이다. 그러나 사회의 변화와 함께 1970년대 후반과 1980년대 초반에는 교사가 교육과정 개발에 공헌할 수 있는 전문가로 인정되면서 교사가 주체가 되는 학교교육과정의 개발이 이루어졌다(Skilbeck, 1984).

P/L/U/S/

학문중심 교육과정은 이전의 경험중심 교육과정을 반박한다. 구 소련에서 1957년에 인공위성 스프투니크호를 미국보다 먼저 발사한 것은 당시 미국의 경험중심 교육과정에 문제가 있었던 것으로 받아들였기 때문이다.

둘째, 철학적 배경에 의한다. 학교중심 교육과정 개발에서는 지식을 학습자 내부의 주관적 실재(subjective reality)로 보는 경향이 강하다(CERI, 1979). 따라서 지식을 외부에 존재하는 객관적 실재(objective reality)로 보는 입장과 반대된다. 즉, 교사의 주도 아래 학생에게 내용지식을 습득하도록 하지 않는다. Lewy(1991)에 의하면 1970~1980년대에 학문중심 교육과정은 이를 채택한 학교의 수가 매우 적어 중앙집권적 교육과정의 실패로 비판받게 되었고, 이에 대한 반향으로 학교중심 교육과정이 출현하게 되었다. 학교중심 교육과정 개발은 교사를 가르치는 사람으로서뿐만 아니라 가르칠 내용을 결정하는 교육과정 개발자로서의 역할과 자율성을 중요하게 생각한다. 그리하여 교실에서의 실제적 삶, 교사와 학생 간의 관계, 학생들의 다양한 흥미, 의사소통과 참여에 대한 가치 등 진보주의 철학을 충실히 반영하고 있다(Skilbeck, 1984).

셋째, 심리적 배경이다. 학급상황에서 중앙정부의 문서화된 교육과정이 실행되는 과정에서는 교육과정 자체의 본래 의미가 축소되거나 변질되기 마련이다. 교실상황은 정형화되어 나타나는 것이 아니며, 문서 역시 교사와 학생 그리고 학부모와 지역사회 등의 요구를 충분히 반영하지 못하기 때문이다. 결국 중앙집권적 교육과정은 학교현장에서 그대로 실행되기 어렵거나 실행될 수 없는 교육과정이 될 수밖에 없다. Skilbeck(1984: 273)에 의하면 학교중심 교육과정 개발은 궁극적으로 학생들이 중심이 되고, 교사가 학생들의 학습을 지원 · 안내하며 역할을 구조화하는 과정이다. 즉, 학교중심 교육과정 개발은 교사들로 하여금 학생들에게 가르친 교육내용에 대한 이해를 높이고, 교수활동에 대한 동기와 융통성 및 협동성을 증진시킴으로써 학생들의 교육경험의 질을 높인다(CERI, 1979). 따라서 학교중심 교육과정 개발은 학생의 요구와 개인적 특성에 부합함으로써 교육의 심리적 환경을 개선해 나가는 데 중요한 역할을 하게 되었다.

3. 모형

P/ L/ U/ S/

그동안 교육과정 개발 모형으로 자주 활용되어 온 Tyler 모형이나 Taba 모형은 교육현장의 역동성을 반영하지 못했다는 비판을 받아 왔다. 그러나 논리적이고 계열적인 구조를 나타냄으로써 교육과정 개발의 계획에 유용하다는 장점도 있다.

학교중심 교육과정 개발 모형들은 교육과정 개발에 대한 관심을 어디에 두느냐에 따라 다양하게 소개되고 있다. 그러나 철학, 심리학, 학습자 특성, 사회적 가치와 목적, 학습이론 등과 같은 다양한 요인들을 고려해야 한다는 측면에서는 공통적인 의견을 갖고 있다. 학교중심 교육과정 개발은 학교의 교사들이 주축이 되는 교육과정 개발 활동이기 때문에 주로 개발 과정에 초점을 둔다.

1) Connelly 모형

Connelly는 교육과정 개발을 외부적 개발(external development)에서 지역사용자 개발(local-user development)로 이어지는 공간이동의 차원에서 보았다. 그에 의하면 외부개발자들이 교육과정 아이디어를 교육과정 자료로 개발하면, 사용자들이 이에 기초하여 학급상황에 맞게 수정 · 변화 · 변형 등을 가하는 것이라고 제시하였다(Lewy, 1991).

Connelly의 모형을 제시하면 [그림 12-2]와 같다.

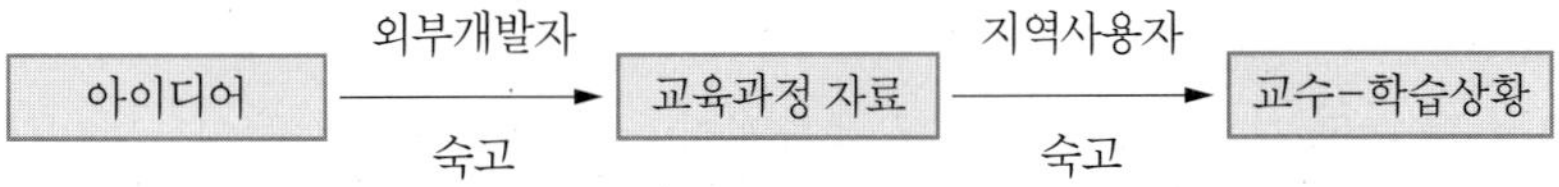

[그림 12-2] Connelly의 교육과정 개발 모형

출처: Lewy(1991).

2) Silberstein 모형

Silberstein은 외부개발자와 지역사용자 사이의 협동적 모델을 제시하였다. 그에 의하면 외부개발자들은 교수자료를 제작함과 동시에 교사교육, 워크숍 등을 통해 지역사용자들의 교육과정 개발작업에 협동적으로 참여해야 한다고 제안하고 있다(Lewy, 1991).

Silberstein의 모형을 제시하면 [그림 12-3]과 같다.

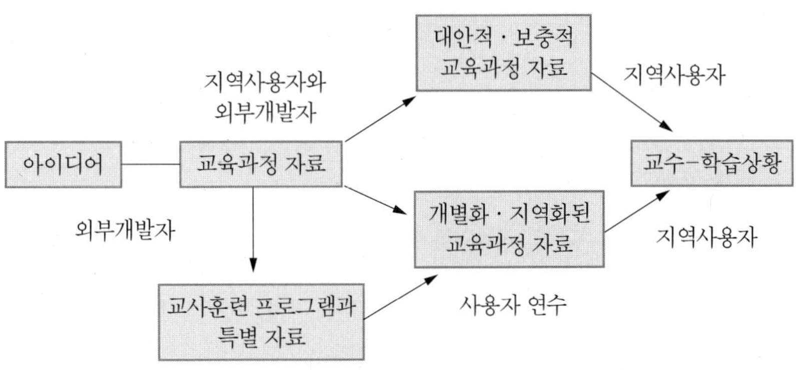

[그림 12-3] Silberstein의 교육과정 개발 모형

출처: Lewy(1991).

3) 교육과학기술부 모형

교육과학기술부(2008: 11)는 교육내용을 결정하는 주체에 따라 국가, 지역, 학교의 세 가지 수준으로 나눈 모델을 제시하고 있다. 국가수준의 교육과정 기준은 공통적 · 일반적 기준이며(I), 시 · 도 및 지역교육청의 각급 학

P/ L/ U/ S/

교육과학기술부 모형의 I과 II는 학교교육과정과 교사수준의 교수-학습계획 수립의 바탕이 되는 기준과 지침인 동시에 그 지원관리체제라 할 수 있다.

교교육과정 편성 · 운영 지침과 장학자료는 지역의 특성, 주민 · 학부모의 요구 등을 고려한 중간수준의 교육과정이다(II). 이들 두 수준의 교육과정에 기초하여 각 학교의 상황, 학생의 특성, 교원의 실태 등을 감안하여 개발한 것이 학교교육과정이다(III).

교육과학기술부의 모형을 제시하면 [그림 12-4]와 같다.

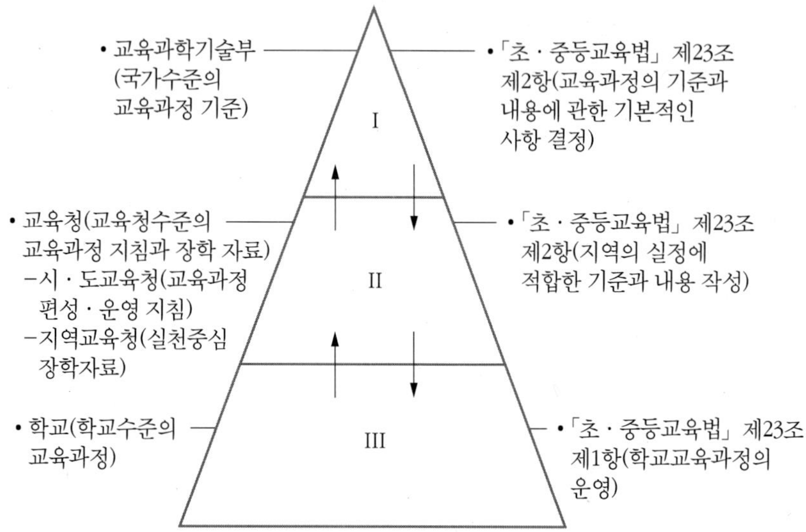

[그림 12-4] 교육과학기술부의 교육과정 개발 모형

출처: 교육과학기술부(2008), p. 11.

4) Walker 모형

Walker(1971)는 Tyler 모형이 갖는 직선적이고 계열적인 형태, 즉 '교육목표 설정 → 학습경험 선정 → 학습경험 조직 → 평가'의 모형을 비판한다. 실제 교육과정 개발은 반드시 목표에서 출발하지 않을 수도 있기 때문이라는 것이다.

그는 교육과정을 개발함에 있어서 강령, 숙의, 설계의 세 가지 구성요소를 제시하면서 이를 근거로 교육과정 개발에서의 계열의 융통성을 주장하였다. 강령 단계에서는 교육과정을 개발하는 사람들이 그들의 신념과 가치 체계에서 시작해야 한다는 것이다. 숙의 단계에서는 교육과정 개발자들의 상호작용이 이루어진다. 즉, 개발자들 자신이 아이디어를 제시하여 명확히 하고, 그와 동시에 합의를 이끌어내는 것이다. 설계 단계에서는 교육과정 개발자들이 숙의과정을 거쳐 교육과정 구성요소들을 결정한다.

Walker의 모형에서는 교육과정 개발에 참여하는 모든 사람들이 숙의를 통해 상호작용함으로써 합의된 결정을 한다. 따라서 이 모형은 학교중심 교육과정을 개발하는 데 하나의 모델이 될 수 있다.

Walker의 모형을 제시하면 [그림 12-5]와 같다.

P/ L/ U/ S/

Tyler는 교육과정을 개발하는 데 네 가지 기본 문제를 다루어야 한다고 제안하였다. 즉, ① 학교에서 달성해야 할 목표는 무엇인가? ② 목표를 달성하기 위한 학습경험은 어떤 것이어야 하는가? ③ 학습경험을 효과적으로 조직하려면 어떻게 해야 하는가? ④ 교육목표가 달성되었는지를 어떻게 평가할 수 있는가? 이다.

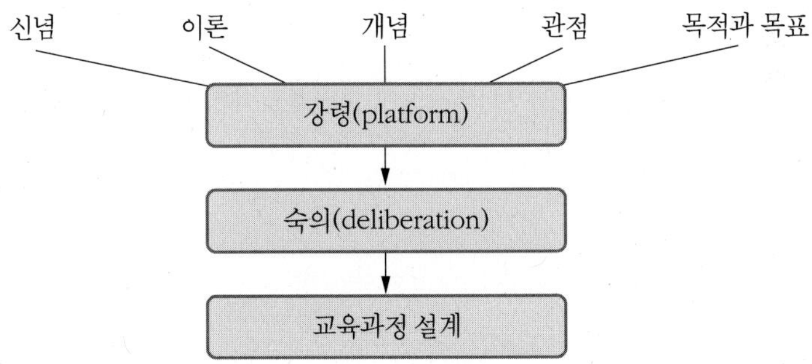

[그림 12-5] Walker의 교육과정 개발 모형

출처: Walker(1971), p. 51.

5) Skilbeck 모형

Skilbeck(1984)은 교사들이 융통성을 갖고 교육과정 개발에 참여할 수 있도록 하는 모형을 개발하였다. 그는 교육과정 개발에 영향을 주는 다양한 요인, 즉 상황분석, 목적설정, 프로그램 구성, 해석과 실행, 모니터링 · 피드백 · 평가 · 재구성의 과정을 소개하면서 특히 상황분석을 위해 다양한 외적 요인과 내적 요인에 대한 분석이 필요하다고 주장하였다.

Skilbeck은 이들 다섯 단계 가운데 어느 단계에서도 교육과정 개발을 시

P/ L/ U/ S/

Skilbeck은 상황분석의 내적 요인 가운데 학생요인으로 적성, 능력, 교육적 요구 등을, 교사요인으로 가치, 태도, 기능적 지식, 경험, 장점과 단점, 역할 등을 들고 있다.

작할 수 있으며, 서로 다른 요소들을 동시에 고려할 수 있음을 주장하였다. 따라서 이 모형은 개발순서와 상관없이 상황에 따라 자유롭고 융통성 있게 진행할 수 있다는 장점이 있다.

Skilbeck의 모형을 제시하면 [그림 12-6]과 같다.

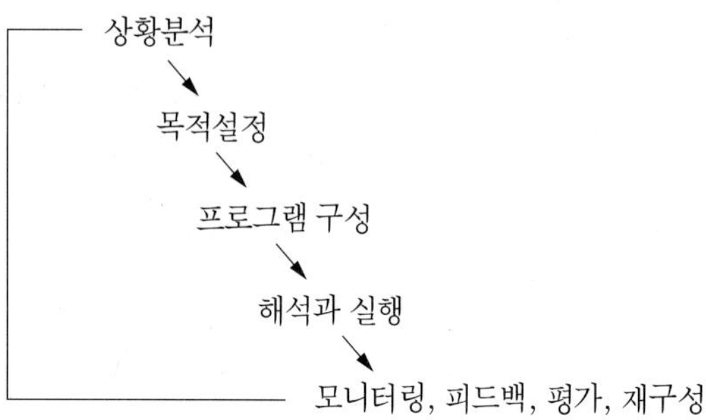

[그림 12-6] Skilbeck의 교육과정 개발 모형

출처: Skilbeck(1976), p. 97.

4. 예시

제7차 교육과정 이래 우리나라는 학교중심 교육과정 개발에 대한 철학에 근거하여 각급 학교에서 교사가 중심이 되어 교육과정을 개발하고 있다. 그로 인해 각 학교에서는 국가수준의 교육과정 기준과 시 · 도교육청의 교육과정 편성 · 운영 지침, 그리고 지역교육청의 장학자료를 근거로 하여 학교특성에 맞는 교육과정을 개발하기 위해 노력한다. 그러나 대부분의 학교교육과정 개발은 국가수준의 교육과정 틀 안에서 이루어지고 있다. 다만, 교사들이 주축이 되어 실천가로서의 개발자 역할을 한다는 점에 학교교육과정 개발의 의미를 갖는다.

실제로 각 학교의 교육과정은 보통 다음과 같이 영역화하고, 이에 따른 하위요소를 제시하고 있다(서울HD초등학교, 2008).

I. 학교교육과정의 기저
II. 학교교육목표
III. 학교교육과정 편성 및 운영
IV. 본교 교육과정 운영
V. 본교 교육평가
VI. 부서별 세부 실천계획
VII. 부록

'학교교육과정의 기저'에서는 법적 기저, 교육과정이 추구하는 인간상, 서울교육 방향, 강남교육 방향, 전년도 학교교육과정 운영 자체 평가 · 분석, 학교 및 지역사회 실태 분석, 교육수요자의 요구를 포함시켰다.

P/ L/ U/ S/

교육과정을 개발할 경우, 국가수준의 교육과정에는 전국의 모든 초등학교에서 편성 · 운영해야 할 교육과정의 공통적이고 일반적인 기준과 기본방침이 제시되어 있음을 유념해야 한다.

'학교교육목표'에서는 학교장의 경영관, 학교교육목표, 본교 상징, 전년도 본교 노력중점, 노력중점 실천과제, 교육과정 활성화를 위한 실천과제, 본교 특색활동이 제시되고 있다.

'학교교육과정 편성 및 운영'에서는 본교 교육과정 편성 및 기본방침, 본교 교육과정 편제와 시간 배당, 학사일정 및 수업일수, 연간 기본수업일수, 월별 학교행사 계획, 연간 주요행사 및 각부 활동계획에 대한 내용이 포함되어 있다.

'본교 교육과정 운영'에서는 교과 운영, 특별활동 운영, 재량활동 운영에 대한 내용을 기술하고 있다.

'본교 교육평가'에서는 평가의 방향, 교과평가, 특별활동평가, 재량활동평가, 행동발달상황평가, 교육과정 운영의 자체평가 등을 기술하고 있다.

'부서별 세부 실천계획'에서는 교무기획부, 교육과정부, 수업연구부, 교육정보부, 생활지도부, 특별활동부의 세부 실천계획을 수록하고 있다.

'부록'에서는 학교연혁, 학교현황 등을 비롯하여 교육과정 편성을 위한 학부모와 학생의 설문지 등이 수록되어 있다.

학교에 따라 약간의 차이는 있지만, 대부분의 학교에서는 교육과정의 기본지침과 지역교육청의 장학자료에 따라 학교특성 및 학생 · 학부모 · 지역사회의 요구를 반영한 교육과정을 개발하기 위한 노력을 하고 있다.

무엇보다도 학교교육과정에는 학교장의 교육철학과 학교교육목표, 그 해의 노력중점이 드러나야 하며, 교육과정의 편제와 시간 배당, 교과, 특별활동, 학교재량활동의 학년 · 교과 · 영역별 교육중점과 연간 지도, 평가, 운영방식이나 실천방안 등이 체계적이고 일관성 있게 제시되어야 할 것이다(교육인적자원부, 2008: 142).

그러나 시범학교나 연구학교의 중점 운영계획을 제외하고는 특색 있는 교육과정 계획은 찾아보기 어렵고, 대부분 거의 비슷한 수준이면서 일부 교사가 개발하는 경우가 많다. 이는 학교중심 교육과정을 개발하는 일에 관여해 본 교사가 많지 않고, 그 능력 또한 부족하며, 업무과다와 행 · 재정적 지원의 부족에서 그 원인을 찾을 수 있다.

그럼에도 불구하고 교사에게 교육과정 개발에서의 자율성과 융통성 부여, 교육과정 개발자로서의 교사의 위상 확보, 학생과 학부모 및 지역사회의 요구 반영 등은 학교중심 교육과정 개발이 가져다준 장점이라 할 수 있다. 아울러 국가수준 교육과정과 조화를 이루어 균형을 맞추는 일도 필요할 것이며, 교육과정 개발이론과 방법에 대한 연구와 실행 그리고 행 · 재정적 지원 등이 이루어져야 할 것이다.

생각해 볼 문제

1. 교실수업에서 학교중심 교육과정의 필요성을 인식할 수 있게 하는 상황을 예로 들고 논의해 보자.

2. 학교중심 교육과정 실행의 시행착오를 거친 국가들 중에는 다시 국가중심 교육과정으로 옮겨 가는 경우가 있는데, 그 까닭에 대해 생각해 보자.

3. 학교중심 교육과정이 우리나라 교육의 효과를 높이는 데 얼마나 기여할 수 있을지 토론해 보자.

임용고사 기출문제

(2009학년도 초등 임용시험)

1. 워커(D. Walker)가 제안한 교육과정 개발 모형에 대한 설명으로 가장 적절한 것은? (4)
   ① 합리적 · 처방적 교육과정 개발 모형에 속한다.
   ② 학업성취 향상을 위해서 역행설계(backward design) 방식을 취한다.
   ③ 교육과정 개발절차를 준수할 것과 그 절차의 직선적 계열성을 강조한다.
   ④ 개발 참여자들의 기본입장이 제시되는 강령(platform)이 중요한 요소다.
   ⑤ 개발과정이 다섯 단계로 구분되어 있고, 어느 단계에서도 개발을 시작할 수 있다.

   풀이 Walker의 모형은 교육과정을 개발하는 데 필요한 구성요소로 강령, 숙의, 설계를 제시하고, 이를 근거로 교육과정 개발에서의 계열의 융통성을 주장하였다.

(2009학년도 초등 임용시험)

2. 학교수준 교육과정 개발(SBCD)의 특징으로 가장 적절한 것은? (1)
   ① 각 학교의 특성을 고려한 교육과정 개발이 용이하다.
   ② 연구 · 개발 · 보급 모형(RDD model)에 따라 개발된다.
   ③ 중앙-주변 모형(center-periphery model)에 따라 개발된다.
   ④ 전국적 · 공통적 교육과정(common curriculum)의 특성을 갖는다.

⑤ 교사배제 교육과정(teacher-proof curriculum)이라는 지적을 받는다.

풀이 학교수준의 교육과정이란 교육과정 개발의 주도권을 교사에게 위임함으로써 교사의 자율성과 융통성을 부여하여 학교의 특성, 학생 및 학부모의 요구에 부합하는 교육과정을 말한다.

(2008학년도 중등 임용시험)

3. 타일러(R. W. Tyler)의 교육과정 개발 모형에 대한 비판으로 볼 수 없는 것은? (4)

① 교육과정 개발을 지나치게 단순화해서 파악한다.

② 교육내용 선정에 대하여 직접적인 답을 제공하지 못한다.

③ 교육과정 개발에 개입되는 정치적 이해관계에 관심을 기울이지 않는다.

④ 학습경험의 조직을 지나치게 강조하여 교육목표의 효율적 달성을 소홀히 다룬다.

풀이 Tyler의 모형은 교육목표가 설정되면 이를 토대로 학습경험의 선정과 조직이 이루어지고, 다음에 학습성과에 대한 평가를 실시하며, 평가결과는 다시 교육목표로 피드백되어 교육과정을 수정 · 보완하는 과정으로 진행된다.

(2007학년도 초등 임용시험)

4. 스킬벡(M. Skilbeck)이 제안한 학교중심 교육과정 개발 모형의 특성이라 할 수 없는 것은? (1)

① 교육과정 개발에서 강령을 중요한 요소로 삼는다.

② 교육과정 개발의 과정은 지속적이고 역동적인 성격을 지닌다.

③ 교육과정 개발은 학교현실이나 상황에 기초하여 이루어진다.

④ 상황분석 단계에서는 상황구성의 내 · 외적 요인을 분석한다.

풀이 Skilbeck의 모형은 상황분석, 목적설정, 프로그램 구성, 해석과 실행, 모니터링 · 피드백 · 평가 · 재구성의 과정을 구성요인으로 하고 있다. 이들 다섯 단계 가운데 어느 단계에서도 교육과정 개발을 시작할 수 있으며, 서로 다른 요소들을 동시에 고려할 수도 있다.

(2005학년도 초등 임용시험)

5. 교사들이 교육과정 개발에서 적극적인 역할을 수행하지 못할 경우, 교육과정을 중요하게 생각하지 않는 '교육과정의 사소화' 현상이 종종 일어난다. 〈보기〉에서 이러한 문제를 최소화하기 위한 적절한 방안을 골라 바르게 묶은 것은? (3)

〈보기〉

ㄱ. 단위학교 내 학교교육과정위원회의 기능을 활성화한다.

ㄴ. 전문가의 연구 · 개발 · 보급 과정을 거쳐 현장에 적용하는 교육과정 개발방식을 강화한다.

ㄷ. 국가는 '교사 배제형 교육과정(teacher-proof curriculum)'을 개발하여 단위학교에 보급한다.

ㄹ. 일반원리에 따른 절차보다는 구체적인 실천사례의 반성을 통해 교육과정을 개발한다.

① ㄱ, ㄴ
② ㄴ, ㄷ
③ ㄱ, ㄹ
④ ㄷ, ㄹ

풀이 교육과정을 중요하게 여기지 않는 경향이 생길 때 학교 내 교육과정위원회의 활동을 강화하고, 교사들이 주목하는 실천사례를 통해 이를 반영하는 교육과정을 개발하도록 하면 많은 교사들이 관심을 가질 수 있다.

읽을 거리

THE ROAD NOT TAKEN

Robert Frost

Two roads diverged in a yellow wood,
And sorry I could not travel both
And be one traveler, long I stood
And looked down one as far as I could
To where it bent in the undergrowth;

Then took the other, as just as fair,
And having perhaps the better claim,
Because it was grassy and wanted wear;
Though as for that the passing there
Had worn them really about the same,

And both that morning equally lay
In leaves no step had trodden black.
Oh, I kept the first for another day!
Yet knowing how way leads on to way,
I doubted if I should ever come back.

I shall be telling this with a sigh
Somewhere ages and ages hence:
Two roads diverged in a wood, and I?
I took the one less traveled by,
And that has made all the difference.

http://en.wikipedia.org/wiki/Robert_Frost

About the author

Robert Lee Frost(March 26, 1874~January 29, 1963) was an American poet. He is highly regarded for his realistic depictions of rural life and his command of American colloquial speech. His work frequently employed settings from rural life in New England in the early twentieth century, using them to examine complex social and philosophical themes. A popular and often-quoted poet, Frost was honored frequently during his lifetime, receiving four Pulitzer Prizes for Poetry.

About Frost, President John F. Kennedy said, "He has bequeathed his nation a body of imperishable verse from which Americans will forever gain joy and understanding."

참고문헌

교육부(1999). 초등학교 교육과정 해설(I). 서울: 대한교과서주식회사.

교육과학기술부(2008). 초등학교 교육과정 해설(I). 서울: 대한교과서주식회사.

교육인적자원부(2007). 초등학교 교육과정. 서울: 대한교과서주식회사.

권낙원, 민용성, 최미정(2008). 학교교육과정 개발론: 학교교육과정, 어떻게 이해하고 개발할 것인가. 서울: 학지사.

김대현, 김석우(2003). 교육과정 및 교육평가. 서울: 학지사.

서울HD초등학교(2008). 교육과정 운영계획.

초 · 중등교육법. 법률 제8917호(일부개정 2008. 3. 21).

Campbell, R. J. (1985). *Developing the primary school curriculum.* NY: Holt, Rinehart and Winston.

Center for Educational Research and Innovation (1979). *School-based curriculum development.* Paris, France: OECD.

Lewy, A. (1991). *National and school-based development.* Paris: UNESCO, International Institute for Educational Planning.

Sabar, N. (1991). School-based curriculum development. In A. Lewy(Ed.), *The international encyclopedia of curriculum* (pp. 457-462). Oxford: Pergamon Press.

Skilbeck, M. (1976). *School-based curriculum development and teacher education.* OECD.

Skilbeck, M. (1984). *School-based curriculum development.* London: Harper & Row.

Walker, D. F. (1971). A naturalistic model for curriculum developemt. *School Review, 80*(1), 51.

http://en.wikipedia.org/wiki/Robert_Frost.

제 6 부 인사실무

By definition, effective schools should produce stable and consistent results over time that apply to all students within the school··· Underlying the notion of school accountability is the belief that school personnel should be held responsible for improving student learning.

R. H. Heck

제 13 장

교원인사

공무원은 넓은 의미로는 국가 또는 공공단체의 공무를 담당하는 모든 사람을 의미한다. 「헌법」 제7조 제1항에 "공무원은 국민 전체에 대한 봉사자이며, 국민에 대하여 책임을 진다."라고 규정되어 있으며, 동조 제2항에는 "공무원의 신분과 정치적 중립성은 법률이 정하는 바에 의하여 보장된다."라고 규정되어 있다. 교육공무원은 교육을 통하여 국민 전체에 봉사하는 직무와 책임의 특수성을 가진 공무원으로서 그 자격, 임용, 보수, 연수 및 신분보장 등에 관하여 「국가공무원법」 및 「지방공무원법」에 대한 특례를 규정한 「교육공무원법」을 적용받는다.

제1절 교원의 임용 및 복무규정

1. 교원의 임용

「교육공무원법」 제2조 제5항에 의하면 임용이란 신규채용 · 승진 · 승급 · 전직 · 전보 · 겸임 · 파견 · 강임 · 휴직 · 직위해제 · 정직 · 복직 · 면직 · 해임 및 파면을 말한다.

P/ L/ U/ S/

교원의 경우는 「교육공무원법」에 의거하여 임용이 이루어진다.

교육공무원의 임용은 그 자격, 재교육성적, 근무성적, 기타 능력의 실증에 의해 행하여진다(「교육공무원법」 제10조). 교육공무원의 임용에 있어서는 교원으로서의 자격을 갖추고 임용을 원하는 모든 자에 대하여 능력에 따라 균등한 임용의 기회가 보장되어야 한다. 그러나 「국가공무원법」상 결격사유가 있거나 「공직선거 및 선거부정방지법」 위반자는 교육공무원으로서 임용될 수 없다.

「국가공무원법」 제33조에 규정된 결격사유는 다음과 같다.

1. 금치산자 또는 한정치산자
2. 파산선고를 받고 복권되지 아니한 자
3. 금고 이상의 실형을 선고받고 그 집행이 종료되거나 집행을 받지 아니하기로 확정된 후 5년이 지나지 아니한 자
4. 금고 이상의 형을 선고받고 그 집행유예 기간이 끝난 날부터 2년이 지나지 아니한 자
5. 금고 이상의 형의 선고유예를 받은 경우에 그 선고유예 기간 중에 있는 자
6. 법원의 판결 또는 다른 법률에 따라 자격이 상실되거나 정지된 자

6의2. 공무원으로 재직기간 중 직무와 관련하여 「형법」 제355조 및 제356조에 규정된 죄를 범한 자로서 300만 원 이상의 벌금형을 선고받고 그 형이 확정된 후 2년이 지나지 아니한 자

7. 징계로 파면처분을 받은 때부터 5년이 지나지 아니한 자
8. 징계로 해임처분을 받은 때부터 3년이 지나지 아니한 자

교육공무원으로 신규채용되거나 승진 또는 전보될 때에는 임용권자는 당해 교육공무원에게 임명장 또는 임용장을 수여한다. 단, 대학의 교수 이하의 교원 및 각급 학교의 교사의 전보에 있어서는 인사발령통지서의 교부로써 임용장의 수여에 갈음할 수 있다(교육인적자원부, 2002).

2. 교원의 복무

1) 복무의 성격

「헌법」 제7조 제1항에 의하면 "공무원은 국민 전체에 대한 봉사자이며, 국민에 대하여 책임을 진다."라고 규정하고 있고, 이 취지에 입각하여 「국가공무원법」은 공무원이 국민 또는 주민 전체의 봉사자로서 직무를 민주적이고 능률적으로 수행할 것을 규정하고 있다(「국가공무원법」 제1조, 제55조). 여기에 교원인 공무원 복무의 기본원칙이 표현되어 있다고 할 수 있다.

> **PLUS**
> 교육공무원은 주권자인 국민의 수임자이며, 국민 전체에 대한 봉사자로서 공무를 처리하고 있기 때문에 국민의 신뢰를 확보하여 효과적인 교육을 실현시키기 위하여 특별한 의무가 부과된다.

교원이 교육목적을 효율적으로 달성하기 위해서는 교원의 행동규범을 준수해야 하며, 공무원으로서 성실의 의무를 비롯하여 신분상 및 직무상 여러 의무를 진다. 이것은 국민 전체에 대한 봉사자라는 지위에서 우러나는 윤리적 성격에 바탕을 둔다(교육인적자원부, 2002: 269).

따라서 교원이 국가에 대한 국민의 신뢰를 얻기 위해서는 현실적으로 교육을 담당 · 수행하며 국민의 공복으로서 흠 없는 인격적 요소를 갖추고 그 바탕 위에서 직무를 수행해야 한다.

2) 교직원의 임무

「초 · 중등교육법」 제20조에서는 교직원의 임무와 관련하여 다음과 같은 내용을 규정하고 있다.

> ① 교장은 교무를 통할하고, 소속 교직원을 지도 · 감독하며, 학생을 교육한다.
> ② 교감은 교장을 보좌하여 교무를 관리하고 학생을 교육하며, 교장이 부득이한 사유로 직무를 수행할 수 없는 때에는 그 직무를 대행한다. 다만, 교감을 두지 아니하는 학교의 경우에는 교장이 미리 지명한 교사가 그 직무를 대행한다.
> ③ 교사는 법령이 정하는 바에 따라 학생을 교육한다.
> ④ 행정직원등 직원은 교장의 명을 받아 학교의 행정사무와 기타의 사무를

담당한다.

3) 교육공무원의 복무상 의무

교육공무원의 복무상 의무는 직무상 의무와 신분상 의무로 나누어 살펴볼 수 있다(교육인적자원부, 2002: 270-274).

(1) 직무상 의무

직무상의 의무로는 성실의 의무, 복종의 의무, 친절 · 공정의 의무, 비밀엄수의 의무, 청렴의 의무, 품위유지의 의무 등을 들 수 있으며, 그 내용은 다음과 같다.

첫째, 성실의 의무다. 모든 공무원은 법령을 준수하며 성실히 직무를 수행하여야 한다. 즉, 공무원은 국민 전체의 봉사자로서 직무를 민주적이고 능률적으로 수행하기 위하여 창의와 성실로써 맡은 바 책임을 완수하여야 한다.

둘째, 복종의 의무다. 공무원은 직무를 수행함에 있어서 소속상관의 직무상의 명령에 복종하여야 한다. 공무원은 법령 및 직무상의 명령을 준수하며 근무기강을 확립하고 질서를 존중하여야 한다.

셋째, 친절 · 공정의 의무다. 공무원은 국민 전체의 봉사자로서 친절 · 공정히 집무하여야 한다. 공무원은 공사를 분별하고 인권을 존중하며 친절 · 공정하고 신속 · 정확하게 업무를 처리하여야 한다.

넷째, 비밀엄수의 의무다. 재직 중은 물론 퇴직 후에도 직무상 지득한 비밀을 엄수하여야 한다.

다섯째, 청렴의 의무다. 공무원은 직무와 관련하여 직접 또는 간접을 불문하고 사례 · 증여 또는 향응을 수수할 수 없다. 공무원은 직무상의 관계 여하를 불문하고 그 소속상관에 증여하거나 소속공무원으로부터 증여를 받아서는 아니된다.

여섯째, 품위유지의 의무다. 공무원은 직무의 내외를 불문하고 그 품위를 손상하는 행위를 하여서는 아니된다.

(2) 신분상 의무

신분상의 의무에는 직장이탈 금지의 의무, 정치운동 금지의 의무, 집단행위 금지의 의무, 영리업무 및 겸직금지의 의무 등이 있으며, 그 내용은 다음과 같다.

첫째, 직장이탈 금지의 의무다. 공무원은 소속상관의 허가 또는 정당한 이유 없이 직장을 이탈하지 못한다. 수사기관이 공무원을 구속하고자 할 때에도 사전에 그 소속기관의 장에게 통보하여야 한다. 다만, 현행범인은 그러하지 아니하다.

둘째, 정치운동 금지의 의무다. 공무원은 정당 기타 정치단체의 결성에 관여하거나 이에 가입하는 것을 비롯한 정치적 행위를 할 수 없다.

셋째, 집단행위 금지의 의무다. 공무원은 대통령령으로 정하는 공무원과 사실상 노무에 종사하는 공무원을 제외하고는 노동운동 기타 공무 이외의 일을 위한 집단행위를 할 수 없다.

넷째, 영리업무 및 겸직금지의 의무다. 영리를 목적으로 한다는 것은 공무원이 상업, 공업, 금융업 기타 영리적인 업무를 스스로 경영하여 영리를 추구함이 현저한 업무 등을 행함으로써 직무상 능률의 저해, 공무에의 부당한 영향, 국가이익 침해, 정부의 불명예를 초래할 우려가 있는 경우를 말한다. 영리업무의 한계에 대한 판단은 개별 사안에 따라서 특성이 다양하므로 직무상 능률의 저해, 공무에 대한 영향, 영리행위의 지속성, 영리추구의 정도 등 관련 문제를 종합적으로 검토하여 복무감독권자가 판단해야 한다.

3. 교원의 휴직과 복직

1) 휴직제도의 목적

교원의 휴직제도는 공무원이 재직 중 일정한 사유로 직무에 종사할 수 없는 경우에 면직시키지 아니하고 일정기간 신분을 유지하면서 직무에 종사하지 않고 질병치료, 법률상 의무이행, 능력계발을 위한 연수기회를 부여하는 등 공무원의 신분을 보장하기 위한 것이다(교육인적자원부, 2002: 175-177).

2) 휴직사유 및 휴직기간

직권휴직의 경우, 구체적인 사유와 기간은 다음과 같다.

① 신체 · 정신상의 장애로 장기요양을 요할 때: 1년 이내
② 병역법에 의한 병역의 복무를 위하여 징집 또는 소집되었을 때: 복무기간
③ 천재지변 또는 전시 · 사변이나 기타의 사유로 생사 또는 소재가 불명하게 된 때: 3개월 이내
④ 기타 법률의 규정에 의한 의무를 수행하기 위하여 직무를 이탈하게 된 때: 의무복무기간
⑤ 「교원의 노동조합 설립 및 운영 등에 관한 법률」 제5조의 규정에 의하여 노동조합 전임자로서 종사하게 된 때: 전임기간

또 청원휴직의 경우, 구체적인 사유와 기간은 다음과 같다.

① 학위취득을 목적으로 해외유학을 하거나 외국에서 1년 이상 연구 또는 연수하게 된 때: 3년 이내(학위취득의 경우 3년 연장 가능)
② 국제기구 · 외국기관 또는 재외국민교육기관에 임시로 고용된 때: 고용기간
③ 자녀(휴직 당시 6세 미만인 자녀에 한한다)를 양육하기 위하여 필요하거나 여교원이 임신 또는 출산하게 된 때: 1년 이내(여교원의 경우 2년 연장 가능)
④ 교육과학기술부장관이 지정하는 국내의 연구기관이나 교육기관 등에서 연수하게 된 때: 3년 이내

P/ L/ U/ S/

남교사도 자녀의 나이가 6세 미만일 경우, 요구하면 휴직을 할 수 있다.

⑤ 사고 또는 질병으로 장기간의 요양을 요하는 부모, 배우자, 자녀 또는 배우자 부모의 간호를 위하여 필요한 때: 1년(재직기간 중 총 3년 이내)

⑥ 배우자가 외국근무를 하게 되거나 제5호에 해당하게 된 때: 3년 이내(3년 연장 가능. 단, 총 휴직기간은 배우자의 국외근무, 해외유학 · 연구 또는 연수기간을 초과할 수 없음)

3) 휴직절차

직권휴직과 청원휴직의 휴직절차는 [그림 13-1], [그림 13-2]와 같다.

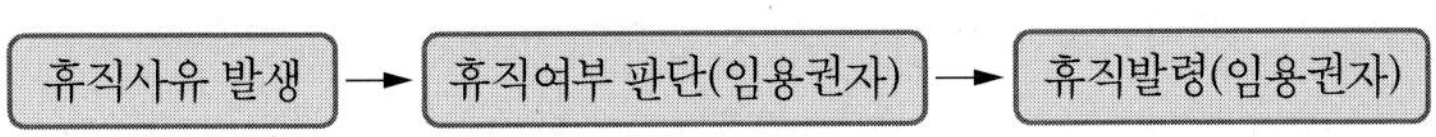

[그림 13-1] 직권휴직의 절차

출처: 교육인적자원부(2002).

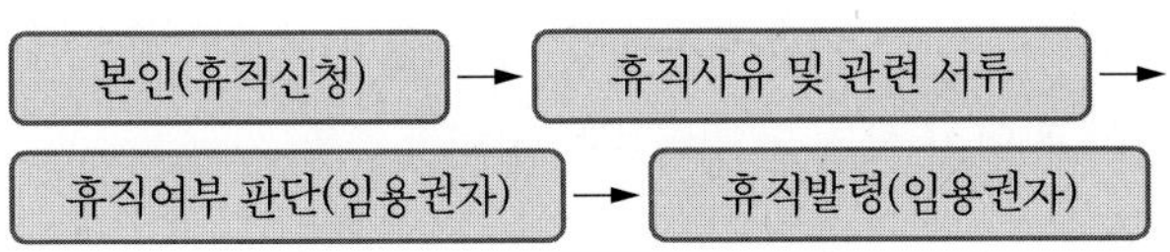

[그림 13-2] 청원휴직의 절차

출처: 교육인적자원부(2002).

4) 복직절차

(1) 질병휴직 복직절차

휴직자가 휴직기간 중 그 사유가 소멸되거나 더 이상의 휴직이 불필요한 경우 임용권자에게 이를 신고(복직원 제출)하여야 하며, 임용권자는 지체 없이 복직을 명하여야 한다. 질병휴직 기간 중이라도 본인의 질병이 완쾌되었다는 증빙서류(진단서 등)와 함께 복직원을 제출하면 임용권자는 이를 근거로 정상적인 직무수행 가능여부를 판단하여 복직여부를 결정해야 한다.

(2) 병역휴직 복직절차

「병역법」 제17조 제2항의 규정에 의하여 귀향처리된 자에 대하여는 휴직사유가 소멸된 것으로 보아 지체 없이 복직을 명하여야 한다(「총무처 인제」 203-1752). 그러나 군복무를 위하여 휴직 중에 있는 자가 군복무 중 군무를 이탈하였을 때는 직권으로 면직시킬 수 있다(「국가공무원법」 제70조 제1항 제7호).

(3) 법정의무수행 복직절차

휴직기간 만료 후 30일 이내에 복귀신고를 한 경우 지체 없이 복직을 명하여야 한다. 휴직기간이 만료된 후에도 복귀하지 아니할 경우에는 「국가공무원법」 제70조 제1항 제4호의 규정에 의하여 직권으로 면직시킬 수 있다.

(4) 유학휴직 복직절차

휴직자가 휴직기간 중 그 사유가 소멸되거나 더 이상의 휴직이 불필요한 경우(학위의 조기취득 등) 임용권자에게 이를 신고(복직원 제출)하여야 하며, 임용권자는 지체 없이 복직을 명하여야 한다.

(5) 육아휴직 복직절차

휴직자가 휴직기간 중 그 사유가 소멸되거나(유산, 양육대상 자녀의 사망 등) 더 이상의 휴직이 불필요한 경우 임용권자에게 이를 신고(복직원 제출)하여야 하며, 임용권자는 지체 없이 복직을 명하여야 한다. 임용권자는 2년 이상 휴직한 교원이 복직하고자 할 때에는 직무연수를 받도록 조치하여야 한다.

4. 상훈과 징계

1) 상훈(퇴직교원 정부포상)

퇴직교원의 정부포상은 「상훈법」 「상훈법 시행령」 「정부포상업무 지침」

에 근거한다. 포상대상은 재직 중 직무에 정려하여 국가발전에 기여한 교육공무원 및 사립학교 교원으로서 정년 · 명예 · 의원 퇴직자에 국한한다(교육인적자원부, 2002).

〈표 13-1〉 근정 훈장의 종류

구분	옥조(5등급)	녹조(4등급)	홍조(3등급)	황조(2등급)	청조(1등급)
재직 연수	33년 이상~ 36년 미만	36년 이상~ 38년 미만	38년 이상~ 40년 미만	40년 이상	대학총장 경력자 특별추천

출처: 교육인적자원부(2002).

재직연수에 해당하는 근정훈장의 종류는 〈표 13-1〉과 같으며, 훈장 수여대상의 포상 추천절차는 다음과 같다(교육인적자원부, 2002).

① 국 · 공 · 사립 초 · 중등학교(국립대학교 부설학교 포함) → 해당 지역 시 · 도교육청에 추천 → 교육과학기술부 교원복지담당관실로 추천
② 대학교 → 한국대학교육협의회에 추천 → 교육과학기술부 대학행정지원과를 통해 교원복지담당관실로 추천
③ 교육대학교(한국교원대학교 포함) → 교육과학기술부 교원양성연수과에 추천 → 교원복지담당관실로 추천
④ 전문대학 · 한국방송통신대학교 · 기술대학 → 한국전문대학교육협의회에 추천 → 교육과학기술부 전문대학지원과를 통해 교원복지담당관실로 추천
⑤ 교육과학기술부 본부 및 직속기관 → 교육과학기술부 총무과에 추천 → 교원복지담당관실로 추천
⑥ 한국정신문화연구원 → 교육과학기술부 학술학사지원과에 추천 → 교원복지담당관실로 추천

2) 징계

교원의 징계사유는 「국가공무원법」 제78조 제1항에 의거한다. 즉, ① 「국

가공무원법」 및 동법에 의한 명령 위반, ② 직무상의 의무위반 또는 직무태만, ③ 직무 내 · 외 불문 체면 또는 위신의 손상행위 등이 징계사유에 해당한다.

징계사유의 시효는 징계사유 발생일로부터 2년(금품 및 향응 수수, 공금의 횡령 · 유용은 5년)을 경과하면 징계의결 요구가 불가하다(「국가공무원법」 제83조의2).

(1) 징계의 종류와 효력

교원의 징계 종류와 효력은 〈표 13-2〉와 같다.

〈표 13-2〉 교원의 징계 종류와 효력

종류		기간	신분	보수, 퇴직급여 등
(「국가공무원법」 제79조, 「교육공무원징계령」 제1조의2)		(「국가공무원법」 제80조)	(「국가공무원법」 제33조, 「공무원임용령」 제32조)	(「국가공무원법」 제80조, 「공무원보수규정」 제14조, 「공무원연금법 시행령」 제56조)
중징계	파면	–	• 공무원 관계로부터 배제 • 5년간 공무원에 임용될 수 없음	• 퇴직급여액의 1/2 지급 (재직기간 5년 미만의 퇴직급여액의 1/4 지급)
	해임	–	• 공무원 관계로부터 배제 • 3년간 공무원에 임용될 수 없음	• 퇴직급여 전액 지급
	정직	1~3월	• 신분은 보유하나 직무에 종사 못함 • 〈18월+정직처분기간〉 승진제한 • 〈처분기간〉 경력평정에서 제외	• 〈18월+정직처분기간〉 승급제한 • 보수의 2/3 감액
경징계	감봉	1~3월	• 〈12월+감봉처분기간〉 승진제한	• 〈12월+감봉처분기간〉 승급제한 • 보수의 1/3 감액
	견책	–	• 6월간 승진제한	• 6월간 승급제한

출처: 교육인적자원부(2002).

(2) 징계양정의 기준

교원의 징계양정의 기준은 〈표 13-3〉과 같다(「교육공무원 징계양정 등에 관한 규칙」).

〈표 13-3〉 교원의 징계양정기준

비위의 유형 \ 비위의 정도 및 과실	비위의 도가 무겁고 고의가 있는 경우	비위의 도가 무겁고 중과실이거나 비위의 도가 가볍고 고의가 있는 경우	비위의 도가 무겁고 경과실이거나 비위의 도가 가볍고 중과실인 경우	비위의 도가 가볍고 경과실인 경우
1. 성실의무 위반				
가. 공금횡령 · 유용, 업무상 배임	파면	파면-해임	해임-강등	정직-감봉
나. 직권남용으로 타인 권리침해	파면-해임	강등-정직	감봉	견책
다. 직무태만 또는 회계질서 문란	파면	해임	강등-정직	감봉-견책
라. 시험문제를 유출하거나 학생성적을 조작하는 등 학생성적과 관련한 비위	파면	해임	해임-강등-정직	감봉-견책
마. 그 밖의 성실의무 위반	파면-해임	강등-정직	감봉	견책
2. 복종의무 위반				
가. 지시사항 불이행으로 업무추진에 중대한 차질을 준 경우	파면	해임	강등-정직	감봉-견책
나. 그 밖의 복종의무 위반	파면-해임	강등-정직	감봉	견책
3. 직장이탈금지 위반				
가. 집단행위를 위한 직장 이탈	파면	해임	강등-정직	감봉-견책
나. 무단결근	파면	해임-강등	정직-감봉	견책
다. 그 밖의 직장이탈금지 위반	파면-해임	강등-정직	감봉	견책
4. 친절공정의무 위반	파면-해임	강등-정직	감봉	견책
5. 비밀엄수의무 위반				
가. 비밀의 누설 · 유출	파면	파면-해임	강등-정직	감봉-견책
나. 비밀 분실 또는 해킹 등에 의한 비밀 침해 및 비밀 유기 또는 무단방치	파면-해임	강등-정직	정직-감봉	감봉-견책
다. 개인정보 부정이용 및 무단유출	파면-해임	해임-강등	정직	감봉-견책
라. 개인정보 무단조회 · 열람 및 관리 소홀 등	파면-해임	강등-정직	감봉	견책
마. 그 밖의 보안관계 법령 위반	파면-해임	강등-정직	감봉	견책

6. 청렴의무 위반				
가. 금품수수	파면	해임	해임-강등-정직	감봉-견책
나. 그 밖의 청렴의무 위반	파면	해임	강등-정직	감봉-견책
7. 품위유지의무 위반				
가. 성희롱	파면-해임	해임-강등	정직-감봉	견책
나. 성폭력	파면	해임	강등-정직	감봉-견책
다. 미성년자에 대한 성폭력	파면	파면-해임	해임-강등-정직	정직-감봉
라. 학생에 대한 상습적이고 심각한 신체적 폭력	파면	해임	해임-강등-정직	감봉-견책
마. 그 밖의 품위유지의무 위반	파면-해임	강등-정직	감봉	견책
8. 영리업무 및겸직금지의무위반	파면-해임	강등-정직	감봉	견책
9. 정치운동금지 위반	파면	해임	강등-정직	감봉-견책
10. 집단행위금지 위반	파면	해임	강등-정직	감봉-견책

※ 비고: 제7호에서 "성희롱"이란 「국가인권위원회법」 제2조 제5호에 따른 성희롱을 말한다.
출처: 교육공무원 징계양정 등에 관한 규칙(「교육과학부령」 제42호).

(3) 징계 등 기록말소

징계사항으로는 교육공무원 인사기록카드에 기재된 정직, 감봉, 견책과 징계처분의 무효 · 취소로 확정된 파면, 해임 등이 있다(「교육공무원징계등기록말소제시행지침」).

직위해제사항은 「국가공무원법」 제73조의3 제1항 각호에 의한 직위해제 처분이 해당되며, 불문(경고) 기록은 징계위원회의 의결결과에 따라 인사기록카드에 등재된 불문(경고) 기록을 말한다. 교원의 징계처분기록은 〈표 13-4〉와 같다.

교원의 징계처분이 무효 또는 취소되는 경우가 있는데, ① 소청심사위원회나 교원징계재심위위원회에서 원징계처분을 취소 또는 처분의 원인 자체가 무효임을 확인하는 결정이 내려진 때, ② 법원에서 취소나 무효확인의 판결이 있는 경우 등이 이에 해당된다.

징계의 말소는 말소사유 발생 → 징계 등 처분기록 말소계획(신청)서 작성 → 말소권자의 결재 → 처분기록 말소 → 말소사실 통보(말소사유 발생일

〈표 13-4〉 교원의 징계처분기록

구분		말소제한기간	기간계산
징계	정직	7년	징계처분집행 종료일부터
	감봉	5년	징계처분집행 종료일부터
	견책	3년	징계처분집행 종료일부터
직위해제		2년	직위해제처분 종료일부터
불문(경고)		1년	경고처분을 한 날로부터

출처: 교육인적자원부(2002).

부터 14일 이내) → 말소기록관리대장 정리의 절차를 거친다.

(4) 교원징계재심위원회

교원징계재심위원회는 교육과학기술부에 설치하며, 각급 학교 교원의 징계처분 기타 그 의사에 반하는 불리한 처분에 대한 재심을 하기 위한 것으로, 「교원지위향상을 위한 특별법」 제7조~제10조, 「교원소청에 관한 규정」에 근거한다.

처분이 있는 것을 안 날로부터 30일 이내에 청구해야 하며, 재심 청구 → 피청구인의 변명서 제출 → 심사기일 통지 → 재심위원회의 심사(당사자 출석하여 진술기회 부여) → 결정서 작성 및 결정서 송부의 절차를 거친다.

재심의 결정은 재심청구를 접수한 날부터 60일 이내(불가피한 경우 30일 연장)에 각하, 기각, 처분의 취소 또는 변경, 무효확인 등의 형태로 이루어진다. 재심결정은 처분권자를 기속함으로써 효력이 발생하며, 재심결정에 대한 불복 시 결정서 접수 후 60일 이내에 행정소송을 제기할 수 있다.

제2절 교원의 전보 및 승급, 승진

1. 교원의 전보

전보란 동일 직위 또는 자격 내에서 근무기관이나 부서를 달리하는 임용을 말한다. 전보는 교육감 · 교육장이 정하는 기간에 이루어지는 정기전보와 교육감 또는 교육장이 교육상 전보가 불가피하다고 인정할 때 동일 직위 근속기간이 일정기간 이내라 하더라도 전보가 가능한 비정기전보가 있다. 또 교육상 특히 필요하다고 인정할 때에는 전보권자가 정하는 기간 동안 유예 가능한 경우도 있다. 교육전문직, 교장, 교감, 교사의 경우 매년 3월과 9월에 이루어지며, 학기 도중 전직, 전보는 부득이한 경우에 한해 이루어진다(교육인적자원부, 2002: 14).

2. 교원의 호봉 및 승급

1) 호봉의 획정

호봉의 획정은 신규채용되는 공무원에 한하며, 신규채용일을 기준으로 이루어진다. 호봉 계산은 다음에 따른다(「행정안전부예규」, 2008).

① 경력 = 환산경력연수 + (학령−16) + 가산연수
② 호봉 = 기산호봉 + 경력

경력 계산은 구체적으로 다음과 같다(「공무원보수규정」 제8조).

① 경력기간은 연, 월, 일까지 계산하되, 역(曆)에 의한 방법(「민법」 제160조 참조)으로 계산한다. 역에 의한 방법이란 일 단위로 환산하지 않

고 계산하는 것이다.

② 여러 가지 경력이 있는 경우에는 각 경력을 계급별로 구분한 후 경력환산율별로 계산하여 합산한다.

③ 환산율 적용 후의 경력기간은 12월은 1년, 1월은 30일로 계산한다.

④ 기간 계산에 임용일은 산입하고 퇴직일은 제외한다(군 복무기간과 계약제 교원은 제외).

⑤ 경력과 경력이 중복된 경우 본인에게 유리한 경력 하나에 대하여만 계산한다. 석사 또는 박사 학위 취득을 위하여 대학원에 다닌 경우는 경력으로 간주하며, 학력기간 산정은 학기 단위로 한다.

⑥ 초임호봉 획정 시 인정되는 임용 전 경력 중에서 특별승급 또는 승급제한 등의 사유가 있는 때에는 이를 가감한다.

2개 이상의 교원자격증을 소지한 경우 실제 채용된 과목의 소지자격증을 기준으로 기산호봉을 산정한다. 기산호봉은 〈표 13-5〉와 같다.

〈표 13-5〉 기산호봉

자격별	기산호봉	비고
정교사(1급)	9	교장, 원장, 교감, 원감, 교육장, 장학관, 교육연구관, 장학사 및 교육연구사에 대해서는 정교사(1급)의 호봉을 적용한다.
정교사(2급)	8	
준교사	5	
전문상담교사(1급)	9	
전문상담교사(2급)	8	
사서교사(1급)	9	
사서교사(2급)	8	
실기교사	5	
보건교사(1급)	9	
보건교사(2급)	8	
영양교사(1급)	9	
영양교사(2급)	8	

출처: 「공무원보수규정」 제8조.

예를 들어, ① 초등학교 준교사 자격증과 중등학교 국어과 2급정교사 자격증 소지자가 초등학교 교원으로 임용될 경우의 기산호봉은 5호봉이며, 중등학교 국어과 교원으로 임용될 경우 기산호봉은 8호봉이 된다. ② 중등학교 준교사 자격증 소지자가 준교사로 재직하던 중 2급정교사 자격증을 획득한 경우에는 기산호봉을 8호봉으로 산정하고, 준교사 임용 시 적용받은 인정학력 및 가산연수는 1년을 그대로 적용한다.

현재 시행되고 있는 교원봉급은 호봉에 따라 〈표 13-6〉과 같이 책정되어 있다.

PLUS

교원봉급표는 2008년 개정된 것이다.

〈표 13-6〉 교원봉급표

호봉	봉급액	호봉	봉급액
1	922,000	21	1,859,500
2	953,400	22	1,932,300
3	985,200	23	2,004,600
4	1,016,900	24	2,077,000
5	1,048,900	25	2,149,300
6	1,080,700	26	2,221,800
7	1,112,100	27	2,297,500
8	1,143,600	28	2,373,200
9	1,175,700	29	2,452,100
10	1,210,400	30	2,531,400
11	1,244,600	31	2,610,400
12	1,279,400	32	2,689,300
13	1,342,900	33	2,769,400
14	1,406,600	34	2,849,300
15	1,470,100	35	2,929,400
16	1,533,800	36	3,009,000
17	1,596,900	37	3,078,400
18	1,662,800	38	3,147,900
19	1,728,500	39	3,217,500
20	1,794,000	40	3,286,600

출처: 「공무원보수규정」 제8조.

2) 승급

(1) 정기승급

정기승급의 대상은 정기승급일 현재 승급제한기간 중에 해당되지 아니하여야 하고 승급기간(승급에 필요한 기간)이 1년 이상이어야 한다. 승급기간 1년에 대하여 1호봉씩 승급시키며, 잔여승급기간은 다음 승급기간에 산입한다. 정기승급일은 매월 1일에 시행되는데, 구체적인 내용은 다음과 같다(「공무원보수규정」 제13조).

> ① 공무원의 호봉 간 승급에 필요한 기간(이하 '승급기간' 이라 한다)은 1년으로 한다.
> ② 「국가공무원법」 제26조의2에 따라 통상적인 근무시간보다 짧게 근무하는 공무원의 근무기간은 정상근무시간을 기준으로 근무시간에 비례하여 승급기간에 산입한다.
> ③ 공무원의 호봉은 매달 1일자로 승급한다.
> ④ 제3항에도 불구하고 제14조에 따라 승급제한을 받고 있는 공무원은 승급제한 기간이 끝난 날의 다음 날에 승급한다. 이 경우 그 공무원이 제14조에 따른 승급제한 사유 없이 계속 근무하였을 때 획정되는 호봉을 초과할 수 없다.

그러나 다음과 같은 경우에는 승급이 제한된다(「공무원보수규정」 제14조).

> ① 다음 각 호의 어느 하나에 해당하는 사람은 해당 기간 동안 승급시킬 수 없다.
> 1. 징계처분, 직위해제 또는 휴직(공무상 질병으로 인한 휴직은 제외한다) 중인 사람
> 2. 징계처분의 집행이 끝난 날(강등의 경우에는 직무에 종사하지 못하는 3개월이 끝난 날을 말한다. 이하 같다)부터 다음 각 목의 기간(금품

및 향응 수수, 공금의 횡령 · 유용으로 인한 징계처분의 경우에는 각각 3개월을 가산한 기간)이 지나지 아니한 사람

가. 강등 · 정직: 18개월(강등의 경우는 별표 13의 봉급표를 적용받는 공무원에게는 적용하지 아니한다)

나. 감봉: 12개월

3. 법령의 규정에 따른 근무성적평정점이 최하등급에 해당되는 사람(「공무원 성과평가 등에 관한 규정」의 적용을 받지 아니하는 사람의 경우에는 상급감독자가 근무성적이 불량하다고 인정하는 사람): 최초 정기승급 예정일부터 6개월

② 제1항에 따라 승급제한기간 중에 있는 사람이 다시 징계처분이나 그 밖의 사유로 승급을 제한받는 경우 그 승급제한 기간은 제1항에 따른 승급제한 기간이 끝난 날부터 기산한다.

③ 공무원이 징계처분을 받은 후 해당 계급(고용직공무원의 경우에는 1종 · 2종 및 경노무고용직공무원의 구분을 말한다)에서 훈장, 포장, 국무총리 이상의 표창, 모범공무원 포상 또는 제안의 채택으로 포상을 받은 경우에는 최근에 받은 가장 중한 징계처분에 대해서만 제1항 제2호에 규정한 승급제한 기간의 2분의 1을 단축할 수 있다.

(2) 특별승급

특별승급은 법령 규정에 의한 제안의 채택시행에 따른 인사상의 특전으로 승급시키고자 하는 경우(다만, 제안의 채택시행으로 특별승진된 자는 제외)에 해당된다. 제안이 채택되어 시행된 날이 속하는 달의 다음 달 1일자로 승급한다. 다만, 승진 또는 승급의 제한을 받고 있는 자는 승진 또는 승급의 제한이 만료된 날이 속하는 달의 다음 달 1일자로 승급한다. 1호봉을 특별승급시키는데 특별승급일이 당해 공무원의 정기승급일인 경우에는 2호봉을 승급시킨다(「공무원보수규정」 제16조).

3. 교원의 승진

교육공무원의 승진은 ①「교육공무원법」(법률), ②「교육공무원임용령」(대통령령), ③「교육공무원승진규정」(대통령령), ④「교육공무원 인사관리규정」(훈령), ⑤「교원 등의 연수에 관한 규정」(대통령령), ⑥「교원 등의 연수에 관한 규정 시행규칙」(부령)에 의한다.

승진평정은 〈표 13-7〉~〈표 13-11〉과 같다.

〈표 13-7〉 경력평정(2007. 5. 25 개정 주요 내용)

구분	개정 전	개정 후	비고
평정기간 (제8조)	25년 (기본 20년 + 초과 5년)	20년 (기본 15년 + 초과 5년)	2008. 12. 31 평정 시부터 매해 1년씩 단축
평정점수 (제40조)	90점 (기본: 84점, 74점, 64점)	70점 (기본: 64점, 60점, 56점)	2007. 12. 31 평정 시부터 적용
기간 계산 (제11조 제2항)	15일 이상은 1월로 계산, 15일 미만은 미산입	1월 미만은 일단위 계산	2009. 12. 31 평정 시부터 적용

출처: 「교육공무원승진규정」 제40조.

〈표 13-8〉 근무성적 평정(교감 · 장학사 및 교육연구사)

구분	개정 전	개정 후	비고
평정점수 (제22조)	80점	100점	2007. 12. 31 평정 시부터 적용
평정결과 (제26조)	비공개	본인의 최종 근무성적 평정점 공개	2007. 12. 31 평정 시부터 적용
명부작성 시 산정기간	2년 (60%, 40%)	3년 (50%, 30%, 20%)	2010. 1. 31 명부작성 시부터 적용

출처: 「교육공무원승진규정」 제40조.

P/ L/ U/ S/

교(원)감 승진후보자는 200점 만점이며, 가산점은 별도이다.

〈표 13-9〉 근무성적 평정(교사)

구분	개정 전	개정 후	비고
	근무성적 평정	다면평가 도입	
평정 방법	교장 50% 교감 50%	• 교사의 근무실적 · 근무수행능력 및 근무수행태도에 관해 실시 • 동료교사 중에서 3인 이상으로 다면평가자 구성 • 다면평가자 구성기준, 절차 등 필요 사항은 명부작성권자가 정함	다면평가를 2007. 12. 31에 실시하되, 점수는 2008. 12. 31 평정 시부터 반영 ※2007. 12. 31 평정 시에는 근무성적 평정점을 100점 만점으로 함
평정 점수	80점	합산점 100점 = 근무성적 평점 70점(교장 40%, 교감 30%)+다면평가 30점(다면평가자 30%)	
명부 작성 시 산정 기간	2년	근무성적 평점 및 다면평가 합산점 10년	2010. 1. 31 명부작성 시부터 매해 1년씩 확대(2010년 : 2009년 + 2008년+2007년)
평정 결과	비공개	본인의 최종 근무성적 평점 및 다면평가 합산점 공개	2007. 12. 31 평정 시부터 적용 ※ 2007. 12. 31 평정결과는 최종 근무성적 평정점 공개

출처: 「교육공무원승진규정」 제40조.

P/ L/ U/ S/

연수성적과 관련하여 현재는 95점 이상의 경우 100점으로 환산되도록 개정되었다.

〈표 13-10〉 연수성적 평정

구분	개정 전	개정 후	비고
직무 연수	• 직무연수성적 계산 – 6점 × 직무연수성적/직무연수성적 만점	• 직무연수성적 계산 – 6점 × 직무연수 환산성적/직무연수성적 만점	2009. 1. 1 이후 평정 시부터 적용
연구 실적	–	연구대회 입상등급별 점수와 학위취득실적 요소별 점수 상향 조정	

출처: 「교육공무원승진규정」 제31조.

〈표 13-11〉 가산점

구분	개정 전	개정 후	비고
공통 가산점	• 총점 3.5점 – 교육부장관 지정 연구학교 근무경력: 총 1.25점 – 재외국민교육기관 파견경력: 총 1.25점 – 직무연수 이수실적: 연도별 상한점 0.08점 이내	• 총점 3점 – 교육부장관 지정 연구학교 근무경력: 총 1.25점 – 재외국민교육기관 파견경력: 총 0.75점 – 직무연수 이수실적: 연도별 상한점 0.12점 이내	2009. 1. 1 이후 평정 시부터 적용
선택 가산점	• 총점 15점 범위 내에서 교육감이 기준 결정 • 기준은 평정기간이 시작되기 전에 공개	• 총점 10점 범위 내에서 교육감이 기준 결정 • 기준은 평정기간이 시작되기 6개월 전에 공개 • 가산점의 중복인정 기준 권한을 교육감에게 위임	
기간 계산	15일 이상은 1월로 계산, 15일 미만은 미산입	1월 미만은 일단위 계산	

출처: 「교육공무원승진규정」 제41조.

제3절 교원평가

1. 교사 다면평가의 의의

각 학교에서는 학년 또는 교과별로 교육과정의 편성 및 운영이 이루어지고 교실 내의 활동이 주가 되는 교원업무의 특성상 현행 근무성적 평정의 객관성 및 타당성을 확보하기 어렵다. 이에, 교사에 대하여 동료교사 다면평가를 실시하고, 그 결과를 근무성적 평정결과와 합산하여 승진에 반영함으로써 현행 관리자중심의 근무성적 평정을 보완하고자 하는 것이다(충청남도교육청, 2008: 8-16).

① '양'에 해당하는 자가 없거나 그 비율 이하일 때는 이를 '미'에 가산할 수 있다.

② 평가대상자의 평가점은 특별한 사정이 없는 한 동일하지 아니하도록 하여야 한다.

3. 교사 다면평가를 통한 기대효과

교사 다면평가를 통해 다음과 같은 기대효과를 얻을 수 있다(충청남도교육청, 2008: 8-16). 첫째, 다면평가는 소수에 의한 주관적인 평가가 아닌 다양한 사람들에 의한 평가이므로 평가의 공정성과 신뢰성이 증대될 수 있다. 둘째, 평가결과의 즉각적인 환류가 가능하므로 자기반성의 기회를 제공하여 피평가자의 능력발전을 도모할 수 있다. 셋째, 학교조직 내 다양한 주체들 간의 의사소통 기회를 확대하여 상호 이해를 증진시킬 수 있다.

제4절 계약제 교원의 역할

1. 계약제 교원의 의미

계약제 교원은 법적인 개념은 아니나, 현행 법령상 기간제교원, 산학겸임교사/명예교사/강사 등을 총칭하는 교원으로서, 정년이 보장된 정규교원을 제외한 계약에 의하여 임용하는 비정규직 교원을 말한다.

기간제교원은 정규교사 자격증 소지자로서 휴직, 파견 등의 결원보충, 특정교과의 한시적 담당, 퇴직교원의 교육경험을 활용하기 위하여 운영하는 제도이다. 산학겸임교사/명예교사/강사는 정규교사 자격증이 없으나, 교원 정원 외에 학교교육과정의 효율적인 운영을 위하여 일시적으로 운영하는 제도이다.

계약제 교원의 운영은 ① 교과목 개편 및 선택과목의 확대로 수업시수 불균형 현상 해소, ② 소규모 학교의 상치과목 해소 기여, ③ 교원인력 양성이 적은 특정교과목 담당 교사 충원 등 교원수급의 탄력성 도모 등을 목적으로 한다(교육과학기술부, 2006: 1-19).

2. 계약제 교원의 역할

계약제 교원에는 기간제 교원, 산학겸임교사, 명예교사, 강사 등이 있다. 이들 역시 교사로서의 복무규정을 준수해야 한다(교육과학기술부, 2006: 1-19).

1) 기간제 교원

기간제 교원은 기본적으로 정규교원과 같이 근무한다. '기간제교사'라는 호칭의 사용은 삼가며, 구체적인 복무사항은 「국가공무원 복무규정」을 참고하여 임용 시 계약사항으로 정한다. 임용권자는 정기적인 연수 등으로 자질 함양을 위해 노력해야 한다. 인사기록에 관한 사항은 「교육공무원 인사기록 및 인사사무 처리규칙」에 의하며, 경력증명서 발급을 위한 인사발령대장을 비치한다(영구보존).

2) 산학겸임교사

산학겸임교사는 학교에서 고등학교 전문계교과 중 전문분야와 관련이 있는 일부 과목을 지도하거나, 산업체 현장에서 실기교육을 담당한다. 「국가공무원 복무규정」의 적용을 받지 아니하나, 전문계고교에 정규교사 대신 배치한 전일제 근무자는 기간제교원의 복무에 준한다.

3) 명예교사

특정교과지도, 특별활동지도, 생활지도 및 정규교사의 원활한 교육활동

진행을 위한 보조 역할을 담당한다. 「국가공무원 복무규정」의 적용을 받지 아니하며, 지정한 시간에 비상근으로 근무한다.

4) 강사

강사는 「국가공무원 복무규정」을 적용받지 아니하고, 계약에 따라 복무한다. 주로 정규교원의 직무를 보조하거나, 특수한 교과목을 일시적으로 담당한다.

생각해 볼 문제

1. 교원의 복무와 교원이 지켜야 할 의무를 바탕으로 본인이 생각하는 바람직한 교사상은 어떤 모습인지 생각해 보자.

2. 현재 실시되고 있는 교원다면평가제도에 대하여 논의해 보고, 문제점과 개선점이 무엇인지 토론해 보자.

3. 계약제 교원에 대한 문제는 많은 학교에서 겪고 있는 어려움 중의 하나다. 교원수급 불균형에 따른 문제점에 대한 대책은 없는지 토론해 보자.

임용고사 기출문제

(2003학년도 중등 임용시험)

1. 현행 우리나라 초·중등교원의 보수체계를 바르게 설명한 것은? (1)

① 단일호봉제를 채택하고 있다.

② 봉급은 성과급에 기초하고 있다.

③ 「교육공무원보수규정」에 근거하고 있다.

④ 보수란 직책별·계급별·호봉별에 따라 지급되는 기본급여를 말한다.

풀이 보수란 봉급과 기타 각종 수당을 합산한 금액을 말한다. 우리나라 초·중등교원의 보수체계는 단일호봉제를 채택하고 있으며, 봉급은 직무의 곤란성 및 책임의 정도에 따라 직책별로 지급되는 기본급여 또는 직무의 곤란성 및 책임의 정도와 재직기간 등에 따라 계급(직무등급 또는 직위를 포함)별·호봉별로 지급되는 기본급여가 있고, 「공무원보수규정」에 근거하고 있다.

(2002학년도 초등 임용시험)

2. 현행 교사에 대한 근무성적 평정사항은 '자질 및 태도'와 '근무실적 및 근무수행능력'으로 구성되어 있다. 다음 중 교사의 '근무실적 및 근무수행능력'을 평정하는 내용은? (1)

① 교육과정을 창의적으로 구성하는 정도

② 교육에 대한 올바른 신념을 가지고 있는 정도

③ 학부모·학생으로부터 신뢰와 존경을 받고 있는 정도

④ 학생에 대한 이해와 사랑을 바탕으로 교육에 헌신하는 정도

풀이 신념이나 신뢰, 존경, 교육에의 헌신도는 자질과 태도에 관련된 내용일 것이다. 교사의 근무실적과 근무수행능력이라 함은 실제로 학급에서 교사가 수행하는 교육과정 운영능력에 해당되는 부분으로, 교육과정을 재구성하고 학습목표 도달에 최선을 다하는 정도를 평정할 수 있을 것이다.

(2000학년도 초등 임용시험)

3. 교육공무원 승진 시 동점자가 2인 이상일 때, 순위결정에 가장 우선적으로 적용되는 것은? (1)

① 근무성적이 우수한 자

② 현 직위에 장기근무한 자

③ 임용권자의 임의에 의한 결정

④ 교육공무원으로 계속 장기근무한 자

풀이 「교육공무원승진규정」 제45조에서는 동점자의 순위결정을 명시하고 있다. 즉, ① 명부의 작성에 있어서 동점자가 2인 이상인 때에는 다음 각호의 순위에 의하여 그 순위자를 결정한다. 1. 근무성적이 우수한 자, 2. 현 직위에 장기근무한 자, 3. 교육공무원으로서 계속 장기근무한 자, ② 제1항의 규정에 의하여서도 순위가 결정되지 아니할 때에는 명부작성권자가 그 순위를 결정한다. 따라서 근무성적이 가장 우선적으로 적용된다고 하겠다.

(1999학년도 초등 임용시험)

4. 김교사는 시험을 통하여 장학사가 되었다. 이에 해당하는 개념은? (2)

① 승급　　② 전직

③ 전보　　④ 이직

⑤ 승진

풀이 전직은 직급은 동일하나 직렬이 달라지는 횡적 이동, 즉 종별과 자격을 달리하는 직렬변동 이동을 말한다. 교원이 장학사(관), 연구사(관) 등으로 이동하거나 장학사(관), 연구사(관)가 교원으로 되는 경우를 예로 들 수 있다.

(1999학년도 초등 임용시험)

5. 현행 초등학교 보직교사의 배치에 대하여 바르게 설명한 것은? (4)

① 분교장에는 보직교사를 둘 수 없다.

② 학교별 보직교사의 종류는 관할청이 정한다.

③ 보직교사의 명칭은 학교운영위원회에서 정한다.

④ 학교별 보직교사의 업무분장은 학교장이 정한다.

⑤ 공립학교에 둘 수 있는 보직교사 수는 동일하다.

풀이 보직교사의 임명에 대해서는 「초 · 중등교육법」 시행령 제3장 제2절을 참조하면 되는데, 보직교사의 명칭은 관할청이, 학교별 보직교사의 종류 및 그 업무분장은 학교의 장이 정하도록 되어 있다. 분교장에는 1인을 둘 수 있고, 학급수에 따라 보직교사의 수는 모두 다르다.

읽을 거리

It's Still You

Do you remember Superman? The hero who played superman, Christoper Reeve?

One day this hero fell from his horse and was paralyzed. This caused him so much agony that he thought, 'I'd rather die.'

When his mother came into his hospital room, he told her that he'd rather be taken off the respirator and die than retain his life like this.

Afterwards, his wife, Dana, arrived at the hospital. Reeve told the same thing to his wife, and his wife said something remarkable:

"It's still you."

She took her hands and touched her husband's cheek, her husband who was paralyzed and couldn't even breathe on his own and she said, "As long as your brain is alive, you're still the same person. Please just live for me."

These words from his wife, Dana, saved Superman. Henceforth, he became a symbol of hope and courage to people around the world. Until his death he spoke each year at the UN as a spokeman for the disabled. Among so many great speakers, he was the most inspirational because he had overcome the impossible and showed people that a future does exist.

What made the human Christopher Reeve into a great man? It was just like this wife told him. He still had a right to live. Like this, positive thinking will give you hope in any kind of situation.

Cha(2008).

참고문헌

공무원보수규정. 대통령령 제21979호(일부개정 2010. 1. 7).

교원소청에 관한 규정. 대통령령 제20740호(시행 2008. 2. 29).

교원지위향상을 위한 특별법. 법률 제8890호(일부개정 2008. 3. 14).

교육공무원법. 법률 제8889호(일부개정 2008. 3. 14).

교육공무원승진규정. 대통령령 제20740호(일부개정 2008. 2. 29).

교육공무원 징계양정 등에 관한 규칙. 교육과학기술부령 제42호(일부개정 2009. 7. 16).

교육과학기술부(2006). 계약제 교원제도 운영 편람. 교원정책과.

교육과학기술부(2008). 교육공무원 인사실무. 교육과학기술부교원정책과.

교육인적자원부(2002). 교육공무원 인사실무. 교육과학기술부교원정책과.

국가공무원법. 법률 제9419호(일부개정 2009. 2. 6).

김이경, 김갑성, 김도기, 김순남(2006). 교원 다면평가 시범운영의 효과와 기대 분석. 한국교육개발원.

서울특별시교육청(2007). 교원의 호봉획정 및 승급. 교원정책과.

서울특별시교육청(2007). 학교 전자문서 결재시스템. 교원정책과.

초·중등교육법. 법률 제8917호(일부개정 2008. 3. 21)

초·중등교육법 시행령. 대통령령 제22062호(일부개정 2010. 2. 26).

충청남도교육청(2008). 2008년도 교사 다면평가 요령.

행정안전부예규(2008). 공무원보수 등의 업무지침. 행정안전부.

Cha, Norbert D. Y. (2008). *Blessing of the Rainbow* (tran. by Soo-jin Kim). Seoul: Wis & Bis. (원전은 2007년 출간)

제 14 장

장학

장학(supervision)은 학교현장에서 교육력을 제고하기 위한 활동으로, 이는 교육경쟁력을 가늠하는 지표가 된다. 따라서 세계 여러 나라에서는 교육의 질적 향상을 위해 장학에 대한 관심을 높여 가고 있으며, 이는 우리나라도 마찬가지다. 중요한 것은 교육현장에 좀 더 가까이 다가가 교육의 과정(process)에 피드백을 주어 실천적 발전을 꾀할 수 있도록 함으로써 교육에서의 장학의 위상을 보다 확고히 하는 일일 것이다.

제1절 장학의 의의

학교교육의 효율성 측면에서, 즉 교사들의 교수법 개선과 학생들의 학습법 향상을 위해 장학은 매우 중요한 피드백으로 작용하는 교육의 과정이다. 따라서 교육의 질적 변화를 요구하는 현대사회에서 장학은 교직사회의 전문성을 확보할 수 있는 중요한 요소다. 즉, 장학은 교사들의 변화를 통해 교육의 질적 향상을 도모하려는 시도인 것이다.

1. 장학의 개념

장학에 대한 개념 정의는 접근방식에 따라 학자마다 다양하게 이루어지고 있다. 특히 교육사조의 변화뿐만 아니라 사회 전반에 걸친 변화에 의해 직 · 간접으로 영향을 받아 왔다(신현석, 2000).

P/ L/ U/ S/

계선조직이란 교육과학기술부장관-차관-시 · 도교육감-부교육감-시 · 군교육장-교장-교감의 구조를 말한다.

김종철(1982: 235-238)은 장학에 대하여 세 가지 방식으로 접근하고 있다. 즉, 법규적 접근, 기능적 접근 그리고 이념적 접근이다. 그는 장학을 법규적 접근에 비추어 '계선조직의 행정활동에 대한 전문적 · 기술적 조언을 통한 참모활동 내지 막료활동(staff operation)'으로, 기능적 접근에 비추어 '교사의 전문적 성장, 교육운영의 합리화 및 학생의 학습환경 개선을 위한 전문적 · 기술적 보조활동'으로, 이념적 접근에 비추어 '교수(instruction), 즉 학습지도의 개선을 위하여 제공되는 지도조언'으로 정의하고 있다. 이 가운데 세 번째 접근에 의한 장학의 개념 정의를 중요시하였으며, 다른 두 접근보다 근본적인 것으로 보았다. 이러한 접근은 오늘날 수업의 측면을 중요시 여기는 장학과 같은 맥락에서 이해될 수 있다.

그가 밝힌 장학의 세 가지 접근에 의한 개념 정의를 나타내면 [그림 14-1]과 같다.

P/ L/ U/ S/

기능적 접근이란 장학이 실제 교육활동 속에서 어떤 기능을 해야 하는가에 대한 대답이라 할 수 있다.

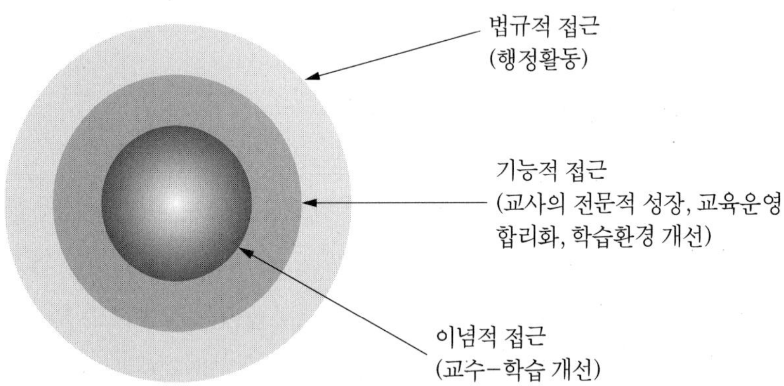

[그림 14-1] 김종철의 장학 개념

출처: 김종철(1982).

[그림 14-1]에서 보는 바와 같이 교육의 근본이고 핵심인 수업에 초점을 맞춘 이념적 정의가 장학의 개념을 가장 잘 설명해 주는 것으로 볼 수 있으며, 가장 핵심적인 영역임을 나타내고 있다. 그리고 기능적 · 법규적 측면이 수업의 외부에서 수업의 질적 향상을 지원하고 있음을 볼 수 있다. 따라서 장학은 궁극적으로는 학생들의 학습력 향상을 위한 수업에 초점을 두고 있음을 알 수 있다.

또 신중식과 강영삼(2004)은 장학의 개념을 장학의 수준별 기능을 중심으로 네 가지로 구분하여 정의하고 있다. 첫째로, 장학이 교육활동의 전반적인 기획 · 조사 · 연구 · 관리 · 지도 · 감독을 통하여 중앙의 교육행정 업무를 보좌하는 참모활동이라는 것이다. 둘째로, 장학은 교육활동을 위한 장학지도, 교원의 인사관리, 학생의 생활지도, 교육기관의 감독 등을 통하여 지방의 학무를 총괄하는 계선활동이라는 것이다. 셋째로, 장학을 학생들의 학습기회를 향상시키기 위하여 교사의 수업행위에 직접적으로 영향을 주는 학교 내에서의 제반 지도활동으로 보는 것이다. 넷째로, 장학은 학급 내의 교수-학습과정을 개선하기 위하여 교사와 학생 간의 상호작용에 중점을 두고 교사에게 지도 · 조언하는 활동이라는 것이다. 장학에 대한 이러한 정의는 김종철의 정의와 거의 비슷하며, 설명하는 방식에 약간의 차이가 있을 뿐이다.

Harris 등(1985)에 의하면 장학이란 수업과정에 직접적으로 영향을 주는 방식으로 학교를 경영해 나가거나 변혁을 가져오도록 인적 · 물적 요소를 다루는 일이다. 그러므로 장학은 학생들의 학습을 돕기 위해 학교의 수업활동에 직접적으로 영향을 미치는 주요 기능이라고 보았다. 주삼환(2003) 역시 장학의 핵심을 수업개선으로 보아 Harris와 같은 입장을 취하고 있다. 이처럼 장학을 '교사의 수업개선'을 위한 활동으로 정의하는 것은 '장학'이 갖는 본래적 의미와 의도를 충실히 하고, 행정이나 경영과의 개념적 차별화를 기하는 데 타당한 것으로 보인다(신현석, 2000).

이상과 같이 여러 학자들의 장학에 대한 개념을 종합해 보면 Wiles와

Bondi(1980)가 밝힌 여섯 가지 의미처럼 장학을 행정, 경영, 인간관계, 교육과정, 수업, 지도성 등의 측면에서 살펴보려는 시도를 하고 있음을 알 수 있다. 첫째로, 행정적 입장을 강조하는 입장에서는 장학을 교육행정의 일부로 본다. 그리하여 장학을 실시한다는 명목으로 행정적인 일에 치중하는 경향이 강하게 나타나고 있다. 과거에는 장학과 행정을 거의 동일시한 경향이 있지만, 최근에는 구분하는 경향이 강하고 장학을 행정보다 더 강조한다. 둘째로, 경영적 입장을 강조하는 장학에서는 학교를 하나의 생산체제로 보고 이에 따른 장학담당자의 역할을 조직에서의 일의 체제와 긴밀하게 관련시킨다. 셋째로, 인간관계를 강조하는 장학은 교육적 노력을 하는 모든 사람과의 관계를 중요시한다. 그리하여 장학담당자는 직원의 직무수행을 개선하도록 도와주는 역할을 해야 한다고 강조한다. 넷째로, 교육과정을 강조하는 입장에서는 장학을 교육과정 개발로 봄으로써 수업과 관련짓는다. 다섯째로, 수업을 강조하는 장학에서는 장학의 궁극적 목적을 수업의 개선에 두는데, 이러한 입장은 교육의 질적 개선을 위한 수업의 중요성을 강조한다. 끝으로, 지도성을 강조하는 장학에서는 교사에게 가르치는 방법을 가르치는 것을 중요시한다. 즉, 학습과 관련된 학교활동을 조정하는 지도성의 기능을 강조한다.

PLUS

장학을 교육과정 개발로 보려는 입장은 1957년 구 소련의 스푸트니크호 발사 이후 1960년대에 강하게 나타났으며, 지도성의 기능으로 보려는 입장은 1980년대에 두드러지게 나타난 현상이다.

이처럼 장학의 의미는 장학의 어떤 측면을 강조하느냐에 따라, 또 장학을 실행하는 주체의 성격에 따라 달라진다. 그러므로 장학에 대해 어떤 관점을 가지고 있느냐에 따라 장학을 실행하는 관점이 달라질 수밖에 없다.

문제는 어떠한 의미를 갖든지 간에 장학이 부정적인 측면으로 여겨지는 경향이 있다는 것인데, 이는 장학의 어원이 'super'와 'vision'이 합쳐진 'supervision'으로 감독 또는 시찰 등의 의미를 가지고 있기 때문이다.

그러나 틀림없는 사실은 어떠한 측면의 장학을 강조하든, 장학이 학교교육의 질적 향상을 꾀하기 위해 존재한다는 것이다. 즉, 오늘날 장학은 교사들로 하여금 교사의 역할을 충실히 수행할 수 있도록 도와주는 기능을 하는 것으로 강조되고 있다는 것이다.

그렇다면 장학은 교육의 과정에서 반드시 있어야 하는 교육적 노력이어야 할 것이다. 이러한 교육적 노력은 상부기관이나 하부기관에서 그 역할이 다르게 나타날 수 있다. 즉, 주삼환 등(2005)이 지적한 바와 같이 교육과학기술부나 시 · 도교육청의 입장에서는 행정이나 경영의 측면에서 장학을 하고자 할 것이며, 학교나 지역교육청의 입장에서는 수업이나 교육과정의 측면에서 장학을 하고자 할 것이다.

P/ L/ U/ S/

중앙의 장학활동은 참모활동이 중심이지만, 지방의 장학활동은 계선활동이 중심이 된다.

최근에는 수업을 중요시하는 장학의 의미를 강조하는 추세다. 그러나 이종태(2004)가 제안한 바와 같이 '수업개선 조력'으로서의 장학 개념이 장학의 중핵적 요소이기는 하나, 개념적으로나 실제적으로 많은 약점과 난점을 가지고 있기 때문에 '국가수준의 교육의 질 관리 기제'로서의 장학 개념에 대해 논의한다. 이들은 장학 패러다임의 전환을 주장하고 있다.

그러나 장학에 대한 학자들 대부분의 개념 정의는 학교교육의 질적 개선을 추구한다는 점에서 의견을 같이 한다. 또 장학이 학교교육의 발전을 위해 학교 또는 교육활동의 전반에 걸쳐 다각적인 측면에서 이루어지는 활동이라는 점을 공통적으로 제안하고 있다.

2. 장학의 본질

장학은 그 개념 정의에서 살펴본 바와 같이 행정적 기능, 경영적 기능, 인간관계 기능, 교육과정 개발 기능, 수업 기능, 지도성 기능을 위해 필요하다. 그러나 어떤 측면을 강조하든지 장학은 궁극적으로 교육의 목적을 달성하기 위한 전반적인 활동이라 할 수 있다. 보다 구체적으로 장학의 필요성에 대해 논의하면 장학의 본질을 좀 더 설득력 있게 정당화할 수 있을 것이다.

첫째, 행정적 기능을 다하기 위해 장학은 필요하다. 즉, 장학은 학습환경을 개선하기 위해 학교의 물자와 시설 등의 제공과 운영에 주력한다. 비록 행정의 기능이 강화됨으로써 장학의 본질과 동떨어진다고 생각할 수도 있지만, 궁극적으로는 수업의 효율성을 가져오기 위한 물리적 환경을 구비하고 지원하는 간접적인 역할을 하는 것으로 볼 수 있다.

둘째, 경영적 기능을 위해 장학은 필요하다. 점차 확대되어 가고 있는 학교체제에 경영기법을 도입하여 학교라는 조직을 경영할 필요가 있기 때문이다.

P/ L/ U/ S/

인간관계를 중시하는 기능으로 본 장학은 1930년대 행정과 경영의 이론 발달과정에서 중요시되었던 것에서 비롯되었다. 여기서는 교육환경에 있는 모든 사람들과 함께 일하는 역할이 장학담당자에게 요구된다.

셋째, 장학은 인간관계의 기능을 위해 필요하다. 교육은 교육과 관련된 모든 인적 요소들 사이의 상호작용에 의해 이루어지기 때문에 이들 간의 원만한 소통과 교류를 위해 장학이 매개가 되는 것은 매우 중요하다고 할 수 있다. 특히 교사와의 관계형성은 장학의 역할을 다하기 위해 더욱 중요하다.

넷째, 교육과정을 개발하고 운영하는 일련의 과정을 실행하기 위해 장학은 필요하다. 이러한 기능은 장학이 교육과정에서 그 역할을 찾아야 한다는 것을 의미한다. 장학을 교육과정의 개발과 운영으로 보려는 관점은 수업과 더욱 밀접한 관련성을 갖는다.

다섯째, 장학은 수업의 기능을 다하기 위한 것이다. 이것은 곧 장학의 핵심적 역할을 말한다. 교육의 궁극적 목적은 학생들의 성취에 있으므로 장학을 통해 수업의 질적 개선을 도모하는 일은 매우 중요한 영역이다.

끝으로, 지도성의 기능을 다하기 위해 장학은 필요하다. 즉, 장학은 교사들에게 가르치는 방법을 가르치는 것이기 때문에 이러한 기능은 학교의 모든 계획과 활동을 제어하는 역할을 한다.

장학의 개념 정의에서 언급한 여러 측면은 사실상 교육활동을 위해 꼭 필요한 입장이다. 그러나 장학이 교육의 목적달성과 질적 향상을 위해 무엇에 주력해야 하느냐에 관심을 가질 때 수업에 역점을 두어야 할 필요성이 제기된다면 다른 영역들은 수업을 지원하기 위해 조화를 이루는 것이 바람직할 것이다. 교육의 궁극적 목적은 수업의 효율성을 극대화함으로써 개별 학생들의 건전한 성장 · 발달에 있기 때문이다.

주삼환(2003)은 장학이 교사의 교수행위에 어떠한 변화를 주어 학생의 학습행위를 변화 · 촉진시키는 것이라고 설명하고 있다. 그의 논리에 의하면 학생이 잘못 배운 것이 교사의 책임이라면 교사가 잘못 가르치도록 내버려 둔 책임은 교사를 장학하는 장학담당자에게 있다는 지적이다. 그리고 이러한 장학은 교육과정을 개발하고 수정 · 보완하며 다양한 자료를 개발하고 교육환경을 개선함으로써 학생의 성취에 도달할 수 있다고 설명하였다. 결국 장학의 본질이 수업의 개선에 있음을 지지하는 논리다. 그가 제시한 장학의 본질은 [그림 14-2]와 같다.

P/ L/ U/ S/

우리나라의 장학은 관료적이고 획일적이며 형식적인 면이 있어 왔다. 따라서 장학은 교사들의 환영을 받지 못하는 경우가 많다.

진동섭과 김도기(2005)는 장학의 본질이 수업개선과 그것에 적합한 합리적이고 민주적인 장학방법의 개발이라고 지적한다. 이들은 장학이 교사들에게 부정적으로 인식되었던 것은 목적에 맞지 않는 방법을 선택했기 때문이라고 주장하고 있다.

결론적으로 장학의 본질은 수업개선에 있고, 수업을 개선하도록 하기 위해서는 행정, 경영, 인간관계, 교육과정, 지도성 등의 각 측면에서 간접적인 지원이 이루어져야 할 것이다.

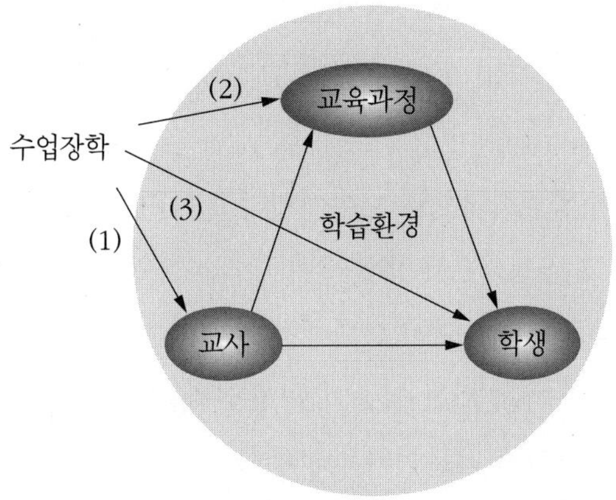

[그림 14-2] 장학의 본질: 수업의 개선

출처: 주삼환(2003), p. 34.

제2절 장학의 종류

장학은 그 목적에 따라 다양하게 구분할 수 있다. 우리나라 학교현장에서는 보통 전통적 장학, 수업장학, 동료장학, 자기장학, 인간자원장학, 컨설팅 장학 등의 이름으로 실시한다. 주로 교육청의 장학사가 주체가 되어 담당 학교를 대상으로 목적과 필요에 따라 다양한 형태의 장학을 실시한다. 이들 장학은 모두 학교가 그 기능을 충분히 발휘하고, 교사가 수업에 열중할 수 있도록 지원해 주는 역할을 해야 한다.

1. 전통적 장학

P/ L/ U/ S/

전통적 장학은 보통 학교행정가, 즉 교장이나 교감이 하는데, 이 장학은 교사의 수업 개선뿐만 아니라 행정적인 기능도 갖는다.

전통적 장학은 많은 학교행정가들이 사용해 온 장학의 방법으로, 교장이나 교감이 짧은 시간 비공식적으로 교실에 들러 수업을 관찰하는 것을 말한다. 이 방법은 오랫동안 지속되어 왔으면서도 교사들에게 평가의 두려움을 안겨 주기도 하는 매우 부담스러운 것으로 여겨지고 있다. 그러나 오늘날은 굳이 전통적 장학의 형태를 빌어 교장이나 교감이 불시에 교실을 방문하는 경우는 거의 없다.

전통적 장학이 비공식적으로 이루어진다고 하더라도 학교행정가는 나름대로 체계를 갖고 공개적으로 방문해야 할 것이다. 더욱이 목적을 갖고 관찰함으로써 교사들에게 반드시 피드백을 주어야 부작용이 없다. 자칫 잘못하면 교사들을 감독하기 위한 일종의 순시로 여겨져 교사들의 잘못을 끄집어내는 일이 될 수 있기 때문이다. 아무 때나 교장, 교감이 교실을 방문하게 되면 수업에 방해가 될 뿐 아니라 교사에게 정신적 부담을 줄 수 있다.

그러나 전통적 장학은 교사들의 수업기술 향상을 위해 인력이나 시간의 한계를 조금이라도 극복하는 데 도움을 준다는 이점도 있다. 즉, 장학인력이 부족하고 장학담당자들과의 시간조율이 쉽지 않은 현실에서 교장이나 교감의 전통적 장학은 이 한계를 극복하는 데 다소 도움이 된다. 다만, 교사들에게 감독의 차원이 아닌 조력의 모습으로 보일 수 있는 노력을 해야 할 것이다.

2. 수업장학

수업장학은 장학의 근본적인 목적을 달성하기에 가장 접근된 장학이라고 할 수 있다. 즉, 수업장학은 학생들의 학습을 향상시키기 위해 교사의 교육적 노력을 지원한다. 따라서 수업장학을 할 때에는 집중적으로 수업 프로그램의 계획과 운영 및 평가에 초점을 두게 된다.

> P/ L/ U/ S/
> 수업장학과 구별되어 일반장학이란 말도 사용하는데, 우리나라처럼 장학이 행정과 거의 동일시될 때 특별한 경우를 제외하고는 모두 일반장학으로 여기며, 외국에서의 장학은 당연히 수업장학을 의미한다.

수업장학은 Cogan과 그의 동료들이 예비교사들을 대상으로 수업방법과 기술을 연수시키기 위한 직전교육 프로그램을 만들어 적용한 것이 시초이다. 이것은 임상장학을 이용한 것으로, 현장교사들의 수업기술을 향상시키는 데 활용될 장학방법으로 효과성을 입증받았다(김석우, 윤미영, 1996). 또 Snippe(1992) 역시 수업장학이 학생의 학습태도나 학업성취의 향상에 긍정적인 영향이 있음을 밝혔다.

임상장학은 수업장학에 포함되며, 여러 장학방법 중 하나의 대안에 불과한 것이다. 임상장학은 교사중심장학이라고도 하는데, 이는 교사가 자신의 교수기술을 향상시키기 위해 장학담당자의 도움을 요청함으로써 실행되는 것이기 때문이다. Cogan(1973)은 계획협의회, 수업관찰, 피드백 협의회를 거치면서 교사의 교수기술 향상을 통한 전문적 성장을 도모할 수 있다고 보았다. 임상장학은 수업개선에 초점을 맞춘 장학으로서의 역할을 함으로써 실제로 구태의연한 수업에 빠져 안일하게 수업을 하던 시기에 수업개선을 위한 장학의 역할을 좀 더 명확히 하는 계기를 만들어 주었다.

> P/ L/ U/ S/
> 임상장학은 교실현장에서 장학하는 사람과 교사가 친밀한 관계 속에서 교사의 교수기술 향상과 전문적 성장을 위해 실행하는 장학이다.

또 수업장학으로서의 성격을 띠는 마이크로티칭(microteaching)은 예비교사들의 교수기술을 향상시키기 위한 방안으로 개발되었는데, 소규모 수업을 실시하는 일종의 실습체제라 할 수 있다. 이 방법은 시간, 학생, 주제

P/ L/ U/ S/

마이크로티칭은 1963년 스탠포드 대학교의 Allen 교수에 의해 개발된 것으로, 교사교육을 받고 있는 학생들에게 수업의 경험을 부여함으로써 수업기술을 향상시키는 기회를 주기 위해 개발된 것이다.

그리고 교수기술 등을 축소함으로써 특정 수업기술의 훈련에 효과적으로 사용될 수 있다(Simbo, 1989). 수업을 하는 동안 관찰 및 녹화 등을 하고, 이들 자료들을 중심으로 피드백을 해 줌으로써 예비교사들의 수업기술을 향상시키는 데에 초점을 둔다. 이러한 소규모 수업방법은 현재 많이 사용되고 있으며 장학에서도 보편화되어 가는 추세다. 그 까닭은 수업하는 교사의 장단점을 바로 알 수 있고 빠른 피드백이 가능해 좀 더 적극적으로 수업을 개선할 수 있기 때문이다. 또 경험이 많은 교사가 초임교사들을 지도하는 동료장학에서 사용하기에도 적합한 것으로 알려져 있다. 무엇보다도 마이크로티칭의 결과로 교사 스스로 자기진단과 분석이 가능하기 때문에 유용하다고 할 수 있다.

수업장학을 하는 장학사의 입장에서는 교사의 수업장면에 대한 비평보다는 교육의 목적을 효율적으로 달성할 수 있도록 지원해 주는 역할을 해야 한다. 이를 위해서는 수업 및 교육과정 프로그램에 대한 전문적 식견은 물론, 수업내용을 향상시키고자 하는 강한 의욕을 가짐으로써 수업에 대한 전문적 지도력을 발휘할 수 있어야 한다. 아울러 교사들과의 원만한 인간관계 형성을 기반으로 장학을 함으로써 장학의 효율성을 높일 수 있어야 한다.

3. 동료장학

동료장학은 교사들 상호 간의 전문적 성장과 교류를 위한 장학이다. 장학사들에 의한 장학에 비해 동료장학은 같은 학교에 있으면서 서로의 상황을 더 잘 알고 이해하기 때문에 훨씬 효과적일 수 있다. 오늘날 장학은 많은 부분이 장학담당자나 학교행정가로부터 교사에게로 이동하는 경향에 더욱 관심을 갖는데, 그 까닭은 교사의 핵심 업무인 가르치는 일, 즉 수업의 중요성이 부각되기 때문이다.

동료장학을 할 때에는 수업설계에서부터 시작하여 교수방법과 전략, 평가 그리고 물리적 환경에 이르기까지 새로운 아이디어를 교환하고 피드백을 실시한다. 동료장학은 보통 한두 사람의 교사가 실시하는 경우도 있으나, 몇 사람이 팀을 구성하여 실행하는 경우가 많다. 그 형식에는 비공식적으로 관찰되는 수업상황으로부터 시작하여 소집단에 의해 공식적으로 이루어지는 관찰, 그리고 각종 연수나 팀티칭, 동료연수회 등이 있다. 또 경험이 많은 교사가 경험이 적은 교사를 임상장학의 측면에서 실시하는 것도 이에 해당된다.

P/ L/ U/ S/

팀티칭은 교사들마다 가진 단점을 서로 보완하고 각자 지닌 강점을 살려 학생들에게 제공할 수 있기 때문에 매우 유용한 것으로 여겨지며, 서로 자연스럽게 수업을 관찰하고 피드백을 제공할 수 있어 효과적이다.

동료장학은 전문적 장학의 기술 없이 실행이 가능한지에 대한 부정적 시각과 학교의 관료적 구조 등으로 실현가능성을 제기하는 학자도 있다. 이처럼 동료장학을 실시하는 교사들의 장학능력에 대한 신뢰성과 학교구조 등의 문제가 있기는 하지만, 장학과 관련된 연수 등이 다양하게 이루어지고 학교체제의 탄력적 구조와 교사들 간의 원만한 인간관계를 전제로 한다면 효율적인 장학이 가능할 수 있다.

동료장학은 교사들의 자율적 모임으로 이루어지기 때문에 의무적으로 실행되는 장학에 비해 효과가 크다. 교육의 자율성과 전문성 그리고 협력적 노력이 요구되는 시대적 · 교육적 요청과 잘 일치하는 장학이기 때문이다. 더욱이 동료장학은 교육청 단위의 장학과는 달리, 상호 협력의 의미로 언제든지 자율적으로 장학을 실행할 수 있다는 장점이 있다.

4. 자기장학

자기장학은 교사 자신이 다른 사람의 지도 · 감독을 받지 않고 교직의 전문적 성장을 위해 스스로 노력하는 형태의 장학이다. 따라서 자기장학은 교육에의 열정이 높고 자기성장에 전념하고자 하는 교사들에게 매우 좋은 형태의 장학이다. 자율적 동기에 의한 자기성장은 그 어느 것에 비해서도 강화가 크기 때문이다.

P/ L/ U/ S/

자기장학은 능력 있는 교사에게 적합하며, 초임교사나 도움을 필요로 하는 교사들은 임상장학이 적절하다고 본다.

자기장학은 녹화나 녹음, 동료교사나 학부모 또는 학생들로부터 받은 피드백, 대학원 수강이나 세미나 참여 또는 각종 연수 등을 통해 실시할 수 있다. 자기장학은 자신의 의지로 실행하는 것이기 때문에 타인의 시선에 구애받지 않지만, 체계적으로 계획을 세워 실행해야 한다.

그러나 자신을 정확히 평가한다는 것은 개인의 능력에 따라 불가능할 수도 있으며, 평가는 상호작용에 의해 이루어져야 타당하다고 보는 시각이 있어 자기장학을 부정하는 학자들도 있다. 그렇다 하더라도 학교현장에서 자기 자신에 대해 꾸준히 연구하고 반성을 함으로써 자기장학은 자신을 되돌아보고, 스스로 장학을 하는 것으로서의 의미가 있다.

5. 인간자원장학

인간자원론은 인간자원(human resources)을 모든 자원의 근원적인 요소라고 본다. 나동환(1994)에 의하면 인간자원론에서 인간성은 인간관계론에서의 인본주의나 인간주의와 맥락을 같이 하면서 인간과 조직성과를 연결하는 데 인간을 하나의 자원으로 간주하고 무한한 잠재력을 인정한다.

따라서 인간자원은 인간의 욕구, 동기, 성장, 잠재능력 등을 발휘하여 학교조직의 성과에 중요한 영향을 미친다고 여겨진다. 학교조직에서의 인간자원에 대한 관심은 장학활동을 통해 더욱 강조되는 부분이다. Sergiovanni와 Starratt(1983)는 인간자원론을 장학에 접근시켜 인간자원장학(human resources supervision)을 제안하였다.

P/ L/ U/ S/

인간관계론적 장학 역시 교사를 의사결정에 참여시킴으로써 교사의 만족감을 증대시키고자 하나, 그 궁극적 목적은 학교의 효과성 증대이고 교사의 만족감 증대는 하나의 수단이 된다.

인간자원장학은 효능감, 참여, 성숙 등을 강조함으로써 내적 만족요인이라고 할 수 있는 동기, 책임감, 성공에 대한 열망과 가능성에 초점을 맞춘다. 그리하여 이 장학은 교사의 직무만족을 교사행위의 궁극적 목적으로 본다. 즉, 교사의 행복과 만족을 증대시키는 것이 목적이다.

이런 관점에서 인간자원장학은 교사들을 학교의 효과성 증대를 위한 잠재력을 가진 존재로 보고 의사결정에 참여시킨다. 그리하여 교사의 참여가 학교의 효과성 증대를 낳고 이에 따라 교사의 행복과 만족이 커진다고 본다.

6. 컨설팅 장학

컨설팅 장학은 그동안의 장학에 대한 새로운 도전이다. 즉, 장학의 패러다임은 행정적 · 집단적 · 형식적인 것에서 벗어나 장학의 본질에 부합하는 교수-학습활동의 질적 향상을 꾀함과 동시에 교사들의 민주적 참여에 의한 교육활동을 강조하는 것으로 바뀌어 가야 한다는 요청의 결과로 나타난 것이다.

P/ L/ U/ S/

컨설팅 장학과 자율장학은 교원들의 자발적 참여와 자율성이 중시된다는 측면에서 유사점이 있는데, 자율장학은 장학담당자와 교사 간의 권위적 위계관계 속에서 이루어지고, 컨설팅 장학은 수평적 관계 속에서 이루어진다는 점이 다르다.

진동섭과 김도기(2005)에 의하면 장학의 목적은 교육활동의 개선이고 대상은 교원이며, 방법은 지도 · 조언활동이다. 이들은 여기서 지도활동보다 조언활동에 주목하며, 교원들의 자발적인 노력, 장학담당자의 전문성, 그리고 교원과 장학담당자 간의 평등한 관계가 전제되어야 한다고 본다. 즉, 도움의 필요성을 느끼지 못하는 교사들을 대상으로 교장, 교감, 장학사 혹은 교육행정가에 의해 이루어지는 지도활동 중심의 장학은 역효과를 불러일으킨다는 것이다. 따라서 장학의 본질 구현을 위해 '지도' 활동에서 '조언' 활동으로 그 무게중심을 옮기는 방법상의 변화가 요구된다고 주장하였다.

이러한 요청에 부합하는 것이 바로 컨설팅 장학이다. 컨설팅 장학은 학교 컨설팅의 의미와 원리, 방법을 장학에 적용한 것으로, 장학의 새로운 유형이다. 학교 컨설팅이란 학교교육의 질 제고에 초점을 두고 컨설팅이라는 원리와 방법을 통해 교육활동의 질을 높이려는 것이다. 즉, 안세근(2007)에 의하면 '학교교육활동에 대한 종합적 진단' '자발적 진단' '전문적 조언'이라는 특징을 갖는다.

P/ L/ U/ S/

학교 컨설팅은 학교가 지닌 문제의 진단과 목적달성을 위한 문제해결책 제안 및 해결책의 실행에 도움을 주는 전문적인 조언활동이다.

따라서 컨설팅 장학은 기존의 장학의 한계를 극복하고 교원들의 자발적이고 적극적인 참여를 바탕으로 수업의 개선을 도모함으로써 학생들의 질적 향상을 가져오도록 하는 장학의 본질에 가장 가까운 장학이라 할 수 있다.

제3절 장학담당자의 자질과 역할

장학의 성패는 사실상 장학담당자의 자질과 역할에 따라 크게 달라질 수 있다. 나아가 장학담당자의 자질과 역할은 교사의 교수능력 향상과 자기성장 그리고 학교환경 개선에 지대한 영향을 미치는 요소로 작용한다. 따라서 장학담당자는 전문적 자질을 갖추고 교사들을 지도·조언하는 기술을 익혀야 할 것이다.

1. 장학담당자의 자질

장학담당자는 교사들의 교수능력을 증진시키고 자기성장을 추구하는 교사들에게 도움을 주어야 하는 위치에 있다. 장학담당자가 갖추어야 할 자질에 대해서는 학자들에 따라 그 견해가 다양하다. 그러나 장학담당자가 인간적 자질과 함께 장학 본연의 임무를 완수하기 위한 전문적 자질을 구비해야 한다는 점에서는 일치된 견해를 보이고 있다.

정태범(1996)에 의하면 장학담당자가 갖추어야 할 자질은 인성적 소양과 전문적 능력으로 구분된다. 인성적 소양으로는 소명감, 존경과 신뢰, 독창성, 비방어적 태도 등을, 전문적 능력으로는 폭넓은 교양, 전문적 교수기술, 지도성, 교과 및 각종 교수자료에 대한 지식, 교육경영 체제의 인식 및 평가 등을 들었다. 이러한 제안은 조병효(1981)가 인성적 자질과 전문적 자질로 구분하여 제시한 것과 같은 맥락에서 이해될 수 있다.

한편 Harris(1985)는 장학담당자의 과업을 기초적 과업(preliminary tasks), 운영적 과업(operational tasks) 그리고 발전적 과업(developmental tasks)으로 나누었다. 기초적 과업으로는 교육과정 개발, 수업시설의 제공, 교수직원의 인사를, 운영적 과업으로는 수업의 조직, 교수직원에 대한 오리엔테이션, 교수자료의 제공, 학생에 대한 봉사, 홍보활동을, 그리고 발전적 과업으로는 현직교육, 수업평가를 들었다.

또 미국학교행정가협회(AASA)에서는 장학담당자의 능력을 학교풍토 개선 프로그램의 설계 · 실천 · 평가, 정치학이론과 정치적 기술, 체계적인 교육과정의 개발, 수업관리 체제의 기획, 직원개발과 평가체제의 설계, 인적 · 물적 · 재정적 지원의 배분, 연구의 실시와 연구결과의 활용 등 8개 영역으로 정하고, 각 영역에서 하위요인을 구체적으로 제안하였다(Hoyle, 1985).

주삼환(2003)은 훌륭한 장학자의 표준으로 여덟 가지를 제시하고 있다. 즉, ① 유용한 지식, ② 언어의 유창성, ③ 탐구정신, ④ 분석능력, ⑤ 건설적인 사고, ⑥ 개방적 사고, ⑦ 판단, ⑧ 인간본성에 대한 이해 등이다.

여러 학자들이 주장하고 있는 장학담당자의 자질은 구분하는 방식에 차이가 있을 뿐, 장학담당자가 지녀야 하는 내용은 거의 비슷한 맥락에서 제시하고 있다. 이들의 주장을 종합해 보면 장학담당자들은 교사들의 수업을 돕기 위해 수업은 물론, 수업 외의 요인에 대해서도 깊은 안목과 실천적 의지를 갖고 적극적으로 지원해야 함을 알 수 있다. 따라서 장학담당자는 이미 언급한 행정, 경영, 인간관계, 교육과정, 수업, 지도성 등의 측면에서 전문적인 식견을 갖추어 교사들의 수업을 돕는 실천적 자질을 구비해야 할 것이다.

> **PLUS**
> 우리나라의 장학사 자격기준은 ① 대학 · 사범대학 · 교육대학 졸업자로서, 5년 이상의 교육경력이나 2년 이상의 교육경력을 포함한 5년 이상의 교육행정경력 또는 교육연구경력이 있는 자, ② 9년 이상의 교육경력이나 2년 이상의 교육경력을 포함한 9년 이상의 교육행정경력 또는 교육연구경력이 있는 자로 한다.

장학담당자의 이러한 자질은 선천적으로 타고날 수도 있고, 장학담당자가 되기 이전에 다양한 연수 및 자기연찬을 통해 자질을 습득하는 경우도 있으며, 장학담당자가 된 이후에 실행을 통해 노하우를 갖게 되는 경우도 많다. 무엇보다도 통합적인 자질을 구비함으로써 교사들의 수업능력 향상에 도움을 줄 수 있어야 할 것이다.

2. 장학담당자의 역할

장학담당자는 장학이 지닌 본질에 충실하면서 장학의 다양한 과업을 수행할 수 있어야 한다. 그러기 위해서 장학담당자는 장학에 대한 전문적 식견과 인간으로서의 자질을 구비하고 장학의 각 기능을 완수해야 할 것이다.

그동안 우리나라의 장학은 행정적 · 관료적 측면의 기능에 치우쳐 온 경향이 있어 교육현장에서는 장학담당자에 대해 거부감과 불신이 있어 온 것이 사실이다. 따라서 장학담당자들은 장학 본래의 의미를 알고 학교현장과 상황에 적절한 장학을 함으로써 교사들로 하여금 장학담당자들의 도움을 언제든지 요청할 수 있도록 해야 한다. 이를 위해서는 다음과 같은 몇 가지 역할을 수행할 수 있어야 할 것이다.

첫째, 장학담당자는 자기성장을 위해 부단히 노력하는 자기연찬자로서의 모델이 되어야 한다. 장학담당자의 역할이 교육적 수행을 돕는 일이니만큼 장학담당자는 교육에 대한 자신의 신념을 발전시키기 위한 노력을 해야 한다. 이를 위해 장학담당자는 다양한 연수활동, 학회 및 세미나 참여 등과 같은 기회를 통해 자신의 발전을 꾀할 수 있어야 한다. 자신의 발전을 위해 아무런 노력을 하지 않으면서 현직에 있는 교사들로 하여금 연수를 강요하고 개인적 노력을 권장하기는 어렵기 때문이다. 장학담당자 스스로 발전 의지가 높을 때 장학을 좀 더 잘할 수 있을 것이다.

둘째, 장학담당자는 장학업무의 효율성을 위해 꾸준히 연구하는 연구자로서의 직무수행을 해야 할 것이다. 장학담당자가 되었다고 해서 교사들 위에 군림하려고 해서는 안 된다. Glickman, Gordon 그리고 Ross-Gordon (2004)은 장학을 하나의 직함이나 직책으로 보기보다는 기능으로 보는 것이 타당하다고 지적하였다. 따라서 장학담당자는 교사들이 수업에 전념할 수 있도록 학교 내적 · 외적 지원을 위한 프로그램을 개발하여 보급할 수 있는 전문적 자질을 키워나가야 할 것이다. 이를 위해 행정적 · 경영적 지원, 교육과정의 질 관리, 수업개선, 지도성 발휘, 학교 및 학습환경 개선 등과 관련된 연구를 꾸준히 함으로써 항상 준비된 전문가로서의 역할을 다해야 할 것이다.

셋째, 장학담당자는 다양한 장학의 과업을 수행하고 이를 발전시키는 선도자로서의 역할을 해야 한다. 행정적 지원이 미약할 때에는 이에 대한 과감한 지원을 동원해야 할 것이며, 교육과정의 질적 관리가 필요할 때에는 교육과정에 대한 연구와 지원을 시도해야 할 것이다. 또 수업의 질적 향상을 위해서는 다양한 교수 프로그램의 개발 및 적용이 이루어져야 할 것이고, 지도성을 발휘함으로써 교육현장의 발전에 도움을 주는 역할을 해야 할 것이며, 교육의 질적 향상을 위해 학교 및 학습환경 개선에 노력해야 할 것이다. 이처럼 다양한 측면에서 변화 및 개선 또는 향상을 위한 노력을 할 때 장학담당자는 본연의 업무를 수행하는 전문직으로서의 역할을 다하게 되는 것이다. 학교 일이라고 해서, 또 교육을 실행하는 일이 교사의 일이라고 해서 관망해서는 안 되며, 학교에서 어떠한 교육적 실행을 하고자 할 때에는 적극적으로 나서서 지원하는 역할을 해야 한다.

끝으로, 장학담당자는 한 인간으로서의 모습을 지녀야 할 것이다. 과업을 수행하는 일 자체가 업무에 초점이 맞추어져 있기 때문에 다소 어려움이 있을 수도 있으나, 장학의 본질을 생각하고 교사들의 노력을 지원하려면 한 인간으로서 본래의 모습을 지녀야 장학하는 일이 수월해질 수 있다. 장학이 기존의 권위적이고 관료적인 측면에 치우쳐 있었기 때문에 교사들은 장학에 대해 상당한 거부반응을 보인다. 무엇보다도 장학담당자들이 인간적으로 접근할 때 교사들은 장학담당자들을 신뢰하고 도움을 요청할 것이다. 따라서 장학담당자와 교사들 사이의 긍정적 인간관계 형성은 장학의 본질을 유지할 수 있는 기본적인 일이라 할 수 있다.

제4절 장학의 과업 및 평가

장학이 그 본질에서 벗어나지 않고 과업을 실행할 수 있다면 장학을 통한 학교평가는 얼마든지 객관적이며 의미 있는 교육활동이 될 수 있다. 즉, 학교의 교육적 수행과정에 대한 평가를 할 때 장학은 그 잣대가 될 수 있을 뿐만 아니라, 보다 효율적인 교육활동을 지원할 수도 있다. 따라서 장학은 학교의 교육활동을 지원하면서 이에 대한 평가를 통해 교육적 수행능력을 높이기 위한 피드백의 역할을 하게 된다.

1. 장학의 과업

장학이 해야 하는 일은 장학을 어떤 의미로 보는지 또는 장학을 통해 무엇을 기대하는지에 따라 강조점이 달라질 수 있다. 무엇보다도 장학은 교사들의 수업개선을 지원하는 일에 초점을 두어야 할 것이며, 이를 위해 수업 외의 일에도 최선을 다해야 할 것이다.

1) 행정적 · 경영적 지원의 확보

장학이 갖는 행정과 경영의 기능은 수업의 효과를 극대화하기 위한 수단적 성격을 갖는다. 사실, 장학과 행정은 기능적으로 분리되기 어렵고, 상호 관련되어 상보적으로 작용한다.

우리나라에서는 아직까지도 장학에 대하여 학교를 지원하는 행정적 측면의 과업에 역점을 두고 있는 것이 사실이다. 이는 장학을 교육행정의 일부로 보는 경향이 있기 때문이다. 따라서 장학담당자들은 대부분 행정적인 일에 더욱 치중하는 경향이 있으며, 이에 따라 장학의 본질에 다소 어긋나는 경향도 없지는 않다.

그러나 학교교육의 효율화를 위해 장학이 담당하는 행정적 지원은 하드웨어적인 역할을 하기 때문에 그 나름대로 반드시 수행되어야 하는 부분이다(주삼환, 2003). 다만 장학담당자들이 지나치게 행정적인 측면을 앞세워 학교현장에 대해 권위적으로 장학하는 일은 없어야 할 것이다.

2) 교육과정의 질 관리

장학의 궁극적 목적은 수업의 개선에 있으며, 수업은 곧 학교교육과정에 근거하여 이루어진다. 현재 우리나라는 교육부의 지침을 바탕으로 시 · 도 교육청에서 교육과정 편성 · 운영 내용을 개발하면 이것을 근거로 하여 각 지역교육청에서 지역의 특성과 실태에 부합하는 장학자료를 만들어 관내 학교에 보낸다. 그러면 각 학교는 장학자료를 바탕으로 하여 학교의 상황, 학생의 발달과 특성, 학부모와 지역사회의 요구에 부합하는 교육과정을 개발하게 된다. 따라서 Curtin(1964)이 지적한 바와 같이 교육과정에서 장학의 의미를 찾을 때 그 본질에 부합하는 장학을 실행할 수 있다. 이는 장학에서 교육과정의 높은 위상을 나타낸 것이라 할 수 있다.

P/ L/ U/ S/

장학담당자들은 학교중심 교육과정의 개발 및 효율적 실행을 위해 기본지침을 근거로 장학자료를 만드는 일에 심사숙고해야 할 것이다.

따라서 장학담당자는 교육과정의 효율적인 개발과 관리를 통해 수업장학에 좀 더 접근하기 위한 노력을 해야 한다. 교육과정의 운영은 교사의 중요한 역할인 교수–학습활동을 통해 이루어지는데, 장학담당자는 수업장학을 통해 효율적인 교수–학습활동을 지원해야 하기 때문이다.

이를 위해 장학담당자는 기존의 교육과정 수준에서 벗어나 학교 및 수업 상황에 적절하고 다양한 교육과정을 모색하여 수업의 대안을 마련함으로써 교육의 질적 향상에 노력해야 한다. 즉, 장학담당자는 교사들이 필요할 때 교육과정 및 교수전략의 대안을 제안할 수 있어야 한다.

3) 교사의 교수효과성 증진 및 자기성장 촉진

장학이 교사의 수업개선에 근본적인 초점을 두기 때문에 장학담당자들은 교사들의 교수성과를 향상시켜 학생들의 학습결과를 극대화시킬 수 있어야 한다. 이를 위해 장학담당자는 교수효과성(teaching effectiveness)을 가져오는 효과적인 교수(effective teaching)가 무엇인지 알고 이에 대처해야 한다.

P/ L/ U/ S/

교수효과성이란 교사의 교육활동 결과 학생들이 어떤 특정한 목표를 향해 나아간 정도를 말한다. 따라서 교수효과성은 학생의 학습행동 결과에 의해 결정된다.

교수효과성은 교사의 수행에 따라 달라지며, 교사의 수행은 교사가 지닌 능력에 따라 달라진다. 따라서 장학은 교사의 능력과 수행에 영향을 주어 교수효과성을 높이려는 외적 노력의 일부로 볼 수 있다(주삼환 외, 2005).

장학담당자가 효과적인 교수행위를 판단하기 위해서는 교사행동, 즉 교사의 일반적인 특성, 교과목에서 교사가 수립한 교수기준, 그리고 수업전략을 관찰해야 하며, 학생의 행동 또한 면밀히 살펴보아야 한다. 학생의 관찰 및 교사의 수업계획과 실행에 대한 관찰이 세밀하게 이루어질 때 교사의 교수행위를 알고 이에 대처하는 장학이 이루어질 수 있기 때문이다. 교수효과성을 알고 이를 높이기 위해서는 임상장학, 동료장학, 집단장학 등을 활용할 수 있다.

P/ L/ U/ S/

집단장학이란 장학담당자가 비슷한 수준에 있는 교사들을 집단으로 장학하는 것을 말한다. 예를 들면, 초임교사 집단을 대상으로 수업개선을 위한 수업기술 관련 지식을 안내한다든가, 교과회의나 학년회의를 활용할 수 있다.

아울러 교사의 능력계발은 장학담당자의 중요한 과업이다. 교사의 성장은 수업기술에 대한 향상뿐만 아니라 교사로서의 변화를 의미한다. 물론, 교사의 능력 개발은 근본적으로 교사의 자발적 노력에 의해 이루어져야 할 것이다. 이러한 교사의 능력 계발은 대학에서의 양성교육 못지않게 현직교육을 통해 계속적인 자기성장의 수단으로서 이루어질 수 있어야 한다.

따라서 장학 담당자는 교사가 가지고 있는 잠재력을 계발함으로써 이를 통해 교수효과성을 높임과 동시에 자기성장을 할 수 있도록 도와주어야 한다. 즉, 교사 개개인의 관심과 성장욕구를 파악하여 그들에게 지속적인 지원을 할 수 있어야 한다.

4) 학교 및 학습환경 개선

P/ L/ U/ S/

교실의 환경구성은 특히 학생들의 중요한 심리적 학습환경이므로 교실 벽과 커튼의 색, 조명 등에 대해서도 세심한 배려를 해야 한다.

효과적인 학교를 만들기 위해서는 학습환경을 개선하여 학생의 성취도를 높여야 하는데, 이러한 과제 역시 장학에서 해야 할 일이다. 아울러 계속적인 변화와 혁신을 통해 효과적인 학교가 되도록 지원해야 한다.

구체적으로 장학담당자는 효과적인 학교를 만들기 위해 학교행정가의 지도성, 학교분위기, 수업상황, 교사의 학생에 대한 기대, 학생행동 등에 대한 지속적인 평가를 실시하고 이들 간의 상호작용을 조화롭게 발전시켜야 할 것이다. 또 교실 내의 각종 게시물, 학급문고, 자료, 좌석배치 등의 물리적인 시설 복지에 관심을 갖고 이를 개선함으로써 학습환경, 즉 교실 내의 여러 가지 물리적 환경구성을 배려할 수 있어야 한다.

이처럼 장학담당자는 다양한 측면의 학교평가를 통해 궁극적으로 학생들의 학업성취에 반영함으로써 효과적인 학교가 되도록 해야 한다. 즉, 인적 · 물적 자원에 대한 지속적인 평가결과를 학교 및 학습환경의 개선과 효율화에 반영해야 할 것이다.

2. 장학을 통한 학교평가의 의의

학교효과성의 평가는 조직의 효과성에 대한 평가와 학습의 효과성에 대한 평가의 관점에서 이루어지는 것이 보통이다. 학교조직의 효과성에 대한 평가는 학교조직풍토나 조직건강 및 이를 위한 조직의 발전을 중심으로 한 평가를 말하며, 학습효과성의 평가는 학교가 학업성취에 미치는 효과에 대한 평가를 말한다.

학교평가자료는 학교 및 교실환경에서 관찰 및 면담으로 수집할 수 있으며, 그 밖의 다양한 조사도구로 얻을 수 있다. 주요 영역은 학생행동, 교사행동, 장학, 학교풍토, 지도성, 학생성취 등으로 나누어 반응을 알아보는 것이 일반적이다.

학교의 효과성은 장학의 본질에서 살펴본 바와 같이 장학담당자의 역할에 따라 달라진다. 따라서 장학을 통한 학교평가가 갖는 의의는 다음과 같이 생각해 볼 수 있다.

첫째, 장학을 통한 학교평가는 학교교육의 질적 개선을 위한 것이다. 장학의 본질은 교육의 질적 개선에 있기 때문에 장학을 실행하는 일은 교육의 질적 향상을 기하는 일이면서 동시에 그 실행결과 역시 장학을 통해 재확인됨으로써 학교평가가 가능해진다.

둘째, 장학을 통한 학교평가는 교육활동의 과정(process)이다. 따라서 평가에 대한 교사들의 거부감이나 부정적 인식으로부터 탈피할 수 있다. 이는 장학이 수업의 질을 향상시키기 위한 본질적 의미를 지닐 때 가능하다. 장학을 통한 학교평가는 학교를 비판하기보다는 학교의 발전을 도모하기 위한 것이기 때문이다.

P L U S

학교에서는 교육청으로부터 수시로 장학을 받는다. 장학담당자는 교사들의 교수능력과 학교의 교육실행 정도를 장학을 통해 평가한다. 이러한 평가는 학교교육의 효율성을 증진시키는 데 기여한다.

셋째, 장학을 통한 학교평가는 학교평가의 효율성을 가져온다. 학교평가를 일정한 시기에 실시하는 것은 학교 입장에서는 매우 불편하고 힘든 과정이다. 그러나 장학을 통해 학교평가를 할 경우 학교는 수시로 장학을 받아온 관계로 학교 입장에서나 장학담당자의 입장에서 능률적인 평가가 가능해진다.

학교를 평가한다는 일은 학교의 서열을 매기기 위한 것이 아니며, 교육적 활동에 대한 장학의 결과를 실행하는 것을 장학이라고 보면 긍정적으로 생각할 수 있다. 즉, 학교별로 장학담당자들이 있어서 그들이 학교를 장학하며, 일정한 시기에 학교에 대해 다각적인 측면에서 학교를 점검하는 것으로 보는 것이 좋을 것이다. 그러나 부정적인 측면, 즉 학교를 점수화한다거나 교사의 수업을 비판하는 경우 학교평가는 근본적으로 장학의 본질에서 벗어날 우려가 있다.

장학에 의한 학교평가를 실시할 때에는 학교의 행정적 처리 및 경영, 교육과정 개발 및 운영, 수업 및 학습환경 등에 대해 다각적으로 평가하기 마련이다. 이러한 측면들은 이미 학교평가를 하기 이전에 장학에 의해 다양하게 지원받을 수 있으므로, 학교평가는 사실상 장학을 통한 피드백의 실행이라고 볼 수 있다.

3. 장학효과성의 평가

장학효과성이란 장학을 효과적으로 잘 하고 있느냐 하는 장학 자체에 대한 효과성을 평가하는 것을 말한다. 보통 학교의 효과성을 높이기 위해 학교장학을 실시하는 것과 마찬가지로, 장학 그 자체의 평가 역시 반드시 이루어져야 한다. 장학이 제대로 이루어질 때 장학의 대상에 대한 장학 역시 능률적으로 이루어질 수 있기 때문이다.

이러한 관계는 평가를 받을 때 교육활동이 피드백을 받아 좀 더 향상될 수 있을 것이라는 전제와 맥락을 같이 한다. 따라서 장학효과성을 평가받을 때 장학방법이 보다 효율적으로 이루어질 수 있을 것이라는 가정을 할 수 있다.

실제로 주삼환(2003: 494)은 장학을 평가하는 방법으로 다섯 가지를 제안하고 있다. ① 학생의 성취도를 통해 장학의 효과를 알아보는 방법, ② 교사의 교수행위를 통해 장학의 효과를 알아보는 방법, ③ 장학에서 교사가 가장 가치 있다고 하는 것을 찾아내는 방법, ④ 장학의 실제를 조사하는 방법, ⑤ 장학 프로그램이 어느 정도 평가기준에 도달하였는지 알아보는 방법이 그것이다.

그러나 장학의 각 부분을 평가하여 그것이 얼마나 효과적인지 또는 장학 전체의 모습이 어떠한지 알아보는 일은 그리 쉽지만은 않다. 다만 각 부분의 장학효과성을 알아봄으로써 교육의 질적 개선을 위한 활용자료로 사용할 수 있을 것이다.

일반적으로 장학이 얼마나 효율적으로 이루어지고 있는지에 대한 평가를 하기 위해서는 장학의 결과, 장학의 과정에 대한 질적 수행 정도, 장학담당자의 자질과 역량 등을 통해 살펴볼 수 있다. 이들 영역은 서로 관련되어 있으므로 효율적인 장학은 이 세 가지 영역이 모두 성공적으로 이루어진다.

장학의 수행 정도와 결과는 장학에 대한 계획수립에서부터 교사의 수업개선 및 학생들의 학업성취의 결과로 나타나기 때문에 장학의 일련의 과정에 대한 평가로 드러난다. 아울러 장학담당자의 평가를 통해서도 장학효과성을 알 수 있다. 즉, 장학담당자의 전문가로서의 자질, 장학을 하는 태도, 행동, 업무추진 등에 대한 평가를 할 수 있다. 장학담당자의 평가는 자기평가, 동료평가 그리고 교사평가로 알아볼 수 있다. 장학담당자의 평가는 장학담당자들의 발전을 위한 평가이므로, 이것이 결정적인 인사문제로 이어지는 것은 객관성이 부족하다. 따라서 장학담당자는 수시로 자신에 대하여 평가함으로써 장학의 본질에 부합하는 장학을 할 수 있도록 해야 할 것이다.

(2007학년도 초등 임용시험)

3. 〈보기〉에서 선택적 장학 중 동료장학의 주요 특징을 모두 고르면? (2)

〈보기〉

ㄱ. 교사의 자율성과 협동성을 기초로 한다.
ㄴ. 원칙적으로 교장이나 교감의 계획과 주도하에 전개된다.
ㄷ. 간헐적이고 짧은 시간 동안의 학급 순시와 감독을 중심 활동으로 한다.
ㄹ. 학교의 형편과 교사들의 필요와 요구에 기초하여 다양하고 융통성 있게 운영된다.

① ㄱ, ㄴ ② ㄱ, ㄹ
③ ㄴ, ㄷ ④ ㄷ, ㄹ

풀이 동료장학이란 교사들 상호 간에 이루어지는 장학으로, 교사들의 필요에 의해 자율적 · 협동적으로 실행되며, 다양하고 융통성 있게 운영될 수 있는 유용한 장학이다.

(2006학년도 초등 임용시험)

4. 〈보기〉와 같이 진행되는 장학의 유형은? (4)

〈보기〉

• 장학담당자와 교사가 함께 수업안을 계획 · 검토한다.
• 교사와 함께 관찰전략을 협의하고, 수업을 관찰한다.
• 장학담당자는 수업상황과 교수–학습과정을 분석한다.
• 관찰 후 협의회를 통해 수업에서 개선할 점을 점검하고 대안을 모색한다.

① 관리장학 ② 확인장학
③ 일상장학 ④ 임상장학

풀이 임상장학은 교사가 자신의 교수기술을 향상시키기 위해 장학담당자의 도움을 요청함으로써 실행되는 것으로, 수업개선을 목표로 하는 장학의 역할을 좀 더 명확히 함으로써 장학의 본질에 잘 부합한다.

(2005학년도 초등 임용시험)

5. 〈보기〉에 나타나 있는 장학의 유형은? (1)

〈보기〉

이번 학기에 천하초등학교에는 신규교사인 김교사가 부임하였다. 교장은 김교사가 수업에 어려움을 느끼지 않는지 교감에게 수업을 참관하도록 지시하였다. 교감은 김교사의 교실을 잠시 방문하여 수업을 참관하고, 그 결과를 교장에게 보고한 후, 김교사를 만나 간단한 조언을 해 주었다.

① 약식장학 ② 요청장학

③ 동료장학 ④ 담임장학

풀이 약식장학은 보통 교장이나 교감이 가끔 학급을 방문하여 짧은 시간 학급경영 및 수업을 관찰함으로써 교사들에게 피드백을 주는 것을 말한다. 교장이나 교감이 주도하여 학교별로 다양하게 실시한다.

읽을 거리

The objects of love

Love is not primarily a relationship to a specific person; it is an attitude, an orientation of character which determines the relatedness of a person to the world as a whole, not toward one "object" of love. If a person loves one other person and is indifferent to the rest of his fellow men, his love is not love but a symbiotic attachment, or constituted by the object, not by the faculty. In fact, they even believe that it is a proof of the intensity of their love when they do not love anybody except the "loved" person. ··· Because one does not see that all that is necessary to find is the right object-and that everything goes by itself afterward. This attitude can be compared of learning the art, claims that he has just to wait for the right object, and that he will paint I love all persons, I love the world, I love the world, I love life. If I can say to somebody else, "I love you," I must be able to say, "I love in you everybody, I love through you the world , I love in you also myself."

Fromm(1965).

About the author

Erich Fromm(1900~1980) was born in Germany, had to flee the Nazis. He is well known not only as a psychoanalyst and social psychologist but also as an important representative of 20th century humanism. In his work, 'the art of loving', he asks 'is love an art?', goes on to examine the theory of love, and then explores love. While written from his distinctive humanistic perspective, the book looks to various religious sources to help make sense of love.

Today, Erich Fromm's work repays study. His insights into the nature of society and human activity have a lot to say to educators - especially those committed to working for fairer and more convivial forms of living.

참고문헌

김석우, 윤미영(1996). Microteaching 방식의 수업장학이 교사의 발문기술에 미치는 효과. 부산대학교 교육연구, 6, 31-49.

김종철(1982). 교육행정의 이론과 실제. 서울: 교육과학사.

나동환(1994). 학교조직의 인간자원론적 장학변인과 기술. 경희대학교 교육문제연구소 논문집, 10, 21-35.

신중식, 강영삼(2004). 교육행정 · 경영론. 서울: 교육출판사.

신현석(2000). 장학의 개념적 성격에 관한 고찰. 안암교육연구, 6(1), 21-39.

안세근(2007). 학교컨설팅과 장학활동을 통한 학교변화의 연구. 교육행정연구, 25(1), 141-164.

이종태(2004). '교육의 질 관리 기제'로서의 장학개념 탐색. 한국교육, 31(4), 93-122.

정기오(2007). 장학의 개념, 성격 및 방법: 국가수준의 장학을 중심으로. 교원교육, 23(2), 37-61. 한국교원대학교 교육연구원.

정태범(1996). 장학론. 서울: 교육과학사.

조병효(1981). 장학론. 서울: 배영사.

주삼환(2003). 교육의 질 향상을 위한 장학의 이론과 기법. 서울: 학지사.

주삼환, 천세영, 명제창, 신봉섭, 이명주, 이석열(2005). 교육행정 및 교육경영. 서울: 학지사.

진동섭, 김도기(2005). 컨설팅 장학의 개념 탐색. 교육행정연구, 23(1), 1-25.

Cogan, M. L. (1973). *Clinical supervision.* NY: Houghton Mifflin.

Curtin, J. (1964). *Supervision in today's elementary schools.* NY: MacMillan.

Fromm, E. (1965). *The art of loving.* NY: Harper & Row.

Glickman, C, D., Gordan, S. P., & Ross-Gordon, J. M. (2004). *Supervision and instructional leadership: A developmental approach.* Boston: Pearson Education.

Harris, B. M., Kenneth, E., McIntyre, V. I. Jr., & Long, D. F. (1985). *Personnel administration in education* (2nd ed.). Boston: Allyn & Bacon.

Hoyle, J. R. (1985). Program in educational administration and AASA preparation guidelines. *Educational Administration Quarterly 21,* no. 1(winter).

Sergiovanni, T. J., & Starratt, R. J. (1983). *Supervision: Human Perspectives* (3rd ed.). NY: McGraw-Hill Book.

Simbo, F. K. (1989). The effect of microteaching on student teachers' performanced in the actual teaching practice classroom. *Educational Research, 31*(2), 195-200.

Snippe, J. (1992). *Effect of instructional supervision on pupils' achievement.* American Educational Research Association.

Wiles, J., & Bondi, J. (1980). *Supervision: A guide to practice.* Columbus, OH: Charles E. Merrill.

찾아보기

인명

내 용

저자 소개

김명수

미국 미네소타 대학교 대학원 철학 박사
한국교원대학교 교육학과 교수

김보경

한국교원대학교 대학원 교육학 박사
전주대학교 교직교육과 교수

김선혜

한국교원대학교 대학원 교육학 박사
서울교육대학교 초등교육과 강사

박정환

한국교원대학교 대학원 교육학 박사
제주대학교 교육학과 교수

백영균

미국 조지아 주립대학교 대학원 철학 박사
한국교원대학교 교육학과 교수

이태상

미국 아이오와 대학교 대학원 교육학 박사
상지대학교 교직과 교수

한상훈

전남대학교 대학원 교육학 박사
충남대학교 교육학과 교수

교직실무

2010년 6월 17일 1판 1쇄 발행
2014년 9월 25일 1판 5쇄 발행

지은이 • 김명수 김보경 김선혜 박정환 백영균 이태상 한상훈

펴낸이 • 김 진 환

펴낸곳 • (주) 학지사
121-838 서울특별시 마포구 양화로 15길 20 마인드윌드빌딩 5층

대표전화 • 02) 330-5114 팩스 • 02) 324-2345

등록번호 • 제313-2006-000265호

홈페이지 • http://www.hakjisa.co.kr
커뮤니티 • http://cafe.naver.com/hakjisa

ISBN 978-89-6330-261-4 93370

정가 18,000원

저자와의 협약으로 인지는 생략합니다.
파본은 구입처에서 교환하여 드립니다.